青海高原東部邊緣

史前[illegible][illegible][illegible]研究

辛丑三月陳煒湛

丛书名题签：陈炜湛

作者简介

范河川

四川省甘孜藏族自治州文学艺术界联合会副主席、民间文艺家协会主席，中国民间文艺家协会会员，四川省评论家协会、作家协会会员。主要作品有：《父系原始文化的活化石——山岩戈巴》、《镂金刻银：藏族金工锻造技艺》、《行摄白玉》、《康巴服饰文化（藏族卷）》、《解密三岩帕措》（入选四川省文学艺术界联合会2020年度百家“推优工程”）、《格绒追美创作与藏族传统文化反思透析》（获甘孜藏族自治州第三届文学艺术奖）等，在报刊上发表散文、诗歌、故事、评论文章等多篇。

青藏高原东部边缘民族多样性研究
何国强　总主编

四水六岗

ཆུ་བཞི་སྒང་དྲུག

康巴传统文化的源流与结构研究

范河川　著

暨南大學出版社
JINAN UNIVERSITY PRESS

中国·广州

图书在版编目（CIP）数据

四水六岗：康巴传统文化的源流与结构研究/范河川著. —广州：暨南大学出版社，2024.10
（青藏高原东部边缘民族多样性研究/何国强总主编）
ISBN 978-7-5668-3765-3

Ⅰ.①四… Ⅱ.①范… Ⅲ.①藏族—民族文化—研究—甘孜 Ⅳ.①K281.4

中国国家版本馆CIP数据核字（2023）第164461号

四水六岗：康巴传统文化的源流与结构研究
SI SHUI LIU GANG：KANGBA CHUANTONG WENHUA DE YUANLIU YU JIEGOU YANJIU
著　者：范河川

出 版 人： 阳　翼
责任编辑： 黄圣英　詹建林　雷晓琪
责任校对： 林　琼　孙劭贤　陈皓琳　陈慧妍
责任印制： 周一丹　郑玉婷

出版发行： 暨南大学出版社（511434）
电　　话： 总编室（8620）31105261
营销部（8620）37331682　37331689
传　　真：（8620）31105289（办公室）　37331684（营销部）
网　　址： http://www.jnupress.com
排　　版： 广州市新晨文化发展有限公司
印　　刷： 深圳市新联美术印刷有限公司
开　　本： 787mm×1092mm　1/16
印　　张： 27
字　　数： 481千
版　　次： 2024年10月第1版
印　　次： 2024年10月第1次
定　　价： 126.00元

总 序

文化是人类适应环境的基本方式。藏族与睦邻的纳西、门巴、珞巴、独龙等民族共同适应青藏高原的大环境和各自区域的小环境，创造了特定的文化。自1996年始，本人在川、滇、藏交界区调研民族文化，起初独自一人，后来带学生奔波，前后指导了20多篇学位论文。我把学生带到边陲，避免在东部扎堆，完成学术接力，为他们夯实发展的基础，不少人毕业后申请课题、发表论著，我自己也在积累经验，不断追求新目标，把研究范围扩大到川、青、藏交界区。

最近数年间，我组织调研、汇集书稿。2013年，推出“艽野东南的民族”丛书第一系列7册[①]，分简体字和繁体字两个版本；2016年，推出第二系列4册，为简体字版本。两个系列约400万字，展示了喜马拉雅与横断山区的绚丽文化。然而，一套丛书的容量有限。专家诚恳地建议我们做下去。我们也想做下去，就继续调研、总结经验[②]、坚持写作。在国家出版基金管理委员会的支持、主管部门的关怀以及暨南大学出版社的组织安排下，“青藏高原东部边缘民族多样性研究”丛书终于落地生根。可以说以上成果为“守正创新”[③]劲风所赐，使我们得以回报社会各界的支持。

多年的栉风沐雨带来满目的春华秋实，因此不能不提到作者们付出的心血。静态地看，有三套丛书的储量。动态地看，知识向四面八方传递不可计量。犹如向湖心抛入巨石，起初引起水波，继而泛起涟漪，很长时间，水面不平静，每位作者的故事还在演绎：调查中的实在品质，如耐心记录、细致观察，获得原始资料的喜悦，以及发现问题、精巧构思、层层铺垫，形成厚实的民族志，里面有对社会结构的描绘，有对动力因素的探索，力

---

① 简体版获第四届中国大学出版社图书奖优秀学术著作一等奖，并引出3篇论文评价，即黄淑娉《论青藏高原东部和东南部民族研究的推陈出新》［《青海民族大学学报（社会科学版）》2014年第2期］、徐诗荣和嵇春霞《原生态画卷：青藏高原东南部的民族文化——评“艽野东南的民族”丛书》（《出版发行研究》2014年第8期）、胡鸿保《“艽野东南的民族”丛书赞》（《共识》2014年秋刊）。对此网络媒介也有报道。

② 参见何国强：《我们是怎么申请到这个项目的》，《书里书外》，广州：中山大学出版社，2014年。

③ 朱侠：《坚持守正创新，勇担使命任务》，国家出版基金网站，https：//www. npf. org. cn/detail. html？id =1962&categoryId =26，2020年1月15日。

图使民族映像清晰化，谋求历史逻辑统一。这就是研究西藏所需要的不怕吃苦、执着干练的科学精神，不仅要有勤奋坚韧的品格，还需要友情与互助。除了作者自身的因素和亲友的鼓励，其他因素，包括编辑的专业素养、调查地友好人士的支持，也值得珍惜、怀念。

本套丛书当中，有的是在博士学位论文基础上的再研究，有的是专题写作。坎坷的研究经历使我们深切地感到，一本书要能接地气，讲真话，不经过艰辛的精神劳动就不可能诞生，学术水平的高低不仅是社会环境的造就——与政治经济、理论方法及时代需求有关，也是作者本人的造诣——与研究者的主观努力分不开。整套丛书至少有三个令人鼓舞的闪光点：

1. 坚持实证研究，奉献一手资料和田野感悟

19世纪中叶，国际学界开始涉足青藏高原东部地区。中华人民共和国成立后，分别于20世纪50年代、80年代和90年代组队到该地区进行民族识别和社会历史调查，丰富了《民族问题五种丛书》的内容。新资料、新方法打开了人们的眼界，但是带着旧思维看问题的境外人士仍不在少数。改革开放以后，至今川、滇、藏与川、青、藏两个交界区某些地方依然谢绝外籍人士，收集资料的重任落到国内学者身上，我就是在这种情形下进藏的。环顾四周，当年的同道已不知所向，幸好凝聚了一批新生力量，绳锯木断、水滴石穿，不言放弃。通过田野调查获得的原始资料和珍稀感受为写作提供了优质素材，这使本套丛书能够以真实性塑造科学性，以学术性深化思想性，达到材料翔实、学理坚固、观点新颖、描述全面。

2. 体现人类学知识的应用与普及

最近20年来，国家加大了对人文与社会科学的投入，各门学科取得长足的发展，这是毫无疑问的。然而伴随着专利、论文数量的增长，一些不尽如人意的事情也出现了：文章浅尝辄止，漫然下笔的多，周密论证的少，还有重复研究等浪费资源的现象。人类学倾向微观考察，对充实中观、引导宏观有所作为，中山大学自从复办人类学系以来，格勒率先走上青藏高原，紧跟着就是我们的团队。

本套丛书是西藏研究的新产品。作者们博采众长，引入相关概念，借助人类学理论方法的指导凝视问题，通盘考虑，揭示内涵。虽然各册研究目标不一，但是在弄清事实、逻辑排比、分析综合、评判断义，以及疏密叙述等项上一起用力，展示自己的德、才、学、识。有些问题提出来亟待深化，如应该如何凸显民族志对于区域文化研究的重要作用，应该如何发挥民族志的特长，等等。

目前，理论与实际脱节的现象正在转变，自发的、自觉的研究队伍扩大了，这是对我们已经做出努力的积极回应，也是“青藏高原东部边缘民族多样性研究”丛书充满生命力的证据。这项研究继续向纵深发展，必然要求研究者保持多读书、尚调查、勤思考、免空谈的学风。

3. 突出出版界和人文与社会科学界的精诚合作

本套丛书凸显了一个浅显的道理：多年积累的田野资料不会自动转化为社会公认的产品，需要紧扣“民族特色”提炼选题，科学搭配，形成整体效应。所以丛书各册保持自身特色，如文化源流、田野实践、社会分工与异化劳动、传统生计、地方与国家、不同资源的合理利用、小民族大跨越等，同时贯穿了再造区域民族志的主旋律。一句话，把各册放在青藏高原东部民族多样性的大题目下合成整体色彩，依靠国家出版基金的扶持，实现“好纱织好布”“好料做好菜”的目标，达到“雪中送炭”“锦上添花”的双重效果，对出版人与研究者都是双赢。

总之，本套丛书具有继往开来、别开生面的寓意，弥补了同类作品的某些不足，激励着新人奔向祖国最需要的地方，关注各民族在历史上与现实中与自然、社会发生关系的过程，推动顶层设计，产出有效政策，建设西南边陲。当然，我们也应清醒地看到本套丛书的不足，保持虚心接受意见、不断追求高品质的诚恳态度。

古文字学家陈炜湛教授乃治学、书艺两全的专家，一向支持我的田野研究，多次题写书名给予奖掖。为了表达对本套丛书作者实地研究西藏的钦佩，肯定编辑人员的辛勤劳动，陈教授特用甲骨文和金文写成书名。看到丛书名十五字，字体淳厚中正、古意盎然，我由衷感激。

何国强

2022 年 2 月

于中山大学康乐园榕树头

前　言

“独将浑噩留天地，几为沧桑纪废兴。”穿过历史的烟云，走进林深尘远的康巴地区，俯瞰境内崇山峻岭、千沟万壑，翻阅品读不朽之作《格萨尔》，康巴地区一直游存于刀光剑影当中。大小金川之役，传统的入藏道路318和317线瞻对的争夺，三岩的征剿，还有部落、土司的沉浮，改土归流的硝烟以及红军博巴政府的建立，等等，如今都变成民间津津乐道的传奇故事。偶尔深入其中，听老艺人说唱，他们共同讲述着一个传奇的经历：祖先们来自阿里，来自俄摩隆仁。那里生长着如意桃木，其地形如八瓣莲花，优昙婆罗花争相斗艳，山如九层雍仲，天空呈现八色法轮，阳光和煦，月光皎洁，群星璀璨，环抱五洲四海，山川内外方圆一千五百由旬①。

这些口碑古籍说唱的历史虽然一度失去了以文字为载体的记录，但先辈们凭着记忆一代代口耳相传，直至伏藏经典的现世，传说成为真实。人们惊喜地发现，藏族人很早就有中华民族多元一体格局的意识，并以典籍记录。《汉藏史集》载，藏人的族系又分为六支的说法是：最初，在玛卡秀雅秀地方的上部有什巴之王子，名叫丁格，生有三子，分为汉、藏、蒙古。② 从此记载来看，藏、汉、蒙古三个民族是什巴王子丁格所生的三兄弟，他们之间是同宗同祖的血缘关系。这与费孝通先生“中华民族的多元一体格局”思想竟不期而同。不管怎样说，早期的藏民族对人类活动的认知没有强调过国家概念，对藏、汉、蒙古的族别划分仅限于兄弟。这种认同感，对后来中华多民族的统一，成为命运共同体、政治共同体、文化共同体奠定了心理基础。

“藏”（gtsang）成为称谓固定于今，是伴随中原地区朝代的更迭变化而成的，汉文史籍中对藏族称谓的不同记载，往往将地名与称谓混用。唐时称之为“吐蕃”（stod－bod），“蕃”是藏语藏人（gtsang）的译音。宋元时期称为“乌斯藏”（dbus-gtsang），有时亦写作“乌思藏”，与“吐蕃”称谓并存使用一段时期后，渐渐多用“乌斯藏”这个称呼。1247年，随着“凉州

---

① 由旬，古印度计程单位，佛学常用语，原指公牛挂轭行走一天的路程。

② （明）达仓宗巴·班觉桑布著，陈庆英译：《汉藏史集——贤者喜乐赡部洲明鉴》，拉萨：西藏人民出版社，1986年，第7页。

会谈”的成功举行，乌斯藏正式纳入中国版图，元代中央政府行使管辖权。

到了明代，乌斯藏的称呼没有改变。汉文史料在记录中出现了“卫藏”之称谓，其实在藏文书写中“卫藏”与“乌斯藏”没有区别，只有汉语读音上的差异，在地域范围上也是没有变化的。后来“卫藏”有了指向性区域，成为地理概念，是“卫”和“藏”两个地区相加的地域。随着时间的推移，人们在习惯上把“卫藏”简称为“藏”，还出现了“前藏”和“后藏”这种习惯地理名称。“前藏”是“卫”；“后藏”则是“藏”。这种简化后的称谓在使用过程中被认同，而且“藏”渐渐地成了青藏高原上主体民族的代称。到了明代，“藏”“藏蕃”和“西蕃”的称谓并用，但真正意义上的“藏”之称谓尚未形成。一直到清康熙年间，随着“西藏”这一地名的出现，藏族的称谓渐渐有所明确。

星移斗转，到了辛亥革命时期，孙中山先生提出“五族共和”的政纲。这五族指汉、满、蒙古、回、藏。至此，正式以“藏族”代替“吐蕃”或“藏蕃”等称呼。在 1945 年召开的中华民国第四届国民参政会第一次大会上，时任国民政府蒙藏委员会委员和国民参政会参议的康巴人格桑泽仁等提出了《请将藏族名称改为“博族”以资正名案》的议案：

> “藏”或“西藏”皆系地名。若以族别言之，其人民自古迄今均自称为“博”……清朝中叶以“康”及“安都”两区均已内附，遂将“昂日”“藏”“卫”三区统名为“藏”而冠以西字，以明其方位。及至民初，盛倡五族共和之说，国人不察，竟将“藏”字成为族名，殊属无据，沿用至今，更将上述五区之博族，统名之藏族……甚望政府从速将藏族改称博族。则名正言顺，故正名实为当务之急。①

提案并没有改变孙中山先生所提“藏”之称谓。

藏族很早就生活在青藏高原，《王统世袭明鉴》《雍仲本教目录》等典籍就详细记载了藏族最初是由“神猴”和“岩魔女”结合繁衍出人类，后来逐渐发展成为色、穆、董、东几大氏族，各大氏族中又分化出若干小氏族和家族，各有自己的姓氏，而后又在迁徙或与其他迁徙部落、民族融合

---

① 格桑泽仁：《出席第四届国民参政会第一次大会提案与讲话》，《边人刍言》，重庆：西藏文化促进会，1945 年。

中生生不息。

从色氏分出的氏族有结赛吉、卓囊聂巴、欧廓赞和德东赛。穆氏中从果勒查八子分出的氏族分别是昂吾、夏吾、谢蒙、嘎尔、喀尔廓、恩兰等族。董氏十八大氏族是党、党孜、党惹、仲、琼波、达哇、昌、拉隆、拉孜、章、桂巴、库那、娘、蔡邦、沃那、聂、浦廓、塔桑。东氏有“四王八奴”,“四王”族名分别是觉萨吉、绛结托嘎尔吉、德觉涅布吉、娘杰托岗吉;“八奴”是玛尔、玛尔马、聂、聂温、鄂、超、惹、韦。①

有了人类自然就会有生活的地域,地理环境是人类赖以生存和发展的物质基础,也是人类的文明或精神的基础。我们知道,藏族地理历史在传统上将其栖身地域按照方位划分为“卫藏”“安多”“康巴”三大区域,由此形成了藏族三大方言区。三大方言中安多语有个特点——插花式存在于其他区域的牧区,牧民语言基本相同,不经意间的田野调查让青藏高原东部白利部落的迁徙与扩张的历史竟然浮现出来,这是多康地区(青藏高原东部的总称)明朝的历史续接。

康巴地区,旧称“朵甘思”(或音译“多康”),详指吐蕃边地。位于青藏高原东南部,民间多称“藏东”,是中国第二大涉藏区域。其地理位置特殊,处于横断山区的大山大河夹峙之中,涵盖了西藏昌都地区、林芝市东部(察隅、波密、墨脱三县)、那曲市东部(聂荣、巴青、索县、比如、嘉黎五县),四川省甘孜藏族自治州、凉山彝族自治州木里藏族自治县、阿坝大小金川,青海玉树藏族自治州和云南迪庆藏族自治州等地区。康藏之间的丹达山脉,在七世纪以前为苏毗民族和吐蕃民族天然界限,直至今日亦为界标。而民间常常以那曲市索县“亚拉山”划分,认为此山是卫藏和多康的界线。而以多康划分,即青藏高原东部与汉地连接地带,包括甘肃的甘南藏族自治州,青海果洛、黄南、海南藏族自治州部分区域。《如意宝树史》记载,“总的说朵甘思分麦康、朵寿(雅姆塘)、宗喀(吉塘)等三地,称为三康,也就是安多、曲多、昌都三地”。② 这一地域在元明时期属于朵甘思宣慰司(即吐蕃等路宣慰使司都元帅府),一直到清乾隆灭准噶尔汗国重新划定涉藏东部区域,才将甘陕管辖的涉藏行政区域进行了重大调整。为此,古人依照地理环境形象地用“四水六岗”的地理概念称呼这一

① 恰白·次旦平措等著,陈庆英等译:《西藏通史——松石宝串》,拉萨:西藏社科院、西藏杂志社、西藏古籍出版社,1996 年,第 12 页。

② 任乃强:《任乃强藏学文集(下册)》,北京:中国藏学出版社,2009 年,第 432 页。

区域。①

康区的地理位置虽然有传统的认定，但中央政府行政区划曾经以康巴为中心，建立过西康省。清末代理川滇边务大臣傅嵩炑于宣统三年（1911）奏书云："查边境乃古康地，其地在西，拟名西康省。"从此，西康这个名称即被广为沿用，且被称为西康高原。汉文史籍将这一地区称为"川边"或"川滇边"；西康建省后，又有"西康"之称。

康区地处藏汉交界，为藏羌彝走廊核心。文化的交融，集中的人口密度，造就性格、视界的差异，由此铸就了康巴人的精神世界。在青藏高原他们被称为"多堆米伊确卡"（即"康区乃人之发祥地"）。对故乡的眷念是他们遗传的基因，爱国爱家、忠贞不渝；对父母、长辈的孝敬是他们血液里的密码，诚信友善、扶倾济弱。而文化的亮点更是熠熠生辉，康巴地区厚重的文化，不仅有独特性、兼容性、多样性，更有神秘性。康巴地区有涉藏地区保留至今的古老本教寺庙"孜珠寺"（古藏语称"协来加嘎"）。本教经典记载：这座坐落于昌都市丁青县觉恩乡的寺庙，是出生于公元前1075年的第二代藏王穆赤赞普在涉藏地区建造的37座本教道场中的一座。康区很早就开始有本教进入，是象雄文化东进传播最广、基础最好的区域。所以到后来，康巴地区又是西藏高僧大德集聚之地，成为藏传佛教后弘期发展的主要区域。近年来随着对西藏文化研究的深入，史料显示：松赞干布征服象雄、佛本之争、朗达玛灭佛三次历史大事件中，康巴都是西藏文明东移的承接地。这三次西藏佛教历史上的挫折，处于吐蕃政治中心的佛教徒，出现过三次大规模地迁徙前往康巴地区②，康巴地区不知不觉间成了当时西藏文化精英的归宿地，这些西藏的"知识分子"（因为当时能够受到文化教育的大部分是僧人）的到来使康巴文化得到极大的丰富和繁荣。后来"下路弘法"，康巴地区的佛法回传卫藏。这也让康巴文化受到重视，在原德格土司辖地不仅有文成公主镇魔修建的庙宇之一隆塘卓玛寺，还有享誉中外的德格巴宫（印经院）。这座始建于1729年的文化宝库，目前存放

① "四水"指金沙江、澜沧江、怒江、雅砻江河谷地域；"六岗"，"岗"乃山包，这里指草原。"六岗"即六大草原："木雅绕岗"，指康东草原牧区，包括甘孜州的理塘县、康定新都桥片区、道孚县八美片区、雅江红龙、柯拉乡等地域；"色莫岗"，含甘孜州石渠、白玉、德格等草原牧区；"芒康岗"，主要指西藏昌都芒康、贡觉、察雅县等几个草原牧区；"擦瓦岗"，指西藏昌都八宿、左贡等县草原牧区；"麻扎岗"，主要指青海玉树州和西藏那曲东三县等区域的广大草原牧区；"泽贡岗"，亦称"绷波岗"，主要指云南迪庆州和甘孜州稻城、凉山州木里县等区域的草原牧区。

② 其中两次是以本教为主的迁徙。这里需要说明的是，以往藏传佛教与本教分别论述，随着发展，佛本相互融合，现在已将本教纳入藏传佛教的范畴。

着30余万块印版。印经院还供奉了本教、宁玛、萨迦、噶举、格鲁五大教派的创始人，同时保存了他们珍贵的文献典籍。这些印版中，有经文、史籍、画版、音乐、绘画、天文、医疗等经典文献。这与当时西藏因为宗教派别不同，在执政过程中相互排斥，甚至迫害、毁灭不同的文化现象有着迥异的差别。正因此，才有康巴的“人”这种赞美。毕竟人是一切社会关系的总和。①

关于康巴人的溯源，一直以来传说颇多。一般研究认为其是以西羌的后裔为主，由黄河中上游和青藏高原各个迁徙部落融合而成的地域族群。有趣的是在西方和民间还有颇具传奇色彩的来源说：康巴人是亚历山大大帝东征留下的雅利安人后裔。据说“二战”时期，希特勒为此还曾派人翻越喜马拉雅山，想要找回原来的“优良人种”……这些无法考证的民间传闻，体现了康巴人渴望改变传统的强烈意愿，具有超能的抽象思维，这种联想创作能力又是浪漫主义性格的来源。康巴男性睿智而勇敢，侠胆柔情，性格豪迈洒脱，自由不羁，被赞美为“藏族的哥萨克人”（含义是“自由自在的人”或“勇敢的人”）；康巴女性美丽聪慧、开朗大方，勤劳朴实、温柔善良，且能歌善舞、敢爱敢恨，又被形象地誉为“藏族人中的吉卜赛人”。康巴人普遍善于交际，勤劳诚实，善于经商，多出名商巨贾，如邦达昌等，于是康巴人又被称为“西藏的犹太人”……

历史长河中，这片土地承载着各民族相互交流的中心区域功能，成为藏羌彝文化走廊的核心区，形成了五里不同音，十里不同俗，一山一文、一沟一寺、一坝一节、一条沟一种话的地域文化特色，而这些不同语言、不同习俗的背后，是一段段鲜为人知的历史。在长期田野调查过程中，笔者所搜集到的资料，使得康巴文化“源”“流”愈发清晰，原来一些疑惑逐渐被解开。为此，在中山大学博士生导师何国强先生的指导下，以口碑古籍、考古资料、历史典籍、田野调查等方式相结合完成了这一任务。作为甘孜州民间文艺家协会主席，力求以严谨的态度、敬业的精神，与大家共享所发现的新线索，抛砖引玉，希望后人超越我之认识。

范河川

2022年2月于四川成都

---

①《马克思恩格斯选集》第1卷，北京：人民出版社，1995年，第56页。

目　录
Contents

第一章　康巴传统文化溯源

什么是传统文化？

传统文化（traditional culture）是保存先人的成就，并使继起的后代适应社会的一种既定存在形态，它是我们赖以生存和发展的理性工具，传统文化的承袭使我们成为“真正的人”。[①] 这也是人类进化演变积累的包括神话、宗教、文化、制度、物质的生存成就。若没有传统文化的传承、弘扬，现代人绝不会比类人猿更高明。我们知道人类知识的第一阶段完全就是对外部世界的认识，若不能不断地使自己适应周围世界的环境，人就无法生存。当人类朝着智性生活和文化生活发展的实践阶段，此刻一定会涉及为了适应周围环境而进行的某种心智调整。[②] 随着人类文化的进步，文明演化而汇集成的一种反映民族特质和风貌的文化就会更加丰富，而后在生活中借助故事、寓言、歌曲等载体代代相传，成为人类社会发展的刚性需求。

追溯康巴传统文化的源，不得不先从藏族口碑古籍的神话开始讲起，所有传统文化的最初形成都是从神话的产生和传承这一刻开始，因为神话是先民的哲学思想，是伦理道德的文学经典，各种不同的神话版本代表不同时期藏族先民的哲学观点，包括有了宗教以后改造过的神话所揭示的哲学思想。先民的哲学思想就是藏民文化的基石。

神话大致可以分为世界起源、人类起源、物种起源三类。这些口碑古籍神话时至今日仍然有不同的版本出现，但其传统文化形成后的核心内涵始终如一，成为藏族共同的文化基因。

第一节　世界的起源

源是世界形成的时空质能，是文化滥觞的孕育初始，也是传统形成的开始。藏族与其他民族一样，也有自己创世纪说。在藏族民间一直有“大鹏撑出天地空间”“巨龟分开阴阳两界”的说法，这是藏族最初的世界观。

从前，人们像是生活在蛋壳里一样，所住的地方是一片汪洋。后来，石蛋爆开，天天刮大风，尘土刮到海面越积越厚，日积月累便形成了大地。当时天是石头，没云彩，也无日月星辰，有一日大风吹来七个太阳。太阳

① 马雨音：《传统文化呼唤现代表达》，《人民日报》，2018 年 11 月 16 日。

② 参见甘阳：《〈人论〉中译本序》，上海：上海译文出版社，1985 年，第 18 – 19 页。

的炙烤使得山崩地裂，天上的石头飞得到处都是，天和地混在了一起，这时候飞来一只大鹏，吞食了六个太阳，展开翅膀重新把天和地分开，让被吞食的太阳变成月亮和星星。这时候沉睡在海底深处的巨龟醒来，一番努力后分出了阴阳两界。虽然大鹏分开了天地，可天空仍然有垮塌的危险，住在地上的人们整日提心吊胆。于是人们开始祈祷，这时观世音就现身虚空，把海水变成雾气，升到空中托住天空，雾气慢慢变成了云彩。后来菩萨又送来种子还有其他动物和人类相处。人们过上了安居乐业的日子。

这个故事不仅有宇宙大爆炸理论，还有宗教的哲学思想，可见藏族古人的智慧。《贤者喜宴·吐蕃史》借观世音第一次俯视青藏大地描述了西藏地理："上阿里三围如水池，中卫藏四如像水渠，下朵康三岗如农田。一切（生灵）都浸泡在汪洋中，无数生灵煎熬痛苦。"①

据科学考古发现，2 亿年前，长江流域仍被古地中海占据，青藏高原一片汪洋。这种记述与藏民关于起源的各种口碑古籍一脉相承，也与其他藏族古代典籍记录有相同之处，是藏族古代口碑典籍不同方式的记录。比如，《藏宝库诠释》关于世界的形成是这样记载的：

> 最初在天空中从四面八方吹起一股微风，然后慢慢集聚到一处，翻卷起一团金黄色的云，从中降下犹如一个大力士大腿般大小的雨水积成海，水与金融合被空中流动的风吹成犹如山和洲等各自形状的尘土，尘土向上堆积形成须弥山、七重大山和十二洲。风力向上移动形成云，又从云中降下雨水积成海。虽然水把洲分为若干个，但水底与大洲相连。之后与三禅以上相连并曾被毁灭一空的器世间由下而上依次形成……而所有包括在情器世间内的其形状、颜色、气味和能力等等都是自然形成，而非造物主所创。②

关于世界的形成，太阳、月亮和星辰产生，各个民族都有自己的神话传说，我们最熟悉的是中国先秦重要古籍《山海经》，藏族类似这样的记载也不少，还有物质转化的哲学理念。《俱舍论释》载："水和风在相互作用和运动中由土之精华（金子）产生太阳和月亮，其光向四周喷射，出现了

---

① （明）巴卧·祖拉陈瓦著，黄颢、周润年译注：《贤者喜宴·吐蕃史》，西宁：青海人民出版社，2017 年，第 5 页。

② 夏察·扎西坚赞：《西藏本教源流（藏文）》，北京：民族出版社，1985 年，第 9 页。

大小各异的星星，即出现了无数的石头（指星星）和照明世间的亮点（指太阳和月亮）。”也就是说，我们所见到的日月星辰、四季变化，都是水和风的作用，存在物质能量转化。这种能量的转化支撑起了世界。《无垢光荣经》也说：“太阳有五十一个由旬，月亮有五十个由旬，它们都被推、吸、转三种气所支撑。”①

上述本教典籍记录，对应《山海经》所产生的历史，是藏族在原始氏族部落时期的认知和创作。蒙昧状态的原始先民对大自然认知仅限于生活的范围，生老病死、雷电风雨、自然灾害等都使他们感到神秘惊奇、迷惑不解，甚至恐惧不安。立足生存的需要，先人们开启了认识事物的巨大潜力，以仅有的对周边自然界的观察，创造了最初的“神”，就是人类无法实现，而由一个让人类无法见到的“超人”（神）创造了世界万物，并且控制和支配着世界。人类的智慧点燃了进化的道路，经过他们的不断顿悟以及不自觉的艺术加工，形成的神话礼仪和对世界起源的认知，竟然与其他民族殊途同归。

更惊奇的是，这些神话口碑古籍的部分内容竟然也与现代科学暗合。科学家研究推论，大约150亿年前宇宙发生了一次大爆炸，造成物质四散，而这些四散的物质，形成了宇宙中的所有星系、恒星、行星乃至生命。所以，古代藏族口碑古籍与藏族经典古籍的记载，证实了藏族先民对大自然最初认知能力的巨大潜力和绝顶聪慧；这种认知在一定程度上是基于现实世界的真实表现，是实践的结果和总结，所形成的文化才有如此强大的艺术性和传承性。

这种艺术性和传承性就体现在藏族创世神话“斯巴塔义”中，“斯巴”在藏语中有着开天辟地形成宇宙（世界）之意。“斯巴塔义”以山歌、戏剧或颂词的形式流传在民间，所创作的内容包括天地、日月、星辰及物质形成、生命起源等，基本上反映了藏族先民对大自然的全部认识过程。譬如，藏族的原始先民在一组古老的问答歌《斯巴形成歌》中做出了解答：

问：天地原为一体，阴阳混合未分，分开者是谁？

答兼问：最初斯巴形成时，天地乃一体，分开者大鹏也。可知大鹏头上有什么？

---

① 参见诺日才让：《论苯教的宇宙观》，《青海民族大学学报（社会科学版）》2010年第36卷第1期。

最初天地形成时，阴阳混合未分，太阳照射分开之。可知太阳顶上有什么？[①]

这与藏族典籍记载基本无异，另一首《斯巴宰牛歌》却以一问一答的形式，以超现实主义风格和浪漫主义格调唱出了关于天、地、山、川等，以及宇宙万物形成的因由。

问：斯巴宰杀小牛时，砍下牛头放哪里？我不知道问歌手；
　　斯巴宰杀小牛时，割下牛尾放哪里？我不知道问歌手；
　　斯巴宰杀小牛时，剥下牛皮放哪里？我不知道问歌手。
答：斯巴宰杀小牛时，砍下牛头放高处，所以山峰高耸耸；
　　斯巴宰杀小牛时，割下牛尾栽山阴，所以森林浓郁郁；
　　斯巴宰杀小牛时，剥下牛皮铺平处，所以大地平坦坦。[②]

在民间流传和进一步创作过程中，斯巴宰牛会有不同的内容，体现在创作版本的不一致，有“鸟儿说”“老汉说”等，人的出现就是历史的革新。比如《老汉斯巴》说，“牛头立在山岗上，长出雪山十万座”，“牛皮铺在草地上，显出平滩六万片”，“割下牛尾放路上，所以道路弯曲曲”，“牛血倒在泉水中，涌来江河一千条”……[③]这种回答更具文学艺术性。这里，歌中的“斯巴”“宇宙”“世界”是以一个高大的牧民或神的形象替代。歌词贴近生活，充满了牧民的生活气息，显示了藏族先民的劳动智慧，敢于创造改变世界的精神。随着歌词的变化和古籍的流传，人们将开天辟地的大鹏和巨龟，转变到劳动的人，这是一种觉悟，是对人自身能力认识的提升，鲜明地反映出藏族先民在自身力量觉醒之后，开始从动物图腾崇拜走向对人神的景仰。[④] 在笔者出生的康巴三岩地区，目前还保存较为完整的“斯巴”，他是以歌舞剧形式表演，可以唱三天三夜，甚至更长。有剧本模式，为问答体，共三百三十三问，三百三十三答。三岩斯巴舞中有一段唱词与别的斯巴不一样：“最初斯巴形成的时候，火石大的石头也没有时，挖了草皮来架锅。”“最初斯巴形成的时候，连一点滴水都没有时，取来白雪

① 《藏族民歌选》，上海：上海文艺出版社，1981 年，第 415 页。
② 《藏族民歌选》，上海：上海文艺出版社，1981 年，第 418 页。
③ 《格桑花》1984 年第 9 期。
④ 参见拉先：《略论藏族神话的类型与表现形式》，《西藏大学学报（汉文版）》2006 年第 2 期。

化水喝。”三岩人的创新是将斯巴改成即兴演唱的歌舞剧，其间穿插舞蹈表演，是三岩先民们生活起居就地取材的真实反映。这符合人类原始的表达，有着共同的哲学思想。黑格尔关于人类神话起源讲道：“民间的宗教，以及神话，无论表面上如何简单甚或笨拙，作为理性的产物（但不是思维的产物），无疑地它们同真的艺术一样包含有思想、普遍的原则、真理。”[①] 马克思对口碑古籍的认识评价非常之高，他讲道：“民歌是唯一的历史传说和编年史。”高尔基曾经说过民间文学是“独特地伴随这历史的……不知道口传的民间创作，就不知道劳动人民的真实的历史”。因为从斯巴成歌的内容上，通过推测，就能够基本证实三岩人早期也是个迁徙部落，而且是以游牧为主的生产方式。

探寻藏族早期的宇宙哲学观，斯巴是不能绕开的民间文学历史资源。这些宝贵的斯巴唱词，其中的创世观，生动地展现了藏族先民朴素的唯物主义历史观。比如《世界的形成》：

（嗳，哈拉——）
领：大地什么样子才齐全？
众：大地象八瓣莲花才齐全。
领：天空什么样子才齐全？
众：天空象八幅法轮才齐全。
领：村庄什么样子才齐全？
众：村庄象八宝吉祥才齐全。
领：世界没有形成时，
　　那是什么样的情形？
众：世界没有形成时，
　　没有舞蹈，也没有歌声。
领：世界怎样形成的？
众：世界由风变成的。
领：我们就来说说风，
众：风儿变成“金刚崖”。
领：我们就来说“金刚崖”，

① ［德］黑格尔著，贺麟、王太庆译：《哲学史讲演录》第一卷，北京：商务印书馆，1959年，第88页。

众：岩石上边长出草。
领：我们就来说说草，
众：青草上边凝露珠。
领：我们就来说露珠，
众：露珠滚滚往下淌，
　　水滴汇集成大海。
领：大海蒸汽往上升，
　　那又是什么情景？
众：大海蒸汽往上升，
　　变成了天上的云彩。
领：云彩共有多少种？
众：云彩大小不相同。
领：云彩下边有什么？
众：云彩下边有灰尘。
领：灰尘下边是什么？
众：灰尘下边是地球。
领：地球表面有什么？
众：地球表面有石头。
领：石头上边有什么？
众：石头上边有水流。
领：流水两边有什么？
众：有汉、藏居住的珍宝地。
（击鼓、舞蹈）①

这些生动的斯巴唱词，被西藏的本土宗教本教接受，后来又被藏传佛教吸收，完善了藏族起源说，并且被不断丰富和发展，成为系统的哲学体系和独有的宇宙观。

综上所述，藏族早期的宇宙观也是传统文化和伦理形成的开始，传统的伦理是从宇宙观形成而不断得到完善和系统化的。在人类思想发展史上，各个民族都有自己不同类型的宇宙观。藏族的宇宙观在斯巴中得到较好的体现，从卵（蛋）生、风生、气生、牛生到爆炸生等，都将宇宙的形成之

① 《西藏民间歌谣选》，拉萨：西藏人民出版社，1985 年。

因、演化过程及其普遍规律作了诗情画意的浪漫诠释。最值得称道的是，经梳理发现了宇宙的形成和人的来源是构成世界观的基本元素。这些元素包含了人最初始的伦理，而且以文化传承的形式寓教于乐，至今影响着后人，并构成传统文化的一部分。

第二节　藏族的起源

在藏族起源神话中最富有代表性的是“猕猴变人”神话，带有最朴素的唯物论色彩，反映出藏族先民们独有的原始智慧和“以善为美”的哲学思想与审美理想。不过在口碑古籍传承中，该神话后期经过了佛教思想的明显改造，所以出现很多不一样的叙述版本，记载该口碑古籍的大致有《玛尼宝训》《五部遗教》《柱间史》《西藏王统记》《贤者喜宴·吐蕃史》《西藏王臣记》《汉藏史籍》等藏文史籍。神话故事讲道：

普陀山之观世音菩萨，点化一度母降世变为猕猴，命其从南海到藏地雪域修行。猕猴领命于雅砻河谷山洞潜修。一日，来一女魔，要求与猕猴做夫妻，猕猴道：“我乃观世音菩萨的徒弟，受命来此修行，如果与你结合，岂不破了我的戒行！”女魔道：“你若不与我结合，我便必定成为妖魔之妻，涂炭生灵，并生下无数魔子魔孙危害世界。你若娶我，乃救苍生也。望你答应。”猕猴因是度母降世，听后忖量：“若与她凤凰合鸾，必破戒；反之，岂不罪恶更大。”于是猕猴请观世音菩萨明示，观世音道：“此为上天之意，吉祥之兆。你若与她结合，可在雪域繁衍人类，乃莫大之善事。作为一个菩萨理当见善而勇为，速去与魔女结成夫妻。”后来，便生下六只小猴，性情各异，猕猴将其送到果树林中，希望小猴能够独立生活。三年后，猕猴前去探视，族群已达五百只。此时，树林的果实已不能满足生存之需，饥饿的小猴十分凄惨。见此情景，猕猴再次请示观世音菩萨，菩萨便取来五谷种子，撒向大地，大地不经耕作便长满各种谷物。众猴子因食用五谷，猴尾逐渐变短，并能够开口说话，变成雪域之先民。①

我们知道藏传佛教从古印度传入藏地，是在公元8世纪，观音菩萨也是此后传入藏地的。而猕猴与罗刹女传说所体现的历史阶段（原始社会），至少距今3 500年。让观音菩萨教化猕猴与罗刹女，其间相差2 000年。所以这是佛教传入吐蕃后，将口碑古籍整理融入佛教思想的典型例证。

猕猴变人的故事，反映的是原始社会氏族图腾崇拜，在藏族民间广为传播。后来因为政治和佛教传播需要加以改造②，并记录在古老的经书之中，绘制于寺庙壁画上。在布达拉宫的白宫东大殿，四壁都绘有色彩艳丽的唐卡壁画，其中最引人注目的一幅唐卡壁画就是“猴子变人”。始建于8世纪吐蕃王朝时期的藏传佛教寺院桑耶寺“乌孜”大殿，围墙中层的廊壁上绘有长达92米的巨幅壁画作品《西藏史画》，其中就有藏族先民罗刹女与神猴婚配、繁衍人类的故事。

关于猕猴与罗刹女的故事，民间传说就是在西藏泽当县城东侧贡布日山上，而“泽当”也是因“猴子玩耍之地”而得名。在泽当有关传说的遗址随处可见，猕猴住过的山洞、猴子头形状都成了著名的景观，每年吉日都会有信众从四面八方赶来转山，特别是藏历4月15日，转山的人络绎不绝、比肩接踵。人们相信只要每年绕山朝拜一次，就可以祈福消灾，惠及家人。

猕猴神话从表面上看似乎有些荒诞，但它对人类的起源做了符合进化论的表述。今天我们看该神话，会惊讶于神话中关于猕猴演化成人的故事，竟然与古猿进化成人类的进化论暗合。不可否认的是，这个古老的神话在它的模糊认识中，不仅包含了极为朴素的进化观念，也有浓浓的人情味和救苦救难、舍身成仁的普世价值观。与“女娲造人”相比较，它说明人的始祖不是用泥土塑造的，而是经历漫长的进化过程，经过与自然抗争，由类人猿进化到智人，最终进化为现代人。

特别是这个神话传说讲到食物的变化，可以看到食物对进化的重要性，不论任何民族如果没有人工栽种（使用工具劳动），都谈不上进化。藏族也

---

① 参见（明）达仓宗巴·班觉桑布著，陈庆英译：《汉藏史集——贤者喜乐赡部洲明鉴》，拉萨：西藏人民出版社，1986年，第78－79页。

② 佛教要想在西藏本土扎根，必须让信众相信神佛的万能，因此把“猿猴变人”的古老神话改编为神佛以无上法力创造了藏族人类的祖先。同时，让信众相信佛法无边，能够带来美好生活，服从现在的生活状态。

一样，如果没有青稞、小麦、豆子这些人工种植的作物，仅仅依靠畜牧业或狩猎，生存都会困难，更说不上进化了。远古的青藏高原经历过巨大的地质变迁，面临适者生存的巨大挑战，许多生物适应不了气候的变化而消失灭绝，部分古猿为适应地质和气候的变化，被迫改变以树上为主、采摘野果充饥的生活方式，走向平地开始多元化获取食物的生活方式。为了生存，他们必须去寻找新的食物，捕鱼、狩猎、种植和驯养动物。在这个过程中，他们的四肢和大脑开始发育，生存的需要要求提高获得食物的效率，于是逐渐直立行走，前后肢产生手足功能分工，前肢所从事的活动越来越多，越来越灵活。经过长期的磨炼、进化，他们逐渐掌握了借助工具提高攻击力和生产效率，并学会了制造简单的工具和使用陷阱捕猎、捕鱼。在以后漫长的过程中，他们适应了在严酷环境里生存的法则，身体和智慧得到更大的发展，形成智人，学会了人工取火，从简单劳动走向复杂劳动，能够制造精致的石器和骨器等，还能用骨针缝制兽皮衣物，最关键的是在群体生活中有了语言交流能力。而食物来源也随之更加丰富。所以，神话中生存的“需求意识”始终贯穿其中，它与现实生活中人类进化形成和社会发展的推动力量实质上是同向的。人类大脑思维中的“需求意识”是生存发展繁盛的需要，如果人类没有这种“需求意识”，就不可能产生原始社会互帮互助的道德和孕育出传统文化的萌芽，就不会有人类进化的历史。

当然，在远古的西藏，由于没有科学的解释，原始的宗教发挥万能作用，一切都是神的赐予，没有这些神的赐予人将永远是一群猴。把“需求意识”贯穿到赐予，成为最神圣的权力偶像，于是这些神话逐步建立起了完善的原始宗教体系，形成先民的宇宙观，也就是哲学思想、伦理道德。简单地说，这就是传统文化形成的初始之一。

前文讲过，藏族关于人类的起源，不仅仅有猿猴变人，也有其他神话。《俱舍论释》《本教历史及教义概述》都有相同的记载：人是海产生的，风吹海面所产生的泡沫累积而成大地……有了金木水火土，五种本原物质中，又产生一个发亮的卵（白色的卵）和一个黑色的卵。从发亮的卵中心生出人间的始祖斯巴桑波奔赤，他与从海面的气泡碎裂时产生的女人曲坚木杰莫结合，生下了九个兄弟、九个姐妹。九兄弟分身出九个女伴作为他们的妻子，九姐妹分身出九个男子作为她们的丈夫，由他们繁衍出本教的众神和人类。从黑色的卵中生出闷巴塞敦那波，他从自己的影子里衍生出顿显那莫，由于他们的结合生下了八个兄弟、八个姐妹。这八兄弟、八姐妹又有他（她）们的妻子和丈夫，由他们繁衍出本教的恶魔世界。人类是从斯巴桑波奔赤的后裔——天界和地界的神当中繁衍出来的。[①] 由此便构成了光明与黑暗的两个宇宙，善与恶两种神灵。这是不是生命的诞生原理？生命不就是最初由蛋白质构成简单生命体，而后由单细胞分化为多细胞……这样产生的。

另外在藏族关于人类起源的神话故事中，竟然也有类似《圣经·创世纪》的挪亚方舟之说："远古时候，突然天漏了，雨水倾盆而下，洪水泛滥，淹没了田地、山川和人类。只有姐弟两人钻进牛皮筒里，漂了七天七夜，天补好后水才退了，他们活了下来。姐弟二人在不得已的情况下结为夫妻，繁衍了现在的人类。"这些神话记载虽然看似荒诞，但记述了远古时期的自然灾害，特别是洪水危害，反映了原始社会血缘内婚制的情况。在康巴地区石渠县查加部落曾经就是这样的婚俗，不允许与外部落通婚。这里需要注意的是，这时还没有出现私有制，是没有家庭概念的人类原始生活状态。人类原始社会的群居乱伦和野合在动物的世界算是很正常的。后来原始先民在长期的生活实践中逐渐认识到这个问题的危害，严禁血亲同居。由于时代变迁和人类进步，这种口碑古籍流传失去了传颂价值，从回溯藏族人类起源角度举例，证明青藏高原也是人类的起源地之一，这种神话文明本身就具有一个很高的原始文化起点。

综上所述，仅看表面现象，无非就是产生了天、地、人间三界，如果深刻领悟，其演绎的绝不仅仅是善、恶，而是人的传统伦理形成，是宗教的形成，是传统在延续中不断丰富。传统在神化中以善恶形式刻模人的本性，自然地对现实的人加以约束。

第三节　藏族物种起源神话

从远古时期起，藏族就已经开始思考、探究身边的食物，尤其关心与之有紧密联系的一切事物，通过偶然的发现和长期的观察，对物种起源有自己深刻的认识，在某些地方甚至与现代考古发现不谋而合。

2018 年 9 月 10 日，中国科学院古脊椎动物与古人类研究所副所长、中

① 参见卡尔梅著，向红笳、陈庆英译：《本教历史及教义概述》，《藏族研究译文集》第 1 集，中央民族学院藏族研究所，1983 年，第 59－60 页。

国科学院青藏高原地球科学卓越创新中心研究员邓涛在中国科学院SELF讲坛向我们讲述了冰川世纪物种起源之谜。[①] 邓涛团队在青藏高原经过多年的考古研究，提出了冰期动物“走出青藏高原”的新推论。按照假说模型推断，在冰河世纪前全球进入极端温暖干燥的环境下，冰期动物只得栖息在青藏高原，260万年前冰河世纪开始，冰期动物开始走出高原，扩散到达甘肃的临夏盆地，在200万年前的时候到达河北的泥河湾，在75万年前的时候到达西伯利亚。如披毛犀、雪豹、藏羚羊、藏野驴、牦牛、岩羊、藏原羚、盘羊等起源于高原，冰河世纪来临的时候，它们扩散到更多的地区，像盘羊不仅扩散到了西伯利亚，还越过白令海峡到达阿拉斯加，而北极狐当面临全球变暖的时候，只能待在北极。

在高原冰期的时候，青藏高原不是现在这样。邓涛团队研究了一个海拔4 700米的地区，现在完全是一片高山草甸。他们通过用花粉化石恢复的环境，发现1 000万年前此处海拔是2 500米，甚至有棕榈树在这里生长。另外，他们在阿里札达盆地的考古研究证实，在3 000万年前，高原海拔在2 000多米的地方，到了1 500万年前的时候，隆升到3 000米；到了500万年前，高原变成了现今的高度，形成一个冰雪的环境。在250万年前，全球的其他动物都是适应温暖的气候的，而那些具有耐寒习性的动物，只能待在高原上，那个时候北极比现在温暖得多。250万年前阿里札达盆地的年平均温度是0℃，高原上的动物已经形成了耐寒的习性。到了冰河世纪第三纪末，气候转冷，寒冷气候带向中低纬度地带推进，不仅处于边缘地带的地区会形成冰川，而且高纬度地区形成的冰盖或冰川更加广泛，大约在250万年前的时候，它们走出了西藏。

当冰河世纪第四纪初期来临的时候，这些高原上的动物就获得了优势，这个行为叫作动物的预适应。它们走出了西藏，替代了那些原来生活在低海拔的、喜欢温暖的动物。经过冰河世纪的又一轮淘汰过滤，这些高原上的动物，一部分继续保持原来的耐寒习性，一部分历经遗传变异具备了更多的适应性，比如到了今天的热带地区去，甚至来到沙漠等环境严酷的地域，形成了今天生物多样性的一个基础。今天面对科学家对青藏高原考古的成果公布，我们把视线转回藏族的祖先，他们将物种产生进行神话演绎，成为流传的经典口碑古籍，竟然与高原考古相契合。比如关于种子的来源：

① 关于气候变迁，中国近代地理学和气象学的奠基者竺可桢院士很早就通过大量考古，提出了历史时期的世界气候是有周期性变迁的科学理论。

“最初斯巴形成时/阳山坡上长白竹/白竹顶上白鸠落/白鸠送来大米种/最初斯巴形成时/阴山坡上长青竹/青竹顶上青鸠落/青鸠送来青稞种/最初斯巴形成时/山坳中间长红竹/红竹顶上红鸠落/红鸠送来红麦种/……”

藏族视青稞为无比圣洁的珍贵之物，是佛事活动中必不可少的一件吉祥神物。青稞种子的来源更是形成很多广为流传的民间故事，而且这些口碑古籍还有不同的版本，这些版本折射出传统文化在远古时期不同阶段所形成的文化特征。同时，在故事中体现了藏族道德伦理标准和人文精神。比如《青稞种子的来历》：

远古时候，有一王子名叫阿初，聪明善良、勇敢正直。看到人民没有粮食吃，需要种子，于是王子自告奋勇到蛇王处讨要青稞种子。他挑选了二十位武士，骑上骏马，翻山越岭，克服重重艰难险阻，越过九十九座大山，渡过九十九条大河之后，所带武士全部牺牲，就剩下阿初王子一人一骑。但他依旧初心不改，勇敢向前。神山看见后被感动到，于是从蛇王那里盗来了青稞种子交给阿初。可是，不幸被蛇王发现了，蛇王罚王子变成了一只狗，只有得到一位姑娘的爱情时，方能恢复人形。返回途中，变成狗的王子，遇见一位姑娘被野兽围攻，他勇敢营救，赶走野兽，自己却被野兽伤到，被救的姑娘带着王子回到家，经过细心照料王子得到康复，与之相处姑娘爱上了变狗的王子，获得爱情的王子又恢复了人身，这位姑娘原来是一位国王（土司）的三姑娘。王子就把种子分给了老百姓，通过辛勤耕耘，大地上长满了青稞。从此人们吃上了用黄灿灿的青稞磨成的糌粑。为纪念王子变狗的勇敢行为，在以前人们都会在收获青稞、吃新青稞磨成的糌粑时，先捏一团糌粑给狗吃。[1]

这类物种来源说，是藏民族最早的口碑古籍，更多的是表现并赞美藏族原始先民在强大的自然力面前毫不畏惧的勇敢行为、坚持不懈的做事态度，以及敢于征服困难的意志与精神，热情地歌颂了为人类作出贡献的英雄人物。比如《青稞种子与牦牛》，讲述一位年轻英俊的王子带回被魔王霸占的青稞种子，返回的路上被魔王发觉了，将王子变成牦牛，而王子用嘴

① 《藏族民间故事选》，上海：上海文艺出版社，1980 年，第 18 – 32 页。

衔着那一小袋青稞种子，跋山涉水，经历了无数磨难，终于把珍贵的种子带给百姓，自己却永远变成了牦牛。至今，牦牛依然是藏族人民崇拜的图腾，在房屋墙上、屋顶、寺庙建筑中都有牦牛形象。有许多地方，每到种青稞的季节，还要推选出年轻英俊的小伙子，戴上牛头面具跳神牛之舞。①

在藏族先民的意识中，物种的来源一定是勇于奉献的结果，告诫后人要无比珍惜。同时，这类口碑古籍也把浪漫的爱情融入其中，让故事的传承更具有人情味。比如《种子的起源》："远古时候，有一位英俊的少年，他和天神的三姑娘结为夫妻，在三姑娘和老岳母的帮助下，完成了天神交给的管理农业的任务。其间他瞒着天神，从天界盗回五谷种子，撒播在人间。天神知道后大怒，派出九个太阳要销毁所种的庄稼，太阳晒得大地到处草木枯焦，滴水无存，庄稼全被烤死，剩下的是烤焦的土地和山岩，天神这才把其余八个太阳收回。但是，少年在变成喜鹊的三姑娘帮助下，事先做了充分准备，挖好了深深的地洞把种子藏起来，以后人们才能继续播种收获。"②

牦牛、马和狗都是古代藏族人的图腾崇拜，是与生存息息相关的物种，特别是牦牛，古代藏族神话中将野牦牛称为天上的"星辰"，藏传佛教也有莲花生收服变成大白牦牛的保山神山并使其成为护法的传说。另外，藏族神话传说中有这样一个故事：桑玛（兰特王）牛头人，就是一男人和母牦牛结合生下的。牛头人出生便领受使命，要打败魔鬼变成的黑牦牛。藏族认为黑牦牛还是阎王的始祖，是长着牛角的地狱之王，叫"雅瓦""雅婆""雅巴"或"雅玛"。因为牛魔（阎王）是地狱的主宰，所以在藏语中地狱也叫"阿鼻地狱"，而这"阿鼻"虽然只是音译，但古羌藏语也把野牦牛叫作"abi"。藏族人甚至还将牦牛与自己的祖先联系在一起。牦牛在藏族传统文化中扮演的角色不仅仅是神（护法），还是姓氏的一支。譬如嘉绒藏族传说的祖先"额尔冬爷爷"就是牛首人身。口碑古籍关于牦牛的神话传说同样充满着浪漫与喜剧色彩，在甘孜州笔者曾收集到这样一则民间故事：

一位叫色安布的小伙子，原来是牦牛护法神变的。一日山神儿子让一只小鸟带信给他，信中提到山神要把女儿嫁给他。色安布满心欢喜地应允了这门亲事。迎亲那天，山神把大女儿变成猛

① 参见辛玉昌主编：《甘孜史话》，兰州：甘肃文化出版社，2012 年，第 269 页。
② 《藏族民间故事选》，上海：上海文艺出版社，1980 年，第 32 – 46 页。

狮，色安布见了很害怕；山神把二女儿变成一条蛇，色安布更不敢要。山神又把小女儿变成一头野牦牛，并向他发起猛攻。色安布一看原来这才是我爱的人，于是他用手指在野牦牛眉心一点，野牦牛瞬间变成了一个美丽的姑娘。山神对此很高兴，为他们举办了盛大的婚礼，还送了他们一张有魔力的羊皮做嫁妆。这张羊皮能够变出很多羊来。后来，小伙与姑娘上天做神去了，他们留下了唯一的儿子，就成了藏族塔拉克氏族的祖先。

在藏史《西藏王统记》中也有类似的神话记载，吐蕃第九代赞普降格布·茹列吉传说就是在牛角中出生的。“大臣洛昂篡夺王位，役使王妃为马牧。一日，妃于牧马处，假寐得梦，见耶拉香波山神化一白人，与之缱绻，既醒，则枕藉处有一白牦牛，倏起而逝。造满八月，产一血团，有如拳大，微能动摇。念若抛舍，肉自己出，未免不忍。养之，又口眼均无，遂以衣缠裹之，置于热犛牛角中。数日往视，出一幼婴，遂名为降格布·茹列吉。”①

这些以牦牛或其他动物幻化人形象的记载，是原始崇拜的基本行为。“人在自己的发展中，得到了其他实体的支持，但这些实体不是高级的实体，不是天使，而是低级的实体，是动物，由此就产生了动物的崇拜。”②这种包括对自然崇拜、生物崇拜和鬼神崇拜的原始崇拜，演化为早期的宗教，影响至今，所以在藏族物种口碑古籍中比较系统。据本教经典《符音释难》载：“穆叶十八神即为马神红、公牦牛神猛、奶牛神逊、绵羊神敏、山羊神凶、虎神、豹神、棕熊神、人熊神、豺神、狼神、猞猁神、狐狸神等。”③

在青藏高原，与牦牛能够相提并论的牲畜就是马了。马是藏族人的灵魂，是藏族人的图腾，爱马是藏族人的天性，赛马则更是藏族人的精神。英雄格萨尔就是通过赛马登位，征服世界。关于马的口碑古籍与牦牛一样多，笔者在三岩地区搜集到一则关于《马的来历》的神话故事：

最早世界只有风，风吹出了云，云又变成了雨，雨下成了海。

---

① （明）索南坚赞著，刘立千译注：《西藏王统记》，拉萨：西藏人民出版社，1985 年，第 34 – 35 页。

② 参见《马克思恩格斯全集》第 27 卷《恩格斯致马克思 1846 年 10 月 18 日》。

③ 《释典旨要随笔》新版，第 14 页。

有一天，风很大，海面上翻起了滔天巨浪，这时从风和巨浪中生成了一匹白色的骏马。白骏马长声嘶叫，迎着飓风，踏着巨浪，勇往直前，就这样风停了，巨浪也消失，还出现了大地。于是，白骏马飞向了天空，不久一位少年和少女骑着白骏马来到人间，这便是藏族人的祖先。马也就一直陪着人类，没有离开。

不仅如此，马还帮助人们取得树种，让高原森林茂盛，绿意葱茏。神话《取树种的故事》记载："有个叫卓玛的姑娘，她在梦中受到白发老人的指点，醒后骑上松耳石变的骏马，飞越高山、大河、热流、寒空。经过种种艰难困苦，从阿里取回了树种，使家乡的秃山长满了绿树。"①

藏族民间谚语："人马犬三者同等同类""马狗通人性"，赋予马和狗很高的地位。从古至今，所有生活在青藏高原的民族对马都有一份特殊的情感，马与藏族人的物质追求和精神渴望紧密地联系在一起。马是藏族人民日常生活中最亲密的伙伴，更是勇敢、忠诚、奉献的朋友。爱马如命，视马为命，藏族人对马的感情是浓烈的、醇酽的。马文化与牦牛文化一样始终是藏民族文化的核心部分。藏族人在日常生活中，放牧、旅行、婚嫁迎娶，都要骑上自己心爱的马。马不仅是一种交通工具，也是一种财富和地位的象征。

马和牦牛一样，一方面是图腾，另一方面它能够以部落的形象出现，比如《马和野马》的神话：

在九个九十天的昨天，在九重天上，公马喀尔达义雅尔瓦，母马桑达义巧玛，它俩在一个名叫达萨隆章的甲莫绒地方生下后代。马是神马，曾经住在天庭，但自从吉祥时代结束，灾难时代来临，天庭荒芜了，神马从九重天上降落凡尘。后来，小马来到吉隆当哇，与该地马王结合，生下了大哥义吉当强、二哥俄扎、三弟曼达三兄弟，为寻找更好的家园，三兄弟便分别到三个地方去了。

老大义吉当强来到藏北的羌塘，面见此地的主人野牦牛噶瓦，提出分享这片草原的请求。他说："希望马和野牛在这里和平共处，为避免争斗，野牛吃草时，马去饮水；马吃草时，野牛去饮

① 《藏族民间故事选》，上海：上海文艺出版社，1980 年，第 59－64 页。

水。”噶瓦不同意，发动攻击，拿犄角把马大哥挑死了。

后来老二、老三两兄弟一路找到羌塘，发现大哥被野牦牛挑死，小弟曼达血气方刚，誓言报仇；二哥俄扎态度务实，认为长兄的本领是最大的，尚且抵敌不过，还是远避为上。

但是马小弟曼达决心已定，打算借助人的力量复仇。二哥听罢警告说，与人亲近，只能得到被役使的命运，口中套嚼子，背上驮鞍子，身心受摧残。小弟反驳道，你可以追求自由，但也缺乏安全，野兽的四蹄会追逐你，射手的箭矢会瞄准你。

一个要报仇，一个不肯，因为意见不合，两匹马各奔东西。最后，马小弟找到人类帮它杀死了野牛，替哥哥报了仇。为了报答人类的恩情，小弟曼达的后代跟随人类有了家，成了人的忠实伙伴。二哥俄扎的后代则到处游荡，成了野马。①

虽然记述的是马与野牛争斗的故事，但指向性非常明显，代表传统文化中的另类习俗，可谓富有想象力。也说明人类在与大自然抗争中的处境相当艰难，需要与野生动物、其他部落争夺有限的草场资源，从侧面反映了争夺草场资源自古有之，并且隐喻了争夺草场的血案和复仇传统，即藏族部落“复仇”的陋习。这种陋习以超越宗教的力量在民间传递，比如草场争夺中，可以凌驾于神之上，赋予参与纠纷的个体另一个身份，即所谓“护法神”出现，最易造成流血冲突。这种文化传统在物种神话中经常出现。需要指出的是，不仅仅是藏族，所有民族都有这样的文化传承和故事。只是藏族将其渲染为“护法”后，弱肉强食的原始文化有了很好的“遮羞布”。

狗相较之牦牛、马，就是家庭成员之一。狗是藏族先民最早驯养的动物之一。在生产力极不发达的藏族原始社会，狗的勇猛、聪明、忠诚、警惕，使其成了人们日常生活和生产中的得力助手，不仅可以参与狩猎行动，协助人们获取更多的食物，而且忠于职守，看护家园，守卫家人和家畜的安全。因此，在“射猎为食，兼取衣皮，逐水而居，游牧四方”的原始氏族阶段，狗的地位不言而喻，如同人的影子一般。所以，与狗相关的神话口碑古籍也非常多，故事都反映了狗与人的深厚情感，是人的忠实伙伴与

① 参见丹珠昂奔、周润年、莫福山等主编：《藏族大辞典》，兰州：甘肃人民出版社，2003年，第498页。

助手。如《青稞与狗的故事》："很早很早以前的青藏高原，藏族先民还没有种植粮食，人们只能靠游牧和其他方式生活，处于饥寒交迫之中，在此情形下，神便派狗去遥远的另一个世界寻找种子，狗排除了千辛万苦，终于有一天，叼着青稞穗子回到了藏民族聚居区。从此，人们便过上了幸福的生活。"[①] 几千年来，藏民对狗的这种敬仰和感情，赋予其神奇无比的力量，以显示其神圣、忠诚。神话《幸福是狗的恩典》就是这种文化的代表："在菩萨的恩赐下，青藏高原人民由于有了幸福的生活，富足了的人们，不懂得珍惜粮食，奢侈地把糌粑当作玩具玩。当神看到此景，一气之下把青稞穗子一一削去（传说最初青稞有九束穗子），当削到最后一束时，狗突然大叫一声：'留下我的一份'。这样，神才留下一束穗子，才有了我们今天看到的青稞粮食。"[②] 还有前面讲过的阿初王子变狗取回种子，不但使自己得到了美满的爱情，而且让人民吃上了香甜的糌粑。在藏民族聚居区感恩和依赖狗的文化无处不在。

狗在高原藏族人生活中的特殊作用，是其他物种所不能替代的，狗的神话故事自然而然就显得与传统文化更加贴近。在《敦煌古藏文文书》中记载了神犬为止贡赞普复仇，犬毛涂上剧毒，毙杀罗阿木达孜的故事。在以往藏族口碑古籍的神话研究中，我们大多忽略了传统文化与神话的产生和传承，更多地认为藏族先民将其无从解释和理解的事物都融入一个个神奇而美好的传说之中。所以，必须将其作为传统文化看待，比如以狗毛涂毒复仇的故事，这里面就有占卜、崇神、复仇一系列传统文化。同时，能够推断的是原始本教已经产生。原始本教的最大特点就是物种的起源伦理化。如何让传统文化伦理传承，从神话创作开始，人们就对自己身边密切相关的动物非常关注，通过环境现状和对世界的认知完善神话，并让其成为老少喜爱的口碑古籍。

藏族是一个图腾十分丰富的民族，他们的图腾文化除粮食、果树、牲畜、家禽、野兽等动植物外，还有对自然物如雪山、巨石、湖泊、江河等的图腾文化崇拜。围绕图腾文化崇拜而创作的神话可以推测到史前。比如从《青稞种子的来历》来推断，《藏族简史》记载：鲁赞时代（约前30—前28世纪），统治区域"蕃康岭古"出现了引水渠及灌溉工具，人们种植庄稼，有原始的占卜行为。由此可以说明，这个故事至少在鲁赞时代之前

① 参见安海青：《藏族的狗崇拜习俗》，《西藏民俗》2000年第2期。
② 参见安海青：《藏族的狗崇拜习俗》，《西藏民俗》2000年第2期。

就已在藏族民间广为流传。搜集整理研究史前藏族文化的文明史，溯源传统文化，更多时候是通过对藏族民间文学作品、典籍记载、口碑古籍的分析，结合考古发现，从而总结出史前青藏高原历史文化的形态和生产生活社会史。

综上所述，藏族在史前的生态环境和文化背景下，通过大量神话、民间故事等口碑古籍文学传承，生动地展现了史前藏族人民的思想意识、行为方式、信仰哲学，以及社会和文化结构的初始形态。尔后神话经过宗教改造，又记录了藏族在物质、精神、制度三方面的传承和变迁的过程。从中我们可以明确窥探物种起源与改造过程的困难，以及伴随的艰辛和浪漫。这种艰辛和浪漫让藏族先民创造了自己的物种起源论，并形成独立的史前文化传统。

第四节　传统文化成因分析

前文通过藏族口碑古籍的神话溯源了藏族传统文化的“根”，即康巴文化的源。本节就传统文化的成因进行分析，利于我们辩证地看待历史和传统文化的形成过程。传统是指上一代传给下一代的活动方式、爱好及信仰等，是千百年来沿袭的定俗，因而可以绵延不绝。也可以说传统是一种行为方式或标准，是群体的产物，可以用来加强群体的意识和团结的文化纽带。前一种解释，说明人在传承过程中实实在在传承的是传统的价值，因为传统如果没有具价值的内涵，是不能累积成为传统的。后一种解释是对传统功能的总结，这是传统的重要价值之一，在任何社会均如此，莫能例外。而且传统文化是随着历史的进程不断完善和丰富的。

在《藏史纲要》中，土登彭措先生根据本教史书和藏史书籍综述了藏族的发展史，结合国外相关的藏族历史研究成果，总结了前6世纪以前藏族的发展史，详述了每一个时期文化的主要特点，具体归纳为十三个时代。

《贤者喜宴·吐蕃史》描述了十个时代，这里简单就十个时代的主要发明与文化作简述。

第一个时代：怒金时代，旧石器时代晚期。出现了弓箭。《贤者喜宴·吐蕃史》载：“西藏最初为鬼魅所统辖，地方名称为桑域坚美，此时出现了箭、弓等武器。”[①] 弓箭的产生使人类可以技巧性地获得更多更大的猎物，是生产力的一次巨大飞跃。恩格斯说：“弓、弦、箭、矢已经是很复杂的工具，发明这些工具需要有长期积累的经验和较发达的智力。”弓箭的产生不仅使人类更加节省体力，还大幅提高了防御能力，特别是箭矢使用了锋利的石器、骨角打磨物。如果近距离搏斗，人很难战胜大型动物和猛兽，但是有了弓箭，并涂以毒草汁，人就可以拒猛兽于较远距离之外，从而更好地保障自身的安全，使人类更容易安居，人口更容易繁盛，给文明的发展提供了更好的基础。另外，弓箭的发明代表着原始音乐舞蹈的起源，与弓相似的口弦随之而出，居住在山洞的藏族先民伴着口弦、劳动号子，展现来源于狩猎和生产动作的原始舞蹈，逐渐开始祭祀仪式文明篇章，并把粗线条的画绘于石壁。节约了体力和减少了危险的原始人类，有了更多时间和精力，把获得猎物的方式向族人展现出来，且为烘托气氛会加入音效，音乐舞蹈便由此诞生。

第二个时代，堆时代，约新石器时代早期。出现了石制的斧头。《贤者喜宴·吐蕃史》载：“此后，为牛魔王所统治，此地遂称堆域卡热茸古，此时出现了斧头、斧钺。”[②] 石斧的出现代表着古代藏族人制造工具开始进入精细化加工阶段，石斧不仅是武器，也是生产、生活工具。

第三个时代，森波时代，约新石器时代中晚期。出现了尖形石器、骨刀（包括石刃骨刀）、骨犁、骨饰品等。《贤者喜宴·吐蕃史》载：“此后，为强项血目罗刹所据，此地遂称森布那布古域，此时出现矛和叉两种武器。”[③] 这个阶段是堆时代的延续，藏族先民更多地在加工工具上进行材质的选择和探索，开启了材质选择和工具实用、耐用、方便的制作方向，生产力得到进一步发展。根据现有的壁画，推测当时文化以原始宗教为伦理支持。

第四个时代，玛尔降拉时代，约金（铜）石并用时代。出现了矛、刀。《贤者喜宴·吐蕃史》载：“此时西藏为红柔神所辖，于拉域贡塘，出现钢

① （明）巴卧·祖拉陈瓦著，黄颢、周润年译注：《贤者喜宴·吐蕃史》，西宁：青海人民出版社，2017 年，第 7 页。

② （明）巴卧·祖拉陈瓦著，黄颢、周润年译注：《贤者喜宴·吐蕃史》，西宁：青海人民出版社，2017 年，第 7 页。

③ （明）巴卧·祖拉陈瓦著，黄颢、周润年译注：《贤者喜宴·吐蕃史》，西宁：青海人民出版社，2017 年，第 7 页。

刀。”[1] 这个时代处于新石器时代和青铜时代之间，人类物质文化发展的过渡性阶段，又称金（铜）石并用时代。在这个阶段中，人类开始运用金属器物（以铜器为主），藏族运用金属首先是制作刀，与石器和角器相比，冶炼技术虽不发达，但金属器物也锋利、耐用。

第五个时代，穆甲时代，约青铜时代早中期。不仅金属刀具等较普遍，还出现了皮绳、套索绳。《贤者喜宴·吐蕃史》载：“此时西藏为由神和鬼结合生的孩子穆杰括杰所统治，此时于达昌姜昌出现了投索绳。”[2] 青铜在人们生产、生活中普遍使用，对提高社会生产力起了划时代的作用，藏族文化发展到了一个新阶段。特别是皮绳、套索绳的出现，显示农牧业生产有了新的发展。这一时期的口碑古籍文化更多的是图腾崇拜，是英雄和智慧故事、神话创作的阶段，也是族群意识、团结合作意识的形成时期。

第六个时代，卓卓智时代，约青铜时代晚期。出现了“乌朵”（投石器）。《贤者喜宴·吐蕃史》载：“西藏为惊逃鬼所掌管，于朗当灵当出现了投石器。”在卡若文化遗址中出土的石球，其直径在6～7厘米，石球就是狩猎或部落械斗中用作投掷武器不可缺少的“弹药”之一。投石器与弓箭、刀、矛相比，投掷的距离更远，可达百米之外，制作更容易，使用的石球（鹅卵石）取之不尽，在部落间的争斗中杀伤力惊人。另一个投石器“乌朵”的使用，证实了远古时期，人们可以熟练地运用力学原理，制造携带方便、具有远距离杀伤性的武器，精准性提高，狩猎效率得到极大提升。特别是在部落因为资源争夺，社会进入冲突的无序状态时，这类攻击性武器使用，使得几乎每个部落都有“血仇”，很多神话故事体现了“复仇”的传统文化观，于是更加赞美力量、智慧、忠孝和勇敢。

第七个时代，九代玛桑时代，约铁器时代早期。统治区域称“蕃康雅株”。《贤者喜宴·吐蕃史》载：“为玛桑九族所统领，此九族为年亚邦杰、卡丁纳木擦、莱岸朗藏杰、汝托卡杰、谢托盖丁囊、梅白马杰、赛盖朱波切、昌瓦昌玛沽、桂多纳木擦。此时西藏称为蕃卡年雅楚，这时出现了箭套、剑、铠甲及小盾等武器。”[3] 这个时代我国中原地区进入春秋时期，诸侯争霸，烽烟四起，不过也是文化大繁荣时代，地处青藏高原的藏族亦不例外。

---

① （明）巴卧·祖拉陈瓦著，黄颢、周润年译注：《贤者喜宴·吐蕃史》，西宁：青海人民出版社，2017年，第7页。

② （明）巴卧·祖拉陈瓦著，黄颢、周润年译注：《贤者喜宴·吐蕃史》，西宁：青海人民出版社，2017年，第7页。

③ （明）巴卧·祖拉陈瓦著，黄颢、周润年译注：《贤者喜宴·吐蕃史》，西宁：青海人民出版社，2017年，第7页。

第八个时代，鲁赞时代，铁器时代中期，约前 20 世纪，统治区域称“蕃康岭古”。《贤者喜宴·吐蕃史》载：“西藏为龙统治，遂名为藩康九洲。”[①] 出现了引水渠和灌溉工具，人们种植庄稼，有了原始的占卜行为。手工业得到空前发展，铁制工具在农业中逐渐替代传统的铜工具，在社会生产和生活中发挥着巨大的作用。

第九个时代，贡布九兄弟时代。铁器时代晚期，统治区域称“昂玉娜布”。《贤者喜宴·吐蕃史》载：“西藏为王所统治，遂名昂波切。”[②]

第十个时代，萨让杰楚时代，统治区域称“东德久杰”。《贤者喜宴·吐蕃史》载：“西藏为工布严古所统治，西藏遂名十八个东岱。”[③] 农牧业出现分工，纺织缝衣技术开始出现，人们开始佩戴头饰、耳饰。创建了五行术，产生了祭祀。提出了十二生肖，娱乐歌舞逐渐固定样板。

到了十二邦国、四十邦国、象蕃三个时代。在前人行医治病的基础上，诞生了第一部藏医理论书籍和四大元素学说，将药物学与四大元素的关系作了科学的解读。出现了与五行相关的宗教仪式，原始宗教本教逐渐兴盛，出现了象雄文字，已经开始使用檀木记事。藏族先民创作的口碑古籍神话、民间文学已经广为流传，并开始被宗教改造。比如，经典文学《麻雀的故事》（又称《麻雀经》《飞禽选王的故事》）以百灵鸟夫妇作为叙事主角，描写了人间百态，总计 13 章，文字逻辑严密，言简意赅，语言犀利。在不同阶段、不同地域，该故事虽然又流传出各种不同的版本，但都有两个共同点：一是都在讲述一只聪明麻雀的过人智慧；二是通过故事阐释各种鸟类的生活习性和形态特征。最关键的是，通过鸟类的辩论，间接地把佛本之争的情形揭示出来。在拉妥妥日年赞之前，历代吐蕃赞布以“仲”（寓言故事）、“德吴”（逻辑推理）和“本”（原始本教）治理天下。《贤者喜宴·吐蕃史》中把《麻雀的故事》作为“仲”的案例，即“应成式”。应成式的理论雏形，最初形成于古印度因明时期。在辩论过程中，以对方所承认的论据证成其不承认的论点，这是藏族辩论模式的重要标志，也是藏族量论与古印度、汉地和日本因明的一个分水岭。然而，之前并不是这样的，本教有自己破除对方谬论的说理逻辑和方式。应成式的出现标志着佛

---

① （明）巴卧·祖拉陈瓦著，黄颢、周润年译注：《贤者喜宴·吐蕃史》，西宁：青海人民出版社，2017 年，第 7 页。

② （明）巴卧·祖拉陈瓦著，黄颢、周润年译注：《贤者喜宴·吐蕃史》，西宁：青海人民出版社，2017 年，第 7 页。

③ （明）巴卧·祖拉陈瓦著，黄颢、周润年译注：《贤者喜宴·吐蕃史》，西宁：青海人民出版社，2017 年，第 7 页。

教在青藏高原的成功立足。从此，应成式逐渐演变成为一种特殊的反驳对方观点的写作风格。运用理论探讨和辩论，不仅渗透到了文学、语法等其他学科中，还普遍应用于《因明论》《中观论》《俱舍论》《般若论》《律论》等佛教论著中。

上述初级到高级的传统文化产生，是人类进化的结果，是生产力获得空前解放而发展的必然。恩格斯在《反杜林论》中说："一切宗教，不是别的，正是在人们日常生活中支配着人们的那种外界力量在人们头脑中的幻想的反映。在这反映中，人间的力量，采取了非人间力量的形式。在历史的初期，这样被反映的首先是自然的力量。在往后的演变中，自然力量在各国人民中获得各种不同的复杂的人格化。"① 这里所说的"不同的复杂的人格化"既包含人格化的途径，也包含人格化的水平，由于自然力被人格化，最初的神和传统伦理随之产生。

为了更好地理解传统文化的传承，这里引用一个比较有名的也挺有意思的实验来说明：

科学家安装一实验室，顶部设喷淋装置，一端悬挂一只香蕉，放进4只猩猩。

当猩猩A发现香蕉，当手即将触摸到摘香蕉的梯子，实验员打开喷淋装置，顿时"倾盆大雨"。猩猩A立即收回双手遮住脑袋，其余三只也匆忙用双手遮雨。

"雨过天晴"，猩猩A又准备摘取香蕉，喷淋装置再次开启，众猩猩又慌忙用双手遮雨，猩猩离开梯子后，喷淋关闭。猩猩A似乎领悟到什么，放弃摘取香蕉的念头。猩猩B却准备一试，遭遇与猩猩A一样。几次尝试，猩猩B亦放弃拿香蕉的欲望。

猩猩C却准备试试运气，来到梯前遭遇同上，在"瓢泼大雨"中狼狈地逃回到伙伴当中。

稍后，猩猩D跃跃欲试，还没走到梯前，没想到另外3只猩猩飞快地冲上去把猩猩D拖了回来，然后一顿暴打。所有猩猩老实地待在笼子的另一端，不敢再摘香蕉。

而后，实验员放出猩猩A，放进猩猩E，猩猩D的遭遇同样上演于猩猩E。后来又替换进多只，同样被暴打，不知原因，虽然

① ［德］恩格斯：《反杜林论》，北京：人民出版社，1993年，第311页。

"元老"都被换走，后来者，凡接近梯子者均被拖回教训。后来者对挨揍的原因虽不大明白，但知道不可靠近。香蕉却变成了猴子敬畏的神物，不敢触摸。①

从这个实验里，我们不仅能够理解到传统的形成和传承，对约定俗成的产生也会有深刻的理解，犹如条件反射。我们现实生活中遇到有悖传统伦理的事情时，常常感觉传统不可理解，怀疑它产生的正确性。但是，接受传统正如后来的那几只猩猩被"上课"一样。这里的香蕉从猩猩最喜爱的食物变成了"神物"，正如《麻雀的故事》故事结构与语言技巧的运用，成为"治政"的道理和传统。

在《麻雀的故事》中，我们还见到传统文化的排他性，虽然是通过辩论的方式出现，但这种排他性无处不在。这就告诉我们一个事实，在自然界进化过程中，己群意识对他群意识一般是带有敌意的。这种现象普遍存在于世界每一个角落，法国存在主义哲学家莫里斯构想了一个很典型的例子。

1. 你看，那个绿头发的男人在打一个小孩。
2. 那个绿头发的男人真可恶。
3. 所有绿头发的人都可恶。
4. 所有绿头发的人都会攻击任何人。
5. 那边过来一个绿头发的人，要在他打你之前就先打他。

（绿头发的人并没有先挑衅，莫名其妙被打，自然不甘心，还会打回去）

6. 你看吧！我说得没错，绿头发的人很可恶。
7. 所以，要打所有绿头发的人。②

这是一个很简单的小故事，在逻辑学上被称为模态推理的典型错误推理，说明了他群的人如何变成仇恨的对象。虽然分析起来其过程非常可笑，但代表了许多政治家的思考方式。《麻雀的故事》很早就告诉了这个道理，

① 参见范河川、戴刚：《康巴传统文化的成因及影响》，北京：中国文化出版社，2011 年，第 6 页。

② 参见范河川、戴刚：《康巴传统文化的成因及影响》，北京：中国文化出版社，2011 年，第 137 页。

这是藏族先民的智慧，藏族一直以来都有热情好客的文化传统，免疫了自然界天然的己群意识敌视他群的传统陋习。

我们要清醒地认识藏族古代传统文化，它代表着不同时期、不同阶层和地域的人类劳动成果，是藏族人民的基本信念和哲学思想。人所生活的圈子，都具有一个共同的文化传统，即具有共同的价值观念、宗教信仰和行为模式。如果没有这些传统文化，那么维持秩序的机制也将丧失。由于文化的同质性极高，很容易沟通，在这样的环境中，传统有无比的重要性，传统不仅是行为规范、行为者的信念和社会制裁的来源，更是大家遵守的游戏原则。在这种社会中，一切普遍的标准并不发生作用，一定要问清了对象是谁、和自己是什么关系之后，才能拿出什么标准来。这就是“神话准则”“创世纪”对共同祖先的认同。

恩格斯说：“有了人，我们就开始有了历史。”人类自从有了初步的思维能力后，就开始在观察、改造外部世界的过程中思考世间一切是如何出现或产生的，对这一问题的思考是人类早期哲学学说形成和发展的基本表现形式。藏族无数哲人对世界形成问题提出了种种看法或猜想，形成了自己的“创世纪”，这无疑对藏族传统文化溯源有着重要意义。

第二章　康巴文化的结构探析

康巴文化孕育于青藏高原这片古老的土地上，是藏族形成过程中，经过一代代生息繁衍、劳动创造的漫长过程形成的历史成果。根据现代科学考察，青藏高原在古近纪初中期，原本是一片被水淹没的大海。新近纪开始后，逐渐出现陆地、高原，地势东低西高，且西藏西北部与东南部形成了不同的自然景观。受地壳运动影响，最终形成了现在的青藏高原和高原气候。

一般认为藏族人的祖先栖息于雅鲁藏布江流域密林中。《红史》说："由观世音菩萨的化身神猴与度母化身岩魔女结合生出藏族人种。以后依次由玛桑九兄弟、二十五小邦、十二小邦、四十小邦统治。"[①]《西藏王臣记》说："当时四大部族所分的情况为：第一是白耶桑登天绳部族；第二是黑耶扪稳如铁铸磐石部族；第三是江赤聪慧神灯部族；第四是黑折朱狗尾草部族。"[②] 青藏高原在距今大约 60 万年至 1 万年间，居住在雅砻河谷一带的原始人群，随着生产的发展和人口的不断增多，为了争夺生活资料产生了矛盾，部落解体分家。先民们按照血统关系，分化成色、穆、董、东四个比较固定的氏族部落，也就是说藏族原始人群已经逐步向氏族转化。《汉藏史集》记载：由雏猴发展而来的色、穆、董、东四大氏族：①色族人，黄头发，寿命长；②穆族人，极具智慧，善于积累财富；③董族人，相貌英俊；④东族人，善于思考，且讲究饮食。[③]

另外，还说从四族中又发展出了：①白叶桑神部族；②黑叶门如磐石部族；③江赤神灯部族；④黑扣宗狗尾草部族等。[④] 又说，叶桑部受天神保佑；叶门部如同水中磐石坚固；江赤部智者甚多；扣宗部家畜众多。

据《柱间史》记载：①董氏居住于玉茹（gyon-ru）地方；②东氏居住于叶茹（gwas-ru）地方；③色氏居住在约茹（gyu-ru）地方；④穆氏居住在卫茹（dbu-ru）地方。[⑤]

由此，我们可以推断出东氏族最初活动于后藏地区，色氏族活动于西藏南部，穆氏族活动于西藏中部地区，康巴地区就是董氏族活动区域。《西藏王臣记》记载，董氏族多出王者。比如，民间传说藏族战神格萨尔王就出自董氏族。

---

① （元）蔡巴·贡噶多吉著，陈庆英、周润年译：《红史》，拉萨：西藏人民出版社，1988 年，第 29 页。

② （清）第五世达赖喇嘛著，郭和卿译：《西藏王臣记》，北京：民族出版社，1983 年，第13 页。

③ 《汉藏史集》，成都：四川民族出版社，2020 年，第 128 页。

④ 《汉藏史集》，成都：四川民族出版社，2020 年，第 128 页。

⑤ （宋）阿底峡：《柱间史》（藏文版），兰州：甘肃民族出版社，2020 年，第 58 页。

《贤者喜宴·吐蕃史》《西藏简明通史》对藏族典籍归纳后的总结为："从古人氏族逐渐演变成西藏的四大氏族：赛（色）、穆、顿（董）、东，在此基础上增加'惹'和'柱'两氏族，通称为'六大氏族'。"[①] 由此，藏族的部落群体从最初的氏族血缘家庭或部落不断增殖，每个氏族又分裂成若干个部族，分裂的氏族又繁衍出无数个子部族，他们逐渐向整个青藏高原迁徙寻找更好的生存环境，其间与黄河、长江溯流而上迁徙的其他民族相遇定居下来，逐渐形成后来的许多邦国部落。在此过程中传统文化一脉相承，并且在多元文化融合中得以发展和丰富，典型的诸如古代12小邦[②]。

回顾20世纪西藏考古成果，在青藏高原发掘的古代大量实物中，已经找到了青藏高原人类发展的一些科学证据。20世纪60年代初，考古工作者在林芝境内的雅鲁藏布江和尼洋河汇流处的东北岸，首次发现新石器时代晚期古人类遗骸。1974—1975年，考古工作者又在林芝及尼洋河流域的其他地方发现古人类文化遗存，主要包括古人类头骨、石器、陶片、装饰品、谷物种子、动物骨骼以及捕鱼网坠等。根据考古工作者分析，尼洋河流域早在5 000~8 000年前就已经有古人类活动。从发现的古脊椎动物化石来看，尼洋河两岸已经有成群的牛、马、羊等哺乳动物活动，这为林芝人的生存提供了良好的场所。[③] 对比已故考古学家童恩正先生主持、著名考古学家石兴邦先生指导的卡若遗址考古，以及甘肃、青海一带的齐家文化遗址等，其中发现的一些石制工具等常见器物，从一个侧面反映了远古时代文化融合及部落迁徙的情况，可以窥见西南和西北的古人相互接触与进行文化交流的情况。[④] 在此，我们根据大量的出土古代文物成果，诸如童恩正《西藏考古综述》，邱中郎《青藏高原旧石器的发现》，夏格旺堆和普智《西藏考古工作40年》，杨清凡《21世纪以来西藏文物考古事业的发展及研究回顾》，李永宪《略论西藏的细石器遗存》，霍巍等《西藏考古新收获与远古川藏间的联系》《考古发现与西藏文明史·第1卷》，西藏文管会文物普查队《西藏林芝县多布石棺墓清理简报》，刘泽纯等《西藏高原多格则与扎

---

① （明）巴卧·祖拉陈瓦著，黄颢、周润年译注：《贤者喜宴·吐蕃史》，西宁：青海人民出版社，2017年，前言第5页、正文第8页。

② 12小邦在《德乌佛教史》《贤者喜宴·吐蕃史》中所记大同小异，即琛域（琛地）、羊同（象雄）、娘若波噶（娘若嘎琼）、努布域九郡（努域陵古梅乌）、尼洋香波（娘若香波）、吉日绿林（吉日群云）、恩雄查那（昂雪查那）、倭铺邦喀（约甫邦卡）、格希札（芝显瑞莫贡）、工域哲那（工域芝纳地区）、三大尼洋地（娘语纳松）、达波四方地（打域楚溪）。

③ 参见王恒杰：《西藏自治区林芝县发现的新石器时代遗址》，《考古》1975年第5期。

④ 参见甲央、霍巍：《20世纪西藏考古的回顾与思考》，《考古》2001年第6期。

布地点的旧石器——兼论高原古环境对石器文化分布的影响》，等等，同时结合口碑古籍、史料，证明数千年乃至数万年前，在青藏高原这片土地上早就有形成并发展为人类的民族，藏族是在此基础上与周边民族迁徙、交往、融合中形成的，绝非从其他地方单一迁徙而至，所形成的文化也是独立的，是与其他人类文化交融、吸收、借鉴而形成的，具有悠久的历史。

第一节　青藏高原的形成

蓝天白云下，群山连绵、江河奔腾，雪山巍峨、草原辽阔，这就是青藏高原给人的初始印象，宛若童话世界，神秘莫测，令人向往。青藏高原作为中国最大、世界海拔最高、形成时间最晚的高原，被称为“世界屋脊”或“第三极”。南起喜马拉雅山脉南缘，北至昆仑山、阿尔金山和祁连山北缘，西部为帕米尔高原和喀喇昆仑山脉，东及东北部与秦岭山脉西段和黄土高原相接，介于北纬26°00′~39°47′，东经73°19′~104°47′。

青藏高原有确切证据的地质历史可以追溯到距今4亿~5亿年前的奥陶纪，其后青藏地区各部分曾有过不同时期的地壳升降，或被海水淹没，或为陆地。到2.8亿年前（地质年代的早二叠世），今青藏高原地区是波涛汹涌的辽阔海洋。这片海域横贯现在欧亚大陆的南部地区，与北非、南欧、西亚和东南亚的海域沟通，被称为“特提斯海”或“古地中海”，从今天我们在高耸的雪山之上所寻找到的该时代的海洋生物化石，说明当时特提斯海地区的气候温暖，非常适合海洋动植物的生存与繁衍。

2.4亿年前，由于板块运动，分离出来的印度板块以较快的速度向北移动、挤压，其北部发生了强烈的褶皱断裂和抬升，促使昆仑山和可可西里地区隆升为陆地。随着印度板块继续向北插入古洋壳下，并推动着洋壳不断发生断裂，约在2.1亿年前，特提斯海北部再次进入构造活跃期，北羌塘地区、喀喇昆仑山、唐古拉山、横断山脉脱离了海浸。到了距今8 000万年前，印度板块继续向北漂移，又一次引起了强烈的构造运动，开启喜马拉雅运动。冈底斯山、念青唐古拉山地区急剧上升，藏北地区和部分藏南地区也脱离海洋成为陆地。青藏高原地区整个地势宽展舒缓，河流纵横，湖泊密布，其间有广阔的平原，气候湿润，丛林茂盛，青藏高原的地貌格局基本形成。时间飞转，在距今一万年前，高原抬升速度更快，以平均每年7

厘米速度上升，使之成为当今地球上的“世界屋脊”。青藏高原的形成并不是一次就完成的，其上升曾几度停止，但有时也非常迅速。今天的青藏高原中部以风化为主，而边缘仍在不断上升。①

对于青藏高原这一地质、地貌的演变情况，在藏文古籍中有相当多的记载，而且与现代科学研究有惊人的一致性。《红史》在谈到西藏远古情况时曾有这样的记载：“三千世界形成之时，世界为一大海，海面上有被风吹起的沉渣凝结，状如新鲜酥油，由此形成大陆。”②《青史》也记载：“最初，西藏被水充满。”③《娘氏教法源流》记载：“藏区三界九洲中，有名珠宝白光洲，上部三界雪山岩石形如池塘，麋鹿和羚羊等动物守护地方。四茹象巨齿中部三界岩石草原形如沟渠，猿猴和罗刹居住。象孔雀光洲下部三界形象林田，大象鸟兽来此栖息，除此没有一人在居住……”④

看了这些藏文古籍的记载，不得不为藏族人民的智慧所折服，这些记载在现代看来依然有一定科学性。现代科学研究认为：“当时，喜马拉雅山脉尚未隆起，无法阻挡来自印度洋的暖湿气流。所以，青藏高原的气候暖湿适宜，全年的平均气温在10℃左右，年降水量在2 000～5 000毫米。适合于温带地区生长的多种植物遍及高原各处，其中有4 000余种珍贵生物种类。在如此温和的地方，不仅有三趾野马，而且有大量的狗、大象、兔子、鹿等多种动物。以后喜马拉雅山逐渐凸起，愈来愈高，阻止了以前来自印度洋的暖湿气流，青藏高原的气候以及周围环境随之发生了变化，成为一个寒冷的地方。”⑤

科学的研究与藏族民间的口碑古籍总有契合之处。藏族对生存之地形成的传说流传最广的是《沧海变桑田》：

远古时期，青藏高原是一望无际的大海，海岸长满松柏、铁杉和棕榈。远处是森林，青翠欲滴，云雾缭绕，里面长满各种奇花异草，成群的斑鹿和羚羊在奔跑，三五成群的犀牛悠闲地在湖

① 《青藏高原形成原因》，中国科学院科学传播局，2016年6月5日。

② （元）蔡巴·贡噶多吉著，陈庆英、周润年译：《红史》，拉萨：西藏人民出版社，1988年，第1页。

③ （明）郭·循努白：《青史》，成都：四川民族出版社，1985年，第18页。郭·循努白又译廓诺·迅鲁伯。

④ （宋）娘·尼玛沃色：《娘氏教法源流》铅印本，第144－145页。

⑤ 恰白·次旦平措等著，陈庆英等译：《西藏通史——松石宝串》，拉萨：西藏社科院、西藏杂志社、西藏古籍出版社，1996年，第6页。

边，各种鸟儿在树梢头跳跃歌唱……

一天，忽然海里冒出巨大的五头毒龙，搅起万丈浪花，海啸摧毁了岸边的一切美好。眼看陆地即将覆灭，突然，天空飘来五朵彩云，幻化成五部慧空行母，施展无边法力，降服（伏）了五头毒龙变大地。毒龙一头在东边变成茂密的森林，一头在西边成了万顷良田，一头在南边变为花草茂盛的花园，一头在北边化成无边无际的牧场，一头变成喜马拉雅山脉。五位仙女，化成了镇妖的翠颜仙女峰、祥寿仙女峰、贞慧仙女峰、冠咏仙女峰、施仁仙女峰，翠颜仙女峰便是世界最高峰——珠穆朗玛。五座主峰屹立在西南部边缘之上，守卫着这幸福的乐园。①

古地理学证明，在 4 000 万年以前，青藏高原尚是浅海低陆，到地质年代第 3 纪的最后时期，青藏高原开始隆起，数百万年间，青藏高原急剧上升，一直上升到现在的高度，其上升速度是惊人的。距今三四百万年前，青藏高原的海拔仍较低，气候温暖而湿润，非常适合远古人类生活。2019 年 5 月，由中国科学院青藏高原研究所、兰州大学和德国马普进化人类学研究所学者领衔在《自然》（*Nature*）杂志发表、由陈发虎院士等署名的研究成果，通过对甘肃省甘南藏族自治州夏河县出土的一块古人类下颌骨化石进行分析，兰州大学研究团队得出最新结论，早在 16 万年前，就有人类在青藏高原活动。②

第二节　旧石器时代的人类遗迹与来源

藏族来源是一个热门的研究课题，对于藏族人的来源众说纷纭，不胜枚举。已知的说法归纳起来有西羌说、鲜卑说、印度释迦王系说、本地起源说（即猕猴和罗刹女后裔说）、三苗说、马来半岛人说、缅甸说、蒙古人

---

① 《世界屋脊——青藏高原》，中国科学院科普云平台，中国科普博览。

② 《16 万年前人类已登上青藏高原——兰大环考团队在青藏高原发现丹尼索瓦人下颚骨化石》，《兰州晚报》，2019 年 5 月 5 日第 A05 版。

说、伊朗血统说、土著与氐羌融合说等。[①] 近年来在考古工作者的努力下，结合原来藏汉史籍记载或民族学、语言学的某些证据，史学界基本厘清了藏族来源说。这里需要指出的是，由于西藏的特殊性，人种来源说在西方反华势力影响下被赋予了明显的政治倾向和别有用心的目的，出现了毫无根据的主观臆断。

其他研究者出现多样性的认识，是人们对青藏高原地质科学的研究了解不足。现代人普遍认为，青藏高原远古时期就是一片不毛之地，荒无人烟。但是随着青藏高原地质科学成果的公布，以及西藏旧石器时代的考古发现取得的令人鼓舞的成果，通过现代基因等检测手段抽丝剥茧、寻踪觅源，终于能够拂尘见金。

1956 年 7 月至 8 月，中国科学院的地质学家在那曲以北的长江源头一带考古，首次发现了十几件打制石器，其中包括被认为可能属于旧石器时代的打制石器。[②]

1966 年至 1968 年，中国科学院西藏综合考察队，在西藏定日县东南 10 公里的苏热山南坡发现 40 件人工打制的石片以及用石片做成的刮削器和尖状器等。[③]

1976 年，中国科学院青藏高原综合科学考察队，在藏北申扎县珠洛勒发现打制石器 4 件，均为石片石器，器形有边削器、端刮器及尖状器三种。另外，青藏高原综合考察队还先后在藏北的日土、普兰等县发现了一大批旧石器。其他发现和知晓的还有五处，它们是定日县的苏热，申扎县的多格则、珠洛勒，日土县的扎布，普兰县的霍尔区。[④]

1982 年，在青海柴达木盆地的小柴旦湖滨阶地的砾石层中，人们发现了一批人工打制的石制品。[⑤] 这是青藏高原考古以来，在该地区发现的唯一有明确地层关系的旧石器遗址，考古学家通过技术手段能够对其时代做出较为准确的判断。根据“碳－14 年代测定法”测定和地层对比，这批石制品的年代距今大约 3 万年。这就表明“在晚更新洪积世气候条件较为有利

① 格勒：《论藏族文化的起源形成与周围民族的关系》，广州：中山大学出版社，1998 年，第 44 页。

② 邱中郎：《青藏高原旧石器的发现》，《古脊椎动物学报》1958 年第 2 卷第 2－3 期。

③ 张森水：《西藏定日新发现的旧石器》，《珠穆朗玛峰地区科学考察报告：第四纪地质》，北京：科学出版社，1976 年，第 105－109 页。

④ 西藏自治区文管会：《西藏自治区文物工作三十年》，《文物考古工作三十年》，北京：文物出版社，1979 年，第 385 页。

⑤ 黄慰文：《柴达木盆地发现旧石器》，《人类学学报》1985 年 4 卷第 1 期。

的时期，今日不宜人类生存的青藏高原同样有人类活动”[①]。这一原生地层出土证据来之不易，它证明了距今3万年前青藏高原已有人类活动，而且与我国其他地区同时期的先民一样，具备制造先进石器的能力。

2018年11月30日，美国《科学》（*Science*）杂志在线发表了我国高星、张晓凌、王社江等学者的研究论文，公布了来自尼阿底遗址（羌塘高原申扎县）这处青藏高原腹地的重大考古发现及研究成果。这项发现将人类首次登上青藏高原腹地深处的历史由原来认为的1万到1.8万年前，推前到4万年前，也是世界范围内史前人类征服高海拔极端环境最高、最早的记录。在全球其他地区，人类活动的最高遗迹发现于安第斯高原的Cuncaicha岩厦遗址，海拔4 480米，年代约为1.2万年前。尼阿底遗址是人类海拔最高的旧石器时代遗存，也创造了人类挑战与征服高海拔极端环境的新纪录。[②] 中国科学院副秘书长、前沿局局长高鸿钧评价这项考古成果“对于探索早期现代人群挑战极端环境的能力、方式和迁徙、适应过程，对于研究西藏地区人群的来源与族群的形成，推动西藏地区文物、文化资源的发掘、利用和传承，具有重大的意义”。从而也从另一个角度印证了竺可桢、陈克造等学者关于气候研究的结果。

因此，西藏尼阿底遗址项目获“2018年中国考古新发现”入围奖。这些考古成就对藏族“是嘉森王（古印度）的五个王子与十二支凶悍的敌军交战的时候，汝巴底领着他的军队约一千人，乔装为妇女逃遁到雪山丛中，逐渐繁衍而成的”这一推测说法给予了正本清源。正如石硕所说：“印度徙入说显然并非一种出自藏地本土的传说，它极有可能是在佛教传入的背景下，由藏族史家和佛教学者基于对佛教的信仰而衍生出来的一种说法。”[③] 我国西南考古学者童恩正也指出：“中国的西南部，特别是西藏高原及其邻近地区，有可能是从猿到人进化的摇篮……西藏就可能具有从上新世后期至更新世的古人类遗迹，包括化石材料和石器在内。”[④]

2019年，甘肃夏河县白石崖溶洞遗址发现更新世至晚更新世古人类活动遗存，成功获取丹尼索瓦洞以外的首个丹尼索瓦人线粒体基因序列，同时，对所发现的夏河丹尼索瓦人下颌骨化石进行分析测定，确定是阿尔泰

① 贾兰坡、黄慰文：《三十六年来的中国旧石器考古》，《文物与考古论集》，北京：文物出版社，1986年，第10页。

② 朱敏：《西藏尼阿底遗址考古发现：人类首登青藏高原历史推至4万年前》，央广网，2018年12月3日。

③ 石硕：《论藏族关于自身族源的三个传说及其价值》，《西藏研究》2001年第3期。

④ 童恩正：《西藏考古综述》，《文物》1985年第9期。

山地区丹尼索瓦洞以外发现的第一件丹尼索瓦人化石，将丹尼索瓦人的空间分布首次从西伯利亚地区扩展至青藏高原，将青藏高原人类活动历史从距今 4 万年推早至距今 16 万年。其取得的重要成果，在国际顶级学术期刊《科学》杂志在线发表了题为“青藏高原白石崖溶洞晚更新世沉积物中发现丹尼索瓦人基因”（*Denisovan DNA in Late Pleistocene sediments from Baishiya Karst Cave on the Tibetan Plateau*）的论文。判断丹尼索瓦人自倒数第二次冰期至末次冰期都生活在青藏高原，并且与阿尔泰山地区的晚期丹尼索瓦人有最紧密的遗传联系。

在青藏高原考古是一件不同寻常的事情，需要付出比常人更多的艰辛，仅仅是适应高原反应就需要长时间的坚持。当然，在考古过程中这片神秘的土地总能有意想不到的新发现。青藏高原发现的旧石器在石器类型和制造工艺等方面，契合了考古学家安志敏先生的观点，他认为：中国细石器遗存的分布为三大传统地区：华北地区、北方草原地区、华南及西南地区，并认为中国细石器是由华北起源继续向四周传播的。[①] 著名考古学家吕烈丹先生对相同的细石器传统区域作了科学划分，并进一步讨论了华北与北方草原地区的细石器由兴起到兴盛，直到没落的发展脉络。[②] 依据前者区域划分，再看西南地区出现的大量细石器遗存，四川大学历史文化学院考古学系李永宪教授认为西南细石器工艺直接受华北地区细石器工艺的影响。[③] 这着重表现在：石器类型中，石片石器占有很大的数量，石片石器均用锤击法打片，多由破裂面向背面加工，并保留砾石面；石器工具的组合则以砍器、边刮器、尖状器三种器形最为普遍，这些都是华北旧石器常见的特征。另外，在藏北申扎一带发现的旧石器中出现了一种椭圆形的长刮器和长条形圆头刮器、尖状器等，这些器形都同样见于河北阳原虎头梁[④]、山西沁水下川以及宁夏水洞沟[⑤]等旧石器时代遗址。因此，有考古学者认为藏北阿里、那曲地区“旧石器的形制，与黄河流域发现的旧石器基本上属于同一个系统”。[⑥] 这源于许多考古学家在青藏高原长年累月建库考古工作的结果。

---

① 安志敏：《海拉尔的中石器遗存——兼论细石器的起源和传统》，《考古学报》1978 年第 3 期。

② 张中亚：《西藏地区新石器时代之细石器遗存、农业聚落的几点认识》，《西江月》2014 年第 2 期。

③ 安志敏：《中国西部新石器时代》，《考古学报》1987 年第 2 期。

④ 盖培、卫奇：《虎头梁旧石器时代晚期遗址的发现》，《古脊椎动物与古人类》1977 年第 15 卷第 4 期。

⑤ 贾兰坡、盖培、李炎贤：《水洞沟旧石器时代遗址的新材料》，《古脊椎动物学报》1964 年第 1 期。

⑥ 《几万年前西藏高原就有人类活动》，《人民日报》，1977 年 10 月 9 日。

也就是说，青藏高原旧石器制作工艺所呈现的相对（相邻）两边的错向加工方法，使得青藏高原旧石器时代已经表现出了一定的地方特点。这主要表现在此种加工方法除了在下川文化的石器中有所发现外，在我国其他地区并不多见，反映了青藏高原旧石器时代独有的地方特点。[①] 考古学家为慎重起见，将青藏高原的旧石器同西面印度、巴基斯坦等地发现的旧石器进行比较，所得出的结果表明“巴基斯坦的梭安（Soan）文化和印度聂瓦斯（Nevasian）文化都和西藏所发现（指旧石器）有着显著的不同，说明它们分别属于不同的文化系统，并没有什么必然的联系”[②]。

在康巴地区，同样发现有旧石器时代文物。1983 年，中国科学院青藏高原综合科学考察队、古脊椎动物组在雅砻江上游地区调查含哺乳动物化石的第四纪地层时，在四川甘孜藏族自治州炉霍县虾拉沱附近，鲜水河东的宜木和亚巴两个地点，分别发现了一个含有古人类和旧石器材料及哺乳动物化石的地层层位。在此层位中发现了四枚人类牙齿化石，人工打制的石制品和 13 种哺乳动物化石。根据对出土动物骨化石所作的年代测定，其年代是距今 11 500 ±200 年。四枚人类牙齿均为门齿，分别为一枚右下第二门齿、一枚左下第二门齿、一枚右下第一门齿和一枚尚未成熟的牙胚，门齿的齿冠均有不同程度的磨损，经科学观察，这些门齿的形态与现代人的门齿很相似。四枚牙齿均有一定的石化程度。人工打制的石制品共发现三件：一件石核和两件石片。石核形状为扁圆形，原料为石英砾石，其人工加工的痕迹十分明显，打击点及半锥体的阴痕非常清楚，石核上除原始砾石台面外，还有以锤击法加工打片而成的修理台面。在石核的一侧有一道明显的直刃缘，刃缘两侧有清晰的加工痕迹。石核具有较明显的砍砸器的功能。两件石片的形状呈三角形，均从黑色板岩砾石上打片而成，其中一件石片保留了弧形的原始砾面。在三件石制品的发现地点还同时出土了一批哺乳动物化石。经科学鉴定，这些哺乳动物化石中包含了野兔、鼠兔、喜马拉雅旱獭、中华鼢鼠、狼、斑狗、野驴、大马鹿、斑鹿、麂、羚羊、绵羊和牛等 13 种哺乳动物。

1985 年 7 月，在中国西南民族学会组织的“六江流域民族综合科学考察”活动中，雅砻江中上游考古组也在炉霍县鲜水河两岸的色得龙、宜绒、

① 王建、王向前、陈哲美：《下川文化——山西下川遗址调查报告》，《考古学报》1978 年第 3 期。

② 参见安志敏、尹泽生、李炳元等：《藏北申扎、双湖的旧石器和细石器》，《考古》1979 年第 6 期。

若海、吾都、固依、戈巴龙、热巴共七个地点采集到打制石器标本32件，这些人工打制石器主要是石核和石片，其中石核石器占23件。从石核石器的器形看，大致可分为砍砸器、盘状器、凿形器、斧、锤、矛等六种。[①] 这批采集石器的发现，在一定程度上是对原考古成果发现的补充，并与周边县，比如白玉、新龙等县城市建设中出土的石器材料构成证据链条，说明在石器时代康区北部活动的人类应该是相同年代的人类。

2006年，稻城县巨龙乡瓦龙村修建公路时发现大量石棺葬，四川省文物考古研究院等三家单位联合对崩沙公、康衣丁两处墓地进行了试掘，发掘过程中，清理了四种不同墓葬形制的石棺葬，大部分墓葬无随葬品，仅出土铜矛形器、铜泡等器物。另外，联合调查队还在瓦龙村附近发现古代栈道、官寨、房屋建筑等遗迹。栈道建于瓦龙村河对面悬崖之上，位于木里县麦日乡境内，蜿蜒于稻城河、水洛河东岸。官寨遗迹位于瓦龙村东南面的连仁神山之上，沿神山山脊而建。这些土房子、官寨、栈道遗迹均为各历史时期民族迁徙及经济文化交流的见证。基本上可以确证在古代这一带就有人类活动，并存在一条川西—川西南—滇西北的民族经济文化交流通道。[②]

考古学作为历史学研究的证据，对青藏高原来讲特别重要，由于文字、史料的缺乏，考古学成为青藏高原人类学、历史学研究的一个重要部分。最大的喜讯是，入围“2021年度全国十大考古新发现”的史前大型旧石器遗址——皮洛遗址不仅是世界上高海拔地区发现具有典型的阿舍利技术体系区域，也是迄今青藏高原发现面积最大、地层保存最完好、堆积连续、文化类型丰富多样的旧石器时代遗址。其出土了包括手斧在内的近万件石制品，其中7个文化层共出土7 000余件，地表采集3 000余件。有制作精美、对称的手斧、手镐、薄刃斧等阿舍利产品组合，充分说明了远古人类在此活动的频率、数量和强度。截至2021年皮洛遗址揭露出的七个连续的地层堆积和文化层位，完整保留并系统展示了“砾石石器组合·阿舍利技术体系·石片石器体系”的旧石器时代文化发展过程，首次建立了四川和中国西南地区连贯的、具有标志性的旧石器时代特定时段的文化序列，为该区域其他遗址和相关材料树立了对比研究的参照和标尺，填补了该地区乃至青藏高原旧石器时代考古的一项空白。皮洛遗址的发现，使莫维斯线

---

① 李淼、李海鹰：《炉霍的打制石器》，《六江流域民族综合科学考察报告二——〈雅砻江上游考察报告〉》，中国西南民族研究学会、甘孜藏族自治州人民政府，1985年，第103－107页。

② 参见四川省文物考古研究院、甘孜藏族自治州博物馆、稻城县旅游文化局：《2006年稻城县瓦龙村石棺墓群试掘简报》，《四川文物》2007年第4期。

彻底消失，让上述原来考古没有地质层出土和搜集的石器材料的时间追溯有了参考依据，证明早在 13 万～20 万年以前青藏高原就已经有人类居住。旧石器时代考古学家、古人类学家，中国科学院古脊椎动物与古人类研究所研究员高星认为：这批手斧（阿舍利技术）的发现，在世界考古中具有重大学术价值，彻底消除了中国、东亚有没有真正阿舍利技术体系的争议，填补了其在亚洲东部的传播路线的空白环节，有利于认识远古人群迁徙、融合及文化传播，对建立中国西南旧石器时代文化序列具有举足轻重的地位。①

视线再转回整个青藏高原。目前考古所发现的旧石器的地点在涉藏地区分布极广，说明青藏高原在当时是适合人类居住的，考古的成果又与青藏高原气候变迁涉及的地质学研究结果基本一致。首先是竺可桢先生曾利用考古和文史资料等推断出我国东部近 5 000 年来的温度变化情况，发现每一次气候周期性变化都会影响人类生活，甚至是朝代更迭，由此奠定了用气候学研究历史的理论。其次是许许多多的学者已经利用各类地质载体对青藏高原不同时段的气候重建做了很多工作，取得了可喜成就。例如：陈克造与澳大利亚学者 J. M. Bowler、瑞士学者 K. Kelts 通过多年来对青藏高原青海盐湖古气候的研究，认为内陆湖泊，特别是那些大型的淡水湖和盐湖，在漫长的历史演变中，对气候环境的反应是相当敏感的。巨厚的沉积物记录了古气候变迁的丰富信息。对盐湖的研究表明，40 000 年来的重大气候事件，在世界屋脊——青藏高原内部同样有明显的反映。

研究结果下图所示，青藏高原 40 000 年来的气候变化，可大致划分为如下序列：

38 000—25 000a B. P. 湿润

25 000—10 000a B. P. 干冷

10 000—7 000a B. P. 干暖

7 000—3 600a B. P. 湿温（适宜）

3 600—1 500a B. P. 凉温交替

1 500a B. P. 至今　类似现代

① 参见《四川稻城皮洛遗址获重大发现——这些手斧何以惊动考古界》，《光明日报》，2021 年 9 月 28 日第8 版。

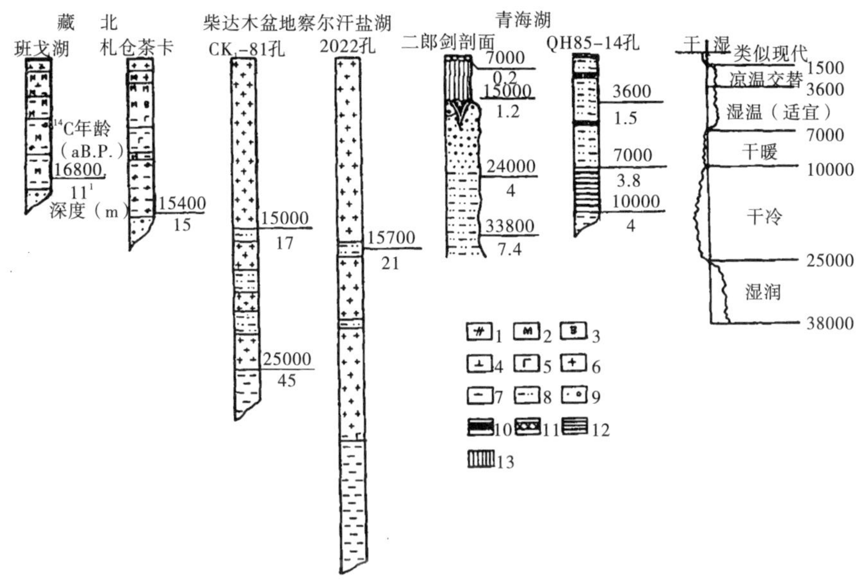

青藏高原40 000年以来的古气候变迁

1. 碳酸盐　2. 芒硝　3. 硼酸盐　4. 混合盐　5. 石膏　6. 石盐　7. 黏土　8. 黏土质粉砂　9. 砂砾　10. 黑色淤泥　11. 黑垆姆　12. 条带层　13. 黄土

以上资料表明，40 000年来全球性的重大气候事件在世界屋脊的青藏高原内部同样有明显的反映，尽管它们之间有时并不是完全同步的。① 正好印证了竺可桢先生提出的气候周期理论。

除了气候历史学研究补充，基因研究也进入人们的视野。霍巍等在《考古发现与西藏文明史・第一卷：史前时代》也强调了利用新的考古材料来不断丰富不同地域史前文化的内容，从而重构各地史前史成为各国研究者的一致目标。他通过中国科学院昆明动物研究所研究员宿兵的课题组和西藏大学以及美国哈佛医学院的科研人员合作，对藏族人群高原适应的遗传学合作研究取得的新进展讲道：

> 现代人大约10万年前走出非洲并扩散到世界各地。遗传学研究表明，东亚现代人起源于非洲并最早到达东亚大陆的南方，而后在2.5万~3万年前左右出现了一次大规模由南向北的人群迁

① 参见陈克造、J. M. Bowler、K. Kelts：《四万年来青藏高原的气候变迁》，《第四纪研究》1990年第1期。

> 徙，从而使现代人遍布东亚大陆。但在东亚人群的 Y 染色体单倍型中存在着一种东亚特有、分布奇特的单倍型，即 D-M174 单倍型（又称 YAP 单倍型），它起源于东亚的南部，其由南向北的迁徙发生在距今 6 万 ~5 万年前，远远早于发生在距今 3 万 ~2.5 万年左右的那次大迁徙，可能是发生在东亚大陆最早的大规模现代人群的迁徙。而这种单倍型在中国的藏族、日本人和东南亚阿德曼群岛人群中有很高的频率（≥30%），由此推测藏族祖先进入并定居青藏高原的时间可能非常早，在距今 3 万年左右。而在青藏高原的藏族对高原缺氧环境具有很好的适应力，通过对 EPASI 基因的全测序分析，发现这个基因在藏族人群中发生了很强的自然选择，选择时间在 1.8 万年以前。这一结果从分子水平初步揭示了藏族高原适应的遗传学机制。[①]

另外，霍巍在考古整体研究中，对史前时代的相关研究进行详细梳理，对史前青藏高原人类活动予以证实。

综上所述，青藏高原的每一次考古新发现，都将人类活动的时间不断提早。入围“2021 年度全国十大考古新发现”的皮洛遗址，一下子把原来专家认为的青藏高原至少在距今 16 万年前就有土著居民，提早到 20 万年以前的旧石器时代就有人类活动，与兰州大学研究团队得出 16 万年前人类就在青藏高原活动的结论遥相呼应。那种所谓藏族族源“外来说”的观点，认为藏族的祖先只能是从西藏以外的地方迁去的传统推断，在新的考古成果面前已经不能立足。在考古学家不断探索研究发现过程中，人类迁徙的线索逐渐清晰，青藏高原发现的旧石器文明已经不是一种孤立的文明，既有走出去的，也有走进来的，远古居民在文化或种族上已经与外界有了密切的联系，这也是人类命运共同体的最好见证。

---

① 霍巍、黄煜、吕红亮：《考古发现与西藏文明史 · 第一卷：史前时代》，北京：科学出版社，2015 年，第 10、54 页。

第三节　新石器时代的人类遗迹与融合

考古发现，旧石器时代的文化在青藏高原分布广泛，已经确切地知晓了在距今20万~16万年以前的旧石器时代早、中、晚期，现今青藏高原的大部分地区就已经有古人类活动，他们无疑是我们目前所知道的青藏高原上最早的土著居民。虽然由于地域和时代不同以及发展的不平衡性，不同区域的文化面貌存在着相当大的差异，但史前文明已经在青藏高原以不同方式孕育呈现。

新石器时代从10 000多年前开始，于距今5 000多年至2 000多年结束。在青藏高原的考古工作中，有关新石器时代的考古成就斐然，迄今为止已发现近150处，收集的资料亦非常丰富。新石器时代是以使用磨制石器为标志的人类物质文化发展阶段，在考古学上是石器时代的最后一个阶段。目前人们通过考古对青藏高原的空间分布状况、文化特征等方面有了初步认识。相较旧石器时代，新石器文化遗存分布广、发现多、研究深。特别是卡若、小恩达、曲贡、昌果沟、邦嘎、加日塘6处考古发掘的遗址，取得重大研究成果，并分成了三种文化类型，即以卡若遗址为代表的卡若文化、以拉萨曲贡村遗址为代表的曲贡文化和以细小打制石器为特征的藏北细石器文化，为全面认识青藏高原新石器时代的文化面貌提供了重要的线索。这三种原始文化所代表的三大藏族先民部落群体，是藏族祖源的三个基本构成，奠定了西藏原始文明的雏形。

一、卡若文化类型

卡若文化代表的是康巴区域类型，是以昌都卡若遗址为代表，分布在西藏东部高山峡谷区域的一支新石器时代晚期文化，包括昌都小恩达遗址①，察雅县烟多遗址②、四川省甘孜州发现的遗址。

卡若遗址先后进行了两次科学发掘，发掘面积约1 800平方米，遗址分

① 小恩达遗址位于西藏自治区昌都市北5公里处的昂曲河东岸，东距小恩达乡800米。

② 烟多遗址，因位于察雅县烟多乡而得名，大约地处北纬30°50′，东经97°25′。烟多遗址面积约8 000平方米，系河边阶地。发现灰坑1个，出土了大型打制石器4件、磨制石器2件及陶片若干。

为早、晚两期。发现房屋遗迹 28 座、打制石器 6 000 余件、磨制石器 511 件、细石器 629 件、骨器 366 件以及大量陶片。农作物有粟。动物骨骼经鉴定属饲养的品种，有猪，还有猎获动物牛、藏绵羊、青羊、鬣羚、兔、獐等。根据碳 - 14 测定年代，早期距今 4 655 ±100 年至 4 280 ±100 年，晚期距今 3 930 ±80 年。①

小恩达遗址分布在小恩达小学一带的第一、二级台地上，面积约 10 万平方米。遗存分为早、晚两期，有房屋遗址、灰坑、窑穴及一处古墓葬，出土了大量石器、陶片、兽骨等。该遗址的发现对于探讨藏族的起源、西藏地区早期与黄河流域等地的文化联系，以及建立和完善卡若文化的类型、序列，提供了十分珍贵的材料。

卡若文化类型的主要特征：一是生产工具表现出新石器时代的全部特征，但仍以打制石器为大多数。打制石器、细石器和磨制石器三者并存。打制石器数量较大，细石器次之，磨制石器较少。使用错向加工和预加工技法，种类有斧、锄、矛、切刮器、砍斫器、鸟翼形石刀、半月形石刀等，大部分工具还修整出方便手握的柄部。

二是陶器均为夹砂陶制的小平底器，以罐、盆、碗为基本组合。陶器上的“贝纹”“叶纹”和“涡纹”精美。陶系丰富，以灰陶和红陶为主，黄陶、黑陶次之，兼有少量彩陶。与中原地带新石器文化的三足器、圈足器不同，而与西南其他地区新石器时代遗址所出土的陶器有一致之处。

三是建筑工艺脱胎换骨，从石墙房屋、石砌道口、圆石台、石围圈等来看，卡若遗址大量采用石块为建筑原料，并出现了炉灶。建筑形式主要有圜底式、半地穴式和地面筑造三种类型，在半地穴房屋中有“井栏式”木结构出现，具有典型的地方性，体现了卡若先民的居住形式已逐步多样化，反映了他们较高的建筑技术发展水平。②

四是骨器取料广泛，制作精美，反映出较高的工艺水平，主要有锥、针、刀、匕等。

五是饰品丰富，装饰品有骨、石、贝质的璜、环、珠、镯、项饰、牌饰、垂饰等。牙器全为獐牙制成，尖部加磨。

而在甘孜州境内也先后发现大量的新石器时代遗址，1979 年在白玉县城区小学建设中，挖掘出 1 座石棺墓，出土文物有双耳陶罐、石器、骨器

---

① 参见童恩正、冷健：《西藏昌都卡若新石器时代遗址的发掘及其相关问题》，《民族研究》1983 年第 1 期。

② 参见杨曦：《西藏高原新石器时代文化简论》，《西藏研究》2006 年第 3 期。

等。1987 年发现石棺墓 4 座，出土文物有磨制石器 2 件、细石器 11 件、海具 2 件，年代约在春秋战国时期。另外白玉三岩劣巴村发现较大规模石棺葬，出土文物与上述一致，同为金沙江流域石棺墓葬群的主要分布地带。

1985 年新龙县谷日乡试掘清理了七座墓，出土陶器、铜器、铁器及饰珠等几十件，其中的秦汉嵌铜泡黑陶双耳罐，器形圆浑，工艺水平极高，是雅砻江流域石棺墓遗存的典型器物。

1988—1989 年四川省、甘孜州联合考古队进行试发掘的一个处于新石器时代的古人类遗址——“丹巴县中路乡罕额依古遗址”，发现有打制石器、磨制石器、细石器、陶器、骨器等。其中陶器的陶质、陶色以夹砂或云母片居多，灰陶为大宗，红陶较少，陶器纹饰以纯文为主，有部分为凿印纹、乳钉纹、附加堆纹、凹弦纹、刻划纹等，均为手工制作。

1984 年，炉霍县修建卡萨湖电站时发现石棺墓葬群，共出土 275 座石棺墓，通过抢救性保护，当时出土文物有：石器共 489 件，其中磨制石器 5 件（刀 1 件，箭镞 4 件），细石器 484 件；骨器共 55 件，其中骨器 28 件，骨针 25 件，骨轮 1 件，骨 1 件；铜器类戈 5 件，剑 1 件，矛 8 件，削 4 件，铜筒 4 件，铜手镯 136 件，鞲 1 件，铜双连泡饰 3 件，叉形双连泡饰 2 件，铜泡饰 53 件，扣 8 件，锥形器 5 件，夹 2 件，铜环 6 件，耳形铜饰 1 件，铜铃 1 件，铜羊形饰 1 件；装饰品多种，其中玛瑙珠 34 颗，玛瑙管 21 颗，还有硬玉石和绿松石饰品。2012 年 4 月 20 日，炉霍县斯木乡瓦尔壁村在自来水引水渠挖掘现场掘出多件青铜器和陶器。经四川省考古队专家历时两天的发掘，挖掘出土文物 24 件，分别为青铜马衔 4 件、铜泡 1 件、青铜马铃 2 件、青铜釜 1 件、骨纺轮 2 件、骨器 2 件、青铜饰 1 件、骨饰 1 件、单耳罐 1 件、马头骨 5 个、马腿骨 2 副、人骨骺 1 具、狗骨 1 具，大部分保存完好，专家鉴定同卡萨湖石棺墓一样，为春秋战国时期的墓葬。①

这些考古发现证明卡若文化类型是一种以经营农业型生产为主的社会经济形态，包括原始纺织业、建筑业、手工制造业、畜牧业等。歌舞娱乐开始普及传承，特别是以写实的手法饰于陶器的花纹，展现出审美观念和艺术的萌芽，表明在物质文化得到满足的同时有了审美需求。② 遗址中出土的玉器和海贝就是典型的例证，这是青藏高原东部先民与各个地区的民族相互交换而来的，这种审美的需求和认同，是先民们交往、相融的结果。

① 参见四川省文物考古研究院、炉霍县文物管理所：《四川炉霍县斯木乡瓦尔壁 M1 发掘简报》，《四川文物》2014 年第 5 期。

② 参见杨曦：《西藏高原新石器时代文化简论》，《西藏研究》2006 年第 3 期。

虽然西藏与外界有高山大河的阻隔，但并没有影响藏族原始先民和其他民族的正常交往。从藏族祖源氐羌来源说看，也证明了从河湟南下的羌人只是后来加入融合的一部分。

二、曲贡文化类型

距今约 3 500 ~4 000 年，以拉萨曲贡遗址为代表的曲贡文化类型遗址，主要分布于雅鲁藏布江中游及其支流的西藏中部与南部地区。同时期同类型文化遗存还包括拉萨的达龙查、嘎仲，山南的昌果沟、邦嘎，林芝的云星、红光、居木、加拉马，墨脱县的背崩村、墨脱村、马尼翁，乃东的钦巴村等遗址。

曲贡遗址先后出土近万件成型文物，石器有石刀、石斧、石坠、齿镰、石刃、石磨等，多以“预加工”技法，打制技术成熟，工艺简练。陶器以罐为主，种类较多，有碗盘、单双耳罐、大肚高颈罐和工艺水平很高的菱形纹黑陶罐。陶色以黑色和黑褐色为主，光滑精美，花纹繁多，雕刻工艺纯熟，简练明快、朴实大方，已熟练掌握慢轮修整技术。骨器主要有锥、针、匕、镞等，其中曲贡遗址出土的一件针尖穿鼻（孔）的骨针很有特点。[①] 出土生活遗物有大量碳化谷物种子的材料以及大量鱼骨和兽骨。令人眼前一亮的是，在遗址中还发现扁叶形箭镞青铜器一枚、西方铁柄铜镜一个。这说明当时已有青铜器交易，青铜器进入曲贡文化。

从出土文物来看，曲贡文化以农业、畜牧业生产为主，兼有渔业和狩猎业，且农业、畜牧业和渔业都发展到了比较高级的阶段。藏绵羊和牦牛已经是曲贡村民的主要肉食来源，鱼是补充，捕鱼的网已经有网坠和漂。从手工业分布看，出土的石器梳毛器表明纺织业已经普遍，骨器和陶器磨制加工技术均高于卡若文化。从文化面貌看，曲贡文化要比卡若文化先进，生活观念、审美情趣已经有极大的提升，玉镞、玉饰、铜镞、铜镜的出土，足以证明了在前 8 世纪左右，西藏中部地区已经与中亚或南亚次大陆存在交流。随着对曲贡文化的三次考古，当时青藏高原中部拉萨河谷与雅鲁藏布江河谷等地域欣欣向荣的原始文明画卷徐徐展开。

三、藏北细石器文化类型

西藏细石器的考古工作，始于 1956 年。几十年来共发现 42 处含细石器

① 参见杨曦：《西藏高原新石器时代文化简论》，《西藏研究》2006 年第 3 期。

的地点，加上与西藏毗邻属青海的4处，共46处。[①] 学术界关于藏北细石器文化类型有不同观点，部分专家认为应归结于加日岗文化（加日塘）遗址类型中，但单纯的细石器遗存所出土与研究范围仍然以细石器文化为主，藏北地区发现的部分细石器地点，包括聂拉木县亚里村、羊圈，吉隆县马法木湖岸，藏南聂拉木地点、雅鲁藏布江上中游部分地点，冈底斯山和念青唐古拉山以北的藏北高原地区。申扎、双湖一带的细石器，阿里噶尔县发现的丁仲胡珠孜等遗址，这种分别位于藏东三江峡谷区，藏中、藏南河谷平原区和藏北高原区三个完全不同的地理环境中的文化遗址，均属同一文化系统。

目前青藏高原发现的细石器有一个显著的特点，就是与我国北方草原地区的细石器同属北方细石器文化系统。研究认为，西藏的细石器无论类型或加工技术都与我国东北、内蒙古、华北北部至新疆一带分布的细石器系统加工工艺类似，有很大比例的楔形石核，这不但在黄河流域普遍存在，而且也广泛分布于东北、内蒙古和新疆一带的细石器之中。而石叶细石器系统最早源于我国华北地区。它和存在于相邻的印度、巴基斯坦境内的几何形细石器系统没有任何关联。

根据考古所收集的资料，藏北细石器文化与本土的旧石器文化之间几乎没有传承和关联信息，虽然在发现细石器的区域也发现有旧石器，但二者并没有任何联系。比如在藏北同时发现细石器和旧石器的申扎、双湖一带分布地点完全不同，细石器多发现于河流古岸的第二级台地上，而旧石器则在山麓洪积扇前沿表面地势稍高的地方。另外，石器原料、制作工艺和类型等无论在哪方面都截然不同，二者明显不属于同一文化系统，反而与我国北方细石器文化系统相一致。由此，我们可以推断，藏北在整个新石器时代或者更早时期，就已经与我国华北文化有紧密的联系，并成为青藏高原的原始文化中心之一。

细石器文化在经济上以游牧、渔业和狩猎为主，特别是渔业，是古代先民靠山吃山、靠水吃水生存哲学的最基本体现。流传在羊湖的民间传说正好可以佐证：

一天，羊湖的渔民正在玩掷骰子，一疯癫僧人跑来说他也要

① 参见段清波、吴春：《藏北细石器遗存分析（续）——兼论西藏细石器的起源、工艺及年代》，《西藏民族学院学报（哲学社会科学版）》1990年第4期。

玩掷骰子。渔民见他是僧人不好说什么，就同意他参加。他说输了就把身上唯一的袈裟给他们，赢了从今往后渔民不许在这里打鱼。渔民认为他不可能赢，就同意了。僧人连续掷了三次都赢了，也没有说什么，就离开羊湖继续前行，去了后藏化缘。第二天渔民和往常一样带着工具去打鱼，无论他们怎么打，连一条小鱼都没有打上来，这时才有人说那个人是活佛竹巴滚烈。于是渔民就在路旁等待竹巴滚烈出现，过了大约一个月大家都在为食品苦恼之际，竹巴滚烈出现了，渔民忙上前跪下谢罪。竹巴滚烈说：上次我们打赌的时候，我向龙王请求，不再让你们捕获一条鱼，现在又让我求龙王，他会生气的，怎么办呢？如果你们答应只打一卡长的鱼，我可以试试求龙王。渔民们都答应了活佛的这个要求。从此羊湖附近的居民，又和往常一样可以打鱼了，这以后他们只打一卡长的鱼，从来不打小鱼或太大的鱼（雌鱼）。

这则民间故事包含很多文化信息：一是地理上就有不同观点，山南的羊卓雍措湖亦简称“羊湖”，《山南民居故事》中亦有收集，地图上阿里地区北部靠近新疆才叫羊湖；二是掷骰子娱乐，应该是外来文明；三是打鱼工具，渔网所使用的线只有中原地区才有；四是藏族先民当时的捕鱼技术和能力有了相当发展，并且已经合理化繁育与捕捞。我们知道渔业是原始人类的早期发展阶段赖以生存的重要食物来源（卡若文化遗址中没有发现鱼），如果没有来自华北文化的交融，很难实现科学的渔业管理。青藏高原渔业在经济结构中的比重逐渐下降，后来随着农牧业的出现与发展逐渐退出经济舞台，这又与华北文化中经济结构有相似之处。区域性不同的缘故也形成了不同的藏北细石器文化特色，不同的环境衍生了不同的民族，这其中有门巴族、珞巴族、僜人、夏尔巴人等民族。不管地域文化的分歧，从考古所发现的遗物可以发现，在藏北细石器文化类型中，青藏高原三种不同的文化以及与中原文化的交融线条已经十分明晰。

中原文明的向西发展，与 2005 年复旦大学生命科学院发布的中华民族 DNA 项目研究结果相吻合。复旦大学生命科学院从 1997 年开始采集中国各个民族的 DNA 样本，在对近 2 万个样本进行分析后得出结论：在 10 万年前左右，现代智人逐渐迁移出非洲，来到中亚，其中一些人在当地定居，一些人开始活动，人类进一步分化。大约到 4 万至 6 万年前，也就是第四纪冰期开始，一部分人迁移到了东亚，进入中国大陆；经过 4 万年的演化，这部分人逐渐分支，产生了56个民族，而在各主要大民族系统中，汉族与藏族的血缘关系最近，是分支最晚的。① 这一研究结果再次为“汉藏同源”这一说法提供了有力的科学依据，证实新石器时代人类沿江河迁徙的历史。适合居住与生存的沿江河环境是人类最早和最优先的选择，不仅可以更轻松地获得食物，温暖的气候也宜于定居生活。

第四节　新旧石器时代的文化交融

结合考古成果可以知道，青藏高原新石器时代文化区域性特征已经十分突出，已构成了具有差异性的多种区域文化，不同地理环境和生态环境中孕育出不同文化特征、不同经济形态与不同社会形态的新石器时代文化。

典型之一，以卡若文化为代表的是从事定居农耕经济并兼有狩猎畜牧经济，活动居住于藏东河谷区的卡若古代先民。在承袭本土旧石器时代原始土著文化的同时，又大量吸收了黄河上游地区马家窑、半山、马厂系统文化元素，从打制石器的制作技术和类型、陶器造型纹饰、房屋建筑特点等方面，与同一时代黄河上游原始文化相似。其遗址中发现的人工栽培作物粟，就是来自黄河流域的经济文化的见证。这点与汉文史籍记载相符，原始社会后期黄河流域氐羌部落从甘青地区南下，进入横断山脉区域，而后，一部分沿澜沧江和怒江而上，进入康巴高原，并逐渐与当地原始先民融合，形成卡若居民群体。

典型之二，以曲贡文化为代表定居于雅鲁藏布江中下游地区，是西藏腹心河谷地区的文化类型，以从事农业和渔业经济为主，且手工业已经形成。1958年和1975年两次发现新石器时代林芝人骨，在进行科学鉴定后推测林芝人可能与西藏的祖先有密切关系，地处西藏高原腹心地带，接受外来文化因素相对较少，保留了明显的地方土著特点。

典型之三，活动于藏北高原地区，夹杂有其他民族，以游牧、渔业和狩猎经济为主的藏北细石器文化类型，无论细石器在特征、类型或技术传统上都属于我国北方细石器文化系统，是华北细石器系统经过北方草原地

① 《DNA项目研究结果表明：中国56个民族中，汉族与藏族的血缘关系最近》，《新闻晚报》，2005年4月19日。

区向南传播进入西藏高原的一支。

这分别位于藏东三江峡谷区，藏中、藏南河谷平原区和藏北高原区三个完全不同的地理单元中的三种典型文化是有交集的，有一个文化向西传播的证据链。虽然这三大文化群体相对独立，从事着不同的经济活动，但并不是相互隔绝和孤立地发展，考古显示他们进行着某种程度的交流和融合，并由此奠定了早期西藏文明的格局。康巴文化就在这样的地域文化特点中有了最原始的雏形，或者说有了地域文化的典型特征。

回过头再分析旧石器时代青藏高原人类发展的痕迹，稻城皮洛遗址成为界定青藏高原旧石器时代人类居住最新时间段。稻城皮洛遗址根据目前初步的光释光测年结果，长期在青藏高原从事旧石器考古研究的学者、兰州大学资源环境学院教授张东菊认为：上部文化层的年代距今至少 13 万年，下部文化层的年代或能达到 20 万年左右。[①] 而所形成的早期文化现象是多种文化类型交替，不仅在 3 700 米以上的高原上，而且是典型的阿舍利手斧。阿舍利手斧被公认为人类历史上第一种标准化加工的重型工具，其加工形状是左右两边和正反两面基本对称，代表了古人类在直立人时期石器加工制作的最高技术，具有较高的历史文化研究价值。这一发现为康巴文化溯源提供了青藏高原东部区域最早的人类活动证据，印证了古人类学者贾兰坡等在《我国西南地区在考古学和古人类研究中的重要地位》中的分析，即"当上新世的时候，喜马拉雅山的高度在一千米左右，气候屏障作用不明显，南北坡都受到印度洋暖湿季风所滋润……这就给了我们很大的启发，正当从猿转变到人期间，青藏高原地区仍然是适合人类演化的舞台，到那里寻找从猿到人的缺环也是有希望的"[②]。

将新石器时代卡若文化遗址与皮洛文化遗址相联系，卡若文化的繁荣景象就可以理解了，从丹巴、康定、道孚、炉霍、雅江、白玉等地考古发现的新旧石器遗物看，连接长江文明就有一条清晰的线路，这点格勒在《甘孜藏族自治州史话》中也对甘孜州考古作过简介：

自一九七八年起，在甘孜藏区陆续发现了一批石棺葬，其时代为"战国至秦汉之际"。大部分都是古代人类的石棺葬和石板盖土坑墓。它遍及甘孜藏族自治州的巴塘、康定、雅江、新龙、甘

---

① 国家文物局：《稻城皮洛遗址：填补青藏高原旧石器考古空白》，2021 年 12 月 17 日。

② 贾兰坡、张兴永：《我国西南地区在考古学和古人类研究中的重要地位》，《云南社会科学》1984 年第 3 期。

孜、义敦、石渠等县，以及与甘孜州交界的西藏芒康、贡觉、西昌木里藏族自治县等地。其中巴塘县境内的葬地最为密集，除扎金顶外，在架炮顶、核桃坪、黄草坪也有此类墓葬。

其陶器以一种核桃形的双耳陶罐为特征。南路巴塘发掘的和北路甘孜发掘的陶器略有不同，但纹饰和图案都相似。除了陶器，在墓葬中还有少量的铜器，可见这些遗址属于铜石并用时期的文化。发掘的铜器大部分是箭头，说明狩猎业是当时人民的重要生活来源。同时农业也有所发展，表现在随葬的陶罐中有稷类作物的痕迹。值得注意的是，这些墓葬中所发现的陶器、铜器等形状和花纹与青海诺木洪遗址（见《考古学报》1963 年第 1 期）中出土的陶器、铜器很相似。①

也就是说，新旧石器文化具有相关的联络，文明是没有断代的。正如古人类学家高星所讲，通过皮洛遗址，如果把视野再放宽，从南亚到中国南方，再到中国北方，一直到朝鲜半岛，阿舍利技术体系的一条扩散路线已经建立，而且清晰起来了，人类命运共同体在当时就已经开始构筑、形成。同时也进一步印证了青藏高原文明诞生不落后于其他任何人类文明的考古推断，在中国的西南竖起了文化的支柱。康巴文化在其中具有很高的文化地位。因为阿舍利技术体系是古人类石器技术史上一个重要的发展阶段，伴随着古人类体质从直立人到早期现代人的演化，制作工具可以刺激大脑发育，使其功能更加分化复杂，大脑越来越发达，四肢更加灵活，并活跃了布罗卡氏区，使人的语言能力得到快速提高。再看目前青藏高原周围地区发现的古人类化石，云南的“禄丰古猿”“元谋人”以及青藏高原边缘印度和巴基斯坦接壤处西瓦立克山区的“腊玛古猿”，都足以证明青藏高原也是人类的起源地之一。正如西南考古学者童恩正在《西藏考古综述》中推论：“中国的西南部，特别是西藏高原及其邻近地区，有可能是从猿到人进化的摇篮……西藏就可能具有从上新世后期至更新世的古人类遗迹，包括化石材料和石器在内。”② 新石器时代西藏高原细石器文化系统影响南亚也是一个依据，因为从新石器时代三大文化所处地理位置看，西藏虽然与南亚大陆接壤，但它位于喜马拉雅山的东北面，属于东亚大陆地理单元，其在文化系统上与其东部和东北部的文化发生渊源关系符合文化的同属性。

---

① 格勒：《甘孜藏族自治州史话》，成都：四川民族出版社，1984 年，第 14 – 19 页。

② 童恩正：《西藏考古综述》，《文物》1985 年第 9 期。

即游牧和狩猎是细石器文化的代表，从北方草原地区进入藏北高原的游牧民，迁徙四方，逐渐向西藏高原的南面、东部扩散，甚至一部分已从藏北高原西南端越过冈底斯山，进入了雅鲁藏布江上游地区和喜马拉雅山地，并且还由此越过喜马拉雅山进入印度东北部，“受到了西藏高原细石器系统的影响”。①

从地形上看，南亚大陆的海拔较低，阻挡其间的喜马拉雅山瞬间高差就像是一座无法逾越的屏障，从低到高相对于从高到低更容易，所以喜马拉雅山这种南坡高差大、北坡高差小的地形构造，在新石器时代西藏高原细石器文化系统得以向南发展，影响印度东北部地区，而印度几何形细石器系统则难以进入西藏。这也与皮洛遗址最新研究推断的阿舍利技术体系的扩散路线殊途同归、惊人一致。所以说“西藏高原文明这种从一开始就与东部的文明发生深刻渊源联系，而不与西部和南部的文明发生渊源联系的发展轨迹，正是导致后来西藏文明不断向东（而不是向西或向南）发展，从而最终归属于中华文明这一大格局的重要原因”②。

综上所述，通过文献与考古研究成果相结合，构建不一样的研究模型，重建青藏高原的史前史，目的就是将康巴文化的源流进行梳理，能够更加科学地对西藏历史文化、长江文化、黄河文化以及其他文化的融合进行了解。在原来粗线条的基础上对其脉络、经纬作多维度整理，典籍记载与考古发掘互为印证，有利于观点的正确判断与立足，溯源康巴文明的过往。

① 安志敏、尹泽生、李炳元：《藏北申扎、双湖的旧石器和细石器》，《考古》1979 年第 6 期。

② 石硕：《西藏石器时代的考古发现对认识西藏远古文明的价值》，《中国藏学》1992 年第 1 期。

第三章　吐蕃以前的藏族与康巴文化

上一章以青藏高原考古成果综合分析了藏区人类的起源、迁徙与融合等，初步探讨了不同地域形成的文化圈，从而产生了文化多元结构的特点。在人类长期的活动和交往中，每一个文化区域不同特色的文化相互碰撞、相互交融，共同发展，呈现出多元化的特色，于是形成了具有区域文化结构的多元性特征。

以稻城皮洛遗址和昌都卡若遗址为代表的康巴区域早期文化，这是可以追溯的源和根，但主体文化结构依然是藏族文化，这就是相互交往、兼容并蓄、不断融合的过程，更是青藏高原文化整体性的根本认同。追溯吐蕃以前藏族居住区域与康巴文化的关系，同样也是在文化传播过程中，青藏高原各个区域居民之间，以及青藏高原周边各个区域与中华各民族互相交往，相互学习，以包容的姿态发展自身的文化结果。康巴文化就是在这样的基础之上，不断繁荣、丰富和拓展，与此同时加强了藏族对中华民族文化的认同感和向心力。

第一节　古羌部落与藏族的关系

俯瞰青藏高原，群山莽莽，江河像是一条绿色的飘带，峡谷中的冲积扇、洪积扇上零零星星地分布着村落，世世代代的人们生活于此，在他们的传说中都有共同的指向：先民是从下游或从象雄迁徙而来，与当地土著结合，形成了能够以耕种为主、兼以畜牧业定居生活的村落。

我们知道只有量变达到一定程度才能引起质变，所以人口数量直接决定文明的质量。一个社会有很多种职业，生产很多产品满足人们的需求，但是在古代只有农牧业才能支撑起足够的人口，其他获取食物的形式都不可能形成大规模的部落。因此在江河流域形成文明是非常自然的。纵观世界，六个原生文明中五个诞生于江河流域：①尼罗河流域（古埃及）文明——尼罗河；②美索不达米亚（古巴比伦）文明——幼发拉底河、底格里斯河；③黄河流域（华夏）文明——黄河；④印度河流域（古印度）文明——印度河；⑤安第斯山脉（印加）文明——安卡斯马约河、马乌莱河。最晚出现的文明是丛林文明——墨西哥高原文明，不临河。毕竟河流提供的灌溉能力对人类农业活动太重要了，发达的水系孕育文明是比较容易的事。青藏高原虽然是高海拔地区，但峡谷平均切割深度在 1 000 米左右，在江河岸边就有了温暖适宜人类生产和居住的小气候。青藏高原就处于三江源，这是自然赐予的地理优势，在部落纷争的年代也是人之所向，必有属于它的原始文明出现。

三江源素有“中华水塔”“亚洲水塔”美誉，长江总水量的25%、黄河总水量的49%和澜沧江总水量的15%都来自这一地区。长期以来很多人片面地认为只有横贯于昆仑山脉的巴颜喀拉山、可可西里山、阿尼玛卿山及唐古拉山脉的高原地带是三江源。其实，在国家生态战略视野范围，三江源是个大范围概念，包括青藏高原，乃至部分四川西部。这就包括了长江、黄河、澜沧江（下游称湄公河）、怒江（下游称萨尔温江）、森格藏布河（又称狮泉河，下游称印度河）、雅鲁藏布江（下游称布拉马普特拉河），以及著名的分支河流雅砻江、大渡河、岷江、沱江、嘉陵江、乌江、綦江、赤水河等。这些江河的流域具备人类赖以生存的主要条件，其环境非常适合古人类生活、繁育，所以这里的江河又是生命线，是血液，是文明发源的摇篮。以江河流域为纽带，形成了中华民族多元一体的历史格局。

从考古看，“吐蕃石棺墓”是代表性文化，大批吐蕃石棺墓位于雅鲁藏布江中、下游流域及藏东峡谷区，是继新石器时代卡若文化和曲贡文化之后的又一次发现。其时代大约在前1000年到7—8世纪期间，上限可追溯至吐蕃王朝以前，下限则延至吐蕃王朝时期。主要分布在西藏昌都地区的芒康、贡觉、林芝、乃东、拉萨、朗县、加查等，四川金沙江、雅砻江、大渡河等流域峡谷，总计近30处，近两千余座墓葬。从石棺墓的出土器物看，与新石器时代卡若文化和曲贡文化有密切的继承关系，分布地带也与新石器时代卡若文化和曲贡文化相重合。从外形上分析，吐蕃石棺墓与横断山脉地区的石棺墓存在着较为密切的联系，二者在文化特征上具有较大的相似之处。吐蕃时期的石棺墓，形状有梯形、长方形、圆形等，材料为石板和石块等；而横断山脉地区的石棺墓形状为长方形，材料为长方形石板，但二者均无棺底，又都存在一定的二次葬现象。关键点在于吐蕃石棺墓年代上晚于横断山脉地区，证明文化是以梯度模式渐渐进入的。

吐蕃石棺墓中出土的器物有磨制石器、陶器、骨器、铜器和铁器等，陶器均为手制，器形也以罐类为主，其中，一种大口鼓腹罐，与曲贡村新石器遗址出土的球形腹罐极为相似。制陶工艺已综合继承了卡若文化和曲贡文化两者的工艺传统。特别之处在于墓葬中未发现捕鱼工具，与卡若文化特点相似，沿袭了固有的传统生活习俗。铜器和铁器的发现，是金属时代的标记，这种石棺墓进入铜器时代，是我国北部和西部边疆民族普遍采用的一种葬式，它在东北、华北北部、甘青地区和横断山脉地区均有着广泛分布，[①] 且属于氐羌系统的居民文化。这表明在进入金属时代以后，氐羌文化不断通过藏东河谷区向青藏高原东部和藏南河谷地带渗透。而此时的青藏高原文化具有相当开放的特点，与外部地区的文化保持着密切交流与联系，所以金沙江峡谷地区和雅鲁藏布江中下游地区出现吐蕃石棺墓葬式也就顺理成章。

青藏高原这种文化的交往与联系，我们从汉文史籍的记载中可得到充分印证。夏朝的部族主要是羌人，夏与羌的联合及战争亦是频繁的。关于夏是羌人，汉文史籍并不讳言。刘起釪先生指出："整个西羌区域内，可基本以渭水向西北斜接洮、湟一线，为氐、羌二者的粗略分界线。渭以北迄河西走廊大抵为古代氐族区域，渭以南的陇西、青海以迄川、藏大抵为古代羌族区域。至于氐族区域有时也称羌，则是沿用其族的共名，因氐原属羌的一种……"[②] 以夏为中心的羌人部族从黄河上游不仅东进中原，也向西、西南和南方迁徙，向西到青海、新疆，向西南则通过青海进入西藏，向南则经过横断山区进入四川、云南，再通过长江流域进入两湖地区。[③]

殷商卜辞中的羌是指分布在河南、山西的羌人部落。前 1600 年，商朝推翻了夏朝，"（商）汤灭夏后，虞夏两族相继西迁，夏称大夏，虞称西虞。虞夏原是古代两个联盟部族，夏之天下，授自有虞。夏既灭亡，虞亦不能自存，所以他们只能向同方向逃亡……"[④] 夏虞从中原向西方逃亡，去到自己在西方的祖居地，依附炎黄遗族（昆仑西王母国的黄帝旧族和牛图腾国的炎帝故族），而这些亲族由于受到商灭夏的冲击，也正向西、西南和南方迁徙。[⑤]

周朝春秋时，羌分布在关中，氐羌即秦陇巴蜀一带的羌人部落。陕甘的羌人部落到秦国"开地千里，遂霸西戎"[⑥] 后，从东汉一直到隋唐，汉族和西羌的接触一直在河湟陇西、川西北一线，所以汉文史籍认为，这一线

---

① 格勒：《论藏族文化的起源形成与周围民族的关系》，广州：中山大学出版社，1988 年，第 142 页。

② 参见刘起釪：《周姬姜与氐羌的渊源关系》，《华夏文明（第二集）》，北京：北京大学出版社，1990 年，第 13 页。

③ 参见龙西江：《再论藏汉民族的共同渊源——青藏高原古藏人之古象雄（古支那）、西女国中的"嘉（夏）"部落与中原夏王朝的亲属渊源关系》，《西藏研究》2004 年第 1 期。

④ 徐中舒：《夏史初曙》，《中国史研究》1979 年第 3 期。

⑤ 参见龙西江：《再论藏汉民族的共同渊源——青藏高原古藏人之古象雄（古支那）、西女国中的"嘉（夏）"部落与中原夏王朝的亲属渊源关系》，《西藏研究》2004 年第 1 期。

⑥ 《史记·秦本纪》载："三十七年，秦用由余谋，伐戎王，益国十二，开地千里，遂霸西戎。"

以西的黄河河曲草原就是羌人的祖地。到隋唐时，汉文古籍才把青海南部、金沙江上游、西藏北部的苏毗、东女国、嘉良夷、羊同、党项等计人西羌部落群之列，到吐蕃勃兴，兼并西羌各部，与唐朝争夺松州、吐谷浑、安西四镇和河西陇右，很快发展为幅员万里的强邦。

先秦时代羌人的分布，据马长寿先生考证在河西走廊之南，洮、岷二州之西，他们分布的中心在青海东部古之所谓“河曲”（黄河九曲）及其以南以北各地。[①] 应劭《风俗通》云：“羌，本西戎卑贱者，主牧羊，故羌字从羊、人，因以为号。”[②] 也就是说，在先秦时代，羌人的分布大体介于当时中原地区与今天的青藏高原之间。羌人的这种地域分布格局，一方面决定了他们同中原政权的密切联系，另一方面也使羌人同毗邻的青藏高原地区建立联系，并在后来的迁徙中与那里的远古居民融合、共生、同体。

前7世纪初叶，秦国逐渐崛起和强大，开始了征伐诸羌，向西开拓和发展。秦武公十年（前688），秦武公西伐戎、冀戎，改其地为邽县（今甘肃天水）和冀县（今甘肃甘谷）。秦穆公三十七年（前623），秦伐戎王，“益国十二，开地千里，遂霸西戎”。秦厉公时，秦又伐义渠，虏其王。在秦的强大攻势之下，西羌被迫放弃家园，与原已经迁徙的羌人取得联系，全面向西转移。《后汉书·西羌传》记载：

> 羌无弋爰剑者，秦厉公时为秦所拘执，以为奴隶……后得亡归，而秦人追之急，藏于岩穴中得免。羌人云：爰剑初藏穴中，秦人焚之，有景象如虎，为其蔽火，得以不死。既出，又与劓女遇于野，遂成夫妇。女耻其状，被发覆面，羌人因以为俗。遂俱亡入三河（黄河、赐支河、湟河）间。诸羌见爰剑被焚不死，怪其神，共畏事之，推以为豪。河湟间少五谷，多禽兽，以射猎为事，爰剑教之田畜，遂见敬信，庐落种人依之者日益众……其后世世为豪。[③]

爰剑是史书记载中最早居于今青海境内的羌人领袖。对爰剑迁徙中的记载，俨然一幅生动的画卷，真实记录了当时西羌受秦的压迫而向西转移的悲惨之景，爰剑以坚韧不拔战胜困难的精神，带着众人重建新的家园。

---

① 马长寿：《氐与羌》，上海：上海人民出版社，1984年，第90页。
② 引自《太平御览》卷七百九十四。
③ 《后汉书》卷八十七《西羌传》第七十七。

到前4世纪上半叶秦献公时代，秦又一次大规模西征，羌人不得已继续往西迁徙，寻找新的能够接纳他们适合安居的地方。《后汉书·西羌传》记载：

> 至爰剑曾孙忍时，秦献公（前384—前362）初立，欲复穆公之迹，兵临渭首，灭狄（貆）戎。忍季父卬，畏秦之威，将其种人附落而南，出赐支河曲西数千里，与众羌绝远，不复交通。其后子孙分别，各自为种，任随所之。或为牦牛种，越嶲羌是也。或为白马种，广汉羌是也……①

文中记载，当时羌人迁徙的位置已经到了今青海西部至西藏东北部一带，赐支河即析支河，指黄河发源处。当时在这个与外界隔离的地方，他们终于能够生存繁育，并形成牦牛种、白马种等部落延续。其中牦牛种就是康巴区域的一支。

时间如梭，到东汉时，“迷唐（羌人一支）遂弱，其众不满千人，远逾赐支河首，依发羌居”。这支羌人部落显然也进入了青藏高原。《后汉书·西羌传》记载：

> 自爰剑后，子孙支分凡百五十种，其九种在赐支河首以西，及在蜀、汉徼北，前史不载口数……发羌、唐旄等绝远，未尝往来。②

迁入青藏高原的古羌部落到东汉时期，已经在这里开枝散叶，达到150余支，并且还没有停止迁徙步伐，不断有分支为寻找更好家园，继续沿大江大河而上，或往草原深处探寻理想环境。“其氐人者，本出葱岭……嗣后南移。”③ 就是说，有氐羌族系的游牧部落从北方草原地区向南迁徙，进入了青藏高原。

从上述记载看，在唐以前，中原地区与青藏高原几乎处于隔绝的状态，所以，《通典》在述及吐蕃的来源时，曰：“吐蕃在吐谷浑西南，不知有国之所由。”④《旧唐书·吐蕃传》也记载：“吐蕃在长安之西八千里，本汉西

---

① 《后汉书》卷八十七《西羌传》第七十七。
② 《后汉书》卷八十七《西羌传》第七十七。
③ 刘赞廷：《西藏历史择要》，民族文化宫图书馆复制，1960年，第25页。
④ （唐）杜佑纂：《通典》卷一百九十《边防六》。

羌之地也。其种落莫知所出也。”而明确提出“吐蕃本西羌属”的“发羌”后裔一说，则始于《新唐书·吐蕃传》：

> 吐蕃本西羌属，盖百有五十种，散处河、湟、江、岷间，有发羌、唐旄等，然未始与中国通。居析支水西，祖曰鹘提勃悉野，健武多智，稍并诸羌，据其地。蕃、发声近，故其子孙曰吐蕃，而姓勃窣野。或曰南凉秃发利鹿孤之后，二子，曰樊尼，曰傉檀。傉檀嗣，为乞佛炽盘所灭。樊尼挈残部臣沮渠蒙逊，以为临松太守。蒙逊灭，樊尼率兵西济河，逾积石，遂抚有群羌云。①

这一说法至今沿用，在唐以前从黄河上游“附落而南”的一支古羌人，进入木雅地区，长期的迁徙所过之处与定居处已经融合进了青藏高原，成为构成藏族的重要来源之一。这与考古成果完全能够相互印证，青藏高原地区从旧石器时代到新石器时代直至青铜时代、铁器时代，自始至终都存在一脉相承，并以不断吸收、容纳外来文化而发展起来的土著文化序列。也就是说藏族族源“西羌说”是根本不能成立的。②

这些进入康藏河谷地区的古羌人，汉文史籍中将其称为“发（音 Bod）羌”。而进入康巴高原的称为“牦牛羌”，出现在汉代中叶以后的文献中，后来用于指康区。在这之前，他们被称作“笮”人，意指以竹索飞渡之人。《华阳国志》称：“邛崃山，本名邛笮山，故邛人、笮人界。”古时，由康区赴西蜀，都须经汉源，因而汉源一带成为蜀商与邛、笮人市易之所。康区赶来的牦牛便在大渡河西岸屠宰，皮毛肉渡河运到东岸交易。

汉武帝建元中，纳唐蒙建议，修通僰道（今宜宾）至夜郎牂牁江（北盘江）道路可直抵滇中，司马相如乘机请开邛笮等西夷，“使相如以郎将中往喻，皆如南夷，为置一都尉，十余县，属蜀”。相如“除边关，关益斥，西至沫、若水，南至牂牁为徼”③。于是开通了到康区的道路，推动了汉藏之间的经济交往。“巴蜀民或窃出商贾，取其笮马、僰僮、髦牛，以此巴蜀殷富。”④ 由于交易量与日俱增，牦牛这时成了笮人与外界的主要交换物，

---

① 《新唐书·吐蕃传》第一百四十六《吐蕃上》。

② 参见石硕：《西藏文明东向发展史（第2版）》，成都：四川人民出版社，2016年，第43页。

③ 《史记·司马相如列传》。

④ 《史记·西南夷列传》。

“笮州本西蜀徼外，曰猫（牦牛）羌”①。另外也因为藏族本来有“六牦牛部”，虽然与康区没有太大关系，但因《资治通鉴》称：“越巂夷为牦牛夷”，② 巂藏族原始六姓之一“烛”，藏语译成汉语，有牦牛和江的意思，“牦牛羌”之称呼就代替了“笮”名。

也有人认为，长江藏语称“烛曲”，“烛人”就是居住在长江上游金沙江和雅砻江两岸的藏族祖先。古“越”和“雅州”的位置，也正好在金沙江和雅砻江交界处。雅砻江在藏语中叫“尼雅曲”，意为“牦牛河”。藏族古老民歌中有烛人曾占三峡地句。藏族史诗《烛董战》中说：“烛人分黑、白、混合烛三种，有十八个种姓十八个大部、十二王国，势力曾扩展到黄河之滨。”③ 所以称之为“牦牛羌”。后来牦牛羌又分支出白狼羌，在今甘孜、阿坝藏族羌族自治州。

陈庆英《藏族部落制度研究》中说：

> 讨论藏族先民与古羌人的关系问题，不应从今天的藏族和羌人的祖先和起源的问题着眼，用现代民族的区分法套远古青藏高原部落群体，而应把青藏高原整体地看成一个具有自己的独特的自然生态环境的古人类的活动场所来考虑。通观吐蕃王朝兴起以前的青藏高原的历史，从青藏高原东下、南下及北上的部落群呈波浪式地连绵不断，而从青藏高原以外进入高原的民族则很少，只有汉、鲜卑、匈奴、月支等民族到达过青藏高原的北部、东部边缘地区，而不能深入高原的腹心。因此西羌部落的起源不应在青藏高原以外去寻找，而是在青藏高原的内部，是随着青藏高原古人类发展和迁徙而出现的。④

据此，我们再来看整个青藏高原以及江河流域地带，在气候适宜人类生存的时候，是大迁徙年代，由外向青藏高原腹地深入，并融合成固定的部落群体。随着气候的不断恶化，人类再一次从内部开始迁徙，大都围绕江河而定居或游牧，生存和必需物资多以物品交换或者相互抢掠得到。

---

① 任新建：《康巴历史与文化》，成都：巴蜀书社，2014 年，第 75 页。

② 转引自《嘉绒地区历史（上册）》，成都：四川民族出版社，2017 年，第 149 页。

③ 多识：《藏汉民族历史亲缘关系探源》，《西北民族学院学报（哲学社会科学版）》1993 年第 2 期。

④ 陈庆英主编，青海省社会科学院藏学研究所编著：《藏族部落制度研究》，北京：中国藏学出版社，1995 年。

第二节　象雄文字探秘

文字是人类记录思想、交流思想的符号。文化的形成需要以语言为载体，语言是民族形成的纽带。人类经历了原始蒙昧时代，发现单靠有声语言和手势远远不能表达复杂的思想感情，更不用说描述大自然中的各种神奇现象，故而出现了以绳结、线条、图案表达信息的各种符号与图像，这种表达形式成为凝聚群体的重要载体。

从青藏高原考古发现，卡若遗址文化为我们提供了西藏地区早期的装饰纹样的情况，夹砂陶器的纹样的装饰手法以刻划纹为主，还辅以绳纹、附加堆纹、压印纹、涡纹、叶脉纹、贝纹等。几何形刻划纹有独特的艺术处理手法，先刻出长线条的菱形、梭形、三角形、半圆形等几何形外框，然后再以复道短斜线或交叉斜线填充在几何形框中。① 抽象的几何形纹饰内涵深刻，这些绳纹、线条的出现，预示着早期的象形文字即将出现，人们已经能够通过对外界事物的观察绘制出形状用于生活，如三角折线纹可能表现起伏的山脉、叶脉纹表示植物的叶片、贝纹表示贝等，这种用于装饰的审美就是象形文字的萌芽和起源。

卡若文化时代出土了粟粒和谷灰，说明康区 4 000 多年前进入了农业时代，人类开始向文明过渡，从不同区域汇聚于青藏高原的先民，在相互借鉴和领悟中，通过最初审美的需要创造的纹符，在后来漫长的岁月不断积累和改进中形成了文字。

骑马带驮牛的驮队场景

最原始的自源文字大多是图画符号，刻画于器物或岩壁，通过象物来表达事物。文字可以分为三

① 郭廉夫、丁涛等主编：《中国纹样辞典》，天津：天津教育出版社，1998 年，第 93 – 94 页。

类：形意文字、意音文字和拼音文字，它们的关系并不是进化的关系。古代埃及文字中，也有通过几个图画符号来表达其音组合后对应事物的做法。苏美尔文字也经历过这个时期。藏族文字同样经历过这样的阶段，这一点，在近年对青藏高原文化旅游普查中发现愈来愈多，位于西藏昌都八宿县城以西 5 公里处巴冬村牧场上的八嘎学岩画就是例证。岩画是雕凿在一整片石山之处，颇为壮观。岩画内容丰富，既有人物、动物、日、月、塔、藏文字母等单个的图案，也有张弓射箭、骑马的人、骑牛的人、奔跑的人等组合图案类型。与其他地方的岩画不同的是，佛教的思想也反映在绘画上，证明此处岩画经历很长时期的创作，从形意文如狩猎、骑马、奔跑等到拼音文藏文字母俱有。八嘎学岩画并不是独立的个体，在唐蕃古道这条网上，玉树通天河流域岩画也是规模较大、保存完好、内容丰富的岩画群。早期岩画主要以敲凿的牦牛图案为主，有少量鹿和人物图形；较晚期的摩崖造像，其中一幅摩崖造像对青藏高原历史变迁、发展有着很高的研究价值。这些岩画的发现说明上古时期人类交往密切的文化关系，明晰了古人类迁徙轨迹，说明文字的创立是集民间智慧而成的。

文字的出现也是从计数开始，早期人类记载数量的主要方法是结绳、刻木。以绳为标识是最原始的文字符号，如圆索形或抛索形绳结能够表示种子一样。牛毛绳是生活在青藏高原的农牧民于迁徙时不可或缺的物品捆绑用具，随之而来的各种绳符也就应运而生。圆环状的“阿陇”（小圆环）传达出太阳、神祀和永恒不变之意；绳索头尾均无绳结和“阿陇”，表示无论怎么努力均毫无收获；十结和九结表示坚持不懈；友结和敌结表示敌我分明；松结表示稍纵即逝；死结表示覆水难收；纽结表示事情变得杂乱无章……这种独特的、用繁杂多样的绳结符号来代替人类语言的方式，起到了传达各种信息的作用，给人们生活带来巨大影响，因而具备了一定的文字功能。

这种方法后来超越了单纯为人们生活服务的范畴而运用到政治、经济、宗教、军事等各个领域，其功用和象征意义也发生了巨大变化。笔者在涉藏地区调研时发现，在缺乏书写载体的藏族古代，搜集到不少能够使用的牦绳、片石、石岩、木片、骨头和皮张等材料。所以，笔者赞同现在藏学专家认为的藏文（象雄文字）的创立早于我们现在统一的藏文，其发展亦经历过象形与吸收的演变。这是因为，本教文化得以成为系统佛学向周边传播，得益于文字的产生，以文字为基本载体才能够进行广泛而深入的普及。虽然雍仲本教是对原始宗教的改革，其核心和精华得以保留，但要让所有信众能够很快接受并广泛传播和运用，就需要以文字为载体，这就是文字的力量。

就藏文文字的来源，2011 年西藏卫视大型特色栏目《西藏诱惑》专题录制了一期由中国社会科学院宗教学博士与象雄文化发展协会研究员阿扎·西拉华钦、象雄吐蕃历史专家与象雄文化发展协会研究员西饶嘉措、象雄文化发展协会会长噶玛坚参和中央民族大学研究员才让太等专家参与的《探索古象雄文字之谜》的节目，在采访中阿扎·西拉华钦说：根据本教经文的记载，敦巴辛饶佛创造文字的时间是在距今 18 000 年左右。象雄文的演变过程为：从达瑟的邦钦体和邦琼体演变成象雄文的玛尔钦体和玛尔琼体，然后再演变成现代藏文的有头体和无头体。

> 根据记载，从第四代藏王的时候就已经有了藏文，后来逐步开始使用。除了本教经典的记载以外，藏地也有记录能够说明……所以松赞干布求婚时使用古象雄文字的说法是不正确的，应该是用的藏文。
>
> 象雄文字是一种拼音文字，属辅音文字型，分辅音字母、元音符号和标点符号三个部分。有三十个辅音字母，四个元音字母以及其他标点符号，共有四十个文字。以原音和辅音加标点符号组合使用，包括今天的藏文也是因此发展而来的。
>
> 举例：爸爸——瓦蹬；妈妈——啊咂；天——莫拉；水——当；地——嘿；风——勒；火——奶；男人——师咂；女人——咂妹。①

东南西北图文

① 参见西藏卫视大型特色栏目《西藏诱惑》之《探索古象雄文字之谜》纪录片，2011 年 9 月 17 日，中国社会科学院宗教学博士、象雄文化发展协会研究员阿扎·西拉华钦答问。

中央民族大学研究员才让太在《藏文起源新探》中做过详细论述，他认为藏文从七世纪就开始出现，并且对以梵文天成体为蓝本的观点持否定态度。他认为历史上的吞弥·桑布扎可能对藏文更趋于系统化起到过重要作用，但并非像后世佛教史家所说的那样赫赫有名，功勋盖世，其最大的历史功绩也仅限于使藏文更趋于系统化和规范化：

> 如果松赞干布以前的确无有文字，后人上溯三十几代并将其详细历史记述成文，这是可能的吗？……《布顿佛法史》甚至说松赞干布自年幼时就会读信件。此时松赞干布还没有登基，也就没有天竺佛教文化的输入，那他熟谙的工巧、历算等内容属于什么文化，他读的是哪种文字的信件呢？类似的记载在叙述他以前的贤达时也时有所见。如果没有文字，这些工巧历算的内容也似乎无法传播。①

关于文字的传说不仅有典籍记载，口碑古籍同样没有缺席。阿扎·西拉华钦还讲述了本教经典关于藏族文字创建的一个故事：

> 在大食的沃姆隆仁，辛饶弥沃佛陀有个宝藏瓶，里面装满着文字。有一次敦巴辛饶佛去了夏尔地，魔王恰巴趁机来到沃姆隆仁欺骗了敦巴辛饶的妻子霍扎汤姆，偷取了宝瓶后烧毁了。佛陀的弟子依吉且琼去到宝瓶被烧毁的地方，看到一块没有被完全烧毁的布，布上仍然保留着：嗡、让、神、康、阳这五个字，也被称为五英雄字。于是敦巴辛饶佛陀以这五个字作为基础，创造了达斯文，在达斯文的基础上形成了象雄文。②

在藏民族聚居区流传着一种被称为“天降文”的藏文字体，就是古象雄的“玛尔文”。“天降文”是本教对其所创立的文字的尊称，也是雍仲本教对其所创立的文字所作的教理解释。据说“天降文”创立的灵感来自天珠。拼音文字发明之初，符号与图像的使用，在部落间的日常交往中可大抵了解其意，后来发现因其音调的不确定性，单靠象形音调难以表述所有内

---

① 才让太：《藏文起源新探》，《中国藏学》1988 年第 1 期。

② 西藏卫视大型特色栏目《西藏诱惑》之《探索古象雄文字之谜》纪录片，2011 年 9 月 17 日，中国社会科学院宗教学博士、象雄文化发展协会研究员阿扎·西拉华钦答问。

容，因而出现岩画以补充信号内容，这是象形文出现在吐蕃的标志之一。比如，阿里地区日土县的岩画由一百二十多组图案构成，表现氏族部落集体迁移的大型岩画，内容丰富，形神兼备，令人目不暇接。这是青藏高原摩崖文化演化的结果。其中描述豹追野鹿的情景画基本就是最早的文字叙述。先民通过天珠等图形、符号的文字补充，为“玛尔文”的产生创造了条件。

虽然象雄藏文产生的确切年代已无从考证，但可以肯定的是，到松赞干布时期已经发展成为一种比较成熟的文字，并有许多关于藏族古代神话传说和历史文字的记载。但在南日松赞父子的兼并战争以及后来的对外扩张，尤其在内部的政治斗争和宗教派系斗争中，象雄文字遭到了灾难性的毁灭，加上当时无印刷业、保存条件简陋等原因逐渐失传，这在后世著作中屡有反映。

据史书记载，在象雄第一任赤维吉西绕时，就有了文字。在阿里地区远古象雄岩画上，发现了较多的“玛尔文”踪迹，字形为古象雄文，其他地区也有类似发现。10 世纪以前象雄的众多王臣名和象雄境内的 60 个地名，均为象雄语，阿里地区至今仍沿用古象雄时代的地名，今之藏人也难解其意。

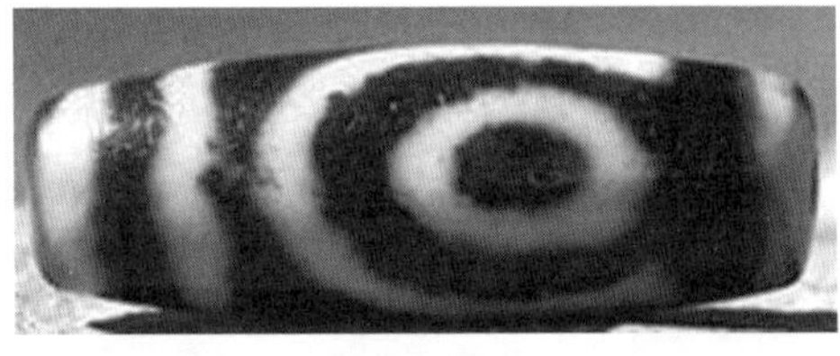

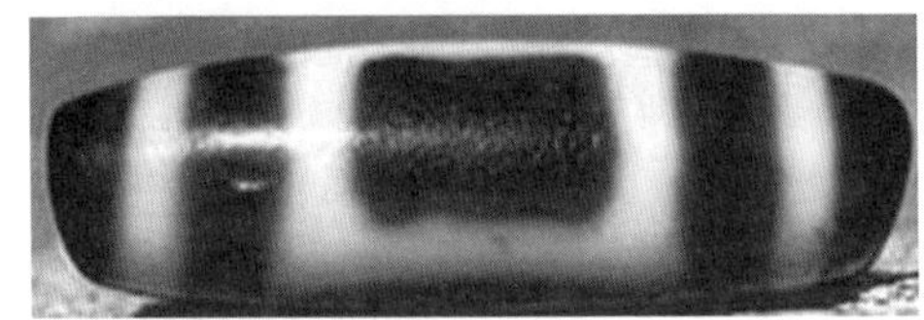

天然亚玛瑙珠的文字符号

木刻的文字与符号

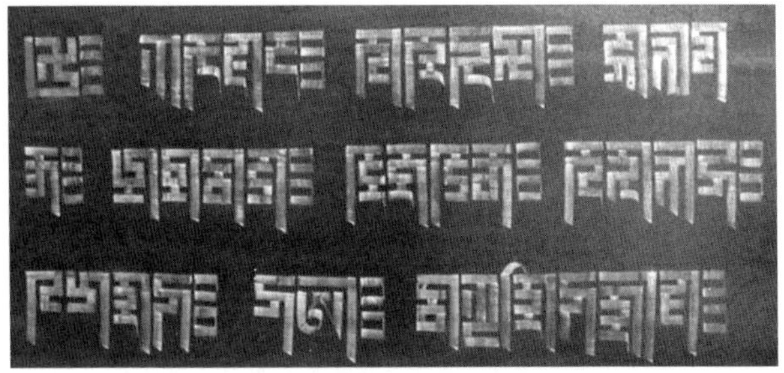

象雄文字

综上所述，吐蕃时期的藏文形成之前象雄文已经存在，本教经文记载，雍仲本教的创始人辛饶弥沃是象雄文字的改革和完善者。他将达瑟文的邦钦体、邦琼体进行改革，创立了象雄文的大写体玛尔钦体和小写体玛尔琼体。其中玛尔文主要用于本教的佛法、咒誓、祭祀活动和记载他们的经文等。后来玛尔文又作为吞弥·桑布扎创制完整藏文系统的重要参照。夏察·扎西坚赞《西藏本教源流》认为，藏文来源于象雄文，藏族的文字最早由桑杰所造。训言：三十个字母尽达本意。字头符号（mgo）引文分句符号（shad）断后，分字点界分了各字之间隔，元音和系足字丰富了表达内容。起初的神字演变为达瑟邦体文、依次体和玛琼体，后二者又分别演变成吾金体即藏文楷体和知玛体即藏文草体……莲花生大师说："印度佛法译成藏文时，印度文字无法改变成藏文，三十字母是从吐蕃取样，神名从自然声响引撷，咒文未译保持印度原貌。"①

罗秉芬认为，敦煌手卷研究中提到"敦煌古藏文写卷 P. T. 1047 号中的第八段卜辞是南木日伦赞的大相琼保·邦邑苏孜问卜时的记录"。这段话在松赞干布以前就形成了，这也就说明了虽然吞弥·桑布扎真的到过天竺学习，不过其在文字创造方面只是进行了正字，并不是真正的藏族文字创始人。② 既然象雄文字确实存在过，那为什么象雄文在后来的历史中又消失了呢？有人认为主要有以下几个原因：

道巴（印版）上的文图

第一，从至今犹存于萨迦寺的古梵文佛经和 21 世纪初发现的敦煌出土文书中可以看到，从古天竺传到吐蕃的佛经是写在贝多罗树叶上的"贝

① 参见夏察·扎西坚赞：《西藏本教源流（藏文）》，北京：民族出版社，1985 年。
② 参见东主才让：《藏族宗教与文字的产生和发展研究》，中央民族大学博士学位论文，2013 年。

叶经”，吐蕃用来写经和记述政事的材料则是羊皮纸、木简和桦树皮。说明7世纪以前汉族的造纸术还没有传入吐蕃，传入象雄则更不可能。用桦树皮、木简和昂贵的羊皮纸来书写经典和著述，其局限性可想而知，更不要说普及。

桦树皮记录的文字

第二，由于雅砻部落的崛起，继征服象雄及其他部落之后，又进行了强化统治，特别是佛教的兴起、本教的衰落。随着吐蕃帝国的逐渐强大，根据蕃族语言创制的藏文大量地应用于政府文书和佛教经典中，并加以广泛传播，藏文遂成为本民族通行文字而流传至今。

第三，吐蕃王朝统一卫藏地区后，东面的多康（青海、四川与汉地接壤之地）和西面的象雄亦在其统治之下。但多康一带的蕃族仍信奉本教，在把象雄文的本教经典翻译成藏文后，渐渐地便信奉本教却舍弃象雄文。西面的象雄在吐蕃王朝崩溃以后，达磨的后裔柯日在那里建立了古格王朝，即后来的益西沃。他热心弘扬佛教，派仁钦桑布（后来成为藏族文化发展史上一位贡献卓著的大译师）出国修习佛经，继后又邀请孟加拉国高僧阿底峡来此传教，使得古格这个本教的故乡成了朗达玛灭佛以后佛教复兴的一个重要据点。不仅如此，朗达玛另一个后裔在遥远的象雄西部建立了拉达克王朝，也极力弘扬佛教。这就使整个象雄都处在佛教势力的控制之下，这些既促进了象雄民族的藏化，也导致了象雄文的衰落，为藏文所取代。① 随着越来越多的考古和新发现，象雄文字的消亡也有了新的证明，据众多专家分析，传播媒介应该不至于造成一种文字消亡，木刻、骨刻、羊皮纸也是在诸多文明中使用流通的。所以，“造成象雄文退出历史舞台的，更有可能还是政治和宗教选择的原因”②。

综上所述，我们可归纳出以下结论：

（1）藏文是7世纪以前吐蕃统治者经象雄文改革开始形成的。

（2）古象雄文字的出现，对本土宗教——雍仲本教系统的传播起到了重要作用。

---

① 西藏卫视大型特色栏目《西藏诱惑》之《探索古象雄文字之谜》纪录片，2011年9月17日，中国社会科学院宗教学博士、象雄文化发展协会研究员阿扎·西拉华钦答问。

② 《残存于本教古经书中的谜》，《西藏商报》，2014年12月3日。

（3）古象雄文字是吞弥·桑布扎对藏文改革之前吐蕃广泛使用的文字，并记录着吐蕃历史。

（4）松赞干布统一西藏之后，在各个地方开始统一语言、文字等，这与秦始皇统一后所采取的方式基本一致。因使用政治手段统一吐蕃文字，象雄文则不再为大众所使用，所以造成象雄文的消失。这是吐蕃统一的需要，也是政治的需要。

第三节　象雄文明与佛教东进

蓝天白云下，不停飘舞的经幡讲述着历史的沧桑巨变，雪山湖泊间，玛尼堆记录着无穷无尽的世事变迁。面对辽远、圣洁的雪域，很难与“感慨沧桑变，天边极目时”的悲怆相连。人类的历史就是这样，在每一个时期，每一个阶段都有影响整个民族文化融合、变革的事件发生。在草原壮阔日出的背后是波诡云谲；康巴汉子的伟岸身躯从雪山走来时，必定历经艰难险阻。藏族的历史就是以大山为幕，与白云为伴，与日月为伍，在如诗一般的风光、似梦一样的意境中延续。

藏族的历史就在这草原深处、雪山之巅开始。西藏阿里是喜马拉雅山脉、冈底斯山脉、喀喇昆仑山脉汇聚的地方，群山连绵，峰峦雄伟。平均海拔 4 500 米左右，因此，阿里被称为“世界屋脊之屋脊”“千山之巅，万川之源”。

追溯西藏曾经激荡千年的历史，把时间拨回到公元前 5 世纪。在世界屋脊的青藏高原，产生了藏族的远古文明——“象雄文明”。古象雄部统一了号称十八万户部落的十八国，建立起了威震中亚的象雄王国，其疆域十分广阔。王朝鼎盛之时，曾具有极强的军事力量，并创制了象雄文，又称“雍仲神文”，可能与“乌仗那文”①“伏藏空行文”有千丝万缕的联系，至今在印度、尼泊尔等国仍然被一些古老的部落和民族所使用。

前文已经讲过，象雄雍仲本教和藏族原始本教是有一定区别的。和世

---

① 法显在《佛国记》中首次记录此西域国家名为乌苌国，玄奘在《大唐西域记》中记作乌仗那国，均为梵文 Udyāna（或拼写作 Uddiyana）的音译，意为花园，地理位置相当于今巴基斯坦国开伯尔－普什图省斯瓦特县。另外，《洛阳伽蓝记》中记作乌场国，《大唐西域求法高僧传》中记作乌长那，《往五天竺国传》中记作乌长国，国人自称“郁地引那”。

界上所有地域的人类发展进程一样，最初的信仰亦是从图腾崇拜到巫师仪式。藏族远古时期同样经历了一个早期漫长的原始宗教发展时期。能够在青藏高原海拔3 000 ~5 000 米的生命禁区，生存的极限下生产、生活，本身就是奇迹。在生命的禁区，是缺氧、寒冷、强紫外线的艰苦环境，且生产、生活资料极度匮乏，能够让人类坚守的，不是优越的物质条件，也不是优美的环境，而是信仰的力量。我们都知道，人们生活在海平面上的标准大气压为760 毫米汞柱，空气是由氧气、氮气等气体组成的混合气体，其中氧气的含量是20.95%（海平面0 海拔理论含氧量），随着地势的增高，其气压也逐渐降低，肺泡内的气体、动脉血液和组织内氧气的分压也相应降低。海拔每升高100 米，大气压下降5.9 毫米汞柱，氧分压下降约1.2 毫米汞柱，氧含量下降0.16%，与海拔为0 米时的氧含量相比，下降0.76%。海拔3 000米时含氧量为14.4%，到海拔4 000 米时为12.7%，海拔5 000 米时仅为11.1%。[①] 西藏山南市浪卡子县打隆镇推瓦村被称为世界“最高的村落”，该村坐落在蒙达岗日雪山脚下，普莫雍错湖畔，海拔5 070 米，氧气含量只有中国内地的一半，是世界上最高的行政村落，村里的生活来源全靠畜牧。所以，能够让藏族世世代代居住下来，一定有不一样的精神支柱，即远古时期的原始本教。它是藏族人的一种原始信仰体系，是藏族原始人对主客观世界的认识。这种信仰经历了“笃本”“伽本”和“觉本”三个发展阶段。原始本教相信万物皆有灵，崇拜的对象包括自然神灵天、地、日、月等，动物神狮、豹、虎、鹰等，生产生活神灵寝拉（家神）、投拉（灶神）、辛拉（田神）、秋惹吉拉（图神）、塞拉（食神）、果拉（门神）等，数量极其庞大。《藏传佛教神明大全》中写道：“家神给通、门神球幕、灶神热补、田神帕旺、畜神妮布、马神置布、母牦牛神香波、牦牛神董波、犏牛神给桂、绵羊神闷波及山羊神刺刺……”[②] 也就是说，人类社会初期原始宗教的崇拜对象实际上已不在于物本身，而在于物所象征的那种能力，一种古人无法解释的大自然之力。

原始本教萨满的祭祀也是根据人的想象，以杀生动物供奉，一直到雍仲本教的产生。雍仲本教提倡戒杀生，改用糌粑、泥土捏成的动物等形状代替杀生血祭。据《西藏王统记》《朵堆》等典籍记载，古象雄王子辛饶弥沃在原始本教的基础上进行大胆革新，吸收了周边克什米尔、勃律、波斯、

---

① 参见“海拔高度与氧含量对比表”。

② 久美却吉多杰：《藏传佛教神明大全》，西宁：青海民族出版社，2004 年，第1240 页。

印度等地的宗教精华与哲学思想融入笃本之中，创建了雍仲本教。原始本教脱胎换骨，有了教义、仪轨和组织。之后他又创造了象雄文字，并传授了本教文化的精粹五明学科，即工巧明（工艺学）、声论学（语言学）、医学、外明学（天文学）和内明学（佛学）。古象雄文明逐渐辉煌鼎盛。

于是，象雄王朝尊雍仲本教为国教，上至国王下至平民百姓都是虔诚的本教徒，本教起着扶持国政、左右王室、安民济世的作用。由此，雍仲本教也正式走上了青藏高原的政治舞台，古象雄文明就以雍仲本教的传播为主线而发展起来，对藏族文化的形成和发展产生了极其深远的影响。譬如，距今三千余年，建在康巴昌都地区丁青县海拔 4 800 米左右孜珠神山上，由第二代藏王穆赤赞普倡导，大成就者第一世穆邦萨东大师创建的孜珠寺，不仅是藏民族聚居区海拔最高的寺院之一，也是雍仲本教最古老、最重要的寺庙之一。

到了 7 世纪，吐蕃王朝赞普松赞干布发兵击灭象雄王国。王国的消失，使象雄在政治上的凝聚力分崩离析，部落间的争斗给这片土地带来毁灭性灾难。阿里之东富饶的草原，还有狮泉河、象泉河、马泉河、孔雀河沿岸郁郁葱葱的林木、沃野千顷的良田，仿佛一夜之间消失殆尽，留下的是残垣断壁；曾经的繁华，逐渐变成了举目荒凉的无人区。那些曾经无忧无虑穿行于象雄的本教徒流离失所，大部分背井离乡，远离了这片逐渐变得严酷的土地，来到了拉萨人眼中的荒凉之地——康巴。大渡河流域嘉绒地区仍流传着雍仲本教兴于该地区的动人传说：

> 相传在很早以前，嘉戎地区的领主是女神与本教传教人，他们回到人间在该地传播本教。为此神仙变化成大鹏鸟生了四个蛋，最末一个生的是花蛋，名叫拉西雍仲。受父亲天神派遣于鼠年虎月龙日兔时乘龙驾临德足（独脚沟），与女神白龙公主翁布益西扎西结婚，夫妻回拜天神父时，天神父安排他们去寻找一处为“卍”（山谷河流形成的形状）的地形居住，传播本教。他们在德足找到“卍”形的地方居住下来传播本教。[①]

传说虽不能作为史据，但可以推测：雍仲本教传入藏东地区的时间很早，甚至在孜珠寺修建之前。本教很早以前在嘉绒地区传播，并在德足

① 参见得荣・泽仁邓珠：《藏族通史・吉祥宝瓶》，拉萨：西藏人民出版社，2001 年，第 830 页。

（今马尔邦乡）修建雍仲拉顶寺。当地的领主都信奉本教，而且倡导和扶持本教。这些传说与藏史中所述本教护辅国政之说是相符的。与之相邻的康区也是本教发祥地之一。

许多史书记载，今阿坝若尔盖县的苟象寺已有 1 780 多年的历史，它的分寺阿西象章寺也有 1 670 多年的历史，金川雍仲拉顶寺也有 1 000 多年的历史。部分本教徒的离开并没有让本教变得弱小，佛、本两教的史书都一致记载七赤天王均为虔诚的本教徒，均有修炼本教密宗吉邦桑巴的历史。由此我们可以断定：在七赤天王时期，本教在吐蕃已经兴盛，早在聂赤赞布以前，象雄的本教就已传到了吐蕃。同时，在此时期，本教文化已渗透到藏族社会各个领域，被人们广泛接受和信奉，并形成比较坚固的社会基础和群众基础。①

松赞干布一统吐蕃后，雍仲本教高僧大部分仍然在吐蕃。当时在吐蕃地区本教是唯一的宗教，在本教典籍里，还传说松赞干布是本教的“扶持之王”，即上天派来统领人间的神。不过松赞干布不能容忍雍仲本教势力逐渐形成神权大于王权的局面，“古辛”竟然能够开始左右赞普的决策。② 松赞干布先后同尼泊尔赤尊公主和唐朝文成公主联姻，两位公主各自从家乡请来释迦牟尼 8 岁与 12 岁等身佛像，松赞干布分别为两位王妃建立了寺庙，以供奉她们带来的佛像，并开始翻译佛经，意在推崇佛教减少本教影响。因此，松赞干布时代佛教影响逐渐上升，松赞干布去世后，各部贵族欲扶持本教势力来控制王室，恢复会盟和重大宗教活动的本教仪式，两位公主所请的释迦牟尼像被迫埋于地下。到了 8 世纪初，赤德祖赞即位，尊崇佛教，提倡以佛教教化社会，以减少本教在执政中的影响。710 年，赤德祖赞从唐朝迎娶金城公主，汉地佛教和汉僧重回吐蕃，佛教开始复苏。但到赤德祖赞晚年，大批来自西域于阗地区的僧人因发生动乱逃往吐蕃避难，赤德祖赞收容了他们，同时，中亚地区佛教徒也因伊拉克国王“东征”逃亡吐蕃，也受到了妥善安置，但引起了贵族大臣们的不满。赤德祖赞信仰并发展佛教，755 年，赤德祖赞在亚着贝擦城赛马时，被勾结苏毗叛乱的政务大臣朗·梅色和末·东则布二人害死。随后苏毗举兵反叛，但随即就被将军恩兰·达扎路恭平定，拥立幼年王子赤松德赞即位。把持朝政的大臣贵族，发动了藏族历史上第一次“复本禁佛运动”，拆毁寺庙、驱逐佛教僧

① 参见得荣·泽仁邓珠：《藏族通史·吉祥宝瓶》，拉萨：西藏人民出版社，2001 年，第 828 页。

② 才让太、顿珠拉杰：《苯教史纲要》，北京：中国藏学出版社，2019 年，第 101 页。

人、改大昭寺为屠宰场，把文成公主带到拉萨的佛像送到芒域。直到赤松德赞成年后，才得以在亲信的支持下诛灭了反佛大臣马尚仲巴结、流放达扎路恭。随后采用平衡策略，本教方面，从象雄迎请本教法师香日乌金翻译本教经典《十万龙经》，为其修建陵墓；佛教方面，组织汉僧和印僧在桑耶寺翻译佛教经典，并迎请了莲花生大师前来显扬佛教，修建桑耶寺。其间，佛教为在吐蕃立足，吸收了本教仪式仪轨，很快完成了本土化过程。

完成蜕变的佛教，佛经的翻译进度神速，译本丰富。另外开始剃度僧人出家，被尊称为“七觉士”的第一批受戒的青年就是七个贵族的后代，于是佛教势力日益强盛。借此契机，赤松德赞举办了对西藏宗教发展具有“分水岭”意义的“佛本辩论”。辩论在顿喀地方举行，双方承诺失败者离开吐蕃。以寂护、无垢友为首的佛教代表和以香日乌金为首的本教代表各抒己见，最后，辩论以佛教的胜利而告终，由赤松德赞宣布获胜，并发布禁本命令，给了本教徒三个选择：改教、还俗或流放。于是一批本教徒改信佛教，更多的本教徒选择流放他乡，并将本教经典埋藏起来，成为后来的“伏藏”。佛教在吐蕃正式登上历史舞台，暂时取得统治地位。

至此，西藏历史上因为世权与教权的斗争发生的三次大规模的“知识分子”大迁徙完成了两次。第一次是从松赞干布征服象雄王朝，雍仲本教徒的第一次大迁徙。由阿坝州藏族历史文化古籍研究协会整理编撰的《嘉绒地区历史》一书清晰地记录了象雄与嘉绒地区的联系，其中《象雄琼氏在嘉绒地区的繁衍》一文讲琼氏父子（父琼帕察莫、子拉赛雍仲）从阿里经过协尔隆到瞻对（新龙）、木雅住阿达赛雍之地。后来又与易钦绕额一同到拉坚地区，墨尔多神山拉严旺旭率百人前来迎接、叩拜问安。拉严旺旭献上一条极其珍贵的上等朱砂色哈达后请求道：“西部云中绿龙畅欢吟，东部旱情缓解庄稼兴。闻得喜讯心疾苦恼散，请求大师莅临吾之地。”琼帕察莫父子应请在丹东住一宿后，来到嘉绒之腹地接近三河汇聚的地方，只见山似宝贝隆起，峰顶高耸入云，林木葱郁，满山滴翠，右有螺湖，左有铜湖，中部还有绿松石的湖泊，琼氏随即在中部湖畔住了下来。[①] 第二次就是佛本之争后的迁徙，赤松德赞宣布佛教获得胜利，本教几乎在西藏消失。本教徒再一次来到了康巴地区，在昌都、阿坝、丹巴、玉树、德格、白玉等地弘法。本教徒遭遇前所未有的危机，为了自身的生存，这一时期的本教开始俯首向对手学习，吸收借鉴佛教的理论体系、组织制度、崇拜礼仪

① 《嘉绒地区历史（上册）》，成都：四川民族出版社，2017 年，第 86 – 87 页。

等，并模仿佛教著书、建寺、绘画，至11世纪起出现了本教经典、本教寺院、本教神像。笔者于20世纪80年代初在甘孜州藏传佛教调研过程中了解到：当时的雍仲本教传播不仅仅是在大渡河流域，金沙江（含雅砻江、鲜水河等支流）、澜沧江都有大量的雍仲本教传播遗迹，特别是流传的佛本之争传说口碑史料都能够印证。

记得1988年冬笔者前往石渠调种，来到石渠洛须区。洛须曾经是邓柯县，这里是九世达赖隆朵嘉措的出生地。隋代为附国地，唐代属吐蕃，北宋为林国地，元代属朵甘宣慰司，明代属朵甘卫行都使司，清代属德格宣慰司，为春科、春科高日、林葱三土司辖地。清光绪三十四年（1908）置边北道，道治登科。宣统元年（1909）设登科委员，旋改为登科府，辖德化州和白玉县、同普县两县。1913年废府设邓柯县，属川边特别行政区。后为西康省第四行政督察区。1950年属西康省藏族自治区。1955年属四川省甘孜藏族自治州。1978年撤销邓柯县，将原辖4区13乡分别划入石渠、德格两县。洛须就像一座世外桃源，土地平整，海拔3 000米，属于盆地地貌，四周是海拔较高的高山，周边又有金沙江等江河围绕，土地肥沃，曾经是格萨尔王的粮仓。20世纪80年代这里是甘孜州重要的青稞育种基地，石洛1号青稞种子因抗寒、抗旱、抗病、高产被周边县推广使用。

笔者调种期间住在洛须党校，当时这里是住宿条件最好的单位。没有电灯，晚上大家点着煤油灯，围着火盆喝酒闲聊。当时外来的人不多，有客人来时党校老师和农业上的工作人员都会聚在一起，买上几瓶江津白酒，倒在搪瓷杯里传着喝，两口江津白酒下肚，一位年老的老师为我们讲起了洛须的历史，他讲：

> 邓柯也叫邓玛，其中“柯”跟“玛”在藏语中意义差不多，“柯”指区域，“玛”是邓的副词，为加强邓的语气。这片江河环绕的福地在古代藏民族聚居区是度母祈福的祥瑞地。格萨尔王史诗《邓玛青稞城》讲格萨尔王来到邓柯，与当时的邓柯王结盟，并要求邓柯王为将士提供和储备粮草。邓玛桑竹十几岁开始跟随格萨尔王，英勇睿智，性格刚正不阿，邓玛桑竹射箭，百步之内能穿吉祥草，是在史诗中位居第二的英雄人物。据传说邓玛桑竹有时见格萨尔王处事不妥也会顶撞格萨尔王，他还被称为“屈理不屈王”。

在叙述过程中，坐在旁边的另一位老师对笔者说，这是位熟悉康巴文化的大师。这么多年过去，他的名字早已忘记了，但对他讲的故事情节记忆犹新。黑红的脸被炭火映得通红，两眼闪烁着火亮的神光，他讲完一阵，就会主动拿过酒来呷一口，然后抹下胡子不多的下巴接着讲：

宗教历史文化方面，邓柯在远古信奉本教，后在唐朝中期信奉佛教，印度那烂陀佛学院高僧木帝嘉纳，是当时享誉印度的高僧智者，佛学院的首座，受吐蕃王的邀请，来吐蕃传播佛法，无奈路途中吐蕃翻译员和向导随从等人相继被传染某种疾病而亡，只剩大师一人。大师不懂藏语，来吐蕃半路上人生地不熟，后来到处漂泊，来到邓柯，为一家牧民放牧而生。几十年后，吐蕃官员才打听到大师的下落，当时大师年事已高，不久圆寂。后印度那烂陀佛学院和整个印度佛教界都为此惋惜，很多高僧都哭道："我印度南北都无如此高僧大德，藏族人无福也。"后邓柯的人们为大师修庙纪念。

隆塘志玛拉宫，志玛拉宫乃度母庙的译音。隆塘意为文成公主一行在白玛（洛须）坝（塘）用带来的黄牛（隆）进行耕种农田而得名。据史书记载，隆塘志玛拉宫建于公元640年，吐蕃国王松赞干布遗言《柱间史》及《西藏王臣记》和其他史书记载：文成公主一行将抵拉萨后，松赞干布又把尼泊尔赤尊公主娶为王妃。赤尊公主曾于拉萨修建寺庙之事商于赞普，赞普曰："何处为善，汝自择而建之可也。"赤尊公主已知文成公主天文、地理、卦算技能极高，始遣侍婢，持金沙一升，往求公主推算。文成公主帖卜、八十博唐数理图，详为卦算，其后语曰："此雪域地形如罗刹女仰卧之伏，其镇压风脉之术，先由王及主后三人前往机雪镇颇邦喀静坐作法。迨修致出现验相之时，才可修建庙宇。其次为镇压女妖肢体和肢节，所处之地，必建庙宇，方后可此拉萨修建寺庙为妙。"法王命赤尊按文成公主帖卜、卦算，镇压"女妖"肢体和肢节，各建一座庙宇——建隆塘卓玛寺，以镇压罗刹女之右手心；建结楚寺于本塘（今在不丹境内之本塘地方，亦有称在巴卓者），以镇压罗刹女之左手心；建采日协绕卓玛寺，以镇压罗刹女之右脚心；建仓巴隆重嫩寺，以镇压罗刹女之左脚心，当时在吐蕃中部建立的四座大寺称四如寺，四如寺之外建立了四伏胜寺，四伏胜寺之外又建立了四再伏胜寺，佛教于印度和汉地传入吐蕃时，初次修建庙宇有十二座，隆塘志玛拉宫是其中之一。

讲到这里他问我们是否知道石渠松格玛尼和巴格玛尼，大家摇头，于是他说这个故事要从朗达玛灭佛开始说：

传说从前有一凶残的国王，凡为他理发者无一生还。一天，一家有80岁老母的孝子为其理发，孝子恐惧，对国王说自己还需赡养老母，请求国王勿伤害他。国王说，若不将理发时所见的秘密说出，便可饶他性命。理发师立誓守秘，理发时，理发师惊奇地发现这位国王头上长有牛角。

理发师回来以后，肚子一天比一天胀，原来是秘密闷在肚里的原因。他感觉胀得撑不住了，于是向一聪明人请教，聪明人说："你用竹子做一支笛子，在别人听不到的荒山野林中把气吹出去，就不会违背誓言，肚子也不胀了。"理发师按聪明人的指点做了支竹笛，到深山老林四下无人处吹，笛子里吹出"鲁都""鲁都"的声音（藏语"牛角"的意思），这样国王头上生角的秘密就暴露了。这位国王就是朗达玛，藏语里"朗"就是公牛的意思。朗达玛其实是一头驮牛的转世，今生他灭佛教，是前世他当牛时立下的恶誓。

原来很早以前，某地住着一些佛教信徒，他们为了表示对佛的虔诚信奉，就选了一个高坡地，准备在上面建造一座佛塔。在施工过程中，只有一头驮牛为佛塔驮运石块，秋来暑往，历经几载，佛塔终于竣工。牛却背上鞍疮溃烂，体力耗尽，奄奄一息。而建造佛塔的人们，正在为佛塔开光喜庆，都认为自己为佛做了莫大的好事，所积的福泽无比之大，没有人关注这头在墙角濒临死亡的老牛。临死的老牛心中非常愤恨，它在断气之前立了一个恶誓："我今世为牛，被佛教徒如此折磨，下世我若能转世成为一个掌握生杀权力的人物，一定要把佛教毁灭。"世道轮回，万物有灵。经过千年劫难之后，这位老牛终于修成正果，转世为藏王赞普，有了向佛教徒报前世之仇的机会，因此有了朗达玛灭佛。

朗达玛灭佛期间，一位大家尊称拉隆·贝吉多杰（又译"拉隆·贝吉多吉"）长期在叶尔巴岩洞和拉隆地方修习密宗法的僧人，正当他潜心笃志地修法之时，打猎的僧人告诉他朗达玛灭佛的惨况。那时，拉萨大昭寺及桑耶寺变成了屠宰场，众多佛教的经书典籍付之一炬，诸圣物及佛像被毁坏，投入水中或埋地下，诸多智者被杀害，或遭到囚禁。朗达玛强迫僧人还俗，强迫密乘行者上山打猎等，佛教遭受巨大打击。许多名僧被杀戮或者逃往印度、青海东部和四川西部。他越听越难受，深夜，梦见一妇人（大昭寺护法神吉祥天女所化）前来点化道："当今吐蕃学法者甚多，修成正果者唯有你一人，今朗达玛禁佛灭法，天怒人怨，刺杀他的时机已到，你赶快前去，自有神灵暗中助你。"醒后他却犹豫不决，还产生了大悲恻隐之心，思量着放弃刺杀行动。但转而一想，朗达玛禁佛灭法逞性妄为，毁寺弃佛，逐僧焚经，惨不忍闻。自己作为佛教徒，笃言笃行必须铁肩担当，刺杀赞普之决心又坚定起来。于是他寻一白马，用焦炭涂黑，自己脸亦涂黑，身着外黑里白的披风，头戴外黑里白的帽子，怀藏弓箭暗器，骑马前往拉萨。到拉萨后见一人便问："你知道赞普王在哪儿吗?"那人向大昭寺方向指道："赞普正在寺前观看唐蕃会盟碑文呢。"于是他来到赞普面前，佯装向王顶礼的样子，默祷自己的本尊神，从袖中抽出弓箭，行第一礼时搭箭在弦，行第二礼时开弓，行第三礼时箭射赞普王额头（有说箭中胸部），然后乘骑逃走。赞普双手拔出额上之箭，顿时流血身亡。大臣们派遣骑兵四下追捕刺客，危难之际，追兵看见四个骑黑马的黑衣黑帽士向四路逃去，卫兵分四路追杀。据说，其他三位黑衣士就是吉祥天女护法神的化身，将追兵引开。拉隆·贝吉多杰乘混乱之机，将衣帽翻过来穿戴，渡拉萨河时染黑的马和脸被河水冲洗干净，变成了白马白衣白帽士。追兵未能识破，于是他骑马翻山越岭，历经艰辛来到安多和康巴交界地区，忏悔杀人之罪过。

朗达玛遇刺身亡后，他的亲信因王被喇嘛刺杀，更加迁怒于僧人，开展了大规模捕杀。卫藏等地僧人个个骨寒毛竖，像是惊弓之鸟逃向边远之地。但追捕的卫兵没有放过任何可能发现刺客的地方，一旦发现有人私藏僧人或者佛教物品，将面临死亡威胁，安多地区的牧民都不敢在家供奉佛像、典籍，于是在一位活佛指点下，把有关佛的物品集中埋藏在一起，以伏藏的形式保存。至于为什么选择在石渠，据说当时搜查的卫士从来不到这里。信众从各地千里迢迢而来放置家里的重要佛教经典和物品，由于堆放的物品越来越多，逐渐形成了玛尼墙和玛尼城，这就是巴格玛尼石经墙和松格玛尼石经城形成的原因。

色达然充乡石经城

时间一晃30多年过去，当初在石渠洛须听到的故事依旧萦绕于耳畔，而且后来笔者在色达前往然充乡途中也发现了规模不小的古老石经墙，民间一些传说印证了这种说法。于是细细翻阅相关资料，与格萨尔兴建的民间说法相互比较认为，吐蕃朗达玛被杀，佛教徒受牵连的说法可信度略高。这里有必要对朗达玛事件做个简介。

朗达玛灭佛，追寻其原因，主要与松赞干布六世孙、藏王赤祖德赞（又名赤热巴巾，815—838年在位）的强力兴佛有关。松赞干布灭掉象雄以后，制定了“抑本扬佛，巩固政权”的战略，之后的历代吐蕃赞普都曾延续这一战略，大力扶植佛教，抑制以本教为代表的贵族势力。到赤祖德赞时代，“抑本扬佛”取得了绝对性的胜利，对内采取了大力发展佛教的办法，对外极力主张与唐朝和盟。这两项策略导致政变发生，最终赤祖德赞被弑。首先是过度崇佛，暴力弘法，制定种种特殊的规定，一是继续任用其父亲赤德松赞任命的师僧“娘·定埃增”（曾帮助赤德松赞躲过谋杀，坐稳赞普之位）为钵阐布（大相）。原本吐蕃政局是多相制，现在转向独相制，且位列众相之上，进一步加剧了与贵族集团的利益冲突。二是制定“七户养僧”制度，规定每七户平民负责供养一位僧人。三是给予宗教裁判权，建立寺产制，拨给寺院土地、牲畜、奴户等，且不征赋税，不征徭役，不取租佣、罚金等。四是下诏书：“人民严禁蔑视圣僧并指责嘲笑。今后如有犯此者，应挖其目，切断其指”。五是在广建寺院之余，还开展了大规模的国家译经、抄经工作。为抄经甚至设连坐处罚家人，扣押家畜、财物等。这样的结果撕裂了社会，民怨沸腾，贵族反对。其次是唐蕃维州之战吐蕃的失败终止了吐蕃40余年的优势，吐蕃通过掠夺河陇以战养战的经济来源消失。而国内不计代价地弘佛，使得僧伽集团与各贵族利益阶层的矛盾日趋激烈，终于触发了僧人与贵族间的终极对决。结成同盟的贵族势力在清除了赤祖德赞的亲信后，发动政变，杀死赤祖德赞，拥立朗达玛为赞普。

朗达玛即位后，受制于贵族集团和佛教势力的双重掣肘，为彻底收回和掌握政治权力，朗达玛借用当时发生饥荒、兽瘟等天灾的机会，利用民间民众仇视尊崇佛教的心理，结合传统本教信仰势力，把灾祸的原因和当时社会上的种种问题和危机都归咎于对佛教的尊崇，采取了一种极端的抑佛兴本的措施，疯狂打压佛教，关闭所有佛教寺院，停止全部在建寺庙，焚毁佛经，勒令僧人弃佛归本，并在寺庙的门上绘僧人饮酒图，强迫佛教僧人还俗，带着弓箭、猎狗去狩猎……《西藏宗教》对朗达玛的灭佛事件是这样讲述的：

> 此次灭法运动，不仅取消了昔日由吐蕃王室保护广大僧众的一切法令，而且剥夺了寺院及僧众的所有财产和享有的一切政治特权，从而使佛教在吐蕃的整个组织都被彻底粉碎，佛教僧侣皆从寺院驱逐出去，并强迫僧众还俗，甚至让佛教僧侣或去狩猎或当屠夫，不从命者皆被杀戮。所以，僧人大都逃向民间，不得不重新回到世俗生活，成为负担差税的普通平民。赞普还下令封闭所有寺院和佛殿，首先从大昭寺、小昭寺和桑耶寺等著名寺院动手，将所有佛寺内的佛像或埋在地下（如大昭寺和小昭寺内的不动金刚像与释迦牟尼两尊佛像就被埋入地下），或抛入水中，或捣毁。佛教经典也同样遭到毁坏，或烧毁，或投入河中，当然也有不少佛经被信佛群众藏匿起来。寺院和佛殿里的佛教供品被捣毁之后，他们用泥巴把寺院和佛殿给封闭起来。从此，吐蕃佛教进入濒临灭绝的所谓黑暗时期。朗达玛的灭法事件，尤其对佛教教团组织来说，是一次毁灭性的打击。因此，朗达玛的灭法事件，在藏传佛教史上是一个具有划时代的历史事件。后来史家以此为界，将藏传佛教通史分为两个截然不同的断代史。即“前弘期”和“后弘期”。“前弘期”是指7世纪中叶（从松赞干布算起）至9世纪中叶（朗达玛灭法为止），这段时期长达二百年之久。①

朗达玛被刺杀后，更大的法难腥风血雨般发生，搜查佛教徒和刺客行

① 尕藏加：《西藏宗教》，北京：五洲传播出版社，2002年，第52－53页。

动在全国范围内展开。特别是康区，因为刺客拉隆·贝吉多杰为躲避搜查又逃至康地，《贤者喜宴·吐蕃史》这样记载：

> 其时拉隆·贝吉多吉已返回叶尔巴，他在修行禅房中抓住鸽子爪，令其飞起，致使禅房中落满灰尘；继之又燃烧蠹虫使之纷纷乱飞。这样造成（拉隆·贝吉多吉）未曾进出过（此禅房）的痕迹。追逐者们见此情况后，说道："（拉隆·贝吉多吉）未曾进出该地，仍在彼处。"于是众人返回。然而，有一聪明之人慢慢出现于（此禅房），此人将手放到（拉隆·贝吉多吉）的胸上，此人一惊，觉得拉隆·贝吉多吉之心在跳动，于是说道："罪犯在此！公家荒地，不得用私犁耕之。"言罢而去。鉴于此言，拉隆·贝吉多吉畏惧，随即逃往多康居住修行。①

自此以后，吐蕃王室内因为权力之争，分离成了分别支持维松和仁丹两位年幼王子的两派政治势力，相互攻伐，内战不止，引发平民暴动起义，吐蕃王朝很快被推翻。

爆发平民起义是从康巴地区开始的，朗达玛的灭佛运动让康巴地区成为佛教徒的流放地，起义是否与之相关呢？有一点是可以明确的，朗达玛彻底摧毁佛教在吐蕃的基础，在客观上将佛教推向康巴等地。以往佛本之争迁移或逃亡于此的僧人与灭佛事件受到法难来此的佛教徒们，后来成为"后弘期"佛教兴起的重要力量。他们利用各种条件继续传播佛法，把吐蕃文化传播到康区，对康巴文化的形成起到了至关重要的作用。

第四节　康巴文化的白狼与东女国以及旄牛种

吐蕃统一之前，在青藏高原东部崛起了三个至今如谜一样的部落，各种研究令人眼花缭乱。

---

① （明）巴卧·祖拉陈瓦著，黄颢、周润年译注：《贤者喜宴·吐蕃史》，西宁：青海人民出版社，2017年，第526页。

雅江郭岗顶出土的彩色陶俑

其一是崛起于东汉的白狼[①]古国。白狼，古族名，东汉初（1 世纪）分布在青藏高原东部地区。根据田野调查，可以判断白狼部落分布在康巴高原大部分区域。居住于大渡河、金沙江、澜沧江（部分区域）、黄河上游（包括白河、黑河等支流区域）、雅砻江等河谷沿岸，是藏羌彝走廊中心区域，多民族在此生息繁衍。清代黄沛翘《西藏图考》认为中心地在巴塘，雅江郭岗顶出土的白狼国精美的陶俑说明其当时文明的程度；江应梁、岑仲勉等认为中心地在凉山地区；丁骕认为在青海玉树，向达认为在云南丽江……[②]译音问题（见注解），加上推断的模糊性，虽然康巴地区许多县志都记载为白狼古国，却一直没有划定具体地域，有一个共同点就是白狼部落活动中心，在河谷气候温暖区域，半农半牧。这可以从晋代常璩《华阳国志》、宋代乐史《太平寰宇记》、清代顾祖禹《读史方舆纪要》等书的记载予以判断。资料显示，永平年间(58—75 年)，在益州刺史朱辅的宣抚下，牦牛徼外的白狼、槃木、唐菆等部落举族奉贡，并向汉朝献颂诗三章，即《远夷乐德歌》《远夷慕德歌》和《远夷怀德歌》，表示臣属慕化归义。青藏高原东部那时候并没有被吐蕃所统治，与汉地形成政治共同体符合地域特点和经济交往需求，著名的《白狼歌》就是例证之一。《白狼歌》共有三首，是白狼王唐菆等一行，从笮都来到当时洛阳，在明帝举行的宴会上所唱，属于少数族裔的语音，由田恭译成汉语，诗歌如下：

---

① 白狼即白兰，是历史上译音问题导致。《册府元龟》载：“白兰土出黄金铜铁，其国逐水草……以肉酪为粮，颇识文字……地宜大麦，而多芜菁，颇有菽粟，出蜀马、牦牛。”这是典型的甘孜州当时风貌介绍。《北史·列传》卷八十四载：“白兰者，羌之别种也。其地东北接吐谷浑（青海、甘肃接近中原一线），西北利摸徒（今甘孜县为中心的康北一带），南界那鄂（鲜水河流域）。”《新唐书·党项传》：“又有白兰羌，吐蕃谓之丁玲，左属党项，右与多弥接。胜兵万人，勇战斗，善作兵，俗与党项同。”直到公元 4 世纪初期，慕容吐谷浑来到西部建国后才被汉地西晋官方所记录。很多学者把白兰部落区域划定在青海，没有延伸到甘孜州，这是对历史文献和田野考察误差所致。甘孜州文献大多记载为“白狼”，因为译音问题把地域南辕北辙。包括后来蒙古人迂回白兰道（又称河南道）消灭大理国，途经甘孜州就是此道一部分，甘孜州诸多县志都有此记载。

② 陈宗祥、邓文峰：《〈白狼歌〉研究述评》，《西南师范大学学报（人文社会科学版）》1979 年第 4 期。

《远夷乐德歌诗》曰：

大汉是治（堤官隗构），与天合意（魏昌逾糟）。
吏译平端（罔驿刘脾），不从我来（旁莫支留）。
闻风向化（征衣随旅），所见奇异（知唐桑艾）。
多赐缯布（邪毗继𫄨），甘美酒食（推潭仆远）。
昌乐肉飞（拓拒苏便），屈申悉备（局后仍离）。
蛮夷贫薄（偻让龙洞），无所报嗣（莫支度由）。
愿主长寿（阳洛僧鳞），子孙昌炽（莫稚角存）。

《远夷慕德歌诗》曰：

蛮夷所处（偻让皮尼），日入之部（且交陵悟）。
慕义向化（绳动随旅），归日出主（路旦拣洛）。
圣德深恩（圣德渡诺），与人富厚（魏菌度洗）。
冬多霜雪（综邪流藩），夏多和雨（莋邪寻螺）。
寒温时适（藐浔泸漓），部人多有（菌补邪推）。
涉危历险（辟危归险），不远万里（莫受万柳）。
去俗归德（术叠附德），心归慈母（仍路孳摸）。

《远夷怀德歌诗》曰：

荒服之外（荒服之仪），土地墝埆（犁籍伶伶）。
食肉衣皮（咀苏邪犁），不见盐谷（莫砀粗沐）。
吏译传风（罔译传微），大汉安乐（是汉夜拒）。
携负归仁（踪优路仁），触冒险陕（雷折险龙）。
高山岐峻（伦狼藏幢），缘崖磻石（扶路侧禄）。
木薄发家（息落服淫），百宿到洛（理历髭洛）。
父子同赐（捕茝菌毗），怀抱匹帛（怀稿匹漏）。
传告种人（传室呼敕），长愿臣仆（陵阳臣仆）。①

就语言的来源，研究者提出了很多不同的看法，有古藏语、古彝语、纳西语、嘉绒语、西夏语、羌语和藏缅语说等，目前以藏缅语和古彝缅语说法为主流，进一步说明这是藏羌彝走廊上的文化缩影。同时，《后汉书》在收载《东观汉记》中的《白狼歌》后，详细记述了创作背景：

---

① 转引自刘大先：《少数族裔文学翻译的权力与政治》，《西南民族大学学报（人文社科版）》2010 年第 2 期。

永平中，益州刺史梁国朱辅，好立功名，慷慨有大略。在州数岁，宣示汉德，威怀远夷。自汶山以西，前世所不至，正朔所未加。白狼、盘木、唐菆等百余国，户百三十余万，口六百万以上，举种奉贡，称为臣仆，辅上疏曰："臣闻诗云：'彼徂者岐，有夷之化。'传曰：'岐道虽僻，而人不远。'诗人诵咏，以为符验。今白狼王唐菆等慕化归义，作诗三章。路经邛来大山零高腴，峭危峻险，百倍岐道。襁负老幼，若归慈母。远夷之语，辞意难正。草木异种，鸟兽殊类。有犍为郡掾田恭与之习狎，颇晓其言，臣辄令讯其风俗，译其辞语。今遣从事史李陵与恭护送诣阙，并上其乐诗。昔在圣帝，舞四夷之乐：今之所上，庶备其一。"帝嘉之，事下史官，录其歌焉。①

祥和的记述，反映了汉王朝怀柔边疆的施政措施，文化语言的差异并没有阻碍西南地区与中原的交流，唐菆代表了西南地区的百余个部落，其中就有白狼部落，白狼部落献歌也是代表整个西南地区归附后所表达的一种认同形式。献歌形式正好符合康巴人能歌善舞的传统习俗以及表达方式，同时印证了甘孜州史料曾记载为白狼一族的历史事实。

其二是公元六七世纪康巴区域出现的一个强大的部落群体及地方政权——东女国。东女国在藏族历史上，特别是在川西地区有着重大的影响，主要活动范围在四川甘孜州、阿坝州和西藏自治区昌都地区等。《旧唐书》卷一九七《西南蛮传·东女国》记载：

东女国，西羌之别种，以西海中复有女国，故称东女焉。俗以女为王。东与茂州、党项接，东南与雅州接，界隔罗女蛮及白狼夷。其境东西九日行，南北二十日行。在大小八十余城，其王所居名康延川，中有弱水南流，用牛皮为船为渡。户四万余众，胜兵万余人，散在山谷间。

据任乃强先生考证，"康延川"即今昌都一带，"弱水"即今之澜沧江，所谓"大小八十余城"，即谓其国辖有八十余"宗（Rdsong）"。宗，藏语指农之聚邑。大抵而言，"昌都、察雅、类乌齐、八宿、察龙、盐井、门空、贫台，北至隆庆，西至丹达山之地，皆旧东女国境"。其地望可知东女国东

① 转引自马学良、戴庆厦：《〈白狼歌〉研究》，《民族语文》1982 年第 5 期。

与茂州（今四川茂县）交界，东南与雅州（今四川雅安）交界，包括了今四川阿坝茂县以西，甘孜州全境以及整个昌都地区，范围广阔。由于女王居于昌都一带，可知东女国是以昌都为政治、经济中心的。[①] 近年来对东女政权中心遗址的研究出现嘉绒说，根据丹巴县中路乡的东女国遗址，认为东女国王城遗址位于今四川省阿坝州金川县。[②] 后者应该是以《贤者喜宴·吐蕃史》《莲花生传》讲述贝若咱纳受王妃蔡邦氏迫害流放到杰莫擦瓦传播秘咒等为坐标地望依据。杰莫译为女王，擦瓦即今嘉绒地区。[③] 关于这点石硕指出："任乃强先生认为，《隋书·女国传》的记述当出自裴矩之《西域图记》，此判断是正确的。"[④] 可与《隋书·女国传》所记载的葱岭以南"东接土蕃，西接三波诃，北接于阗"且"东西长，南北狭"的女国加以区分。石硕先生认为，隋唐时期青藏高原范围存在东、西两个女国，一个是"葱岭之南女国"，一个是"川西高原女国"。目前学者们对《新唐书·东女国传》中将《隋书》和《北史》所记葱岭之南女国同《旧唐书·东女国传》所记东女国不加甄别地混淆为同一女国，是《旧唐书·东女国传》中将东、西两个女国的史料记载发生混淆和篡乱所致。产生此误载的根源在于，葱岭之南和川西高原两个不同的女国，在隋和唐代前期均曾被称作"东女国"，致使唐代的一些史家不明就里而将记录两者的史料不同程度地混淆与篡乱。这也是造成川西高原女国研究长期处于众说纷纭、莫衷一是的重要原因。[⑤]

我们现在很多用于"川西高原女国"（特别是研究和书写丹巴、嘉绒的书籍）的风俗引用记载不是川西高原的，也与川西高原不符。比如："贵人死者，或剥其皮而藏之，内骨于瓶中，糅以金屑而埋之"这种奇特葬俗，不论是从当地发现的墓葬，还是从相关文献记载以及传统习俗的认同中，无法在川西高原地区找到任何相关遗迹。至于"其王侍女数百人，五日一听政……其所居，皆起重屋，王至九层，国人至六层"，则更与川西高原地区的社会文化面貌风马牛不相及。川西高原多为高山峡谷地带或广阔的草原，交通不便，部落分散，要形成"其王侍女数百人，五日一听政"如此

---

① 参见任乃强：《任乃强民族研究文集》，北京：民族出版社，1990 年，第 226 页。

② 《四川金川发现东女国王城遗址》，人民网，2019 年 5 月 20 日。

③ 参见（明）巴卧·祖拉陈瓦著，黄颢、周润年译注：《贤者喜宴·吐蕃史》，西宁：青海人民出版社，2017 年，第 414、432 页。

④ 参见石硕：《〈旧唐书·东女国传〉所记川西高原女国的史料篡乱及相关问题》，《中国藏学》2009 年第 3 期。

⑤ 参见石硕：《〈旧唐书·东女国传〉所记川西高原女国的史料篡乱及相关问题》，《中国藏学》2009 年第 3 期。

大规模且严密的政治体制是不具备任何条件的。而房屋建筑更是大相径庭（嘉绒说就是以现存碉楼进行判断，其实整个康区曾经碉楼林立），完全就是典型的西藏阿里古格故城的格局。[①] 所以，我们在研究康巴文化的时候，一定要注意对史料进行认真考证，不然得出的结论就会南辕北辙。

其三，在康巴历史上除了白狼、东女文化外，前面讲过由“牦牛羌”转而形成的“旄牛种”可谓影响深远。根据史书记载，“旄牛种”是一个比较大的部落集团，这个部落集团主要活动在川西北、西康高原上，从事游牧业生产，驯养牦牛是他们的特长，这些部族的后裔很大一部分散居在今天甘孜藏族自治州境内。[②] 《后汉书·南蛮西南夷列传》记载“旄牛徼外”“随畜迁徙，无君长，无聚邑”，但所指活动范围是来自“旄牛县”“旄牛夷”的地方，与汉地为大雪山脉所隔阻。《后汉书·西羌传》所说：“子孙分别，各自为种。”向南迁徙的古羌人数量也是最多的，他们南徙的路线主要分两条，一条是从今陕甘方向甘南藏族自治州到青海进康区，以草原为主，这也是康区草原形成安多语系的原因之一。另一条是沿河谷而上，即岷江河谷、大渡河谷、雅砻江河谷、金沙江河谷。循江河而上的羌人，走得比较快的一直走到今天的云南省东北部和四川省的西昌、雅安等地，走得比较慢的就停留在横断山系的康区。这部分羌人历史上称“旄牛种”或“旄牛羌”，也就是“越羌”，是康区各兄弟民族的共同祖先。[③] 这里需要注意的是，“旄牛种”与藏文史记中的吐蕃“六牦牛部”没有关联，如果演绎出“氂牛种越巂羌”西迁而形成“吐蕃六牦牛部”的历史图景，就会出现青藏高原古代人群大多出自“羌”的“泛羌说”。[④] 到目前为止，关于白狼、东女国、旄牛种的研究不少，但有很多史料引用上的不足，抑或史料本身的误记，随着考古和研究的深入正一一拨开迷雾。在历史的长河中，康巴高原这些部落阶段虽然只是短暂的两个世纪，但所形成的文化如星汉灿烂，至今留给人们无数扑朔迷离的故事和无尽的猜想。

综上所述，再次通过考古资料类比，说明康巴文化多元结构说。象雄与吐蕃的本教和佛教的众多高僧或因流放，或因逃离，或因政治诉求失败来到康区，这些西藏的“知识分子”对西藏文化东进影响康区、形成康巴文化起到了积极作用。

---

① 参见石硕：《〈旧唐书·东女国传〉所记川西高原女国的史料篡乱及相关问题》，《中国藏学》2009 年第 3 期。

② 参见格勒：《甘孜藏族自治州史话》，成都：四川民族出版社，1984 年，第 23 页。

③ 参见格勒：《甘孜藏族自治州史话》，成都：四川民族出版社，1984 年，第 22 页。

④ 参见石硕：《氂牛种越巂羌考辨》，《云南民族大学学报（哲学社会科学版）》2005 年第 4 期。

第四章　吐蕃时代的康巴文化源流

吐蕃王朝是西藏历史上有明确史料记载的第一个政权，立国者就是大名鼎鼎的松赞干布。松赞干布以其卓越的政治智慧、过人的胆识一统青藏高原各部，实现了青藏高原文化上的整合与壮大，形成了一个在中国西部崛起的强大帝国，南征北伐，逐渐走出封闭的内陆高原，闪亮登上中华民族群雄争霸的历史。在此历史时代，属于它领地的多康在与大唐的边疆交流中，不仅地域边界在长期的拉锯战中有了变化，同时产生了独具特色的文化现象，体现多民族相互交融、丰富多元、和谐包容的特点。以部落迁徙流动及部落社会变迁历史进程来看，早期羌人的祖先三苗就从江汉间流徙至青海，而后甘肃、新疆、蒙古以及中原地区以游牧为生的部落开始北上（今康巴），留下了古羌、多弥、党项、苏毗、白兰、东女国、附国、西夏、白狼夷、嘉良等文化足迹，形成了特殊的“民族文化走廊”。也就是著名社会学家费孝通先生定义的“藏彝走廊”，是康巴文化在青藏高原一道亮丽的风景线。

第一节　吐蕃佛教立足康巴地区

由于远离吐蕃中央政权的控制，康区成为吐蕃佛教能够立足，继续传播、弘扬发展的关键。很早时候文成公主卜卦镇魔，掀起建寺高潮，如康区甘孜州原邓柯县境内建成隆塘卓玛寺（即隆塘志玛拉寺）。当时佛教并没有进到西藏，笔者推测，此寺应该是本教或者汉传佛教庙宇的建筑。但毕竟是有记录的最早的康区寺庙。佛教在康区立足，需要从“顿渐之争”讲起。

7 世纪，佛教由我国内地和印度、尼泊尔传入吐蕃。内地佛教以文成公主和金城公主引入为代表，成为汉藏文化交流的符号。佛教传到西藏，但佛本之争并不激烈。直到吐蕃第三十八代赞普赤松德赞执政初期，欲按照其父的旨意弘扬佛教，却遭到吐蕃本土宗教势力的极力反对。《青史》记载：“玛尚大臣握有大权，不喜佛法，将所有出家人都逐出蕃境，把诸寺庙改作屠宰场。赞普对佛法虽有信仰而无权。”① 762 年，20 岁的赤松德赞在桂氏等大臣支持下终于夺回权力，开启兴佛抑本运动，并从印度、汉地招

① 参见（明）郭·循努白：《青史》，成都：四川民族出版社，1985 年，第 66 页。

揽佛学大师，建立佛寺、僧团，翻译梵、汉佛经，鼓励吐蕃人出家，使得佛教在吐蕃正式立足。这期间由于印度引进的瑜伽行中观宗自续派和从汉地引进的禅宗修行主张不一样，形成了两股势不两立的宗教派别，进而展开了一场你死我活的斗争，即“顿渐之争”。

当时由印度和尼泊尔传入西藏的佛教认为需要经过累世的渐次修行方能成佛，即渐门；而摩诃衍那传入的汉地佛教认为“悟”是成佛之道，无须艰苦修行，也不需要宗教仪式的洗礼，只强调人的主观觉悟，一旦领悟就可立地成佛，即顿门。相比渐门，顿门的禅宗更具诱惑力，就像一张能够进入天国的特别通行证，当时禅宗发展很快，“西藏僧俗多随之修”。[①] 就连赤松德赞的一位妃子没卢氏也带领贵族妇女三十多人从顿门受戒当了比丘尼。这种情形加剧了与渐门派利益阶层的矛盾冲突，便诉求举行辩论。辩论历经三年、两次大的辩论，双方愈争愈烈。由于两派长期争论不休，已经危及内部分裂，赤松德赞不得不亲自出面举行公开辩论会议，规定失败者给胜利者献上花环，然后离开吐蕃。辩论由顿门摩诃衍那（大乘和尚）和渐门的噶玛拉西（莲花戒）为代表，双方多次辩论，甚为激烈。顿门一度占据上风，关键时刻赤松德赞表示赞同渐门的观点（缘于吐蕃与唐王朝边地之争导致关系恶化），渐门反败为胜。《汉藏史集》记载：“因与和尚辩论，（赞普）遂了解一切，故裁定和尚之见解令人怀疑，汉和尚失败，返回内地。”[②] 汉僧被遣回沙州（今甘肃敦煌），教法被禁，汉地禅宗从此在西藏失去影响力。

华夏文化西进虽在西藏暂告一段落，但在康巴大地上两者却得到融合。当然，康区的佛教传入，也经历了复杂而漫长的过程。《西藏通史——松石宝串》“玛、夭、藏三人逃往康区及拉钦传略”记载：

藏历水猪年（834），达磨乌东赞在卫藏地区全面实施禁佛时，夭如甘巴强塘的玛·释迦牟尼、罗卓的夭·格韦迥乃、甲棋的藏·绕赛等三比丘修行于吉祥曲沃日山，当时夭·格韦迥乃望见阿丹晋、拉隆擦布、夏昂姜布等三名僧人着僧装带着狗，敲锣打鼓、头戴羽毛在山上打猎的情景……然后（他们）把国王下令禁佛的情形讲述一番，并说您没有受到国王的惩处实为幸运，劝您

① 法尊：《西藏民族政教史》卷1，第20页。
② 《汉藏史集（上册）》，影印本，第135页。

还是逃离的好。于是三比丘佯装乞丐，用一匹骡子驮载戒律经卷逃往异域他乡……根据佛教规定，授戒时在腹地须由10人组成，在边地应由5人组成。为了凑足5个人，就派人迎请正在达泽多（康定）的拉隆白多，但拉隆白多以曾刺杀过国王的理由未参加授戒仪式，而找来格汪和格帕两名汉人和尚，由他们5人授具足戒，并更名为格哇赛，后成为一名知识渊博的佛教人物，故而尊称为拉钦贡巴绕赛。

另据噶当派一些史料记载，说卫藏10人往康多地区求利，未能如愿，于是产生厌世感，为了求得今生来世之安乐，商定放弃寻求财物，出家受戒……①

以上记述，内容十分丰富，对了解西藏文化（佛法）东移之说很重要，是当时灭佛运动与刺杀朗达玛后佛教徒面临的真实写照，并透露出以下信息：

一是曾刺杀过国王朗达玛的拉隆·贝吉多杰（拉隆白多）逃至康区，来到了达泽多（康定）弘法，也就能够对第三章第三节所述石渠松格玛尼、巴格玛尼形成的原因进行佐证。同时，对他最后去向“为了避险暂居也巴山，后东逃至多麦多杰扎，不久来到阿琼南宗与三智士会聚，此后久居丹斗寺附近的东日仙洞”这一说法需要进一步考证，有助于康巴佛教传播的深入研究。

二是再现当时僧人的处境——装成乞丐到康区。在康区传法面临不少困难，即根据佛教教义规定，授戒时在腹地须由10人组成，在边地应由5人组成。在邀请刺杀藏王的拉隆·贝吉多杰（拉隆白多）被婉拒后，为传播的需要，吸纳了两位汉族和尚加入，这算是对藏传佛教传播的革新。从中能够看出西藏文化与汉地佛教文化在康巴地区相互交融、互助共存，在这里不存在“顿渐之争”。康巴文化的包容与汉藏文化共生就在这一时期生根发芽，开花结果。

三是从另一种说法“往康多地区求利”可以佐证，在西藏佛教徒遭到驱逐之时，很多高僧最初只是抱着生存目的前往康区。到康区后，康区经济的富足与文化的包容，使得这些僧人从“求利”转变为继续弘扬佛法。

---

① 恰白·次旦平措等著，陈庆英等译：《西藏通史——松石宝串》，拉萨：西藏社科院、西藏杂志社、西藏古籍出版社，1996年，第247－250页。

四是由于卫藏地区严酷的自然环境，加上统治者对佛教的排斥和贪婪、残酷的统治，在发生自然灾害后，僧人不得不远离政治中心，在康区传播佛法是当时吐蕃高僧的最好选择。

此时的康巴地区“四水六岗”地理概念还未形成，是以朵甘思作为地理方位，境内有怒江、澜沧江、金沙江、雅砻江、大渡河、黄河上游及其支流，河谷地带普遍具有相对温暖的条件，粮食生产富足，特别适宜人类居住，经济也较草原牧区发达，并有相应的原始工业。比如现今西藏芒康县盐井、青海玉树囊谦县的盐业，四川白玉县河坡片区（包括德格麦宿片区、西藏江达波罗乡）的金属冶炼和金工锻造。经济的繁荣使这些地方成为阿里、卫藏地区僧人争相前来的弘法之地。现今可以确定为吐蕃时期遗存在康区的寺院至少有三座，即仁达佛堂、龙塘卓玛拉康殿和窝额弥勒佛寺。[①]

第二节　吐蕃文明政治东进

吐蕃文明东进，这是吐蕃帝国强势时期的政治输出。从 7 世纪到 9 世纪，吐蕃进入鼎盛时期，已经攻至印度洋沿岸，在恒河的入海口立下界碑。并与大唐展开激烈交锋，至 9 世纪吐蕃借安史之乱终于攻下大唐飞地安西都护府，最远到达今山西省朔州、四川盆地，征服了驻牧于今青海、甘肃、四川西北一带的吐谷浑、党项、白兰等族，占据了今青海省境内的黄河以南、青海湖以西等地区；兵锋直指蒙古高原，与回鹘展开激烈争夺，更使云南境内的南诏国臣服，“赞普以其众外溃，遂北寇灵、朔，陷麟州”[②]。同时与阿拉伯帝国在帕米尔高原多次交锋，阻止了伊斯兰东进的脚步。

这种地域的扩张，必定带动意识形态的输出，于是在多康区域内形成了政治、文化、经济的大融合。特别是旷日持久的战争，社会动荡、百姓流离失所，因治理的需要，吐蕃的政治文明在这里逐渐成为意识形态的主导。

---

① 李光文、杨松、格勒主编：《西藏昌都：历史·传统·现代化》，重庆：重庆出版社，2000 年，第 40 页。

② 《旧唐书》卷一百九十六下《列传》第一百四十六下。

一、政治架构的实施与影响

吐蕃从雅砻河流域部落鹘提悉勃野部开始，六牦牛部首领至松赞干布继位，平息了本部的叛乱，三年后迁都拉萨，正式建立吐蕃王朝，并征服象雄、苏毗，一统西藏各部落。而后开始大刀阔斧的政治改革，为维护统治地位，开始建立国家机器保障政权稳定，健全完善了从中央到地方的政治军事制度。

设置“茹”（相当于省），重新划分了行政区。“茹”是个带有军政合一特色的建制，“茹”之下设置有“东岱”（千户所）的二级区划。设有“茹本”“岱本”“域本”等官职，他们既是军官，又是地方行政官员，负责军政民政事务。当时吐蕃区域划分为5茹61东岱；中央居于权力中心的是赞普王权，下设各级各类机构和相应的职官执掌大权，以确保吐蕃王朝这台机器的正常运行。吐蕃有个特点就是有“尚”（舅氏母族）、“论”（父族）等贵戚大臣，带有明显的氏族部落制时代的色彩。这种氏族部落管理方式对边疆地区影响深刻。

中央集权划分为三个系统：

一是贡论系统：设大相（论吕）、副相（论吕芭莽）、都护（悉编掣逋，属地管理人）。最初大相设一，后为防止专权，增至数人。该系统是首脑机关，主要负责处理军国大事，负责军事征讨。

二是囊论系统，设内大相（罍论千逋）、副相（曩论觅林逋）、小相（曩论充），主要负责内部政务。

三是喻寒波系统，设整事大臣（喻寒波掣逋）、副整事（喻寒觅零逋）、小整事（喻寒波充），主要负责监察和司法，管理地方军政。

在中央官职系统下，设有域本（地方官）、玛本（军官）、齐本（司马官）、岸本（支度官）、昌本（审判官）、楚本（后勤官）和部落首领七类官员职务。

吐蕃在占领原唐朝属地后，废弃唐朝行政体制，代之以部落制，实施吐蕃官僚体制和等级制度，改唐朝均田制为“计口授田”，推行藏文、度量制和吐蕃风俗文化。同时任用被征服的各部落豪酋当臣僚，有安多、康巴、霍尔等部落地方的人，由此形成了政府机构成员的贵族出身属性。

二、本教文化的影响

在吐蕃的政治制度架构下，本教占有重要的地位，吐蕃先王以本教治国，出征、会盟、改革、行政命令下达，甚至王族后代的取名、司仪、治病、婚丧等都由本教占卜决定，所以重要的政治决定必须通过本教人士的参决及“三尚一论”的议决，最终经赞普批准。本教成为政治的主要内涵，俗权依靠神权来发展。神权与俗权的结合，让贵族会议决议与君主独断专行得到合理诠释，实现了对其辖区内民众统治的作用，构成了吐蕃初期“政教合一”政治制度的特点。

那么在政治制度架构实施的同时，本教的传播就成了意识形态的政治纲领，在政治活动中受统治阶级支配。从吐蕃征服象雄后伴随大量象雄本教人士因不愿归顺吐蕃而逃离至康区，吐蕃也将本教作为重要的意识形态工具向东传播和输入。与本教一同传来的不仅有宗教的仪式仪轨，还有工巧、医方、声、因、内的“大五明”和修辞、辞藻、韵律、戏剧、星系的“小五明”，对扶持国政、左右王室、安民济世起到了积极作用。这些本教神职人员对吐蕃所控制地区的社会科学各领域发展起着重大作用，对藏文化的发展传播也起到了基础作用。随着吐蕃第二十七代赞普启动佛教代替本教的思想战略，康巴地区便成为本教和佛教共融、共存的理想之地，以至于成为藏传佛教后弘期的复兴地。

三、法律制度的建立和影响

随着政治制度架构与意识形态主流的确定，法律制度就作为重要的国家机器应运而生。松赞干布“仿照十善佛律的意义，在吉雪玛那地方制定了吐蕃法律二十部”[①]。先后出台了《神教十善法》《人教十六净法》《法律二十条》《以万当十万之法》《度量衡标准法》《王朝准则之法》《扼要决断之法》《权威判决之总法》《内府内法》等法律法规。这些法律法规灵活多样，涵盖社会生活的各个方面，基本构筑了吐蕃王朝法律体系的框架。不仅具有创新性，还通过宗教控制效力的世俗化，满足政治发展的需求。

吐蕃所制定的法律规范包括民事法律规范、刑事法律规范、行政法律规范以及诉讼法律规范。这些法律法规基本继承了传统文化伦理道德与规范，更将宗教戒律和宗教礼仪融入其中，更加接近社会生活的道德规范，是吐蕃社会法律制度的重要形式和理论渊源。最具代表性的物权制度、债权制度以及婚姻家庭和继承制度对后世产生了深刻而长远的影响，其中最主要的几个习惯法有赔命价制度、赔奸价、赔盗价、血族亲复仇等几乎被

① （明）索南坚赞：《西藏王统记（藏文）》，北京：民族出版社，1981 年，第 75 页。

藏族各部落借鉴和继承，奠定了西藏法制史的建设历史，具有重要的法治意义。在康巴地区目前有据可考的就是第七代德格土司向巴彭措制定的“十六条政法”，参照了松赞干布制定的“出家十善法”和“在家道德规范十六条”以及佛教的“十戒”和“十重戒”等内容。另外色达的《红皮法典》与《黄皮法书》的习惯法也是影响康区的例证。

吐蕃法律呈现出的特点与隋唐律在内涵和外延上有着非常相近之处。譬如吐蕃法律从10个“善”的方面作为立法的主要依据进行正面疏导，以此杜绝杀生、不与取、邪淫、妄语、离间语、粗恶语、绮语、贪欲、嗔恚、邪见等“十恶”大罪之发生。不同之处表现在地域文明的差别：

一是吐蕃王朝时期的刑事法律规范由原始社会维护部落利益，规范行为准则，惩治犯错，等级特权原则发展而来。譬如“如月还债”“盗一罚九”“佛、法、僧三宝之财偷一赔一百”“不与贵族争斗”“酬德报恩”等。这些法律规范在白利土司、德格土司统治期间融合地方实际，得到很好的普及和运用。

二是以宗教麻痹民众，倡导“今世的穷苦，是前世所造恶厌的结果”“信因果，忍耐痛苦，顺应不幸”，让统治阶级的剥削合法化，将其归结为统治者前世造了好因；贫苦民众甘受奴役，还不生怒心，不起怨，期待所谓的来世幸福，顺从统治阶级的愿望，从而缓和社会矛盾。

三是从藏史记载看，松赞干布立法的范围比较宽泛，确定了“噶椎钦波周”（六大议定）基本的立法原则，即维护国王安全、弹压豪强、不许奴隶变豪强、不得跑马圈占民众田园、养护百姓、行十善六大议定。在此原则下提高了农奴地位，保障了农奴的生命，促进了生产力发展，符合当时的社会发展要求，使吐蕃社会进入了兴旺发达的新时期，呈现出社会安定团结，百姓富足，政治清明，文化繁荣的新局面。

吐蕃文明的东进是在吐蕃与大唐几乎同时崛起时的必然，注定两个相邻的帝国必将有一番龙虎斗，松赞干布与太宗时期，唐朝稍有优势；到高宗、武周时期，吐蕃禄东赞、钦陵主政，吐蕃初占上风；赤德祖赞与唐玄宗时期，唐朝占据优势；到赤松德赞与唐肃宗、代宗时期，吐蕃强盛，唐不敌；赤祖德赞与唐德宗、宪宗时期，双方势均力敌。双方先后有“文成公主和亲”“唐蕃会盟”“金城公主入藏”等，吐蕃与中原文化在康区交汇更加深入和广泛，吐蕃文明东进和中原文明西进都在这里相互碰撞，流光四溢，生根开花，孕育出了灿若繁星的康巴文化。

第三节　唐蕃古道与茶马古道

一、唐蕃古道

有着“文化运河”美誉的唐蕃古道，又称馒头岭古驿道，在 1 300 年以前是唐朝和吐蕃之间的交通大道，也是隋唐以来中原地区通往青海、西藏乃至尼泊尔、印度等国的必经通道。始于唐王朝的国都长安（今西安），终于吐蕃都城逻些（今拉萨），跨越今陕西、甘肃、青海、四川和西藏 5 个省区，主道全长 3 000 余公里。

唐蕃古道的形成与繁荣源于汉藏贸易，承载着汉族和藏族各种层次、各种形式的交流重任，唐之前，汉藏贸易并没有得到官方的认可，青藏高原与内陆腹地交流局限于民间，一直到唐开元十九年（731）秋九月，唐玄宗同意吐蕃论尚它硉的请求，开赤岭为汉藏贸易市场。[①] 贞元三年（787），唐王朝又一度用宫廷库存旧帛交换藏族的马匹，史载李泌上奏“请发左藏恶缯……因党项以市之，每头不过二三匹，计十八万匹，可致六万余头……上曰‘善！’即命行之”[②]。元和十年（815）冬，唐宪宗同意藏族的请求，开陇州塞（今陕西陇县）为贸易市场。[③] 不过唐蕃因军事冲突不断，以官营为主的茶马直接交换在唐代很少，所以后人多以唐蕃古道定位而不是茶马互市。

唐蕃古道分东西两条，其特点是唐蕃古道呈网状分布，以古道为中轴，向四周发散，并形成了唐蕃古道文化现象，即兼具汉藏两族文化之长的特点。康巴地区处于唐蕃古道的西段，至今康巴地区玉树、甘孜州、昌都地区唐蕃古道上随处可见这种风格的壁画和石刻，还有沿途城镇史料的记载。比如玉树地区的摩崖石刻主要是贝大日如来佛石窟寺和勒巴沟的摩崖造像，其中有不少清晰的、带有年份信息的题记。贝沟、勒巴沟位于唐蕃古道玉树段上，可考证其为 804—806 年等 9 世纪初吐蕃时期佛教石窟遗存，已被

---

① （宋）司马光：《资治通鉴》卷二百一十三《唐纪》二十九。
② （宋）司马光：《资治通鉴》卷二百三十二《唐纪》四十八。
③ （宋）司马光：《资治通鉴》卷二百三十九《唐纪》五十五。

列为国家级文物保护单位。2013 年度全国十大考古发现的评选中，北京故宫博物院与四川省考古研究院、甘孜州石渠县文化局联合考察的“四川省石渠县吐蕃时代石刻”榜上有名。不仅如此，四川白玉县登龙乡邦邦村发现吐蕃时期摩崖石刻，初步判定其为吐蕃晚期（9 世纪左右）的摩崖石刻。另外，在昌都地区这种石刻文化遗迹也能够佐证这样的文化现象。位于察雅县旺布乡境内的丹玛山崖仁达摩崖造像，阿孜乡境内的阿觉查纳摩崖造像，还有芒康县帮达乡然堆村扎金玛尼石刻造像、达琼摩崖造像，不仅为我们找到了察雅县南部与芒康县北部区域吐蕃王朝时期的石刻文化“链条”，同时表明了地处高海拔区域的阿觉查纳摩崖造像正好是连接南北交通孔道的节点。这种唐蕃古道路网化的形成，也带动了唐蕃古道文化向外辐射，同时也影响了经济交流。

在经济上，缣马交易是当时的特点，唐朝专门成立了“茶马司”，负责与吐蕃之间的茶马贸易。唐高宗时制定了“缣马交易”，唐玄宗亦制定了在赤岭的互市贸易，吐蕃亦派专人经营藏、汉茶马互市贸易，开始了唐朝与吐蕃茶马市场之端，用良马和唐朝换茶。743 年，唐蕃会盟，立碑于赤岭。茶叶在汉藏交界的多康已经成为日常饮品，这源于人员交往的频繁，将糌粑、酥油、茶混合使用是对饮品的创新，也成为康巴地区的创举。茶叶传入拉萨最初仅被吐蕃王室作为一种珍贵的医疗保健品使用，数量的限制使其并未像康巴地区一样成为日常饮品。《汉藏史集》中有“茶叶和碗在吐蕃出现的故事”“茶叶的种类”两章专门介绍茶是如何从汉地传入吐蕃的。

《茶叶和碗在吐蕃出现的故事》载：吐蕃王都松芒布杰病重，一日，王宫屋顶飞来一未见之鸟，口衔树枝，枝上有叶几片，婉转啼鸣，将衔来的树枝放于国王卧榻。王未见过这奇特的树叶，闻之清香，遂摘一树叶放入口中品尝，顿觉清香无比，浑身通透，加水煮沸饮之，病愈。于是派人寻这树，历尽艰辛，终在汉地寻得，乃茶叶树也。至此，茶叶被引进藏民族聚居区。[①] 唐代文献《国史补》记载，唐德宗李适在位时，派遣常鲁公出使吐蕃。常鲁公空闲时候在所住的驿馆煮茶，吐蕃赞普赤德祖赞见到后十分好奇，“赞普问曰：‘此为何物？’鲁公曰：‘涤烦疗渴，所谓茶也。’赞普曰：‘我此亦有。’遂命出之，以指曰：‘此寿州者，此舒州者，此顾诸者，此蕲门者，此昌明者，此邕湖者。’”由此可见当时各地的茶叶已经在吐蕃

① 参见（明）达仓宗巴·班觉桑布著，陈庆英译：《汉藏史集——贤者喜乐赡部洲明鉴》，拉萨：西藏人民出版社，1986 年，第 105 – 106 页。

十分普及。目前对茶在西藏的流行一般追溯到文成公主进藏时，唐代饮茶蔚然成风，文成公主亦不例外，她所带的随行人员就带有各种名茶。后来把酥油茶也归结为文成公主所发明。

《茶叶的种类》并没有追溯茶叶传入西藏的具体时间，介绍的是赤松德赞向汉族和尚学习茶道，因为当时的西藏不仅仅有大茶，还流行唐代的茶道，陆羽、赵州和尚代表的修行类茶道也在西藏王室盛行，“对于饮茶最为精通的是汉族的和尚，此后赞普向和尚学会了烹茶，米札衮布向赞普学会了烹茶。这以后依次传了下来”①。这种“渐慕华风”的社会风气曾经一度在吐蕃上层被奉为时尚。由最初对盐、糖、布匹及日用百货等工业品的高度需求，逐渐随着对茶叶需求增大，转为以茶叶为大宗商品的贸易。而川、滇、青及内地对西藏的羊毛、皮货、药材等物品也有很大需求。这种地域物产的贸易互补就成了唐蕃古道了解外面世界的窗口，发达地区先进的理念和生产技术被逐渐引进青藏高原，促进了当地经济社会的发展和进步。与此同时，唐代兴起的饮茶文化也在商品交换等经济活动中盛行，唐时形成的“修行、风雅、茶艺”类茶道文化被当地接受、融合、改造。

二、茶马古道

茶马古道是指唐代以来为促进国家经济发展，鼓励民间经济交流，在中国西南和西北地区以茶叶和马匹为主要交易内容、以马帮为主要运输工具的商品贸易通道。它是唐蕃古道网线的提升、扩充和完善，不仅是古代重要的交通路线，也是各民族经济文化交流的走廊。兴于唐宋，盛于明清，“二战”中后期最为兴盛。

茶马古道分陕甘青、陕康藏（民间称为蹚古道，川藏线是其一部分）、滇藏等三条主要路线。连接陕、甘、贵、川、滇、青、藏，辅以众多的支线、附线，构成一个庞大的交通网络。最远延伸至不丹、锡金、尼泊尔、印度境内，直到抵达西亚、西非红海海岸，是在唐蕃古道基础上的飞跃。

三条大道中，就茶马经济交易而言，以陕康藏道开通最早，从陕西出发，经四川雅安、泸定、康定、巴塘，到西藏昌都、拉萨，因运输量最大，对西藏经济文化影响较大。滇藏路开通之后，从云南普洱茶原产地西双版纳等地出发，经大理、丽江、中甸、德钦，到西藏察隅或昌都再到拉萨，

---

① 参见（明）达仓宗巴·班觉桑布著，陈庆英译：《汉藏史集——贤者喜乐赡部洲明鉴》，拉萨：西藏人民出版社，1986年，第143－144页。

因为海拔低，便于运输，不受季节限制，影响逐渐增大。陕康藏线连接陕西、四川、康定、昌都、拉萨等地；陕甘青线主要连接甘肃临洮，玉树结古，四川若尔盖，西藏昌都、拉萨等地。茶马古道三条路都经过康巴，对康巴地区经济文化产生了巨大影响，哺育出了多彩的民族风情。

从唐蕃古道开始，吐蕃王室上层已经接受唐朝兴起的茶道文化，民间则更多是将茶作为日常生活刚需食用品，特别到了明朝，茶叶与食盐一样，严格受到官方控制。“番人嗜乳酪，不得茶，则困以病。故唐、宋以来，行以茶易马法，用制羌、戎，而明制尤密。有官茶，有商茶，皆贮边易马。”①前揭茶先流行于吐蕃东部，秦汉时，蜀地和雅安地区的商人就与大渡河以西当时称为旄牛羌、旄牛夷等部族进行马、羊、牦牛等物物交换，从雅安运至康定以西以游牧为主的木雅藏族聚居区理塘、雅江、道孚、康定塔公等，人们称这条民间最早通商交往的路为“旄牛道”或“马道”。当时作为神医华佗认为的“苦茶久食，益意思”为药用的茶叶进入物物交换领域，逐渐成为一项流通的货物。秦汉时的茶还是初加工，将鲜茶叶用木棒捣成饼状茶团再晒干存放，食用时如同中药熬制般兑开水或加奶食用。

随着饮茶之习传入吐蕃，以茶交易为主的经济产业逐渐成为唐以后中央政府以茶治边的手段，从初唐起，面对北方强大的东突厥汗国，唐太宗采取积极防御、以战止战的策略，为阻击时常南下侵扰和介入中原的各势力，用羁縻与武力的方式安抚四方。一方面巩固河西走廊，打通与中亚的贸易；另一方面重视马政建设，广集良驹战马，应对东突厥并定下渭水之盟。之后，唐太宗积极对付突厥，直至突厥瓦解分崩离析，部分投降大唐。当时大唐军用战马就来源于“缣马贸易”，从吐谷浑及党项所在的今甘青川边一带，唐以缣一匹换良马一匹。

629 年，李靖率骑兵奇袭攻灭东突厥，北方各族降服，入贡长安，尊称唐太宗为天可汗；635 年李靖攻占吐谷浑；641 年派文成公主与吐蕃赞普松赞干布通婚；657 年派苏定方西征攻下西突厥汗国。连年的征战，战马需求不断增大。此时，吐蕃出兵占领了党项及吐谷浑地，又不时掠夺兰、渭等地，控制了唐朝良马的来源。大唐良马锐减，为保证充足的战略资源，唐玄宗决定借金城公主入蕃和亲在赤岭与吐蕃互市换马，由太仆卿毛仲杰主持马政，不久使用马由 24 万匹增至 48 万匹。②

① 《明史·志》卷五十六《食货四·盐法茶法》。

② 《资治通鉴》，开元十九年九月条。

678 年，大唐发兵 18 万进攻吐蕃，被诱敌深入青海湖，唐军大败，吐蕃势力乘机进入云南西洱海北部地区，两年后建立神川督都府。吐蕃在南诏设置官员，向白蛮、黑蛮征收赋税，摊派差役。由此建立了以茶马互市为主要内容的经济贸易，川滇道逐渐形成。它南起云南的茶乡普洱，经大理、丽江、维西、中甸、德钦，西进西藏拉萨，又经亚东，越过喜马拉雅山口，经印度噶伦堡，到加尔各答，直抵西亚、西非红海海岸。其主线与今滇藏公路线接近，分支也是途中形成，比如大理→剑川→丽江→崩子栏→德钦→盐井→芒康→左贡→（经林芝）拉萨或（经八宿）昌都；或由剑川协汛地维西、中甸香格里拉出发，到西藏后线路基本相同。这是因为当时大理、丽江、中甸、德钦等地是茶马贸易十分重要的枢纽和市场。虽然后来唐朝夺回管辖权，但茶马互市并没有取消。中唐以后，唐与吐蕃边界的争夺日渐激烈，河西、陇右牧马地方为吐蕃攻占，彻底控制了唐朝的马源，马政每况愈下，严重影响、制约了大唐的军事实力。唐朝内部以郭子仪为首的军事将领，要求朝廷重振马政，使得唐不得不做出继续交易的退让；而吐蕃也渴望通过对马匹的控制获得更多的唐朝生活日用品。于是 685 年，吐蕃钦陵提出以益州（今成都）及四镇通市作为与唐和亲友好的先决条件。这正合当时大唐军事需求目的，唐不仅在益州、陇州与吐蕃展开通市，而且把茶叶作为重要的商品物资归口为国控资源，因为茶叶是吐蕃百姓日常生活必需品，与吐蕃王室所需丝织品相比更具谈判和交易价值。

吐蕃对唐朝发动战争几乎每战必掠，无论是陇右积石军之变为“吐蕃麦庄”，还是 763 年吐蕃大军攻入长安后的“剽掠府库市里”等，无不伴随着对唐朝财富、技术、人口的掠夺。当时吐蕃社会发生了对大唐文明的心理倾斜的变化，战争扩张带有极强的经济目的，“是故，赞普得以获大量财物，民庶、黔首普遍均能穿着唐人上好绢帛”[①] 为荣。这种战争与经济交流在当时是并存现象，茶叶是百姓刚性需求，靠掠夺不可能获得长期的保证，所以就出现了吐蕃军事扩张的抢劫经济与贸易经济。这对物资匮乏的吐蕃社会可谓影响深远，拉锯战与和平的茶马互市交易，为文化的进一步融合提供了更多的机会，特别是汉藏交汇的边缘地带，汉藏文化在康巴这块土地上孕育出了极富包容心态的文化。

明朝时茶马互市正式上升为国家战略，即“以茶驭番”。明初期，黎、雅、碉门（今天全）成了川西茶马互市的最大市场，“秦巴之茶，自碉门、

① 杨清凡：《藏族服饰史》，西宁：青海人民出版社，2003 年，第 65 页。

黎、雅，抵朵甘、乌斯藏，五千余里皆用之”。由此“大路茶”形成：由成都出发，经临邛（邛崃）、雅安、严道（荥经），逾大相岭，至旄牛县（汉源），然后过飞越岭、化林坪至沈村（西汉沈黎郡郡治地），渡大渡河，经磨西，至木雅草原（今康定新都桥、塔公带，当时是旄牛王部中心）。后来道路稍有变化，原经磨西变成到泸定、打折多（康定），然后出关经道孚、炉霍、甘孜、德格，渡金沙江进入西藏。

明洪武年间，又开通了一条从碉门经泸定岚安、烹坝的茶马贸易通道“碉门道”。路线是雅安→天全两河口→马鞍山→岩州（岚安）→大渡河→烹坝→大冈→头道水，到打箭炉。因系山间小道，故沿此道运往打箭炉的茶称“小路茶”。并于岩州设市，置岩州卫，保护市易。川西茶马互市的市场从黎州西移至岩州。明末，岩州市废，打箭炉市兴。① 这就是茶马古道的川藏道，即北道。以今四川雅安一带产茶区为起点，首先进入康定，自康定起，川藏道又分成南、北两条支线：北线是从康定向北，经道孚、炉霍、甘孜、德格、江达，抵达昌都（即今川藏公路的北线），再由昌都通往卫藏地区；南线则是从康定向南，经雅江、理塘、巴塘、芒康、左贡至昌都（即今川藏公路的南线），再由昌都通向卫藏地区，国外则到达尼泊尔、印度和克什米尔地区。

川藏、滇藏、甘青茶马古道虽有各自不同的特点，比如，四川以藏茶（俗称砖茶、条茶，是藏族人最喜爱的品种）为主，云南以普洱的茶为主，交换回来的同样是马、牛、羊、皮张、药材和其他土特产品等。而甘青茶马古道兼具多方，需求以茶、马、盐为主，从四川、云南购买茶叶等，以建立交易枢纽中心为主。三条不同方位、不同特色的茶马古道都是四川、云南、青海汉藏民族商贩、背夫、驮队、马帮们在生存需求的愿望驱动下，在历代中央政府的支持下，千百年来克服重重困难，穿过崇山峻岭、江河天堑，越过皑皑雪原、茫茫草地，披荆斩棘，架起了一座互利互惠、汉藏一家亲的友谊桥梁，是传播文明，促进汉藏多元文化发展，增强汉藏民族兄弟情感，跨越地理空间的具有多维度的金色纽带。不仅实现了货物商品的贸易往来，而且促进了不同民族间文明的进步与发展，更实现了文化、思想、宗教、民族的交流和大融合。随着这条纽带的展开，在康巴地区的打折多（康定）、结古（玉树）、独克宗（迪庆中甸）、客木（昌都地区）成为这条纽带上商贸往来的枢纽，是青、川、藏三地的重要贸易集散地和

① 参见任新建：《康巴历史与文化》，成都：巴蜀书社，2014 年，第 243 - 244 页。

交通枢纽重镇。打折多素有“川藏咽喉”之称；结古被称为“货物集散的地方”；独克宗是滇藏茶马古道马帮的最后一站；客木则有“藏东明珠”的美称。以茶马古道为纽带的贸易交易重镇，在以商贸为中心的同时，带动了多民族的文化融合，形成了独具特色的地域文化现象，最终定格为康巴文化的特色。

缣马交易（唐以后没有将缣马交易与茶马交易分开来讲）促成的茶马互市影响深远且意义重大，对广大藏民族聚居区来说，茶马互市不仅满足了人民日常所需的物资，同时也打开了西藏门户，让长期处于比较封闭环境的人们获得了更多的交流并受到先进文化的影响。由此茶马古道地位就显得十分突出。

茶马古道是一条政治、经济纽带。藏汉人民在长期的交往过程中，建立了唇齿相依、不可分离的亲密关系，促进了西藏与祖国的统一。通过这条古道，汉藏人民在进行商品交换过程中各自得到所需物品，弥补双方所缺，形成了一种持久的互补互利的经济关系。汉地在获得马、牛等生产资料的同时，雪域土特产品、药材输入当地，成为汉地喜爱的珍贵之物。“据统计，宋代四川产茶 3 000 万斤，其中一半经由茶马古道运往了藏区。明代经由黎雅、碉门口岸交易的川茶达 3 万引[①]，占全川茶引的 80% 以上。清代经打箭炉出关的川茶每年达 1 400 万斤以上。同时，大批藏区土特产也经由此路输出。据 1934 年统计，由康定入关输向内地的有麝香 4 000 斤、虫草 30 000 斤、羊毛 5 500 000 斤、毪子 60 000 多根等，共值银 400 余万两。”[②]伴随着茶马贸易，不仅内地的大量工农业产品传入涉藏地区，内地的各种手工制造的先进工艺、科技知识、金属材料以及人才（良工巧匠）也由此进入涉藏地区，带动了涉藏地区社会经济的发展，推动了藏、汉民族的团结，进而促进涉藏地区与祖国的统一。在历史上，宋、明两朝尽管未在涉藏地区驻扎一兵一卒，但因为这条道路形成的经济圈，汉地与涉藏地区始终保持着不可分割的关系，令涉藏地区各部在宗教、经济、文化和族裔身份等认同中嬗变与重构，自愿归附中央，心向统一。

茶马古道还促进了涉藏地区城镇的兴起、发展，并带动了文化的交流。比如前文所列打折多、结古、独克宗、客木等，都是在茶马古道上长期的商贸活动中居民集聚逐渐形成的市镇。这些市镇不仅是交易市场，驮队、

---

① 茶引指旧时茶商纳税后由官厅发给的运销执照。

② 参见杨仲华《西康纪要》第九章。

商旅往来的集散地和驿站点，也因为汉、回、蒙古、纳西等民族的进入而形成了文化与宗教中心。既有金碧辉煌的喇嘛寺，也有关帝庙、川主宫、土地祠等汉文化的建筑，有的地方还有清真寺、道观，为此“汉番辐辏，商贾云集”。同时以马政为主导的赛马交易活动（明清时期马政管理很细，严禁民间私自买卖）渐渐成为固定的民间传统文化活动延续至今。其间很多汉族专家学者进入涉藏地区，更让大量涉藏地区商旅、贡使有机会深入祖国内地，开阔视野。其中就有著名中医学家东松（韩文海）先后两次进藏，不仅给两位藏王诊治过疾病，还传授了中医药知识；也有对南派藏医形成有影响的宇妥·宁玛云丹贡布，他曾多次赴内地五台山拜访中医名师学习。这些交流与学习促进了康巴文化多元化的形成。

第四节　藏羌彝走廊的形成

“藏羌彝走廊”是指我国西部历史上先民曾经的迁徙通道区，主要以藏羌彝系统的众多族群为主体，纵贯中国的大西北和大西南。具体来讲是川、黔、滇、藏、陇等地以茶马互市为纽带所形成的各民族之间的联系平台。在经济和文化交流的基础上，更是情感和精神联系纽带，是中华民族命运共同体的见证。它是对费孝通先生在 20 世纪 70—80 年代提出“藏彝走廊”民族学概念的发展和完善。在这条走廊上，各民族形成了相互了解、相互尊重、相互包容、相互欣赏、相互学习、相互帮助的文化氛围。在民族学中是非常具有代表性的区域之一，为民族学及其民族社会学研究提供了新路径。

前文已经详细讲述羌人的迁徙路线，历史上古羌人在先秦时期就有大规模的三次迁徙，当时是青藏高原这条民族走廊上最为活跃的民族，对周边民族经济、文化的形成有过深刻的影响，古羌文化不仅是藏彝走廊诸多文化中最有影响的一支，而且羌语支还是藏彝走廊五大语支之一。由此徐学书与任新建提出了“藏羌彝走廊”概念[①]，强化了羌文化的元素。他们认为唐代前后数千年间羌人大规模的迁徙活动都是集中在这一区域，羌人与

---

① 徐学书：《“藏羌彝走廊”相关概念的提出及其范畴界定》，《西南民族大学学报（人文社会科学版）》2016 年第 7 期。

藏、彝系统众多族群的先民在此交融、共生，就是近现代该区域仍以藏、羌、彝系统三大语支众多族群为主。所以在后来《四川省文化产业发展纲要（2009—2012）》中正式将“藏羌彝民族走廊”概念写入文本。如今，“藏羌彝走廊”已经成为民族学界广泛使用的民族学概念之一。

“藏羌彝走廊”是康巴文化构成的重要元素之一，是一个宏大的系统科学体系，有着极其重要的研究价值。

一、藏羌彝走廊的来历

“藏彝走廊”一般是指今川、滇、藏三省区毗邻地区先民迁徙、活动、居住的“横断山脉地区”。[①] 该区域由一系列南北走向的山系、河流构成，怒江、澜沧江、金沙江、雅砻江、大渡河、岷江六条大江分别自北向南穿流而过，河流切割较深，气候温暖。沿河谷上溯，宽阔地带的冲积扇、洪积扇非常适合农业生产与人畜居住。所以，该地自古以来就成为纵贯大西北和大西南各民族之间，众多民族或族群频繁迁徙、交流和南来北去的流动场所，这条通道处于四方文化交汇之地，地理环境与自然生态复杂多样，交通极其不便，却保留下了雄奇秀美的自然风光和绚丽多彩的民族文化。多元文化和谐共生、交相辉映。所以这一区域在费先生正式提出“藏彝走廊”这一概念以前，通常称为“横断山脉区域”或“六江流域”。

费孝通先生于 1978 年 9 月在北京全国政协民族组会议发言上首次提出“藏彝走廊”概念，之后于 1980 年在《中国社会科学》发表《关于我国民族的识别问题》，指出：“我们以康定为中心向北和向南大体划出一条走廊，把这条走廊中一向存在着的语言和历史上的疑难问题串联起来，有点像下围棋，一子相连，全盘皆活。这条走廊正处于彝藏之间，沉积着许多现在还活着的历史遗留。”这个思路对后来研究这一区域文化的独特现象，为时空维度思考和田野调查、研究模型都奠定了坚实基础，并被学术界认同。这一总体思路和背景事实上正是后来费先生提出“中华民族多元一体格局”理论的一个重要基础。[②] 1981 年费先生又对此进行了完善和补充，构建了一个研究模型和思路：

---

① 参见中国科学院《中国自然地理》编辑委员会：《中国自然地理·总论》，北京：科学出版社，1985 年，第 402 – 405 页。

② 石硕：《藏彝走廊：文明起源与民族源流》，成都：四川人民出版社，2009 年，第 6 页。

> 从宏观的研究说来，中华民族所在的地域至少可以大体分成北部草原地区，东北角的高山森林区，西南角的青藏高原，藏彝走廊，然后云贵高原，南岭走廊，沿海地区和中原地区。这是全国这个棋盘的格局。我们必须从这个棋盘上的演变来看各个民族的过去和现在的情况，进行微型的调查。①

依据费先生构建的研究模型，在“藏彝走廊”概念和思路提出不久，在费先生等老一辈民族学家的关心支持下，西南地区学者拉开了“六江流域”大规模民族调查的序幕，考古学、历史学、民族学、语言学、宗教学等众多领域的学者、专家纷纷深入该区域进行多学科的田野调查。与此同时，文化部门专门立项支持，全方位地组织开展了民间文学、音乐舞蹈、民间文艺调查、搜集、整理工作，深藏于该区域的民族文化渐渐揭开神秘面纱，震撼亮相。

此后“藏彝走廊”就成为我国民族学研究中广泛使用的重要概念之一。四川省著名民族学家李绍明、李星星、石硕等在此方面做了大量研究和宣传工作。

二、藏羌彝走廊的考古发现

藏羌彝走廊的新石器时代文化考古发现主要有澜沧江区域类型、大渡河上游区域类型、岷江上游区域类型、青衣江区域类型、滇西北部区域类型5个类型。② 也有学者认为有6个类型，增加黄河上游区域类型（河湟地区类型）。这些类型以新石器文化居多，主要包括卡若文化、曲贡文化、藏北细石器文化、卡约文化、辛店文化、马家窑文化、齐家文化、营盘山文化等。其中卡约文化、辛店文化被认为是羌人的文化残存，宗日文化是古羌文化。③

（1）粟（小米）的论证。黄河上游区域类型之马家窑文化、齐家文化、马家窑文化之半山类型与马厂类型，发掘出粟的遗存；澜沧江区域类型之昌都卡若文化，在1978年和1979年两次发掘得到的种子，经过碳－14鉴

---

① 费孝通：《民族社会学调查的尝试》，《从事社会学五十年》，天津：天津人民出版社，1983年，第91页。

② 石硕：《藏彝走廊地区新石器文化的区域类型及其与甘青地区的联系》，《中华文化论坛》2006年第2期。

③ 闫璘、柳春城：《羌人渊源考释》，《青海民族研究（社会科学版）》2001年第1期。

定确定为粟的种子。而甘肃永昌鸳鸯池之墓地遗址发掘了一个装有粟的陶罐。不仅如此，粟作为原始居民栽培的农作物，也出现于岷江上游区域类型之营盘山文化、汶川县萝卜寨汉代石棺葬之中。这些考古遗迹中均能发现农作物粟的存在，说明藏羌彝走廊区域农作物粟的培育与种植很大程度受到黄河上游古羌文化的影响。

（2）彩陶文化。澜沧江区域类型的卡若文化、岷江上游区域类型的营盘山文化、大渡河上游区域类型的狮子山文化等出土的彩陶，其纹样、格调、制作法式与马家窑文化相吻合，以黑彩绘于橙红色的陶器表面。此外，“在姜维城类型遗存中，大量近似于西北地区马家窑类型文化风格的彩陶及同于马家窑类型文化的泥质橙红陶、泥质橙黄陶，表明姜维城类型文化同马家窑类型之间应具有一定的文化渊源关系”①。在云南耿马县石佛洞发掘的陶器以刻画、剔刺、压印等手法模仿涡纹、连弧纹、水波纹等马家窑文化的彩陶纹样，做法与卡若遗址极为相似，说明马家窑彩陶文化的南下，其影响范围可能已经不仅仅局限于地理学上的横断山脉，而是直抵横断山脉南端的滇南地区。石佛洞遗址便有可能处在这种影响所扩散范围的南缘。②

（3）葬俗文化。瓮棺葬、石棺葬是藏羌彝走廊地区考古文化类型之中存在的现象之一。从近几年所发现的石棺葬情况看，在青藏高原东部广大地区的石棺葬遗址，以及黄河上游的甘青地区马家窑、半山、马厂类型的新石器文化遗址中的瓮棺葬，从石棺墓葬中取出的双耳罐与卡若遗址的双耳罐形制一样，说明羌人的葬俗影响着藏羌彝走廊非羌民族的丧葬风俗，反映了羌人南下的历史事实。③

（4）石器类型。旧石器时代以稻城皮洛遗址为代表，发现了目前世界上海拔最高的阿舍利技术遗存，成为一项具有世界性重大学术与社会政治意义的考古新发现，把人类命运共同体通过时间节点和路线展现出来。

（5）人居建筑的相近性。羌族先民所居之地甘青地区的新石器文化，由于羌人的南迁，使得藏羌彝走廊地区新石器文化遗存保留着黄河上游考古文化类型的某些特征，即圜底式或半地穴房屋、石砌房屋。以卡若文化为例，其“早期的圆形或方形半地穴房屋，处理过的红烧土墙壁和居住面

① 徐学书：《岷江上游新石器时代文化的初步研究》，《考古》1995 年第 5 期。

② 参见石硕：《藏彝走廊：历史与文化》，成都：四川民族出版社，2005 年，第 272－299 页。

③ 叶健：《从“藏彝走廊”到“藏羌彝走廊”——论古羌人在历史发展中的地位》，《玉溪师范学院学报》2014 年第 5 期。

则为甘肃、青海等地马家窑文化系统传统的居住形式，它见于兰州青岗岔、临夏马家湾等地”①。上述印证了童恩正先生的“边地半月形文化传播带”概念，考察藏羌彝走廊的房屋建筑文化，“既有民族的直接迁徙、融合、交往，也有间接的观念的传播，甚至不排除某些因素有两地独立发明的可能性”。②

（6）青铜文化。段渝在《论藏羌彝走廊青铜文化区域的形成》中对早期青铜时代藏羌彝走廊川滇黔文化区域的分布作了详细介绍，“早期青铜时代的文化遗存仅在黔西滇东北区域、滇池区域、滇西剑湖区域、洱海区域、滇西南澜沧江和怒江下游等地有所发现，而大多数早期青铜文化遗存既与当地的新石器时代晚期文化之间没有直接的继承发展关系，又与全盛时代的西南夷青铜文化遗存之间没有直接的发展演变关系”③。同时，他又根据历史文献关于古代藏羌彝走廊川滇黔区域各主要族群分布地域的记载，综合考虑学术界有关西南夷地区考古学谱系的研究成果，将藏羌彝走廊川滇黔青铜文化划分为13个区域，他认为这些区域既具有自身的独立性，也互有一定或相当的联系。它们是：①黔西滇东北夜郎青铜文化区；②滇东曲靖盆地劳浸、靡莫青铜文化区；③滇池区域滇青铜文化区；④安宁河流域邛都青铜文化区；⑤青衣江－大渡河流域徙青铜文化区；⑥红河流域句町青铜文化区；⑦滇南漏卧青铜文化区；⑧雅砻江下游盐源盆地筰都青铜文化区；⑨保山盆地嶲青铜文化区；⑩洱海区域昆明青铜文化区；⑪岷江上游冉、駹青铜文化区；⑫川北陇东南氐文化区；⑬金沙江上游白狼、槃木、唐菆青铜文化区。④

以上是对现有学者考古论证与研究成果的简单介绍，由此可知，康巴文化所蕴藏的文化内涵，远远超过我们现有的认知，取其任何一点作深入研究，都可以串起藏东文明与整个中国历史西南地区的变迁。

三、藏羌彝走廊上西夏文明的遗留

四川是唯一包含藏、羌、彝三个民族聚集区的省份，历史文化遗存丰

---

① 叶健：《从“藏彝走廊”到“藏羌彝走廊”——论古羌人在历史发展中的地位》，《玉溪师范学院学报》2014年第5期。

② 文物出版社编辑部编：《文物与考古论集》，北京：文物出版社，1986年。

③ 段渝：《论藏羌彝走廊青铜文化区域的形成》，《西南民族大学学报（人文社会科学版）》2018年第2期。

④ 段渝：《论藏羌彝走廊青铜文化区域的形成》，《西南民族大学学报（人文社会科学版）》2018年第2期。

富，民族文化资源富集，民族文化形态多样，在整个藏羌彝走廊文化区域内具有独特地位和特殊价值，在康藏核心区就有一支被称为西夏文明继承者的“木雅”文化。

“木雅”在藏文古籍中会单独提到，其范围大致在今甘孜州康定、九龙、道孚、雅江理塘、色达等县。藏学专家认为藏语的“木雅”（mo-nia）一词，源自宋元时代汉文文献中的“木讷”“母纳”“密纳克”等，原是指西夏国都兴庆府地，西夏遗民南来后把这称呼用于表述族源，并把这个名称带到了川康地区。格勒博士在《甘孜藏族自治州史话》中这样论述：

> 关于“木雅娃”的来源在本地群众中有几种传说。第一种传说：在很早以前，有一个被称为“西吴甲尔布”者，曾经是汉地北方之王，所居之地叫“木雅”。后来，这个国王在酋豪力兢的混战中战败，率其部众迁居今天木雅娃所居之地，并继续以“木雅”自称。今天木雅境内的立曲河下游有一个明显存在的古城遗址，当地称为“西吴绒”，据传这就是过去“西吴甲尔王”的中心地。
>
> 第二种传说：早期在中国的北方，有“李榆”之地，国名“大吴”。后被蒙古族所灭，其国王带着残部来到今日木雅之地。
>
> 对上述传说经某些学者考证，认为“西吴甲尔布”（藏语王称甲尔布）就是指西夏王。根据之一，“夏”在汉语古音中读“虎”，康巴人把“虎”误读成“吴”，故“大吴”者实际为“大夏”。①

中国著名西夏学专家李范文教授从20世纪80年代初起，先后到四川、西藏、青海、甘肃、内蒙古、鄂尔多斯高原以及南宋都城杭州等地调查考证，经过20多年的田野调查，对西夏语言、文字、历史、文化、文物、考古等诸多领域展开研究，先后发表了《西夏通史》《夏汉字典》《西夏研究》等成果，逐渐解开了困扰史学界多年的西夏国灭亡后党项族人失踪之谜，证实西夏后裔党项族人主要有5种去向：汉化、藏化、蒙化、回化以及进入尼泊尔国。

西夏的历史可以一直追溯到唐初。党项是羌族的一支，《隋书》载：“党项羌者，三苗之后也。”②《旧唐书》载：“党项羌……汉西羌之别种也。

① 格勒：《甘孜藏族自治州史话》，成都：四川民族出版社，1984年，第71页。
② 吴天墀：《西夏史稿》，北京：商务印书馆，2016年。

魏、晋之后，西羌微弱，或臣中国，或窜山野。自周氏灭宕昌、邓至后，党项始强。”《宋史》卷四百八十五《夏国上》载：“天圣六年，德明遣子元昊攻甘州，拔之。八年，瓜州王以千骑降于夏。”

据西夏文献记载，西夏的先人党项人被称作弥药人，早先居住于木雅地区（今康定、九龙、雅江、道孚、理塘、色达、丹巴等县）。他们的语言被称作“木雅语”或“道孚语”，道孚就是古音“大夏”。西夏灭亡后，部分党项人经过数千里跋涉，重新返回原居住地木雅地区定居下来，建立了一个小政权，当地的藏族居民把这个小政权的首领称为“西乌王”，实际上也就是“西夏王”的称号。

据《贤者喜宴·吐蕃史》载：“吐蕃松赞干布时代，自东方汉地和木雅获得工艺与历算之书。”又云：“为了生育王子，松赞干布又娶木雅女子如拥妃洁莫赞……总娶王妃五人。”还说：“木雅人做工头，于康地建隆塘卓玛寺。”[①] 这段史料不可忽视，它说明早在吐蕃王朝兴盛之初，即7世纪就已经有了一个叫“木雅”的地方政权。这个叫“木雅”的地方政权与吐蕃王朝建立了姻亲关系，而且其工艺、历算等技术都很发达。木雅人在康地建的隆塘卓玛寺就是松赞干布和文成公主为镇压涉藏地区罗刹魔女而兴建的108座镇肢寺之一的邓柯志玛拉空。[②] 由此笔者接前文“吐蕃佛教立足康区”推断所建“寺庙”就是我们今天看见的古碉。因为木雅人善于石砌建筑，或许古碉在远古时候还有一种功能就是镇魔。

唐朝时，生活在青藏高原的党项羌和吐谷浑经常联合起来对抗吐蕃。唐高宗时，吐谷浑被吐蕃所灭，失去依附的党项羌请求内附，被唐朝安置于松州（今四川松潘），[③] 后党项羌逐步发展成数个大部族在青藏高原东南部繁衍生息。后来随着吐蕃的扩张，唐开元年间，居于青海东南和甘肃南部的党项羌被逼依附大唐，求救于唐玄宗，被迁至庆州（今甘肃庆阳）。

安史之乱（755—763）后，郭子仪为解决多民族集聚后不断引发的矛盾，建议唐代宗将当时在庆州的拓跋朝光部迁至银州以北和夏州以东地区，这一地区便是南北朝时匈奴人赫连勃勃的“大夏”旧地，当时称为平夏，所以这部分党项羌就成了平夏部，也就是日后西夏皇族的先人。

---

① （明）巴卧·祖拉陈瓦著，黄颢、周润年译注：《贤者喜宴·吐蕃史》，西宁：青海人民出版社，2017年，第54页，注释第87页。

② 参见上官剑壁：《四川的木雅人与西夏》，《宁夏社会科学》1994年第3期。

③ 《新唐书》卷第二百二十一《西域上》：“其地古析支也，东距松州，西叶护，南春桑、迷桑等羌，北吐谷浑。处山谷崎岖，大抵三千里。”

唐僖宗时，党项部首领拓跋思恭因平黄巢起义有功，一度收复长安，被赐姓李,[①] 封“夏国公”，拜夏州节度使。从此李思恭及其李姓后代成为当地的藩镇势力。再以后历经五代十国，又与宋、辽周旋，终于在宋宝元元年（1038）十月十一日，李元昊称帝，建国号大夏。到元朝崛起，保义元年（1226）成吉思汗以夏献宗没有履约为由，兵分东西向西夏夹攻，西夏被灭。[②]

于是，西夏各部四分五裂，原出自康区的西夏一部，千里迢迢返回故土。至1252年，元世祖忽必烈统兵十万征大理，其中就有灭绝西夏人后裔的任务。次年9月，到达今松潘一带后，兵分三路，其西道和中道军经过阿坝和甘孜州，导致一些西夏人再次向南或向西迁徙。据清洪亮吉、纪晓岚等著订的《历朝史案》称：“世祖入大理，至满陀城过大渡河。”《元史》亦载：“世祖九月己巳至满陀城，留辎重，冬十月丙午过大渡河。”[③] 夏格巴著《西藏政治史》（藏文版）称：

> 所谓党项（tangzhupa）是指住在青海湖以北和宁夏南部的党项密纳克（tangzhudminag）而言，亦称“蕃密纳克”（bodminag），是藏族的木雅人。在成吉思汗时代被消灭后分为两支，其中一支迁移到康区打箭炉附近称为“康木雅”（khamsminyag）。[④]

蒙古人消灭西夏王族后，其残部为逃避镇压绕越熙州，从松潘草原出阿细、班佑，沿金川河谷，经丹巴或到道孚、康定、雅江、理塘的部分区域，或到色达、炉霍部分区域，在甘孜州东部建立了新的小邦国。其中有少部分可能留在沿途的金川、丹巴、道孚等地。[⑤] 随着忽必烈挥师滇藏，木雅归顺元朝。《甘孜州志》中也记述了归降过程：“忽必烈征大理途中，康定木雅色巫戎和岩州大头人率先迎降。”[⑥] 就此，木雅一支延续至今，并融入藏族。

---

① 《资治通鉴》卷第二百五十四：“宥州刺史拓跋思恭，本党项羌也，纠合夷、夏兵会鄜延节度使李孝昌于鄜州，同盟讨贼。……以拓跋思恭权知夏绥节度使。”

② 僧人：《西夏王国与东方金字塔》，成都：四川人民出版社，2002年，第122－148页。

③ 参见焦虎三：《塔公：木雅藏族的前世今生》，《民主与法制》，2006年2月28日。

④ 转引自上官剑壁：《四川的木雅人与西夏》，《宁夏社会科学》1994年第3期。

⑤ 参见格勒：《甘孜藏族自治州史话》，成都：四川民族出版社，1984年，第73页。

⑥ 参见焦虎三：《塔公：木雅藏族的前世今生》，《民主与法制》，2006年2月28日。

第五节　韦·科西来登起义与吐蕃王朝崩溃

“世间没有不衰亡的帝国，如同人间没有不迟暮的美人。”从强盛到衰落是一个帝国不可逃避的宿命，占据青藏高原，亚洲最强盛王朝之一的吐蕃也不例外。

吐蕃的极盛期差不多就是赤松德赞在位时期，也就是755年到797年期间。赤松德赞在位期间，吐蕃大军趁安史之乱尚未平息之时，攻陷唐朝首都长安。《旧唐书》记：“安禄山已窃据洛阳，以河、陇兵募令哥舒翰为将，屯潼关……于是尽征河陇、朔方之将镇兵入靖国难，谓之行营。曩时军营边州无备预矣。乾元之后，吐蕃乘我间隙，日蹙边城，或为虏掠伤杀，或转死沟壑。数年之后，凤翔之西，邠州之北，尽蕃戎之境，淹没者数十州。”也就是说，吐蕃见大唐乱了，带着吐谷浑、党项、氐、羌等20多万人趁机跑下青藏高原，一路占领了大震关，兰、河、鄯、洮等陇右各州，再进入泾州、邠州、奉天、武功等地，一步步逼近长安，唐代宗惊吓逃走。

当时吐蕃进攻唐朝的详细路线是：从西藏到四川，占据今天四川省境内的巂州（西昌）、雅州（雅安）、临邛（邛崃）等地，然后重新夺回被哥舒翰好不容易拿下的石堡城（今青海省西宁市西南湟源县），再到今天青海省境内的廓州，霸州、岷州，河源、莫门军，再攻陷今天甘肃省境内的临洮，拿下秦州、成州、渭州，次年进入大震关，占据陇右各州，从而直抵长安。

《资治通鉴》记：“戊寅，吐蕃入长安，高晖与吐蕃大将马重英等立故邠王守礼之孙广武王承宏为帝，改元，置百官，以前翰林学士于可封等为相。吐蕃剽掠府库市里，焚闾舍，长安中萧然一空。”①

不久之后吐蕃退兵。说法很多，一说气候不适，从高原下来，不适应长安气候；二说被郭子仪等人吓跑；三说因为有姻亲关系故此退兵。总之，短短的15天成为吐蕃战胜唐朝的辉煌战绩。虽然退兵，但原属唐朝的河西

---

① 参见《资治通鉴》卷第二百二十三。这里《资治通鉴》有小误，“故邠王守礼之孙广武王承宏”，李承宏是邠王李守礼的儿子，不是孙子。李守礼一家，都在为大唐输出子女，先是女儿金城公主嫁给吐蕃，后面第三子李承寀又为了大唐平叛，跟回纥和亲，娶了回纥姑娘。所以，李承宏既是吐蕃的大舅子，又是回纥的大伯哥，吐蕃人立他为帝，也就不足为奇了。

走廊地区被吐蕃占领，安西与北庭两个都护府从此成为飞地，最终也都落入吐蕃之手。

而在西线，吐蕃大军则多次力压阿拉伯帝国，力阻伊斯兰教东传，两次攻入恒河流域，并曾先后占领中亚地区的重镇撒马尔罕和喀布尔，成为中亚一霸。据《贤者喜宴·吐蕃史》和《巴协》记载，此次吐蕃军队远征天竺王，一直进兵至恒河两岸，使天竺王向吐蕃俯首称臣，[①] 于是吐蕃军队在恒河岸边树碑以纪武功后班师回朝。吐蕃虽然向南亚的两次征伐所向披靡，在军事上都获得胜利优势，却旋即退兵，未能实现对征服地的占领和统治，甚至对其南部弱小邻国泥婆罗也仅将其作为属国实行羁縻统治。究其原因，与当地的气候等地理因素有关，[②] 吐蕃军队无法适应炎热潮湿的气候。

另外，吐蕃时期的经济结构与内部斗争也是其撤离占领地的原因之一，毕竟掠夺财富增强国力是当时吐蕃的大政，这也是吐蕃攻入长安撤退的主要原因。同时，要归功于信仰之力，能够让一个民族生活于海拔 4 000 米左右的生命禁区，并且离不开、不愿离开，“外面再好，不是我家”，这就是当时藏族人的世界观。但是随着气候变迁，人们不得不面对基本生存的挑战，于是危机四起。前面讲过气候决定迁徙，吐蕃王朝鼎盛期的青藏高原处于温暖湿润、水草丰美的时代。据记载，青海湖等地还出现过大片的森林。[③] 所以，恶变的气候注定帝国解体和朝代更迭的来临。

地球整个气候环境在不同历史时期的变化，可以决定一个地区的兴衰。费根在《大温暖时期：气候变化和文明兴衰》（*The Great Warming*：*Climate Change and the Rise and Fall of Civilization*）中就感叹，面对气候变化，即便是人类最优秀的气候应对方案，比如著名的旅游胜地吴哥（柬埔寨）复杂的水系工程，在干旱时期实际效果几乎归零，建造者不得不弃之。作者写道，“吴哥窟是一个无声的历史见证。它见证了气候如何影响着人类社会，如何为人类社会或带来福音，或带来灾难”[④]。所以，吐蕃帝国也不例外，当气候温暖湿润，适宜的气候使得物产丰盛，促使吐蕃人口大幅增加，国力兴盛。吐蕃王朝当时能够强盛一时，这与物产的丰盛，进而能够大量饲养马匹，建立起强大骑兵部队有很大关系。但不幸的是，在 9 世纪以后，随

---

① 参见（唐）拔·塞囊著，佟锦华、黄布凡译注：《巴协》，成都：四川民族出版社，1990 年，第 39 页。

② 石硕：《西藏文明东向发展史（第 2 版）》，成都：四川人民出版社，2016 年，第 128 页。

③ 参见吴祥定、林振耀：《历史时期青藏高原气候变化特征的初步分析》，《气象学报》1981 年第 1 期。

④ 《气候变化和王朝兴衰的秘密联系》，凤凰网文化，2014 年 5 月 20 日。

着地球气候的再次转变，青藏高原逐渐干旱，无法再养活那么多人口，加上连年征战，穷兵黩武，以战争掠夺资源的经济萎缩，吐蕃也就逐渐走向了衰落。9世纪末，在内乱和奴隶起义的冲击下吐蕃帝国瓦解崩溃。几十年后，即907年，大唐帝国也走完了它的历史进程。

相同的情形早已在欧洲北部发生，许靖华《气候创造历史》对这个寒冷期给人类文明带来的影响是这样描述的：

> 气候变迁造成很大的灾害。欧洲北部的畜牧民族在寒冷的夏季无法取得足够的饲料，以便在冬天喂养牲口。农耕民族则因生长季节太短而歉收。粮食需求无法满足。人类遭遇饥荒，必须离开家乡。迁徙行动刚开始规模很小，印欧人随之大规模出走，向外扩散。①

类似的灾难就在吐蕃上演。当时吐蕃虽然强盛，但其内部却一直存在着一些严峻的问题。一是佛本之争，各方贵族的政治势力斗争十分激烈。二是连年的战争导致吐蕃国力迅速衰落。《敦煌本吐蕃历史文书》记载，吐蕃的军粮赋税征收十分频繁，从743年到747年纪事看，几乎每年都向“四如”牧场征收“大料集”或者摊派赋税。② 吐蕃王朝鼎盛时期，连连获胜的征战掠夺来大量财富，使各方利益集团结成紧密的利益共同体，矛头一致对外，冲淡和掩饰了他们之间存在的矛盾。吐蕃晚期连年穷兵黩武，国力开始衰落，各种矛盾也凸现。贵族之间的冲突不断，甚至公开火并，直接瓦解了吐蕃王朝的根基。三是赞普朗达玛因灭佛而被拉隆·贝吉多杰刺杀，两个儿子威宋和云丹为了争夺王位而挑起了征战。随后群雄蜂起，山头林立，相互纷争而不能统属。根据巴卧·祖拉陈瓦的记载，卫如与夭如内讧之事几乎蔓延到整个吐蕃地区，各个地方出现两个对立的大政和小政，纷争不断。分析威宋与云丹之血统关系时又说：“九个政权均为云丹派系，若不是同一世族后裔，又怎能分裂赞普政权呢，因此他俩均属同一世族。”③由于长期攻伐不已，战乱不断，加之气候的变化，自然灾害连年发生，导

① 转引自林山：《气候变化影响文明盛衰？罗马帝国灭亡或因天气变冷》，《北京日报》，2015年11月18日。

② 《敦煌本吐蕃历史文书（增订本）》，第29－30页。

③ 恰白·次旦平措等：《西藏通史简编·四：西藏分割时期额达威宋、云丹及其后裔的事迹》，北京：五洲传播出版社，2002年。

致民不聊生。《资治通鉴》武宗会昌二年（842）十二月丁卯记载：

> 初，吐蕃达磨赞普有佞幸之臣，以为相；达磨卒，无子，佞相立其妃綝氏兄尚延力之子乞离胡为赞普，才三岁，佞相与妃共制国事，吐蕃老臣数十人皆不得预政事。首相结都那见乞离胡不拜，曰："赞普宗族甚多，而立綝氏子，国人谁服其令，鬼神谁飨其祀！国必亡矣。比年灾异之多，乃为此也。老夫无权，不得正其乱以报先赞普之德，有死而已！"拔刀剺面，恸哭而出。佞相杀之，灭其族。国人愤怒。又不遣使诣唐求册立。[①]

汉史与藏史的区别在于，汉史称达磨无子，藏史却记录其有两子，一嫡出，二为抱养他人之子。实质是吐蕃贵族内部的权力之争，即以长妃、乞离胡（云丹）、佞臣那囊·杰擦赤松为一方与以幼妃、约松、韦·杰多日达纳（结都那）为一方的纷争而发生的"伍约之战"。[②]《新唐书·吐蕃传》亦载："三年，国人以赞普立非是，皆叛去。"到869年，吐蕃各地开始出现农奴起义。暴动事件首发地就是朵康地区，其首领为韦·科西来登（又译"韦·科协列登"）。《续藏史鉴》载："这次起义初发难于康，侵而及于全，喻如一鸟凌空，百鸟为从，四方骚然，天下大乱。"[③]《贤者喜宴·吐蕃史》亦记载：

> 从两赞普各自经过23年后的土牛年起，各种属民奴隶起义相继发生，于是犹如"一鸟在空，众鸟聚观效仿之"。此后，尚杰赛聂赞于约如杀死官长尤聂，又因于山腰修筑水渠而不能迎奉王妃贝妃拉莫吉，于是（修渠者）说道："砍人颈易于砍山腰"，因此琳贡弥楚担任了（起义）首领，并说道："去看夜间开放的核桃花吧！"遂举火号召起义。继之，工域哲纳地区使用贝莫的巧计（也举行了起义）。[④]

---

① （宋）司马光编纂：《资治通鉴4》，长沙：岳麓书社，2016年，第30页。

② （明）巴卧·祖拉陈瓦著，黄颢、周润年译注：《贤者喜宴·吐蕃史》，西宁：青海人民出版社，2017年，第549页。

③ 转引自格勒：《甘孜藏族自治州史话》，成都：四川民族出版社，1984年，第56页。

④ （明）巴卧·祖拉陈瓦著，黄颢、周润年译注：《贤者喜宴·吐蕃史》，西宁：青海人民出版社，2017年，第542页。

起义之势如燎原，当消息传到卫藏时，韦·罗普穷乘机而起，乘卫如与夭如内战争夺之际发动起义，尚杰赛聂赞在约如地区杀死官长尤聂，并借口宣称之前被杀的佛教大臣钵阐布·勃阑伽允丹为自己的领袖。这次起义的目标就是“要把王官斩尽杀绝，还要摧毁八座碉堡”，矛头直接指向吐蕃王室。土牛年（869）发生民变，8 年以后的火鸡年（877），许布达孜、纳等四大世系共同商议，把赞普墓穴分给各造反的世系，并多被掘毁。[①]

吐蕃奴隶大起义，不仅使吐蕃奴隶制政权灭亡，吐蕃时代的施政建制亦均被起义军清除，卫藏境内形成零散的地方势力，至于河陇属部，则“族种分散，大者数千家，小者百十家，无复统一矣”。“吐蕃”一词，遂失去统一的政权含义，成为地域和民族的泛称。

另一边大唐帝国同样正走向没落，进入 9 世纪后，唐朝和吐蕃都有强烈的罢兵休战的想法，821 年长庆会盟之后，双方进入一段相对和平的时期，但是此时吐蕃已经日落西山开始走向衰亡了，848 年吐蕃爆发内乱，唐朝陆续收回一些州县。[②]

吐蕃民变发生后，大大小小的割据势力各霸一方，仅在朵麦、阿里等地由赞普系继续统治。而恶劣的气候导致自然灾害连续发生，脆弱的农牧业雪上加霜，出现饥荒和瘟疫。前后藏许多人不得不逃荒至康巴、安多等地。

叙述至此，再来讲一讲韦·科西来登为何起义造反。青藏高原由于佛教的普及，一般难得有民变事件，那到底在康区发生了什么事情呢？

韦·科西来登是一位手工匠人[③]，推断是当时归属今甘孜县康北手工业区（河坡）一带的人。康区原本就是吐蕃屯兵重地，是出川东征的主要力量，平时皆务农，战时为兵，而雅砻江甘孜段（今白玉增科、热加、河坡乡）不仅是粮食生产基地，也是金属开采、冶炼、锻造重地。《贤者喜宴·吐蕃史》记载，松赞干布时，曾在属地建立十八个采邑。只要各领主服从赞普指令，拥护王权，承担赋税，仍可如从前一样，继续作为土地牲畜和属民的主人，管理各自采邑。其中即有设在康区的多康多钦八武士千户部。[④] 当时起义的奴隶和平民（包括这些兵民）提出了“不砍山头，要砍人头”的口号，所以，起义能够势如破竹。学者张云在《论吐蕃王朝灭亡的

---

① （明）巴卧·祖拉陈瓦著，黄颢、周润年译注：《贤者喜宴·吐蕃史》，西宁：青海人民出版社，2017 年，第 544 页。

② 但是因为国力不足，其实大体上是名义上收回，实际控制权不在唐朝中央政府。

③ 王辅仁、索文清：《藏族史要》，成都：四川民族出版社，1981 年，第 40 页。

④ 引自恰白·次旦平措等著，陈庆英等译：《西藏通史——松石宝串》，拉萨：西藏社科院、西藏杂志社、西藏古籍出版社，1996 年，第 53 页。

原因》一文中，提及当时吐蕃周边包括大唐在内的强敌环伺，还有灾害频发，就是当时康区的情况。《旧唐书·吐蕃传》虽然没有提到达磨赞普时期吐蕃的灾害情况，但《新唐书》则有记录：

赞普立几三十年，病不事，委任大臣，故不能抗中国，边候晏然。死，以弟达磨嗣。达磨嗜酒，好畋猎，喜内，且凶愎少恩，政益乱。开成四年（839），遣太子詹事李景儒往使，吐蕃以论集热来朝，献玉器羊马。自是（吐蕃）国中地震裂，水泉涌，岷山崩；洮水逆流三日，鼠食稼，人饥疫，死者相枕藉。鄯、廓间夜闻鼙鼓声，人相惊。①

《资治通鉴》记，开成三年（838），“是岁，吐蕃彝泰赞普卒，弟达磨立。彝泰多病，委政大臣，由是仅能自守，久不为边患。达磨荒淫残虐，国人不附，灾异相继，吐蕃益衰”②。地震发生在康区，与康定记载大地震时间相吻合。康区本来就处于地震断裂带上，发生地震是常见现象，一旦发生特大地震，爆发起义就很正常了。而汉文有关达磨赞普时期吐蕃出现自然灾害和流行疾病的情况，也得到藏文史书记载之印证。《贤者喜宴·吐蕃史》记载：840 年左右发生了大地震，天空呈现出血红色，流星陨石如雨而坠。吐蕃神山拉日山（汉藏交界处）崩塌，因之堵塞了碌曲，碌曲为之倒流，暴涨的河水淹没河滩、农田，大量农户因此无家可归。河中还发出巨大声响和光亮，同时兼有雷击……这时的地震、声响和光亮，在拉萨也十分清晰。③

《五部遗教》亦载：“王与属民不和，内部分裂，遂有夜叉起义（指天神）”，于是贱民攀登到国王（头上）。“天时反常，天空呈血红色，日月同时并行，雨水不调，遂有旱灾”；“女巫反抗，吐蕃全境遂之瘟疫流行”……当时天怒人怨（指地震），甚至边地捕鸟者及墨竹工卡的二王妃也起来反抗。④

地震的发生，造成霜雹、洪水、泥石流和瘟疫等次生灾害并发，对当

① 《新唐书》卷二百一十六《吐蕃传下》，第 6104－6105 页。

② 《资治通鉴》卷二百四十六《唐纪六十二》，第 7938 页。

③ 参见袁道阳、雷中生、刘兴旺：《公元 842 年甘肃碌曲地震考证与发震构造分析》，《地震地质》2014 年第 3 期。

④ （明）巴卧·祖拉陈瓦著，黄颢、周润年译注：《贤者喜宴·吐蕃史》，西宁：青海人民出版社，2017 年，第 555 页。该文引用木刻板《五部遗教》分别在第 157、158 页。

时的康区造成了无法承受的压力。另外，受由于灭佛被驱逐于边地康区的僧人影响，慢慢形成了整个康区仇视吐蕃政权的氛围，内因外因的同时作用，由此也就有了韦·科西来登起义，起义如同多米诺骨牌效应的第一张牌，把忍受到极限的委屈发泄到统治阶层，形成势不可挡的民变，最终把吐蕃王朝送上不归路。

第五章　吐蕃分裂时期的康巴文化源流

公元877—1264年，吐蕃进入分裂时期（藏语“桑卡顿恰吧”，意为“支离破碎”）。吐蕃一直努力推行佛教，压制本教，强化中央集权，公元841年试图改革内政的赤祖德赞被反佛教的心腹弑杀。其弟朗达玛继位，为巩固自身统治，开始灭佛，继位仅仅一年，就被佛教徒暗杀身亡。吐蕃进入内忧外患阶段，内部大（那囊氏）小（蔡邦氏）王妃围绕王子继承王位问题而形成的集团矛盾日益尖锐，直至“伍约之战”发生。外部原来归附吐蕃的沙州首领张议潮倒戈，以大唐节帅之名驱逐了盘踞河西地区上百年的吐蕃势力，收复瓜、沙等十一州。兵连祸结、内外交困下，吐蕃大乱，不堪重负的奴隶和属民起兵造反，最后演变成全国性的大起义。吐蕃200余年的统一局面告终，进入分裂割据的时代。

俄松的儿子贝考赞被杀。贝考赞的儿子吉德尼玛衮逃亡到阿里地区，建立古格王朝。云丹的后裔则占据拉萨一带，形成了拉萨王系。至11世纪时，吐蕃各地渐渐稳定下来，形成了许多割据的王系。除古格和拉萨两个王系之外，另有拉达克、雅隆觉阿、普兰、亚泽等王系，以及甘肃、青海一带的唃厮啰政权。吐蕃分裂时期虽然统治者各自为政，但在文化上却形成了一个百家争鸣的时代，各种教派与学说风起云涌，对西藏近现代历史产生了巨大的影响。在这段和平时期里，藏传佛教再度兴盛，史称后弘期。康区以嘎拖寺（又译“噶托寺”“噶陀寺”等）的建立为标志，佛教在康区复兴；卫藏以阿底峡入藏为标志，佛教后弘期的序幕全面拉开。尔后藏传佛教从东、西方向影响西藏，佛教得以在青藏高原重续辉煌。

第一节　宋朝的建立与吐蕃的关系

9世纪末，吐蕃帝国崩溃。《宋史·吐蕃传》载：“其国自衰弱，种族分散，大者数千家，小者百十家。无复统一矣。”不久，大唐王朝亦进入五代十国大分裂时期。群雄割据、互不相属，两大帝国大分裂状况遥相呼应，竟然出奇地相似。在这种情况下，整个中华大地与青藏高原并没有什么统一的对外关系和政策，唯有甘、青、川、滇这些邻近多民族交汇地区，吐蕃原各部与内地的经济联系依旧密切。

960年，赵匡胤结束战乱，建立北宋。此时，一个由党项族为主建立的强大西夏王朝，在今宁夏和陕西北部地区兴起，对新生的宋朝王权和原吐蕃治下的甘、青、川各地少数民族构成威胁。为了对抗西夏的入犯，凉州（今甘肃武威）吐蕃形成了阳妃谷等“六谷蕃部”，并与宋朝形成战略合作关系。宋不仅为六谷蕃部抵御西夏提供了大量弓箭和兵器，还帮助其抗击瘟疫。1001 年被六谷蕃部推为首领的潘罗支，被宋朝封为“凉州防御使兼灵州西面都巡检使”。后来，潘罗支被杀，六谷蕃部内部分裂。1208 年，西夏攻陷凉州，这一吐蕃地方政权宣告解体。随后吐蕃部落在东部地域的政治中心遂南移至河湟地区，吐蕃亚陇觉阿王系的后裔唃厮啰崛起，形成了一个独立的以藏族为主体的政权。由于其坚持“联宋抗夏”政策，唃厮啰政权成为宋朝抗御西夏的重要同盟。1032 年、1041 年，宋朝授唃厮啰宁远大将军、爰州团练使、检校太保充保顺、河西等军节度使，并在经济上给予支持。此后，唃厮啰的继承人（子孙）董毡、阿里骨、瞎征、陇拶、溪赊罗撒等，世代均由大宋封官任职。唃厮啰“联宋抗夏”成功抵御住了西夏的南侵，得到了河湟地区的吐蕃各部落的信任和拥护，使原来投靠西夏的一些吐蕃部落纷纷反水归蕃，部分分散的回鹘部族也归依唃厮啰的麾下，幅员迅速扩大，人口达到一百多万户，达到了吐蕃分裂后的最盛状况。1065 年，唃厮啰去世，他的三个儿子随后拥兵自立，河湟地区又陷入了内乱之中，最后被宋朝招抚。

值得关注的是，这一时期也属于多民族竞争时期，[①] 不仅有宋、辽、金，还有甘、青、川各地少数民族构成的地方政权，特别是以党项族为主建立的西夏王朝崛起，对中原虎视眈眈。为此，从 11 世纪开始，宋朝在原吐蕃王朝一度占据的今甘肃省南部、河西走廊、青海省东部、四川省西北部等藏族地区，大力推行屯田戍边的政策，加强对这些地区的经营与治理。招募当地藏族青年入伍，重视培养弓箭手，对充当弓箭手的军士“另拨给田地耕种，规定每两年纳马一匹，以作课税”[②]，并在藏族地区建立了藏兵于民，寓兵于农的军事体制，以共同防御西夏人的入犯及袭扰。同时，宋将王韶在今甘肃临夏、临洮一带大量开拓土地，招纳 30 多万藏人从事垦种。这种管理模式，使得茶马互市得到快速发展，汉藏通商的“口岸”固定、成熟。宋朝在今四川雅安、甘肃临夏以及陕西的一些地区专设市场专项管理和扶持，形成“蜀茶总入诸蕃市，胡马常从万里来”[③] 的格局。对宋朝来

① 中国历史上这一时期的宋朝、辽朝、金朝和元朝合称为四朝。

② 参见《宋史》卷四百九十二《吐蕃传源》；《宋史》卷一百九十一《兵志五》；《宋会要辑稿》第八册，方域、蕃夷诸条。

③ 《能改斋漫录》卷七《蜀运茶马利害》。

讲，可观的茶利，是国家财政重要支柱，所获得的马匹保证了军队重要战略物资的储备。对涉藏地区来讲，一方面保证了生活必需品如茶叶、盐巴的供给；另一方面物资上的余缺调剂，促进了经济的繁荣，增强了科学技术和文化艺术的交流，带动了当地手工业等产业发展和金银矿的开采。这种贸易互补、互惠互利推动了畜牧业和茶业的稳定发展，成为藏汉两族人民不可缺少的重要经济活动。

如此，北宋通过联络青海东部和甘肃西部、南部的斯罗、潘罗支（今甘孜州甘孜县白利摸徒）等部藏族地区的战略，在治边问题上继承了唐代的政治遗产，继续沿袭唐代的制度，在四川涉藏地区广设羁縻州、县。当时，在今阿坝一带设有两个州郡：茂州通化郡，领 2 县和 10 个羁縻州；威州维川郡，领 2 县、1 军和 2 个羁縻州。另外，在今平武、北川一带的藏羌地区置石泉军，领 3 县。而在今甘孜州一带，则有雅州与黎州所属的羁縻州数十个。其中雅州卢山郡领 5 县和 44 个羁縻州；黎州汉源郡领 1 县和 54 个羁縻州。此外，雅州尚辖有碉门、黎州、雅州、长河西、鱼通、宁远 6 军安抚司。而在四川涉藏地区所设羁縻州，仍以当地部落首领加以封职。如《宋史・蛮夷列传》谓："威州保、霸蛮者，唐保、霸二州也，天宝中所置，后陷没，酋董氏世有其地，与威州相错，因羁縻焉。保州有董仲元、霸州有董永锡者，嘉祐及熙宁中皆尝请命于朝。政和三年（1113），知成都庞恭孙始建言开拓，置官吏。于是，以董舜咨保州地为祺州，董彦博霸州地为亨州，授舜咨刺史，彦博团练使。"① 又宋时黎州所辖羁縻州共 54 个，其名称、数目几乎与唐代所置完全相同。与唐代所不同的只是在今阿坝州北部的唐松州区域，因势力不及而未有建置。相反，由于宋代注重对雅州方面亦即今甘孜州一带的经略，已将其所属羁縻州，由唐代的 19 个增加至 44 个，其中东、西嘉梁州即在唐代嘉良夷地区。② 随着茶马互市的兴旺，官府对茶叶采取统购控制交易的办法，茶马互市逐渐成为宋朝羁縻控制涉藏地区的一种手段。规定川陕民茶"尽卖与官"，当时黎、雅（今四川雅安）等州年产蜀茶 3 000 余万斤，均由官府运往西北换取蕃马。茶马司每年在熙、秦地区以茶市马均在 2 万匹左右，在川西各地买羁縻马，③ 每年约五千至一

① 《宋史》卷四百九十六《列传》第二百五十五《蛮夷四》。

② 参见白珍：《唐宋时期的四川藏区》，《西南民族学院学报（哲学社会科学版）》1998 年第 51 期。

③ 《文献通考》卷十八《征榷考》。

万匹之间。[1] 宋太宗太平兴国六年（981），朝廷“绍岁于边郡市马，偿以善价。内属戎人驰马诣阙下者，悉令县次续食以优之”[2]。从此，在沿边州郡买马就成为宋朝的定制。宋真宗时期（998—1022）已在今四川的益州（今成都）、黎州（汉源）、戎州（宜宾）、茂州（茂县）、雅州（雅安）、永康军（都江堰）等地设买马场，“皆置务，遣官以主之”，[3] 专门办理购买沿边少数民族战马事宜。除市马之外，还建立了招马制度。“每岁皆给以空名敕书，委沿边长吏差牙校入蕃招买，给路券送至京师，至则估马司定其价。”[4] 茶马贸易主要以黎、雅二州为中心，是宋朝在四川买马最多之地。“凡云蜀马者，惟沈黎市为多。”[5] 每年买羁縻马二千至四五千匹，占川马总数的一半以上。

同时，对所属羁縻州的少数民族首领封官、赐爵和赏赐，确立松散的封建隶属关系。宋朝实行茶马官买官卖，所谓“掌榷茶之利，以佐邦用，凡市马于四夷，率以茶易之。北宋时所卖的茶，绝大部分是出自四川的蜀茶”[6]。神宗熙宁七年至元丰八年（1074—1085）间在四川的茶场有四十余个。到南宋时，茶马贸易范围扩大，增设易马场 8 处，绍兴二十四年（1154）又增开易马场 3 处。同时，废除官营茶叶制度，改为商营，由官府收税并对运销严加管理。熙宁七年实行茶马管制以后数年，购买的藏马四千余匹，其交易比率是“茶一驮（约百斤）易一上驷”[7]。而到南宋年间，茶马贸易额大增，高宗建炎四年（1130）所购之马达二万匹，宁宗嘉泰四年（1204）所购之马增到 22 900 余匹。由于南宋急需战马，因此茶价不断下跌，到孝宗淳熙年间（1174—1189）买一匹“驷”竟需茶叶 10 驮。

随着茶马贸易的加强，中原与涉藏地区之间出现了政治经济利益相互依存的局面，在互惠互利的经济交流中，汉藏关系日益密切。宋朝将茶马互市作为维系同西南各少数民族友好关系和羁縻统治的重要经济和政治手段，巩固了同青藏高原东部诸多民族政治上的合作，在“北守南和”战略指导下，以慰抚笼络、佛事怀柔对待各部酋长，强化了边疆地区同中原的政治联系。这一时期藏族虽然没有统一政权，但宗教、文化却保持了一致，

① 《宋史》卷一百九十八《兵志》。
② 汤开建著，刘建丽辑校：《宋代吐蕃史料集（一）》，成都：四川民族出版社，1986 年。
③ 汤开建著，刘建丽辑校：《宋代吐蕃史料集（一）》，成都：四川民族出版社，1986 年。
④ 汤开建著，刘建丽辑校：《宋代吐蕃史料集（一）》，成都：四川民族出版社，1986 年。
⑤ 汤开建著，刘建丽辑校：《宋代吐蕃史料集（一）》，成都：四川民族出版社，1986 年。
⑥ 汤开建著，刘建丽辑校：《宋代吐蕃史料集（一）》，成都：四川民族出版社，1986 年。
⑦ 汤开建著，刘建丽辑校：《宋代吐蕃史料集（一）》，成都：四川民族出版社，1986 年。

形散而神未散，而且民间的经济交流与中原始终保持着紧密的联系。而宋王朝因势利导，以茶马互市为纽带，积极创造经济、宗教、文化认同感，在康巴等地区输入儒家思想文化，鼓励汉藏通婚，赐姓名氏。藏汉民族的融合，使得原吐蕃属地民众逐渐产生了对宋朝文化心理上的认同，政治上依附宋朝的文化心理因素成为价值观。

第二节　后弘期时代与康巴佛教的复兴

吐蕃帝国的崩塌并没有对原来存在于青藏高原的本教和后来形成的藏传佛教造成毁灭性的灾难。早在 6 世纪，象雄雍仲本教已经传到康巴，与当地的原始本教共融而兴盛，587 年康东本波教派的最高学府和本波教祖寺丁青寺开始建设。后来西藏佛教兴起，佛本之争不仅使本教在康巴地区得到进一步发展，同时佛教也得以在康巴立足。到了 9 世纪，朗达玛灭佛，西藏不少佛教僧人被迫逃往印度、青海和多康等地，与当地业已存在多年的本教既相排斥，又相补充，最后达到相互融合，你中有我、我中有你，形成一种本地化的新型佛教。10 世纪下半叶，新型佛教又从康巴一带回传西藏，不少康巴僧人成为“后弘期”“下路弘法”的开山鼻祖。

一、康巴地区的本教情况

前文已介绍过雍仲本教传入康巴地区的情况，这里稍作回顾。康巴地区本教传播时间早，社会基础和群众基础都比较牢固。而当地的佛教势力却很微弱，甚至有些地区根本不知有佛教。这是因为康巴远离当时吐蕃政治中心拉萨，朝廷中的佛、本斗争风浪波及不到这些地区。赞普朗达玛死后，两个王子争位，在卫藏、安多地区内战四起时，康地相对平静。现在越来越多的研究证明，自直贡赞布灭本以来，遭受迫害的本教徒，特别是被赤松德赞流放到康巴的本教徒们，他们从象雄、卫藏等地带着经典远走他乡，逃往青藏高原东部寻求发展，最初居住在岩洞修行，后来得到当地首领和群众的信仰，逐步扎下根来，并开始建立寺院，发掘灭本时埋入地下的经典，推动了吐蕃文化与羌人文化的第二次融合。[①] 这些本教徒们为了弘扬本教，在异地他乡勤奋学习、阐悟、布道，争取信徒，力求扩大本教势力。

康区亦分成东西两部分，康西以金沙江流域为中心，以昌都孜珠寺、德格丁青寺、四川白玉寺为轴心向周边辐射。本教历史文献《象雄历代王朝记》一书中指出，伏藏师詹巴南卡的传记《雍仲秘籍》中记载大师亲临甘孜州白玉县境内时，称“此地因是雍仲本教的传播地，所以为三十七修行地之首，正修九大禅修地”。[②] 康东则以嘉绒地区大渡河流域为中心，影响与汉地接壤地区。位于金川县境内的雍仲拉顶寺（1776 年清朝下令拆毁雍仲拉顶寺改建为格鲁派的广法寺），是本教在康巴地区的中心寺院和复兴根据地（该地域附近松潘尕米寺的影响也大，其地划入安多区域，但属西康所辖）。据史书记载，早期的西藏贤达顶寺、甲莫寺和雍仲拉顶寺，被称为本教三大寺。

赤松德赞把本教势力从卫藏赶出后，本教在康巴传播，特别是在嘉绒地区传播扎下根以后，逐步向甘肃、青海等地传播。最后由康巴逐步传入卫藏各地，使本教在雪域藏地经久不衰。《西藏王统记》中说：“后有本教大师聂钦里旭噶热（即辛钦鲁噶，又称辛饶鲁噶）自康地复兴本教，重入卫藏，开掘本教所有密藏，建立日辛、大定、格定、安查喀、桑日、约塘等寺院，大兴本教。”[③]

759 年赤松德赞灭本后，康巴地区成为古象雄以后的又一个本教中心地。《象雄琼氏在嘉绒地区的繁衍》中记述了这样的故事：

> 当琼氏父子（父琼帕察莫、子拉赛雍仲）前往东方嘉莫绒地与那里的十八学钦结法缘后，来到折学并在那里做了扎氏的怙主，把那里的众生引入了本门。同时，他们还在所经之地各留下一名持法弟子后，经协尔隆来到木雅（今甘孜州新龙地区），与那里的人们结得法缘，住阿达赛雍之地。接着，琼氏父子又与易钦绕额一同来到拉坚地区。墨尔多山神拉严旺旭率上百人前来迎接、拜见，献上一条极其珍贵的上等朱砂色哈达后，请求到其属地。

① 参见闵文义：《东迁蕃民与舟曲藏族——舟曲藏族渊源初探》，《西北民族大学学报（哲学社会科学版）》1984 年第 2 期。

② 参见泽仁吉美：《甘孜州本教文化研究（藏文）》，成都：四川民族出版社，2018 年。

③ 参见（明）巴卧・祖拉陈瓦著，黄颢、周润年译注：《贤者喜宴・吐蕃史》，西宁：青海人民出版社，2017 年，第 35 页。

> 琼帕即琼氏圣人拉赛雍仲道："木雅杰布听我讲，边地民众听我言。无明遍布之边地，已生信仰之禾苗，实为可贺极善哉。琼帕拉赛雍仲我，为牟氏之扎血统，曾由达柔至象雄，承办利生之大业，象雄人民得解脱。接着幻化至康区，康区众生得幸福，随后教化三边地，黑暗边地得光明。今日来到嘉绒地，权贵神灵来听命，尔等无明诸众生，寻事与我作较量……"①

按此口碑古籍传说，进一步证实康巴大部分地区都已有雍仲本教传入，而且嘉绒地区（墨尔多神山下）是传播中心。据《象雄琼氏在嘉绒地区的繁衍》，口碑古籍同样讲述了"弘扬本教教法，教化众生"②。一般认为，在康巴东部地区传法地路过，到康巴地区传教的本教徒，大都系本教理论知识比较渊博，修炼功夫较深的高僧。他们一到这些地区，就凭着自身掌握的佛学、医术、建筑、绘画等文化知识，击败了各种对手，逐渐赢得了当地首领和属民的尊敬和拥护，甚至被他们推举为地方管理者，有些还与地方王结亲，逐渐进入权力高层。本教徒不仅在康巴扎下根，而且取得当地政教两权的统治地位，为建寺招徒和广泛传播创造了有利条件，使本教势力沿着金沙江、大渡河流域很快遍及康巴各地。

总之，在吐蕃分裂割据期间，"四江一河"（怒江、澜沧江、雅砻江、金沙江、大渡河）地区是本教最为兴盛之地。江河的发源地一般是冰川，也是藏民族聚居区著名的神山，比如贡嘎山、雅拉雪山等。在康巴地区，围绕冰川水系而形成的文化成了早期本教弘法的摇篮。

二、佛教的传入

1. 毗卢遮那流放康巴地区

毗卢遮那为8世纪人，他既是藏传佛教史上最早正式出家的"七觉士"之一，又是赤松德赞时期25名密宗大成就者之一，同时也是吐蕃时期108位大翻译家之首。后来毗卢遮那更是以密宗大师的身份在藏传佛教特别是宁玛派中享有盛名。

毗卢遮那在吐蕃传教过程中的经历，在藏文古籍《五部遗教》中的《王后遗教》部里有一段有趣的记载。毗卢遮那从印度学习佛教密法获得成

① 《嘉绒地区历史（上册）》，成都：四川民族出版社，2017年，第86-88页。
② 《嘉绒地区历史（上册）》，成都：四川民族出版社，2017年，第91页。

就返回吐蕃后，又想到汉地修法深造。对此藏王赤松德赞不太乐意，说道："可让其他人到汉地去，我吐蕃地方翻译密宗经典的人才奇缺，你还是翻译佛经为好。"① 因此，毗卢遮那便在桑耶寺与其他译师共同译经。有一天，王后蔡邦萨设法避开赤松德赞以及仆人，将毗卢遮那单独迎请到密宫之中，想用美色使他破戒，败坏其多年修行所积的功德。然而，毗卢遮那对世俗爱欲冷若冰霜，毫不动心，蔡邦萨纠缠不已，并不顾廉耻地将他抱住不放，使毗卢遮那不寒而栗。毗卢遮那突然灵机一动，对蔡邦萨说："外面宫门未关，恐下人看见不雅，我去闭了宫门，再回来和你相会如何？"王后信以为真，遂放他而去，毗卢遮那乘机逃离。② 此行为惹恼了王后，王后诬陷毗卢遮那，向赞普告状说这位佛教密大师在王宫调戏她，并请求赞普替她讨回公道。赞普大怒，于是派兵马追捕毗卢遮那。不久，蔡邦萨患病，日趋严重，虽然请各方医师诊治，仍未好。又请大师打卦问卜，都说此病只有王后忏悔，将毗卢遮那请回，并当面承认她的非礼，方能痊愈。蔡邦萨王后最终迎请大师回来，并如实说出自己的作为，病才逐渐好转。

毗卢遮那在当时的吐蕃的确经历了一段艰难曲折的人生道路。毗卢遮那从印度学成返回吐蕃后，在桑耶寺从事翻译和传播密法工作。但是在桑耶寺期间他不能专心从事自己的工作，常遇到两方面的阻挠，一方面来自印度佛教显宗学僧，他们认为毗卢遮那传授的金刚乘密法不是佛教，而是歪门邪说；另一方面则来自吐蕃传统的本教徒及其代表势力，他们认为毗卢遮那所传播的密宗教理将给王朝及吐蕃人民带来灾难，必须对毗卢遮那定罪并处以死刑。《白若杂纳传》记载："印度王和恶毒的大臣们一起商量，试图杀害毗卢遮那，因此他们捏造谣言，并派使者到吐蕃制造事端。使者到桑耶寺后向吐蕃民众宣告，毗卢遮那在印度只接触了外道人士，现在传授的也是印度外道的经书。他污秽佛教教义和思想，我们应该制裁毗卢遮那。"③

迫于压力，赤松德赞将毗卢遮那公开从事的佛事活动转入地下秘密进行，即让毗卢遮那关起门来翻译密宗经典。当时毗卢遮那翻译了《六十如理论简说》和《无边光明佛号赞》等密宗经典。后来毗卢遮那秘密翻译密法的情况又被王室成员发现，并将此事在王朝中的权势派中间传开，于是，他们要求赤松德赞必须将毗卢遮那杀死。赤松德赞无奈采取了李代桃僵的

---

① 参见邬金林巴：《五部遗教》，北京：民族出版社，2006 年。
② 邬金林巴：《五部遗教》，北京：民族出版社，2006 年，第 245 页。
③ 参见益扎尼博等：《白若杂纳传》，成都：四川民族出版社，1995 年，第 302 页。

巧妙手段，暗地抓来一名乞丐作为毗卢遮那的替身，在众人面前处死。但是这一计谋后来又被王后蔡邦萨揭穿，最后赤松德赞不得不把毗卢遮那流放到边地康区。① 流放地域主要在今四川阿坝涉藏地区的嘉绒一带。

关于毗卢遮那当时在嘉绒一带隐居修炼的情景，有许多传说。相传毗卢遮那刚到嘉绒地区时，嘉绒王和当地的本教徒对他极不友好，甚至对他进行过精神和肉体上的各种折磨和摧残，如将毗卢遮那投入装满青蛙的地牢里，企图以传说中青蛙聚会所放出的一种毒素毒害他、惩治他，后来见毗卢遮那安然无恙，又放进许多虱蚤和蚊虫去咬他。由于毗卢遮那功底深厚，他在洞中不但没有受到伤害，还照常念经不止，修法不息。最后毗卢遮那以过人的胆识和毅力，以及他对佛教的虔诚之心，终于感化了嘉绒地区的王公贵族，贵族们将他从牢房里释放出来，并积极支持他在嘉绒一带建寺收徒和翻译佛经，毗卢遮那便成为第一位在康巴嘉绒地区传播佛法的著名人物。后人以此作为佛教在该地区的最初传播，并将毗卢遮那视为“点燃东方（相对吐蕃中心地区而言）佛教明灯的圣人”②。在西藏文化东向发展过程中，毗卢遮那无疑是点亮康巴佛学文化的先驱。

2. 康区后弘期第一座藏传佛教寺庙宁玛派嘎拖寺建立

早在12世纪初，帕木竹巴（1110—1170）的弟子、宁玛派大成就者藏登作畏公布，派大弟子德格人嘎当巴・德协西巴（1122—1192），到康区弘扬宁玛教。他来到康区后，先后拜佛教各派高僧为师，去过白玉、木雅、羌地、岭地等地。1160年，他选择在金工锻造业发达、商业交流成熟的河坡建立了康区第一座宁玛派寺庙——嘎拖寺。另外还有一种说法是该寺由帕木竹巴之弟当巴德协西热森格于藏历第二绕迥水虎年（1122）所建。第二种说法不符合当时利用乡缘关系切入的现实，这里作补充说明。建寺之初，受到当地本教势力的阻挠，由于当巴德协西热森格享有帕木竹巴之弟的声望，又得到了木雅、岭地等各部落首领尤其是当地部落首领的扶持，最终在康区站稳了脚跟。1192年，嘎当巴・德协西巴圆寂，由阿绒・益西布巴继任寺主。阿绒才学超群，在任期间新建一座经堂。受其影响，康区各地纷纷兴建宁玛派寺院，并将嘎拖寺奉为主寺。历经百余年发展，嘎拖寺与西藏的敏珠林寺和多吉扎寺齐名，成为当时康区宁玛派的中心，并带动了文化的复兴。

---

① 参见益扎尼博等：《白若杂纳传》，成都：四川民族出版社，1995年，第164－165页。

② 参见尕藏加：《吐蕃本土名僧毗茹札那考述》，《西藏研究》2003年第4期。

3. 康籍僧人将噶举教派传入康巴地区

达波拉杰创立的达波噶举，有四大支系，即噶玛噶举、帕竹噶举、拔绒噶举和蔡巴噶举。在早期先后有三支来到康区。

一是康籍僧人都松钦巴（1110—1193）奉师命将噶玛噶举传入康区。噶玛噶举派的创始人是达波拉杰的著名弟子都松钦巴，都松钦巴生于康区的哲雪岗吉热哇，家族是达东噶波氏，其父贡巴・多杰贡布是一位密宗瑜伽士。都松钦巴从 11 岁开始随父学习佛教梵音和简单的密法修持，16 岁时在却果噶寺的堪布乔拉恰森格札大师前受沙弥戒，赐法名为却杰札巴，成为一名正式僧侣，19 岁时赴前藏求法，开始系统修习藏传佛教。都松钦巴学成返回故乡，于 1157 年在昌都类乌齐附近噶玛地方创建噶玛拉顶寺（又称“噶玛丹萨寺”，简称“噶玛寺”），[①] 以此为基地，大力宣讲噶举派教法和自己的佛学观点，徒弟多达千人，开始形成达波噶举中第一个分出来的新支系——噶玛噶举派。

1164 年，都松钦巴奉师达波拉杰之命，在康区闵波修建乃朗寺并驻锡该寺，同年去神山卡瓦格博（梅岭雪山）朝圣，路过理塘时建冷古寺。1169 年，在稻城修建稻邦波寺。他还到过木雅贡嘎，在莲花生大师住过的白色扁形磐石上住修 4 个月；先后在金沙江、雅砻江流域（含支流）为僧俗灌顶讲经，为噶举派在康区的发展作出了历史性贡献。[②]

二是噶举派帕竹噶举支派创始人康籍僧人帕木竹巴将帕竹噶举传入康区。帕木竹巴出生于康巴地区南部金沙江流域的智垅乃雪（今四川巴塘、得荣一带）的韦哇那盘托家族。年幼时父母去世，9 岁时在甲吉拉康出家，取法名多吉嘉布（又译“多吉杰布”）。先后在故乡从师 16 人，习《入菩提行论》等佛典。19 岁时赴前藏嘉玛寺学习中观、因明，从噶当派高僧央岗巴、甲域哇等大师学习显宗经论。25 岁时受比丘戒，拜玛尔・确吉坚赞、瓜译师、萨迦初祖贡噶宁布为师，修习多种密法。1152 年，他与向蔡巴结伴拜见了米拉日巴的大弟子、塔波噶举派创始人塔波拉杰（又译“达波拉结”），奉塔波拉杰为“根本上师”。塔波拉杰圆寂后，他游学于各方，于

---

① 关于噶玛拉顶寺建寺年代，学术界颇有分歧。王森主张是 1147 年（王森：《西藏佛教发展史略》，北京：中国社会科学出版社，1997 年，第 115 页）；措如・次朗主张是 1160 年（措如・次朗著，王世镇译：《藏传佛教噶举派史略》，北京：北京宗教文化出版社，2002 年，第 59 页）；格勒主张是 1185 年（格勒：《西藏昌都——历史・传统・现代化》，重庆：重庆出版社，2000 年，第 44 页）；尕藏加主张是 1157 年（尕藏加：《西藏宗教》，北京：五洲传播出版社，2001 年，第 119 页）。该处采用 1157 年之说。

② 范召全：《藏传佛教在康区传播与发展历史三段论》，《西藏研究》2013 年第 1 期。

1159 年（藏历第三绕迥土虎年）在帕竹地方建丹萨替寺布道授徒，形成了帕竹噶举，1170 年，帕木竹巴 60 岁时圆寂于该寺。此后，其弟子分别在康、藏各地建寺收徒，繁衍出帕竹噶举的八个支系。13 世纪初，帕竹噶举派为朗氏家族所掌握。14 世纪中叶，朗氏家族取代萨迦建立政教合一的帕木竹巴地方政权。由此，帕竹噶举在各地加快了噶举寺庙的建设和扩张，推动了帕竹噶举支系的全面发展，原来康巴地区许多萨迦派寺庙改宗噶举，特别是帕木竹巴出生地康巴南部地区，藏族民居建筑风格白藏房至今仍是一道亮丽的风景线。

第三节　噶氏家族流落康巴地区

吐蕃名相禄东赞（噶尔·东赞域松）无论如何也不会想到，他与他的后人开启了藏族历史上一个最辉煌的时代，更没有想到他的后人会被后来的赞普赤都松赞以谋反之罪予以清除，被流放来到康区。噶氏在康区的故事很多，道孚至今被认为是噶氏家族的发祥地，在道孚境内雅拉雪山脚下还有古老的建筑遗址。四川民族出版社副社长俄热先生撰文认为噶氏家族是从道孚迁移到了卫藏“涅”（今隆子县）。

禄东赞出生地在今西藏自治区山南市隆子县列麦乡，其出生年代无记载。他是藏王松赞干布的同代人，年岁也相当，因此，可能出生于公元 600 年左右，卒于 667 年（藏历火兔年），享年 70 岁左右。[①] 禄东赞所在的噶氏家族与雅隆悉补野王室同宗，世袭领有加布一带封地，在南日论赞时，噶氏家族曾有噶尔赤扎孜门担任过吐蕃大相一职；松赞干布继位赞普初期，噶尔芒夏松囊曾出任吐蕃大相。噶尔家族与吐蕃王室的关系为禄东赞提供了优越的政治资本和施政平台，使之在松赞干布统一西藏期间立下伟业。松赞干布去世后，其子贡松贡赞由于先于赞普逝世，于是，赞普之位由赞普之孙芒松芒赞承袭。因芒松芒赞年幼继位，吐蕃实权落入了大相禄东赞手中。禄东赞为赞普芒松芒赞护持国政将近 18 年，卓越的政治与军事才华得以淋漓尽致地展现。《旧唐书》称：“禄东姓薛氏，虽不识文记，而性明

① 参见苏普仁：《蕃唐噶尔（论氏）世家》，《中国藏学（汉文版）》1991 年第 1 期。

毅严重，讲兵训师，雅有节制，吐蕃之并诸羌，雄霸本土，多其谋也。”①《西藏王臣记》亦说，禄东赞“曾当过法王松赞干布的大臣，他所作政教相辅的事业，不仅对藏王尽忠职务，对藏民也留下了难忘的德泽”②。《敦煌本·吐蕃历史文书赞布传记》将他与松赞干布相提并论，加以赞颂，称其“在上者深沉要数松赞干布，在下者贤明要数东赞域松。王如苍天神灵覆罩一切，臣如大地承受万钧”③。

653年，禄东赞整顿税务，制定“牛腿税”，国库收入得以增加。665年，禄东赞在蒙布赛拉宗主持集会，区分“告”“庸”之别，“告”即指从军武士阶层，“庸”即指从事生产的奴隶，区分“告”“庸”即是明确吐蕃特权阶层和非特权阶层的界限。此外，禄东赞还进行了吐蕃历史上少有的户口清查，建立户口册制，为以后征发赋税、劳役和兵丁提供了户籍依据。655年，禄东赞于“高尔地”写成了成文法律，并于吐蕃颁行。

656年，白兰羌见禄东赞代年幼的芒松芒赞摄理政务，欲趁此脱离吐蕃的统治，发动反叛吐蕃战争。禄东赞率军平叛，并获最后胜利。禄东赞平定白兰羌的胜利，再加上其之前率军征服洛沃、藏尔夏二部，成为禄东赞大相专权时期辉煌军事生涯的开端。之后，吐蕃王朝坚定地走上了噶氏家族专权时期对外扩张的道路。659年，禄东赞一改先前对唐友好政策，亲率大军逼近依附于大唐的吐谷浑国境，并于第二年发动了对吐谷浑的军事进攻。两军大战于青海，又都求助于大唐，由于大唐对两方持观望态度，采取不出兵之策，禄东赞通过密探掌握了吐谷浑军事实力，自信稳操胜券，于663年亲自率兵灭掉吐谷浑。咸亨元年（670），唐朝为夺吐谷浑之故地与其交战，禄东赞获胜，吐蕃势力渐大，其后“尽收羊同、党项及诸羌之地，东与凉、松、茂、嶲等州相接；南邻天竺；西又攻陷龟兹、疏勒等四镇；北抵突厥。地方万余里，自汉魏以来，西戎之盛未之有也”④。禄东赞灭掉有近350年的吐谷浑政权，其辉煌的军事生涯达到了顶点。

能够取得如此大的胜利，不仅体现禄东赞卓越的军事才能，更有卓越的外交战略眼光和手段。西域地处中亚，自古以来就是东西相通的重要商道，以其重要交通地位而成为兵家角逐之地。在禄东赞攻打吐谷浑时，就

① 《旧唐书·吐蕃传》第16册，第5219页。

② （清）第五世达赖喇嘛著，郭和卿译：《西藏王臣记》，北京：民族出版社，1983年，第103页。

③ 《敦煌本·吐蕃历史文书赞布传记》，第171页。

④ 《册府元龟》卷一〇〇〇《外臣部·强盛》。

曾忧虑西域会成为吐谷浑军事援助和后勤给养的重要后方源地，因而662年在其进攻吐谷浑关键时期就曾派官员深入疏勒、弓月、龟兹等地进行策反，使它们反唐以策应吐蕃军队在青海的行动。此次策反得到了龟兹的回应，龟兹随后脱离了唐朝安西都护府的管辖，成了吐蕃在西域的盟友，随后唐军在讨伐龟兹战争中的失败，又直接导致了弓月的叛唐归蕃。由此噶氏家族权力达到顶峰。666年，禄东赞在从吐谷浑返境途中身染重病。667年，这位吐蕃历史上最杰出的政治家、军事家、外交家走完了自己辉煌的一生。

禄东赞有五子，汉文史料《册府元龟·外臣部》中说："东赞有子五人，长赞聂多布、次钦陵、次赞波、次悉多于、次勃论。"藏文史料记其有四子：噶尔赞娘多布、噶尺津赞折（钦陵）、噶伦斯多衣（赞婆）、噶赞尼松顿。[①]

这五子中，赞聂多布为吐蕃大相，长期主持会盟和率军远征在西域和多康各地，汉史中称"悉多于"的可能是指他。"赞布与众论相密商之后，以其聪俊有如骏也。并以韦松朗为见习大相之下僚助理。松朗死。以赞聂多布乃独自任之。"[②] 他于685年在香孙波河畔逝世。

二子名钦陵，"于东噶尔之鹦鹉谷，由噶尔赞业多布、钦陵赞波二人集会议盟，行牧区大料集"[③]。以此推断，673年前已任大相（即大论）职务。钦陵长期率军管理安多地区，其后经营西域。他在670年大败唐军将领薛仁贵于今青海，696年又大败唐名将王孝杰于今甘肃曲县一带。在《敦煌本·吐蕃历史文书赞布传记》中记载了钦陵与唐朝大将薛仁贵、王孝杰在战场上相互辩论比试之故事。据载："初，吐蕃赞普器弩悉弄尚幼，论钦陵兄弟用事，皆有勇略，诸胡畏之。钦陵居中秉政，诸弟握兵分据方面……"[④]政权、军权都掌握在手的钦陵兄弟，大非川之战更是奠定了钦陵的专权地位。他在任吐蕃大论30余年间，战功卓著、威震四方。698年赞普杜松芒波杰对噶氏家族专制朝野极为不满，《敦煌古藏文历史文书》中有一首赞普的诗歌反映了王室与噶氏家族之间的矛盾斗争，其中唱道：

> 加布小河谷，平民欲称王，噶氏子想当王……吐蕃悉补野王，

---

① 转引自苏普仁：《蕃唐噶尔（论氏）世家》，《中国藏学（汉文版）》1991年第1期。
② 《敦煌本·吐蕃历史文书赞布传记》，第159页。
③ 《敦煌本·吐蕃历史文书大事纪年》中于公元673年中载。
④ （宋）司马光：《资治通鉴》，北京：中华书局，1956年，第6655页。

> 尔等想代替，悉补野嗣不断。[①]

诗歌中充满了对噶氏的极度仇视，采用了各种比喻嘲笑噶氏的妄自尊大。除了君臣之间的矛盾，钦陵执政期间常年对外作战，很多青壮年被拉去充军，民不聊生，土地荒芜再加上繁重的赋税和徭役，逐渐引起了吐蕃中下阶层强烈不满与反抗。据载：“吐蕃徭戍久矣成愿解和，以钦陵欲裂四镇，专制其国，故未归款。”[②]

另外，唐朝也对吐蕃君臣采取了离间政策。史载：“吐蕃百姓疲于徭戍早愿和亲款陵，利于统兵专制，独不欲归款。若国家岁发和亲使，而钦陵常不从命，则彼国之人怨钦陵日深，国恩日甚，没欲大举其徒，固亦难矣。斯亦离间之渐，使其上下猜阻乱内兴矣。”[③] 后来吐蕃君臣果然相互猜忌，器弩悉弄赞普逼迫钦陵自杀，迫使赞婆降唐。史料记载：

> 吐蕃自论钦陵兄弟专统兵马，钦陵每居中用事，诸弟分据方面，赞婆则专在东境，与中国为邻，三十余年，常为边患。其兄弟皆有才略，诸蕃惮之。圣历二年，其赞普器弩悉弄年渐长，乃与其大臣论岩等密图之。时钦陵在外，赞普乃佯言将猎，召兵执钦陵亲党二千余人，杀之。发使召钦陵、赞婆等，钦陵举兵不受召，赞普自率众讨之，钦陵未战而溃，遂自杀，其亲信左右同日自杀者百余人。赞婆率所部千余人及其兄子莽布支等来降，则天遣羽林飞骑郊外迎之，授赞婆辅国大将军、行右卫大将军，封归德郡王，优赐甚厚，仍令领其部兵于洪源谷讨击。寻卒，赠特进、安西大都护。[④]

王室反目，钦陵兵溃而自杀身亡，其弟赞婆、其子弓仁率部投降大唐。此后，钦陵、赞婆的子孙一直为大唐效力，改姓为论。史载：

> 禄东赞长子噶尔·赞聂多布之子阿尼扎哇摆因本教徒身份免

---

① 王尧辑：《敦煌古藏文历史文书》，西宁：青海民族学院，1979 年。

② （宋）欧阳修、宋祁撰：《新唐书》卷一百二十二，北京：中华书局，1975 年，第 436 页。

③ （宋）司马光编著，（元）胡三省音注：《资治通鉴》卷二百六十，北京：中华书局，1956 年，第 6504－6505 页。

④ 《旧唐书·吐蕃传》第 16 册，第 5219 页。

受诛杀，遂携子赤松顿波避难至康区“旦麻”（今白玉沙马乡）传播雍仲本教，成为“德格土司”支系。[①] 德格土司崛起于元代，兴盛于明清，是康巴文化中不可缺失部分，按照《德格土司传》所记，吐蕃分裂时代，其家族正在康区旦玛（今白玉沙马乡）传播本教，后弘期佛教进入康区，其家族与白利争斗中开始弃本崇佛，主要人员在嘎拖寺出家为僧，依托嘎拖寺影响力获得政治博弈优势。这是现有史料清晰记载西藏本教高僧来康区传播本教的资料，也与德格土司来源说相吻合。我们可以结合孜珠寺建寺年代与记载大胆推测，在康北高原，曾经也是本教繁荣兴盛的地区，本教徒们站在高耸入云的碉楼下，远望圣洁的雪山，手掬甘甜的江河水，祈祷五谷丰登。

第四节　格萨尔与说唱解读

康巴文化结构中，《格萨尔》所承载的文化内涵巨大，是古代藏族历史文化、政治社会、思想道德、生产生活的总汇，是康巴文化的核心载体，荟萃了文学、艺术、宗教、历史、法规、政治、风俗、医药、绘画、藏戏、舞蹈、雕刻、金工等诸多领域。有人说《格萨尔》就是康巴志，是对康巴特定历史时期的记录的肯定。研究格萨尔对梳理康巴文化有着重要意义，这是因为格萨尔其人和《格萨尔》传唱作品是两个概念。现实中的人物是立体的，是一个历史符号、代表性的形象；而文学作品中的格萨尔，是带点个人情感色彩和偏差的，是藏族先民审视人类生存经验的结晶。这里我们从格萨尔其人、格萨尔生平、《格萨尔》传唱、《格萨尔》的文学价值和《格萨尔》传播缘由五个方面作分析和简介。

一、格萨尔其人

关于格萨尔是历史人物还是文艺作品创作的人物，历来有很多争论。被称为吐蕃王朝松赞干布遗训的《柱间史》中说格萨尔是霍尔王，所以蒙

① 《德格世德颂》（又称《历代德格土司传》，简称《德格世谱》）的德格家族最早祖先名囊擦嘉（又译作“囊擦珠”）。又见《德格土司》，《德格县志》，成都：四川人民出版社，1995 年。

古人又称之为“格斯尔”。另外《嘛呢全集》《五部遗教》《拉达克王统记》也多次提到格萨尔，称他是北方格萨尔军王或是占领阿里的王。《莲花生详传》记载有一个萨贺尔王，他有一个公主，印度王、中国王、象雄王都派使者前去求婚，并说格萨尔是莲花生弟子（有说释迦牟尼佛祖弟子）。但以上藏族典籍记载时间跨度在 7 世纪与 8 世纪之间，专家推测格萨尔真实身份难以确定的原因在于成书时间跨度大和后人假托为之，就像编辑《米拉日巴歌集》的人假托所写“内政不失修，不怕格萨尔兵”发生年代误差一样。所以，17 世纪上半叶第四代班禅的经师洛桑促尔辰在《印度八大法王传》中作出解答，他肯定格萨尔这个人是历史人物，并且指出了他所处的时代是：“格萨尔后于朗达玛，先于阿底峡尊者。”朗达玛死于 842 年（或 846 年），阿底峡死于 1054 年。他的意思是说格萨尔出生于 842 ~ 1054 年。

第二个作出解答的人是藏史领域有名学者松巴堪布·益西班觉（1704—1788），他在《答问》一书中说：“格萨尔生在康地上部，在黄河、金沙江、澜沧江三水环绕的地带，德格地区的左边，他的父母帐房所在地叫尼玛更钦。格萨尔出生后不久，母子二人曾被他的叔父曹同驱逐到黄河发源地扎陵湖和鄂陵湖附近的拉隆玉多地方。”①

在康区旅居多年的现代学者李鉴明说：“林葱安抚司，自称为格萨尔王之后。土司驻地，今名俄兹，在邓柯县东两站。土署与新旧两花教寺共绕一大围墙，严如一城。旧寺地名松竹达则，义为龙虎峰，即格萨尔奠都之处，著在传记。明代因地震倒塌，乃建新署新寺。格萨尔生地，在石渠东界外，雅砻江西岸，地名雄坝。今尚为林葱土司辖境。林葱土司建一神殿于此，奉为家祠。相传格萨尔的诞生处，有草四季常青。今于其处立坛，即在祠内。祠内今尚保存有格萨尔之武器与象牙图章。此外，大部古物，则被一神通喇嘛运藏于隆庆之香达纳。又云：依藏历推算，格萨尔降生在距今为九百年。林葱土司一老相臣云：格萨尔生在阿提沙之前，莲花生之后。”②

著名民族史学家、我国近代藏学研究的先驱之一任乃强先生不仅第一个翻译了《格萨尔》，而且与李安宅、谢国安、刘立千、马长寿、何剑薰、谭英华、陈宗祥、彭公等人，历尽千辛万苦，深入少数民族地区进行田野调查，并在藏族学者配合下搜集研究有关格萨尔“藏三国”文学故事，千方百计寻访各种木刻本和手抄本，聘请民间艺人演唱格萨尔，还把法国东

---

① 参见王沂暖：《格萨尔与岭》，《西北民族研究》1990 年第 1 期。

② 参见任乃强：《蛮三国的初步介绍》，《边政公论》1945 年第 1 卷第 4 – 6 期。

方学家达威·尼尔夫人搜集整理的《格萨尔的超人生活》一书和弗兰克的《格萨尔王本事》译成中文。同时他还陆续著文介绍《格萨尔》，组织人力翻译介绍这部史诗，并结合史料和田野调查等资料佐证，在国内首次提出林·格萨尔王为林葱土司之先祖。"其国称为'林葱'字之义为'家族'"，而这个"林"与《格萨尔》中的"岭"在藏文中是同一字，由此证明"林国"即是"岭国"，是同一地名。他由此推知林葱土司家族应与《格萨尔》中的主人公有一定的渊源。他还详细地剖析了《格萨尔》史诗的性质，认定了《格萨尔》是一部藏族"史诗"，论证了历史上实有格萨尔其人，只不过在史诗中以其人为原型，作了艺术夸张和神化，部分内容是以《宋史·吐蕃传》中的唃厮啰为原型创作加工的。[①] 他说："余考格萨尔，确为林葱土司之先祖，即《宋史·吐蕃传》之唃厮啰也。"[②] 任乃强先生后人解读这句话是表达两层意思：其一，格萨尔作为真实的历史人物，确为林葱土司的先祖，他是德格地区的人。其二，史诗塑造的格萨尔王吸收了唃厮啰的一些事迹，作为艺术形象在一定程度上加入了唃厮啰的影子。

同时，任乃强先生否定并纠正了格萨尔是以关羽为原型，分析了将《格萨尔》说成是"藏三国"的原因，及认为格萨尔就是藏地的关羽，而关羽是汉地的格萨尔。他调查到当时流传的史诗已经不少于 25 部，在《"藏三国"的初步介绍》和《关于"藏三国"》中对其中 19 部内容分别作了介绍，也对史诗扣人心弦的情节，文学创作的艺术特色、审美价值、语言魅力、教育作用进行了深刻的分析，给予了很高的评价。

当代学者降边嘉措先生根据田野调查和多年研究，大致推测《格萨尔》产生于公元 1 世纪前后至 6 世纪前。这段时期是藏族氏族社会开始瓦解、奴隶制国家政权开始形成的时期，也就是第一代赞普聂赤赞布建立雅隆王朝的时期。松赞干布统一高原建都拉萨后，《格萨尔》得到进一步发展，并开始向青藏高原周边地区流传：向南越过喜马拉雅山，传到帕米尔高原和南亚；向北流传到蒙古高原和西域；向东流传到横断山区和河湟地区。他认为《格萨尔》是在藏族社会 2 000 多年的发展过程中不断丰富和发展的。由于格萨尔传唱广泛，不仅是藏族地区，蒙古地区同样在传唱，所以关于其地望之争由来已久。在 18 世纪的《夏尔巴世系》这部历史著作中，甚至把康区北部塞莫岗木雅人向外迁走的原因，说成是当时林·格萨尔王南征北

① 参见任新建：《任乃强与〈格萨尔〉》，《康定民族师范高等专科学校学报》2005 年第 5 期。
② 参见任乃强：《任乃强藏学文集（上册）》，北京：中国藏学出版社，2009 年。

战，地方不安宁，这些木雅人只好转移别处。著名藏学家毛尔盖·桑木旦认为："岭国的家族是源于古代藏族六大民族之一的穆布董。董热查干有三个儿子，分别占据了玛曲河（黄河）上、中、下三部分地方……"所知活动地域在三江源地带（包括石渠、色达、德格、玉树等地)，也因此多了格萨尔乃黄河上游之人的说法。作者在田野调查中，格萨尔与白利土司顿月多吉的故事有许多重合之处，顿月多吉存在的历史被销毁后，其中一部《格萨尔》作品是不是就是这位白利土司的历史传记呢?

综上所述，我们可以知道格萨尔确有其人，并通过文学作品和史料挖掘了解格萨尔王，他的名字叫觉如，自幼家贫，于今德格县阿须、打滚乡等地放牧，由于叔父离间，母子泊外，相依为命。16 岁赛马选王并登位，遂进驻岭国都城森周达泽宗并娶珠姆为妻。格萨尔一生降妖伏魔，除暴安良，南征北战，统一了大小 150 多个部落，岭国领土始归一统。

二、格萨尔生平

以史诗出现的文学作品中，格萨尔是人神合一的英雄。格萨尔降生人间以前是天神白梵天王的三太子，是白梵天王三个儿子当中最小的一个，名叫推巴噶瓦。当人间遭受到苦难时，为普度众生走出苦海，观世音菩萨向佛祖请求，推荐派推巴噶瓦下凡做黑头发藏人的君王"格萨尔王"。于是格萨尔降生到了人间，名为"觉如"。德格本土专家刘安全在长期调研基础上梳理出了格萨尔在阿须的基本情况：

> 他于 1038 年出生在四川省甘孜州德格县阿须乡的吉色雅各康多。1 ~7 岁，在阿须、打滚乡的然尼、热火通与母亲郭萨拉姆一起放牧。7 ~16 岁，被岭地居民赶出后，至青海的日达、甘肃黄河沿一带生活。16 岁，岭地派珠姆将格萨尔接回岭地参加赛马会，赛马称王后，建立起岭国。其时，岭国势力弱小，经常牛马被人偷，女人被人抢，格萨尔带领岭国的三十员大将、八十位英雄及岭国军民，以抑强扶弱为宗旨，保家卫国，戎马生涯。格萨尔于 1119 年去世，享年 81 岁。
>
> 格萨尔王去世以后，由他一直精心培养的亲侄儿扎拉泽加（格萨尔王大哥嘉擦协嘎的儿子）接替岭国国王。之后，扎拉泽加的儿子岭加巴虾，岭加巴虾的儿子阿腰绷甲，成了岭国的世袭岭王。直到元朝统一中国后，把岭地划为吐蕃等路宣慰司和吐蕃等

处宣慰司，在两个宣慰司中间设朵甘思都元帅府。其中元帅、宣慰使司等大的官位，都是封给格萨尔王家族后裔担任。[①]

格萨尔王从天界降生到人间作岭国君王的任务是：降伏妖魔、抑强扶弱；抑本扬佛，弘扬佛法；统一藏民族聚居区，为民造福；安定三界，天下太平。格萨尔作为降生人间的天神之子，超越人性。还在母腹中，他就会唱歌，1 岁时捕杀魔鸦，2 岁时治死恶魔，3 岁杀死鼹鼠精，4 岁把 7 个妖精沉入大海，5 岁会施展分身法、遮眼法……15 岁赛马称王，降妖伏魔，神通广大，法力无边。

是人总有故乡，是神也有原型，《格萨尔》史诗以一则美妙的神话开篇。在很久很久以前，天国里住着白梵天王，他的妃子名叫绷迥婕毛。天王夫妇生有三个儿子，兄弟三人都是好样的，尤其是推巴噶瓦，虽然年幼，但聪明英俊，臂力过人，诸般武艺，样样精通。这时候，下界人间正处在一个非常混乱的时期，妖魔鬼怪到处横行，善良无辜的百姓备受欺凌迫害，不能安居乐业。大慈大悲的观世音菩萨怜悯人间苦难的百姓，和白梵天王商量，派遣他的一个儿子下凡人间，降妖伏魔，抑强扶弱，救护生灵。天王虽然同意派子下界，但不便具体指名，于是让他的儿子们自行商定。他们兄弟三人经过射箭、抛石头、掷骰子等比赛，最终下界的任务落到推巴噶瓦身上。绷迥婕毛得知推巴噶瓦要下凡，便告诉他，人间不像天国幸福，先下去看看，如果确实太苦，就另外找人顶替。于是，推巴噶瓦变成一只鸟，飞到人间去察看。回到天国后，向父母禀报他所看到的情况，下决心要到人间为民造福，并向父母索要马匹、弓箭、盔甲等物，之后立即投生人间。他投胎于岭尕的僧隆家中，出生之后取名觉如，少年时代赛马称王，成为岭尕的首领，尊号格萨尔。格萨尔取珠姆为妻，并有梅萨等妃嫔。有一年，格萨尔闭关静修，北方魔地的鲁赞魔王趁机掳走其妃子梅萨，格萨尔得知，前往北方降魔救妻；其间霍尔白帐王又掳去其珠姆王妃，格萨尔回来后又征伐霍尔。格萨尔一生戎马倥偬，统领岭尕兵马，先后与北魔、霍尔、姜、大食、门等数十个集团作战，先后征服过十八座大城、七座中城、四座小城，最终将诸部统于岭尕治下。[②]

① 刘安全：《格萨尔王是人，不是神》，《甘孜日报》，2020 年 6 月 12 日。
② 参见何峰：《格萨尔与藏族部落》，西宁：青海民族出版社，1995 年，第 1 – 2 页。

三、《格萨尔》传唱

《格萨尔》是以说唱形式传唱保留下来的，传唱艺人叫“仲肯”，“仲”是故事的意思，而且单指格萨尔的故事；“肯”是人、说唱者的意思。截至目前，被发现并整理的《格萨尔》有120多卷、100多万行诗、2 000多万字。内容大致分为四部分，第一部分包括《天岭之部》《诞生》《赛马》等；第二部分包括《降魔》《霍岭大战》《姜岭大战》《门岭大战》等；第三部分包括《大食财宝国》《卡切玉宗》《朱孤兵器宗》《雪山水晶国》等；第四部分包括《地狱救妻》《地狱救母》《安定三界》等。《格萨尔》在我国民间流传千年，据中国社会科学院民族文学所的杨恩洪研究员总结，其传播方式大致有如下五种。①

第一种，神授艺人。艺人称在梦中得到故事。他们认为，自己头脑里的关于格萨尔的东西不是自己学来的，不是听别人说的，而是神把格萨尔的故事降到他的头脑里，然后他就开始说唱了。此类说唱艺人有如下特点：记忆力超群，少年做梦。有的人在梦中梦到格萨尔，让他说唱《格萨尔》，要弘扬格萨尔的事业。

第二种，闻知艺人。这些艺人是闻而知之的神童，就是他听到别人的说唱，然后就学会了。

第三种，吟诵艺人。他们是照本说唱的，其特点是：首先要有文化，可以看得懂藏文；其次必须掌握有关《格萨尔》诵唱的曲调。

第四种，掘藏艺人。这类艺人很少，他们挖掘史诗的方式跟一般人不同，就是他们发现了以前因为多种原因被埋藏的经典，作为有缘人，他们有了传唱《格萨尔》的本领。

第五种，圆光艺人。这种艺人在当地以巫师的方式出现，巫师是用铜镜来算命、占卜的。而他们用占卜的方式来传承《格萨尔》。杨恩洪老师讲这种艺人在藏民族聚居区只发现了一位，叫卡察扎巴。到他去世之前，他从铜镜中一共抄写了11部《格萨尔》，西藏人民出版社已经出版了其中的一部，分成上下部，叫《底嘎尔》。②

---

① 降边嘉措在《〈格萨尔〉论》中认为有7种：①托梦艺人（藏语称“包仲”），②知艺人（藏语称“蜕仲”），③吟诵艺人（藏语称“顿仲”），④藏宝艺人（藏语称“贡德”），⑤圆光艺人（藏语称“扎包”），⑥顿悟艺人（藏语称“达朗仲”），⑦掘藏艺人（藏语称“德顿”）。

② 参见杨恩洪：《民间诗神——格萨尔艺人研究（增订本）》，北京：中国社会科学出版社，2017年。

《格萨尔》的流传其实不仅仅局限于传唱，在千年的演变中，形成了“卡仲”“杰仲”“曲仲”三种流传方式，即口传、手抄本、佛教化的改编三种，这在世界史诗发展中绝无仅有。《格萨尔》之所以能够流芳百世，这些才华出众的民间说唱艺人起着巨大的作用，这些艺人不仅是史诗的创作者、继承者和流传者，更是人民艺术家，是最优秀、最受人民群众欢迎的人民诗人。如果没有他们，这部伟大的史诗巨作将永远湮灭在历史长河中，藏族乃至中华民族，就不会流传这千古流芳的文化珍品。

四、《格萨尔》的文学价值

《格萨尔》是一部由藏族人民集体创作的伟大史诗，是世界上最长的史诗，标志着古代藏族文化的最高成就。这部史诗的特点是活态化传承，史诗从生成、基本定型到不断演进，目前依然处于创作阶段。他是在藏族古代的神话、传说、诗歌和谚语等民间文学的丰厚基础上产生和发展起来的，历史悠久，结构宏伟，卷帙浩繁，内容丰富，气势磅礴，流传广泛。它具有很高的学术价值、美学价值和欣赏价值，包含了藏族文化的全部原始内核，是研究古代藏族社会的一部百科全书，因此得以成功入选世界非物质文化遗产名录。

1776 年，俄国旅行家帕拉莱斯在蒙古旅行时发现了《格萨尔》，遂将这个故事介绍到了俄国，并对主人公格萨尔以及他的演唱形式和相关内容作了评述。1930 年任乃强首次将其译为汉文，介绍于内地，国内研究者才开始关注这部史诗。1836 年由施密特从蒙古文本翻译的第一本德文译本《功勋卓绝的圣者格斯尔王》在圣彼得堡和莱比锡两地同时出版。1936 年苏联学者科津将蒙文“北京木刻本”译成俄文《格斯尔王传——关于仁慈的格斯尔贤王的故事》在莫斯科出版，并对史诗进行了社会分析，引起了国外学者的广泛重视。此后关注和翻译格萨尔译本的越来越多，产生了巨大影响。

在青藏高原上，《格萨尔》一直在民间以传唱的形式流传至今，无数游吟歌手世代承袭着有关它的吟唱和表演。它不仅包含了藏族人民的伦理思想，热情讴歌抑强扶弱、造福人民，正义战胜邪恶、光明战胜黑暗的斗争精神，还是古代藏族部落社会的一面镜子，包含政治、军事、经济、文化、天文、地理、风土、人情、天下之事等，同时展示了岭、霍尔、姜、门、大食等数十个势力集团的活动。它表现了波澜壮阔的社会场面，是康巴文化的一个古代精彩缩影，对研究古代藏族的社会历史、阶级关系、民族交往、道德观念、民风民俗、民间文化，以及藏蒙文化交融等问题具有很高的学术价值。

五、《格萨尔》传播缘由分析

《格萨尔》广泛流传于藏民族聚居区毫无疑问，但最早被发现和研究是在康巴地区，这源于该地区的特殊性。陈庆英先生在何峰《格萨尔与藏族部落》一书所作序言中说：

> 熟悉《格萨尔》及其说唱艺人的研究者都会看到，《格萨尔》的流传地域并不是整个藏族地区，实际上《格萨尔》最为流行的是西藏北部牧业区和昌都，以及四川甘孜、阿坝和青海、甘肃的藏族牧业区。《格萨尔》的说唱艺人，也差不多都来自这些地区。从社会组织形式看，这一片地区正是藏族部落社会的形式和内容保存得最多和最完整的地区。在西藏的封建农奴制庄园普遍建立的地区，氏族部落早已只是一种模糊的历史记忆，农奴制庄园中的农奴已很难把自己对农奴领主的人身依附和支差纳税的生活与部落成员的生活联系起来，农奴制庄园中已经难以产生出说唱《格萨尔》的艺人。①

由此，他推断，甘青川和藏北地区部落组织形式的长期延续，是《格萨尔》能够长期广泛流传的社会基础；同时，这些地区藏族部落组织逐步加入地缘的和阶级的内容，又是《格萨尔》不完全等同于严格意义上的英雄史诗的重要原因。

《格萨尔》研究中，一直都有“扬佛抑本”和“抑佛扬本”之争，从现阶段格萨尔研究来看，学术界普遍认为《格萨尔》的创作高潮阶段是在藏传佛教“后弘期”。这个特殊的阶段，不仅有民间艺人，还有宁玛派高僧的再次创作，才使得这部伟大的作品通过我们现在看到的神奇传唱方式得以踵事增华。此外，从《格萨尔》描写的战争可以看出，战争是当时政治斗争的集中表现。不论是岭国与魔国、霍尔国、门国、姜国的战争，还是后来与大食、卡切、米努等国的战争，都是服从于格萨尔统一四方的大业，战争是解决当时社会问题的主要形式。连续不断的战争，揭示了这一时期

① 参见何峰：《格萨尔与藏族部落·序言》，西宁：青海民族出版社，1995 年，第 4－5 页。

各种复杂的社会矛盾，同时，也最大程度地反映了当时社会的真实面貌，揭露了统治者残暴、贪婪、腐朽的本质，表现了人民在战乱中的痛苦与对和平统一的渴望。颂唱《格萨尔》也是人民渴望和平的心声。

在《格萨尔》中，格萨尔王以“释迦佛的弟子，莲花生大师的遣使，赤松德赞化身”等身份出现。释迦佛、莲花生、赤松德赞都是佛教历史上的重要人物，对于佛教的兴起与发展都有着巨大的贡献。其中开山祖师释迦牟尼，他本是古印度迦毗罗卫国（今尼泊尔境内）的太子，后来在机缘巧合之下开悟，创立佛教，他在佛教中的地位可想而知。格萨尔王既然是他的弟子，自然也是佛教的忠实信徒。而莲花生大师则是藏传佛教的主要奠基者，是建立藏传佛教前弘期传承的重要人物，藏传佛教宁玛派祖师，无上密乘大圆满教法的传承祖师。宁玛派吸收了许多本教的神祇、仪轨和思想，最终得以在青藏高原站稳脚跟。宁玛派在这个过程中充分利用了文学的再创作形式，对《格萨尔》的普及、传唱进行神化，使广大民众喜爱《格萨尔》，自然而然接受佛教思想。所以在《格萨尔》传唱过程中，佛教得以壮大。《青史》载：

> 以佛教密宗法术作为有力的武器，敲开了藏族传统文化的大门，为佛教立足于藏土立下了汗马功劳，尤其将印度后期佛教的密宗思想很顺利的移植到藏土，并对以后的藏传佛教密宗产生了极其深远的影响。①

赤松德赞在位期间，将天竺一系的佛教定为国教，制定“三户养僧制”，推行“三喜法”，不遗余力地兴佛，因此同松赞干布、赤祖德赞三人，被藏传佛教信徒尊奉为“吐蕃三大法王”之一。赤松德赞与他的两位师父寂护和莲花生，则并称为“师君三尊”，备受藏传佛教信众的尊崇。

由此我们可以推测：宁玛派在青藏高原立足之后，一方面借用政治力量巩固佛教基础；另一方面吸收本土优秀文化，包括本教神祇（山神、水神等）、仪轨，同时再次创作《格萨尔》，用文化的形式，让佛教深深扎根于民众之中。何峰在《格萨尔与藏族部落》一书中这样说：

> 读过《格萨尔》史诗就会发现，其绝大部分说唱本所表现的

---

① 廓诺·迅鲁伯著，郭和卿译：《青史》，拉萨：西藏人民出版社，1985 年，第 27、29 页。

宗教信仰比较混杂，有本教信仰，有佛教信仰，还有其他信仰。但是，有一种倾向，即试图用佛教来统一社会各个不同集团的意识形态，而在佛教之中则尤以宁玛派为主。藏传佛教宁玛派的创始人莲花生被尊为格萨尔的主神来颂扬，甚至说格萨尔就是莲花生的化身，格萨尔的一言一行代表了莲花生的旨意。格萨尔无论讲话还是作歌，必先提及莲花生，向他祈祷，请求保佑，其崇拜极其虔诚。①

1989 年 12 月，笔者的山岩亲戚到我在白玉的家时，讲了一个关于格萨尔传唱的故事，至今记忆犹新：

在德格土司的地界，有一间寺庙。有一天寺庙佛学院在讲佛经，老堪布抽查学生背诵情况，复习前面所讲，小扎巴都背不出，这时门外传来一个童声，大声背诵着所教佛经内容，声音非常好听。老堪布出门去看，原来是一个放牧玩耍的女孩在背唱，于是他又考了女孩很多佛经内容，小女孩倒背如流。老堪布问："你是怎么学会的?"她说，她每天放牧经过这里听见就记住了。老堪布又问："有人知道不?"她回答没有人知道。于是老堪布让她每一天准时来到放牧的山坡，让她不允许告诉任何人，然后每天给她讲《格萨尔》，她全部都记住了，而且唱得非常好听。就这样小女孩长大了，老堪布有一天让她来，拿了一包药给她，让她回去后服下。女孩照做，于是昏睡三天三夜，家人吓坏了，到寺庙求救，老堪布颤颤悠悠地告诉她家人，女孩被莲花生大师带到天堂了，明天就回来。于是又拿了一包药剂让家人给女孩灌下。当女孩清醒过来，就坐在床上唱起了《格萨尔》，那个声音比百灵鸟还好听，那个故事比神话更美。于是寺庙请她来唱，德格土司也请她颂唱。据说女孩清醒过来后，老堪布就仙逝而去。

当时亲戚告诉我这些，目的是想指出，德格土司就是喜欢故弄玄虚，他们山岩一样可以颂唱格萨尔和斯巴。山岩人一直因为赵尔丰征剿山岩，山岩帕措头人被德格土司用计暗杀，而和德格土司结仇。但这个故事告诉

① 何峰:《格萨尔与藏族部落》，西宁：青海民族出版社，1995 年，第 5 页。

人们一个事实，没有一夜显灵的天才，没有不经历艰苦学习而能成就的艺术家。之所以有传唱格萨尔的各种说法，这是有老师选择悟性高、记忆力超强的弟子，并经过长期学习，刻苦钻研，在出师后进行包装的结果。听到这个故事至今30多年了，我曾经对研究《格萨尔》的老师讲过这个故事，但他们没有人愿意相信这个故事的真实性。

综上所述，笔者赞同《格萨尔》以文学作品的形式表达佛教的思想，是佛教传播的载体方式之一。青藏高原（包括蒙古高原）地域辽阔，无边的草原和深山峡谷，如何让佛教进入千家万户，就是通过《格萨尔》的传唱，让佛教的神灵通过美妙的艺术颂唱根植于普通民众心里，让佛教的教义成为人们生活的道德标准等。要实现这一目标还需要中介载体，文学作品的流传也需要“包装”和“营销”，那么如何让那些传唱者也成为神授艺人就需要巧妙地“营销”，让他们不同凡响。《格萨尔》的流传就是源于那些悟性、灵性、记忆、乐感超强传唱者的不朽传承与再次创作的结果。在信息、资讯不发达的年代，神化是最好的传播之术。研究者认为：《格萨尔》中凡是与格萨尔为敌的都是不信佛的。格萨尔以天神之子出现在书中（《诞生》中的描写），受天神旨意到人间，降服人间妖魔，统一四方，弘扬佛法。格萨尔宣扬：“岭国有三神：白梵天王神、格作年保神、走那仁庆神；岭国有三寺：西方有奔江尕保寺，东方有宗喀叉毛寺，南方有贡代叉毛寺；岭国有三佛：黄金释迦牟尼像，碧玉度母像，白螺观音像。”（《降魔》第73页）格萨尔自称：“贯信奉佛法僧，虔诚之心从不移。”［《霍岭大战（下）》，第60页］显然，格萨尔是以佛神的代表出现的。① 归根到底，《格萨尔》最初的传播和后来以多种方式出现的传播形式，就是从史诗的文学意义转变为融入藏传佛教普世价值，即由具有藏族传统道德伦理、浪漫主义情怀、博大的哲学思想、高超的文学艺术以及实用的科学成就等集合而成的伟大史诗。

---

① 参见索代：《谈〈格萨尔王传〉的文化价值》，《西北民族大学学报（哲学社会科学版）》1990年第4期。

第六章　元朝与西藏政教合一的开端

13 世纪蒙古帝国崛起，1240 年，阔端入侵吐蕃，试图借此牵制南宋。蒙古人希望找到一个单一的君主来投降，但发现吐蕃各地实际上各自为政，便将最具实力的萨迦派首领萨迦班智达（萨班·贡嘎坚赞，萨迦派第四代祖师，原名贝丹顿珠，因其学识渊博而被世人尊称“萨迦班智达”，简称“萨班”）请到凉州，商讨归顺之事。蒙古高原与青藏高原两大文化对接融合，最终实现了中华民族大一统。

1206 年，成吉思汗铁木真统一漠北建立大蒙古国后开始对外扩张，先后攻灭西辽、西夏、花剌子模、东夏、金等国。蒙哥汗去世后，引发了阿里不哥与忽必烈的汗位之争，促使大蒙古国分裂。1260 年忽必烈即汗位，建元“中统”。1271 年，忽必烈取《易经》“大哉乾元”之意改国号为“大元”，次年迁都燕京，称大都（今北京）。1279 年，元军在崖山海战消灭南宋，结束了长期的战乱局面。

元朝统一中国，是继松赞干布之后对西藏的再次统一，对藏族社会制度政教合一的演变产生了至关重要的影响。元朝通过武力威慑，笼络西藏地区宗教势力，封授萨迦派的领袖萨班为国师、帝师，兼领掌管全国佛教事务和藏族地区军政事务的宣政院。同时还在藏族地区设置三个宣慰使司都元帅府，作为中央王朝在藏族地区的派出机构，先后三次在西藏地方进行人口普查、建立驿站、设置万户，将西藏地方完全纳入中央政权的行政管理体制中。

元朝在西藏采取扶植萨迦派，建立萨迦地方政权，由帝师举荐，任命萨迦本钦，管理西藏政务，同时对接受元朝统治的各僧俗地方势力首领封给国师、司徒、万户长、千户长等官职，赐给诏书印信。同时，元朝加强了军队和道路的管控。元朝对藏族地区的这一系列措施，加强了西藏地方与中央政权的政治关系和经济文化联系，确立了藏族地区包括西藏地方成为中国不可分割的政治格局。康巴文化中原本就有儒家文化成分，具有文化的认同性，对中华大一统纷纷予以支持。

第一节　萨迦时代开启政教合一

蒙古在西藏统治的历史，始于公元1240年，阔端部下多尔达赤（多达那波）率军万人远征乌思藏，直至藏北热振寺，最远到达了尼泊尔。多尔达赤率兵入藏战略目的明确，一方面是为威慑全藏，排除抵抗，首先打击了以噶当派为首的抵抗势力。《西藏王臣记》载，在阔端邀请萨班去凉州以前，蒙古人即已使“所有木门人家归降，东自工布，西至尼泊尔，南到门域，所有坚固的垒部被攻破”①。《新红史》也记载：“两位蒙军将领经过以四种大军威慑之后，即将西藏疆土征服，并置于（蒙古）统治之下。”②

另一方面是为窥察西藏当时的情况，寻找和平解决西藏归属问题的途径。其间，多尔达赤广泛地接触、了解其他教派情况和地方势力影响后，选定萨迦派的萨班作为西藏政权代理人。然后报告给阔端：“在边野的藏区，僧伽团体以甘丹派为大；善顾情面以达隆法王为智；荣誉德望以枳空·敬安大师（即止贡京俄扎巴迥乃）为尊；通晓佛法以萨迦·班智达为精。”③ 阔端在权衡利弊后，决定邀请萨班前来凉州会谈，并于1244年向萨班发出邀请信，敦促其参加谈判。

西藏各僧俗地方势力首领认识到他们无法抵抗蒙古人，因此，萨班除了服从蒙古人的命令，别无选择。就在接到阔端信的同年，年已63岁的萨班启程前往凉州。也许这位萨迦派高僧意识到自己业已年迈而有意要为自己承担的重要使命培养后继者，他在上路之时，特意携带了两个侄子，即10岁的八思巴（1235—1280）和6岁的恰那多吉。为此，在康区选择了三位跟随八思巴的侍从（后来成为侍从官“堪布”），一位是贡觉的地方首领顿楚，另两位是在嘎拖寺为僧的四郎仁青（德格土司建立者）和喜绕降泽（瞻对工布朗结先人）。

一行于1246年抵达凉州。因当时阔端前去和林参加选举蒙古大汗的王公大会未归，所以，这场萨班一行代表西藏势力与参加新汗选举忽勒台会

---

① 《元典章》卷九《吏部》三《改正投下达鲁花赤》。

② 班钦·索南查巴著，黄颢译：《新红史》，拉萨：西藏人民出版社，1995年，第52页。

③ （清）第五世达赖喇嘛著，郭和卿译：《西藏王臣记》，北京：民族出版社，1983年，第88－89页。

议始返凉州的阔端皇子的会谈，实际上被推迟到1247年初才举行。通过会谈，双方很快商定了西藏归顺蒙古的具体事宜。会谈成功地实现了以和平方式解决西藏归属问题的目的，萨班代表西藏归顺蒙古政权。会谈之后，萨班写信予西藏各僧俗首领，详述了归附元朝的条件。

吉祈愿吉祥利乐！向上师及怙主文殊菩萨顶礼！

具吉祥萨迦班智达致书卫、藏、阿里诸地之善知识大德及诸施主：

吾为弘扬佛法，体念众生，更顾念操藏语之众，来到蒙古地方。召我前来之大施主极为欣悦，曰：汝携带如此年幼之八思巴兄弟偕从人一起前来，乃眷顾于吾，汝系以首归附，而他人系以足降顺者；汝系吾召请而来，他人则系因恐惧而来，此情吾岂不知乎！八思巴兄弟此前已谙吐蕃教法，仍着八思巴习之，着恰那多吉习蒙古语言。若吾以世法护持，汝以佛法护持，释迦牟尼之教岂有不遍弘海内者。此菩萨（化身）汗王对佛法三宝尤为崇敬，以善法护持臣下，于吾之恩泽胜于他人。汗王曾对吾云：汝可尽心传法，汝所需，俱可供给。汝行善吾知之，吾之所为善否，天知之。彼于八思巴兄弟尤为喜爱。彼深知自觉奉法，邦土叨光。曾曰：汝可教导汝吐蕃之民众善习法规，吾当使其安居乐业。故众人当为汗王及王室诸人之长寿而尽力祈祷。

要言之，此蒙古之军队，多至不可胜数，瞻部洲当已悉入于彼之统辖。

顺彼者则福祸与共，非真诚归附，阳奉阴违者，则不认其为臣属，且终必灭绝之。畏兀儿之境未遭涂炭，较前益为昌盛，人畜皆彼等自理，必阇赤（文官）、库吏、别乞（宗教首领）皆自任之。金、西夏、阻卜等诸国未亡之前虽已派有蒙古使者，然不听谕旨，终遭灭亡，无处逃匿，仍皆穷促归降。后，彼等能惟命是听，其各自之别乞、库吏、军官、必阇赤等已委其贤者任之。

吾吐蕃部众鲁钝剽悍，或冀望于以种种办法逃脱，或冀望于蒙古因路远而不至，或冀望以战斗获胜，然狡诈蒙骗者必将灭亡，最终降顺者甚多。因吾吐蕃民众愚顽，除驱为奴仆者外，能委为官吏者百不得一二。吐蕃归顺者虽众，然贡物甚微，诸官人或有不悦，此情至为重要。

前此数年，蒙古军未至上部地区，吾偕白利归顺，此间善通款曲，上部阿里、卫、藏等部亦归顺，白利各部各自归顺，故至今蒙古未遣军旅亦已收益矣。然上部人众亦有不知此情者。其时，有口称归顺而贡物不丰，未能解疑而遭重兵践踏，人畜尽失，此事尔等当有所闻。自以地险、人勇、兵众、甲坚且娴于箭法等而与蒙古交兵者，希冀获胜，终至灭亡。

或以为，蒙古本部乌拉及兵差轻微，他部乌拉及军差甚众，殊不知蒙古本部之乌拉及兵差更重，与蒙古相比，他部之负担反较轻焉。

又谓：若能遵行功令，汝各地原有之官员仍可委任供职，召萨迦之金字使和银字使来，吾任之为达鲁花赤。为举荐官员，汝等可派干练之使者前来，将各地官员姓名、部众人数、贡物数量缮写三份，一份送吾处，一份存放萨迦，一份由各地长官收执。另需绘制一幅标明已归降地区和未归降地区之地图，若不区分清楚，恐未降者之祸殃及已降者。萨迦金字使者应与各地官员商议行事，除利益众生之外，不可擅作威福。地方官员亦不可在不与萨迦金字使者商议的情况下擅权自主。不经商议而擅自妄行之目无法度者，若获罪谴，吾在此亦难求情，惟望汝等同心协力，奉行蒙古法规，则必有裨益。

对于金字使者之迎送服侍要力求周到，盖金字使者至时，均先询以有逃遁者乎？遇战者乎？于金字使善为承侍否？得乌拉供应否？降顺者意坚诚否？若对金字使者不敬，则定进以危言；若恭敬承事，必得彼之佑护。若不听金字使者之言，虽有为亦受刁难者屡见不鲜。

地方缙绅携贡物来此而受礼遇者有之，吾等若亦思获善遇者，吾等之长官则应携厚贡，偕萨迦人前来，进献何物亦与之议，吾亦于此间划策，则尔我皆获安乐也。去岁，吾曾遣人告知汝等若如此而行方为上策，然未见汝等照此行事，岂思于覆灭之后方俯首听命者呼？汝等今日不从吾言，来日不可谓：萨迦人至蒙古地方然于吾等并无利益，吾怀利他之心，顾念操藏语之人众而来到蒙古地方。听吾之言必有裨益。尔等未亲睹此处情形，仅凭耳闻，自难相信，故亦有思以战获胜者，如此，则正似“安乐静闲鬼揿头”之谚，兵燹之余，恐卫、藏之子弟生民将有驱来蒙古邦土之虞也。余祸福皆无悔意，依上师三宝之加持恩德或可得福也，尔等亦应敬奉三宝。

汗王对余关切愈常，故汉地、吐蕃、畏兀儿、西夏诸地之善知识大德及官员百姓均感奇异，前来听经，极为虔敬。吾等来此者，勿顾虑蒙古将如何对待，均甚为关切，待之甚厚，余之安全众人自可放心。

贡物以金、银、象牙、大粒珍珠、银朱、藏红花、木香、牛黄、虎（皮）、豹（皮）、山猫（皮）、水獭（皮）、蕃呢、卫地上等氆氇等物，此间甚为喜爱。此间对于一般物品颇不屑顾，然各地以最佳之物品贡来即可。

有金能如所愿，其深思焉！愿佛法遍弘各方，一切吉祥！①

萨班的这封信分析形势、晓以利弊，讲清了蒙古王室对西藏的政治和宗教政策，消除了西藏各地首领的担忧，指出了今后的方向，在西藏各僧俗首领中得到的反应是积极的。据《萨迦世系史》记载："卫、藏之僧人、弟子和施主等众生阅读了此信件后，无不欢欣鼓舞。"② 这封信发出后，原来各自为政的各地封建割据政权，先后归附元朝，纳税进贡。1251 年萨班在凉州去世，享年 70 岁。此后不久，阔端汗也去世了。

西藏归附元朝后，忽必烈于 1253 年召见了八思巴和噶玛派的首领噶玛拔希。元朝治藏政策的顺利施行，标志着一种多层次、成系统的政教合一制在雪域高原成型。

第一层次由帝师制度和宣政院构成。1260 年，忽必烈在即帝位之初，就册封"梵僧八思巴为帝（国）师，授以玉印，统释教"。1264 年，忽必烈于中央设立总制院（后改为宣政院）"掌释教僧徒及吐蕃之境而隶治之"，以国师八思巴领院事。1270 年，由于八思巴创制蒙古新字，竭力推行中央治藏举措，忽必烈改原西夏王之玉印为帝师印，封八思巴为"皇天之下、大地之上、西天佛子、化身佛陀、创制文字、辅治国政、五明班智达八思巴帝师"。据《南村辍耕录》载，忽必烈给八思巴的帝师封号为"皇天之下，一人之上，开教宣文辅治，大圣至德，普觉真智，祐国如意，大宝法

① 阿旺贡噶索南著，陈庆英等译注，《萨迦世系史》，拉萨：西藏人民出版社，2002 年，第 91 - 94 页。

② 阿旺贡噶索南著，陈庆英等译注：《萨迦世系史》，拉萨：西藏人民出版社，2002 年，第 94 页。

王，西天佛子，大元帝师板的达八思八八合失”[①]。元代帝师不仅享誉极高，而且还是朝廷命臣，掌握大权。

为此，八思巴创建了行使帝师权力的专门机构拉章，由十三种侍从官组成，具体负责诸如帝师的起居行止、宗教祭仪、公务往来、档案文书、财帛管理等一应事务。这十三种侍从官藏语称“堪布”，命为帝师亲随，各司其职。依次是：①索本，司膳食；②森本，司起居；③却本，司仪轨；④节本，司应接；⑤仲译，司文秘；⑥佐本，司财库；⑦塔本，司炊事；⑧真本，司引见；⑨丹本，司座次；⑩迦本，司搬运；⑪达本，司驮马；⑫作本，司牛畜；⑬奇本，司牧犬。十三堪布之设置，使帝师的行政权力在西藏得以完全落实。

与帝师平行的是宣政院，宣政院是元朝设在中央管理西藏的最高行政机关，它既是管理全国佛教的事务机关，又直接统领吐蕃的政务和军事。宣政院的官员，僧俗并用，秩从一品，开府仪同三司，与中央最高军政机关中书省、枢密院、御史台并重。“掌释教僧徒及吐蕃之境而隶治之。遇吐蕃有事，则为分院往镇，亦别有印。如大征伐，则会枢府议。其用人则自为选。其为选则军民通摄，僧俗并用。至元初，立总制院，而领以帝师。”[②]宣政院是由总制院改名而来的。《元史·百官志三》载：“至元二十五年（1288），因唐制吐蕃来朝见于宣政殿之故，更名宣政院。置院使二员，同知二员，副使二员，经历二员，都事四员，管勾一员，照磨一员。”院使由朝廷命官任领。吐蕃有事，另设分院往治。天历二年（1329），罢功德使司归宣政院，编制扩大，设置院使十员，从一品；同知二员，正二品；副使二员，从二品；佥院二员，正三品；同佥三员，正四品……七十余员。宣政院领以帝师，大凡院使之任免，西藏地方各级官员的任免、升迁、奖惩、罢黜都由帝师上报中央得以实现。[③]

帝师制度与宣政院合二为一，相通相融，在中央一级形成了凌驾全藏的政教合一制政权。元朝通过扶持萨迦派，任命帝师对宣政院的领有而管理西藏。对应帝师和宣政院，在西藏地方设有萨迦本钦和三道宣慰司具体负责西藏政教事务，这就是第二层次。当时在全涉藏地区共设置三个宣慰使司都元帅府：①吐蕃等处宣慰使司都元帅府，主要管辖今甘肃、青海涉藏地区和阿坝地区。②吐蕃等路宣慰使司都元帅府，其管辖地区有今四川

① 《南村辍耕录》卷十二。
② 《元史·百官志》卷八十七。
③ 参见张云：《关于元代宣政院的几个问题》，《中国藏学》1995 年第 2 期。

甘孜、青海东南部、西藏昌都和云南涉藏地区。③乌思藏纳里速古鲁孙等路宣慰使司都元帅府，其管辖阿里、卫藏两地。1278 年前后，元朝在阿里、卫藏分别设了两个宣慰使司都元帅府，在阿里设了纳里速古鲁孙宣慰使司都元帅府，范围包括当时阿里三围，还包括克什米尔、拉达克、新疆地区的一部分。在卫藏设了乌思藏宣慰使司都元帅府，其管辖范围为卫藏四翼。1292 年，发生直贡派与萨迦派之间的战争，元朝派兵镇压直贡派，并将阿里、卫藏三地合一建乌思藏、纳里速古鲁孙等三路宣慰使司都元帅府。其管辖范围为除昌都外的今西藏全境。

上述三个宣慰使司都元帅府所设的官职，据《元史·百官志》记载：有宣慰使、元帅、宣慰副使、同知、经历、招讨使、镇抚、捕盗司、万户、千户、达鲁花赤、钱粮总管等官衔名称。但在藏文史料中没有那么多名称，通常只有本钦（大官）、玛本（军官）、万户长、千户长、德本（区域长）等称谓。

上述这些地方官，大都由当地藏族上层人士担任，个别由蒙古人担任，可以世袭。《元史·百官志》中关于宣慰司的职责说："宣慰司，掌军民之务，分道以总郡县，行省有改令则布于下，郡县有请则为达于省。有边陲军旅之事，则兼都元帅府，其次则为元帅府。"这类似今天的地区级机构。但从设置的官职来看，乌思藏宣慰司是中央的宣政院在卫藏和阿里的派出机构，它负责宣政院和乌思藏纳里速古鲁孙之间的上传下达任务和军民事务。由于那里的万户、千户与其他地区的州、县有很大的不同，中间还有一个总管十五个万户事务的萨迦本钦。因此，乌思藏宣慰司更特殊，它直接管理各万户的事务并不多，主要职责是宣传政令，管理军务和驿站。

第三个层次就是"本钦"制度。"本钦"一词，又作"本禅"，意为大官，"是吐蕃人对上师（当指帝师）的近侍所起的专门名称"[①]。萨迦本钦作为萨迦政权的总代理人，其职权正是总摄西藏政教大权的帝师制度在西藏地方的执行者。本钦首先是萨迦政权的长官，其次才是朝廷官职，这是元代土司制度的结构特征。其职权是："依照上师的法旨和皇帝的圣旨，从政教两方面护持，使得国土安宁教法兴隆。"[②] 第一任本钦释迦桑布领有"三路军民万户"的名号，统辖西藏十万户。"三路军民万户"，即乌思藏、纳里速、古鲁孙。其他本钦则领有"等三路宣慰司都万户"的官职及印信

① （明）达仓宗巴·班觉桑布著，陈庆英译：《汉藏史集》，西宁：青海人民出版社，2017 年。
② （明）达仓宗巴·班觉桑布著，陈庆英译：《汉藏史集》，西宁：青海人民出版社，2017 年。

管辖各万户。大凡西藏重大事务，如清查户口，征发乌拉差役，平定叛乱，乃至断理狱讼等皆需萨迦本钦出面。

宪宗蒙哥时期，大汗及其同母诸弟和窝阔台之子阔端在西藏都有封地，诸王在封地内设有类似管理中原封地最高长官的达鲁花赤一样的守土官。这时的分封，只限于乌思藏地区，尚未扩展至阿里。到忽必烈即位后，随着中央集权的加强，在其确立了对包括阿里地区在内的整个西藏的统治后，没有再实行分封，而代之以派遣皇子西平王奥鲁赤出镇西藏地区。

中统元年（1260），忽必烈以八思巴为国师，掌管佛教事务。至元元年（1264），在元朝中央政府设总制院，掌释教僧徒和西藏事务，以国师八思巴统领院事，桑哥兼总制院使。至元二十五年，“桑哥又以总制院所统西蕃诸宣慰司，军民财谷，事体甚重，宜有以崇异之”奏请，于是，“因唐制吐蕃来朝见于宣政殿之故，更名为宣政院”。宣政院是专管佛教和西藏地方事务的中央机构。置院使二员、同知二员、副使二员，其人选则军民通摄，僧俗并用。西藏军民事务皆隶属宣政院管辖，小规模的军事活动，由宣政院直接处理，或置分院往镇；有大征伐则由宣政院会同枢密院讨论决定。

总制院设立的同时，国师八思巴返回西藏，协助元朝建立西藏地区的行政体制。同时，忽必烈又委派总制院使答失蛮前往，沿途清查户口、物产、道路等情况，为建立驿站和更好地治理西藏作必要的准备。

蒙古在统一西藏的过程中，最早建立的是乌思藏十三万户。它是蒙古统治者针对当时乌思藏分裂、割据的客观形势，因势利导采用的一项政治措施。其中的伯木古鲁、必里公两万户是蒙哥于1254年前后招封的，其余诸万户则是在1268年及之前逐渐建立的。万户长都是号令一方的豪族，他们是元中央王朝按照其原有的势力和功劳宣授的蒙古官职，由蒙元大汗颁赐任命和虎符。各万户直接代表其所属的百姓接受元朝的统治，从而排除了各地方势力成为独立于元帝国之外的行政实体，使之在承认中央王朝统治的前提下，实行分而治之。蒙古统治者作为这些万户间不可缺少的平衡力量，有效地控制了西藏地区。当萨迦派取得了高出于其余各派的优势后，萨迦本钦作为乌思藏三路军民万户，是当时乌思藏地区的最高行政长官。其办事机构为乌思藏纳里速古鲁孙三路军民万户府。“至于各级官职。有十夫长、五十夫长、百户、千户、万户、路达鲁花赤。若管辖三个路，则称为路军民万户，赐给水晶印。在吐蕃，此官职曾封给本钦释迦桑布。”①

十户、百户、千户、万户这种十进制的地方行政组织是蒙古社会的组织形式，五十夫长即五十户的行政长官，五十户组织藏语称“达果”，又称“马头”。在此之前这种组织只在汉地的村社出现，并不见于蒙古和西藏社会。为稳定社会秩序、发展生产，元朝在汉地普遍建立了村社，作为社会的基层组织单位。随着对西藏统治的确立，内地的这种社会组织也被推行到了西藏，并成为当地征收驿站支应的基本单位。

至元十七年（1280），元朝在平定萨迦统治集团内部斗争（贡噶桑布之乱）后，在西藏地区设置了乌思藏宣慰司。1292年平定直贡派反对萨迦派的战乱后，忽必烈依宣政院的建议，又把乌思藏宣慰司与纳里速都元帅辖区合起来，设置乌思藏纳里速古鲁孙等三路宣慰使司元帅府。为了更好掌握西藏基本情况，元朝还几次派遣官员入藏，在萨迦本钦的配合下，清查西藏各地的户口，确定各个万户的贡赋。清查括户工作早在宪宗时已经进行，那时的括户目的是为分封提供依据。元世祖及其后诸帝，也多次在西藏调查户口，从而留下了当时西藏人口数目的确切记录。至元元年，答失蛮赴萨迦，沿途曾清查户口、物产和道路险易。至元五年，“即阳土龙年年初，由朝廷派来的金字使臣阿衮与迷林二人，对俗民、土地以及冠以大蒙古之名的根本户数进行了清查，此年之后的二十年，由大衙署派来的和肃与乌努汗二人，与本钦宣努旺秋一起，按照大清查的规定，统计了户口”②。当时统计户籍的办法是：有六根柱子面积的房子，有能下十二蒙古克种子的土地，有夫妇、子女、仆人共计六人，牲畜有乘畜、耕畜、乳畜等三种，山羊、绵羊等共计二十四头或只，这样的一户人家称为一个蒙古户，五十个蒙古户称为一个达果（马头）。两个达果称为一个百户，十个百户称为一个千户，十个千户称为一个万户。按照规定建立的万户，都划分出六个千户为教民。这次清查户口是在整个乌思藏纳里速地区进行的，清查的结果是整个西藏地区共有36 453个蒙古户（帐），其中纳里速和藏地方共计15 690户，乌恩地方共有20 763户。这是西藏有史以来最早、最确切、最详细的人口统计数字。

除上述清查户口的举措之外，元朝中央政府还在西藏采取了另一项重

① （明）达仓宗巴·班觉桑布著，陈庆英译：《汉藏史集——贤者喜乐赡部洲明鉴》，拉萨：西藏人民出版社，1986年，第11页。

② 参见（明）达仓宗巴·班觉桑布著，陈庆英译：《汉藏史集——贤者喜乐赡部洲明鉴》，拉萨：西藏人民出版社，1986年，第185页。

大行政措施：为“通达边情，布宣号令”，在内地通往西藏的沿途设置驿站。早在第一次清查户口的时候，忽必烈就亲自下诏，命达门根据地方贫富、道路险易、人口多寡等情况，仿照汉地设置驿站之例，拣择合适之地建立驿站，所需的各种物品均由中央负担。乌思藏即设立了大的驿站十一个，并规定了每个万户支应驿站的事项。[①] 自汉藏交界处至萨迦，总共设立了二十七个大驿站。它们是由朵思麻站户支应的七个大站，在朵甘思设立了九个大站，在乌思藏设立了十一个大站。

由乌思地方（前藏）人支应的大站有索（西藏索县）、夏克（怒江上游源头处）、孜巴、夏颇、贡、官萨、甲哇（此五站地址不详，当分布在藏北草原一线）等七个。

由藏地方（后藏）人支应的大驿站有达拉、春堆（今日喀则北）、达尔垅（今日喀则西南）、当即、仲达。初设在萨迦西北不远处的仲达地方，后移至萨迦等四个。吐蕃地区的驿站同其他各地一样，在重要驿站设有脱脱禾孙（蒙语“查验者”），负责盘查往来使臣及持驿卷文书的由驿站供应饮食乘马者，以防止诈伪。藏民族聚居区驿站的设置，无疑方便了使者的往来和号令的下达。

在西藏设置驿站的同时，就规定了“各个万户支应驿站的办法”，各驿站的人畜支应，分别由各相关万户负责，还委派一名同知院事带着管领吐蕃驿站的诏书，管理当地驿站，“使吐蕃二十七个驿站保持安宁，使上师、本钦、蒙古和吐蕃的金字使者们来往路途平安”。后来，有的驿站则由蒙古驻军负责，而由相应的藏地万户提供牲畜、物资。至此，藏族地区一直延续到民主改革时期的乌拉制度就此开始。

为了确保西藏的稳定，维持地方秩序，镇压反叛活动，元朝还在西藏驻有军队，设置“马卡姆”（兵站），负责戍守吐蕃故地至内地的道路，由宣慰司都元帅府维持供养。

综上所述，“凉州会谈”的顺利进行，写下了中华民族关系史浓墨重彩的一笔，长远地改变了西藏历史的进程，不仅结束了吐蕃王朝崩溃之后长达四百年的分裂动荡局面，实现了西藏内部的统一，开启了政教合一制度；同时，奠定了西藏并入中国版图的基础，并深刻影响了此后中国的政治格局和文化格局。同时，元代西藏的政教合一制的创立，实现了中央政府管

---

① 参见阿旺贡噶索南著，陈庆英等译注：《萨迦世系史》，拉萨：西藏人民出版社，2002 年，第 170 页。

理帝师、宣政院，帝师和宣政院对中央负责，并管理西藏地方事务的政权架构模式，在政治、经济、军事上对西藏地区都实行了有效的管理，西藏政权被中央政府牢牢控制。

第二节　康巴地区元时期部落的变化

四川涉藏地区（西康地域）在元朝的行政区划中并不是一个整体，它既有一部分归吐蕃等路宣慰使司都元帅府管辖，也有一部分被划入了吐蕃等处宣慰使司都元帅府管辖。据《元史·百官志》和其他一些汉文史料记载，吐蕃等路宣慰使司都元帅府先后设有九个招讨使司。康巴地区大多属吐蕃等路宣慰使司都元帅府管辖，因其辖境主要是朵甘思地区，故亦简称为“朵甘思宣慰司”。除甘孜州外，还包括今玉树和果洛两个藏族自治州，以及今云南迪庆藏族自治州的德钦、中甸的上四境、维西西北部地域。吐蕃等路宣慰使司都元帅府据考证设在今德格的俄支乡，其行政中心在今甘孜县绒坝岔一带。藏史记载其最初的首领是馆觉（贡觉）的顿楚。所以很多史学家又认为贡觉是朵甘思的行政中心，因为顿楚为朵康首领即是明证。《汉藏史集》记载顿楚曾陪同八思巴经过此地。“朵甘思的馆觉和朵思麻（又译‘脱思麻’）的临羌，每个却喀都有一名本钦。”① 在贡觉辖区的青泥洞曾设立过“万户长”，其后裔袭称

德格俄支乡出土的元代瓦当瓦头图案

① （明）达仓宗巴·班觉桑布著，陈庆英译：《汉藏史集——贤者喜乐赡部洲明鉴》，拉萨：西藏人民出版社，1986 年，第 227 页。

“扎那万户”，在贡觉莫洛镇的果普加娃迄今尚有称为“千户”的户名。①但主流研究认为，该宣慰司的治地应在灵藏（“林葱”的异写，为林地）。②其理由：一是该地处朵甘思，且距脱思麻不远，又与贡觉相近，是元代这一地区的重要交通枢纽之一，并与汉史所载无违。如果是这样，该辖地还包括昌都、江达、石渠等地。二是朵甘思别无本钦设置。本钦即宣慰使，是司治于此。三是明代在这里立有赞善王，是朵甘思两大法王（另一是贡觉的护教王）之一，也是整个吐蕃地区八大法王之一。③ 根据考古发现，德格俄支乡与白玉沙马乡出土的瓦当等文物基本一致，根据田野调查显示，可以肯定灵藏是随八思巴一道获得元朝封敕的顿楚的万户治所地。

1. 朵甘思田地里管军民都元帅府

其治在该宣慰司治地。朵甘思田地里管军民都元帅府设都元帅一员，秩从二品。明之“朵甘卫行都指挥使司”即因袭其而设。邓柯之林葱土司家有明宣德五年（1430）之诰敕。其文云：“皇帝敕谕朵甘卫行都指挥使司星吉儿监藏：昔朕太宗文皇帝临御之日，尔父撒力加监藏敬顺天道，输诚来归，朝廷设立衙门，授以官职，亦既有年。朕统天位，悉遵皇祖成宪。今尔父年老，转令尔替职为朵甘卫行都指挥使司指挥使，管束军民，安定边陲，尔宜益顺天心，永坚臣节，俾子子孙孙世居本土，打围放牧，咸膺福泽，同享太平。故谕。”④

2. 剌马儿刚等处招讨使司

《元史》卷91《百官七》“招讨司”条记有“剌马儿刚等处”即此。设达鲁花赤一员，招讨使一员，经历一员。其地即今西藏昌都专区南部的盐井县一带。

3. 奔不田地里招讨使

奔不田地里招讨使又作“奔不思”。置招讨使一员，经历一员，镇抚一员。据考巴塘县南有奔白拉山，地当仁波河汇入金沙江处。“奔白”即“奔不”。其地扼金沙江口，形势险要，又处康滇藏交通要冲，故此招讨司设此，辖控康南巴塘、德荣等一带地区。⑤

4. 奔不儿亦思刚百姓

设达鲁花赤二员。秩从三品或正三品。“百姓”为元时术语，用于民政

① 西藏自治区贡觉县地方志编纂委员编：《贡觉县志》，成都：巴蜀书社，2010年，第3页。
② 任乃强、泽旺夺吉：《“朵甘思”考略》，《中国藏学》1989年第1期。
③ 张云：《元代吐蕃等路宣慰司史地考证》，《民族研究》1994年第6期。
④ 任乃强、泽旺夺吉：《“朵甘思”考略》，《中国藏学》1989年第1期。
⑤ 任乃强、泽旺夺吉：《“朵甘思”考略》，《中国藏学》1989年第1期。

机构。“奔不儿亦思刚”与“多康六岗”之“勃波岗”对音，当即指此。其辖境为以白玉县河坡为中心，金沙江与雅砻江之间靠南的一片地区。治所地著名之嘎拖寺即在此。[①] 田野调查发现是手工业区域。

5. 碉门鱼通黎雅长河西宁远等处军民宣抚司

据《元史·地理志》“碉门鱼通黎雅长河西宁远等处军民宣抚司”条注曰：“至元二年（1265），授雅州碉门安抚使高保四虎符。”《元史·成宗本纪》大德二年（1298）春正月“并土蕃、碉门安抚司、运司，放为碉门鱼通黎雅长河西宁远宣抚司”。可知，此司设置时间在大德二年，系并雅州碉门安抚司及鱼通、长河西、宁远、黎州等土司而设。秩正三品。置达鲁花赤一员，安抚使一员，同知、副使各一。[②]

6. 六番招讨使司

《元史》卷91《百官七》“招讨司”条有“诸番”当即此。秩正三品。置达鲁花赤一员，招讨使一员，经历一员，知事一员。雅州严道县、名山县隶之。关于“六番”历来争论颇多，有“木坪、鱼通、岩州、咱道（杂道）、咱里、大坝”“黎、雅、长河西、鱼通、宁远、碉门六安抚司”之说，一般认为是“指雅州以西，碉门以内的宝兴、芦山、名山及雅安四县境”。

7. 天全招讨使司

元至元二年，设碉门、黎、雅等处安抚司，后改置六番招讨司，司治设碉门，又分置天全招讨使司，司治设始阳。置达鲁花赤一员，招讨使二员，经历、知事各一员。

8. 长河西里管军招讨使司

《元史》卷91《百官七》记有“长河西里管军”即此。设招讨使二员，经历一员。疑此招讨使司由原天全招讨使司所辖长河西管军万户府及相关机构联合而设。其治所当在长河西，也即今四川康定。

9. 朵甘思招讨使司

《元史》卷91《百官七》“招讨司”条无此。疑其有官无司。青麦康珠《霍尔孔萨家族世系的由来与兴衰》中有新的发现，她认为“朵甘思招讨使”或许就是白利家族政权。古代甘孜县的称谓是“者雪曼扎通”，相关藏文史料都有为“多康本钦”建寺开光，为“元帅”讲授“发大菩提心经”的记录，说明甘孜县是元帅府所在地。白利是被蒙古人打败后刻意从史书

---

① 任乃强、泽旺夺吉：《“朵甘思”考略》，《中国藏学》1989年第1期。

② 任乃强、泽旺夺吉：《“朵甘思”考略》，《中国藏学》1989年第1期。

上抹去。《“朵甘思”考略》中认为“朵甘思招讨使，领有招讨使一员，其治所似应在今甘孜县一带。因明代此地有著名的白利土司，势力相当强大。‘明因元制’则甘孜县境一带应于元时有较高职衔的土司设置，故此朵甘思招讨使或即设于此”。[①] 是作为支持八思巴的白利土官（这里不排除是“本钦”的可能）受封之地。

元朝康巴地区万户的情况，记载多康历史的权威史书《多麦佛教史》《如意宝树史》中也无详细记载，汉史记载亦多有变化，有些建制地域研究者也莫衷一是，就如同白利土官元朝所在地域，有说萨班去凉州时得到白利支持，归顺蒙古，任命为万户长，朵甘思田地里管军民都元帅府乃白利一支。或认为朵甘思招讨使属于白利，在今甘孜县，并于明代崛起。据《明太祖实录》卷69记载，1371年11月“必里（白利）在吐蕃朵甘思界，故元设必里万户府，朵儿只星吉为万户至是来降，河州卫指挥使韦正遣送至京”，“‘明因元制’，则甘孜县境一带应于元时有较高职衔的土司设置，故此朵甘思招讨使或即设于此”。[②] 而贡觉的顿楚，其万户所辖地域一直有争论，前文讲到其治所在俄支乡，管辖还包括今昌都部分。唯有四郎仁青受封情况被德格土司记录清楚，当时亦思马儿甘军民万户府（千户职位）其治所当在今白玉沙马乡境内。《白玉县志》记载：“南宋景定四年（1263），德格家族第29代四郎仁青随帝师八思巴朝见忽必烈，被封为‘多东本’。他在沙马地方建‘亦思马儿甘军民万户府’，史称‘萨玛政权’或‘萨玛王朝’，这是白玉境内建置的开端。”[③] 后因地震迁移至今德格更庆镇，当时主要辖地包括白玉、理塘、巴塘等。

元朝对甘青川藏族部落地区采取的措施主要有以下几点：一是在边远地区驻扎重兵，这些军队有蒙古军，还有主要由西域人组成的探马赤军、汉人编成的新附军，以及当地藏汉族人编成的番汉军，还有负责后勤的奥鲁、仓粮官等，并为这些军队设置了统一的指挥机构，此外还有皇室亲属西平王、镇西武靖王等受命出镇，因此对藏族部落地区的动乱能迅速出兵镇压。

二是在沿边洮州、十八族、积石州、文州、贵德州设置元帅府等机构，其官员有蒙古人、汉人，还有当地藏族首领，便于推行政令。

三是军政、钱粮、刑名、驿路等事务统归于宣慰司，而宣慰司又由王

---

① 青麦康珠：《霍尔孔萨家族世系的由来与兴衰》，《中央民族大学》2012年第6期。

② 任乃强、泽旺夺吉：《“朵甘思”考略》，《中国藏学》1989年第1期。

③ 《白玉县志》，成都：四川大学出版社，1996年，第34页。

朝中央的宣政院管辖，事权专一。

四是继续招降偏远地区各部落。《元史》记载，1309 年 7 月，“宣政院臣言：‘武靖王搠思班与朵思麻宣慰司言：松潘叠宕威茂州等处安抚司管内，西番、秃鲁卜、降胡、汉民四种人杂处，昨遣经历蔡懋昭往蛇谷陇迷招之，降其八部，户万七千，皆数百年负固顽犷之人，酋长令真巴等八人已赏廷见。今令真巴谓其地邻接四川，未降者尚十余万。宣抚司官皆他郡人，不知蛮夷事宜，才至成都灌州，畏惧即返，何以抚治？宜改安抚司为宣抚司，迁治茂州，徙松州军千人镇遏为便。臣等议，宜从其言。’诏改松潘叠宕威茂州安抚司为宣抚司，迁治茂州汶川县，秩正三品，以八儿思的斤为宣抚司达鲁花赤，蔡懋昭为副使，并佩虎符”①。

从元代对康区和汉地的治理看，汉藏的交流、互补远远高于蒙古。再从整个元朝看，利用各个部落、民族来治理国家是当时的主流。从整个华夏历史来看，民族的大融合正式拉开帷幕。通俗理解就是，中华民族无论哪个民族入主中原执政，都确保了民族的多元化和多民族国家的统一，并以正统中华文化自居，延续了“桃花石”之称谓。② 在元朝时并没有民族之分，只是将国内民族划分为四个等级：

（1）蒙古人：包括早期组成大蒙古国的各蒙古部落之成员。

（2）色目人：指除了蒙古族和汉族以外其他各民族的成员。

（3）汉人：指原来在金朝统治下的中原汉族及云南、四川等地较早降服蒙古的汉族。东北的高丽人也是属于此类。

（4）南人：南人为第四等，也叫蛮人、新附民，指最后被元朝征服的原南宋境内各族（淮河以南的人民）。

虽然分成了四等人，从现有资料看，民族等级之分没有影响民族团结，亦没有尖锐的民族矛盾，元朝多民族融合的治理模式起到了稳固政权的作用。倒是社会职业分成十等，即一官、二吏、三僧、四道、五医、六工、七匠、八娼、九儒、十丐。阶级仍然是等级的标准，权贵与金钱高于一切，正如“娼”都能够高于“儒”。而治理天下，元朝更需要人才，所以藏、汉、回等都是其统治阶级的属民，需要为其治国。《元史》《新元史》和《蒙兀儿史记》等记载，元朝 864 名三品以上的官员中，汉人有 409 位（数

① 陈庆英主编，青海省社会科学院藏学研究所编著：《藏族部落制度研究》，北京：中国藏学出版社，1995 年，第 88 - 89 页。

② 关于“桃花石”，现有“大汉”“拓跋”“唐朝”等域外称呼之说，其内涵都有中华民族共融、共荣之意，是域外中国最早的称呼之一。

据仅供参考），占了总数的三分之一以上。汉人在元朝各级政府不仅任职显要者甚众，而且担任正职者也为数不少。在执政用人方面，元朝与其他朝代没有多大区别，都是依靠地方势力来维持统治。朝廷使用汉臣也是制衡色目人的手段之一，从元朝始建的忽必烈时期就出现了，比如许衡、阿合马的汉法与回回法之争。以许衡为首的儒派大臣与以汉化很深的太子真金为核心成一派，与阿合马一派抗衡，后阿合马被王著、高和尚、张易刺杀；忽必烈再扶植汉臣卢世荣，尔后卢世荣起用阿合马余党，诬陷太子真金，太子忧惧成疾，英年早逝；于是忽必烈又支持重用藏人桑哥与卢世荣相斗。[①] 这种争夺看似是色目人与汉人之争，实则是元初统治集团内部两大政治势力的对峙，他们之间的矛盾与斗争始终未曾平息，此消彼长，只不过是双方力量的均势时常发生变化罢了。

康区相对于中央政府的这种斗争，与卫藏相比，没有很明显，而是共融的例证较多。八思巴往返西藏与内地之时，曾数次到过康区，带来了大批的汉地工匠。在嘎拖寺与河坡藏族金工锻造技艺历史中，记录可谓丰富。汉地工匠来到康区不仅参与建筑寺庙，并且也融入当地政治、社会生活。比如甘孜县汉人寺的建成，不仅是藏汉融合的有力证据，也与以后蒙古霍尔十三寺在康区建成有极深的渊源。据记载，1251 年八思巴进京，他与随员青海称多人噶·阿尼胆巴·根噶扎巴（1235—1303）等途经甘孜时，发现汉人寺地址是个吉祥之地。八思巴向忽必烈提及此事，并建议在该地建一寺庙以利众生。忽必烈当即派一大臣（有说派其子霍色翁）随八思巴到康区选址建寺。于是 1274 年汉人寺（藏语又称德贡波）始建，传说寺院的第三代活佛是个汉人。该寺位于康巴哲霍地区（今甘孜县甘孜镇德巴村），古代把这一带叫哲雪曼扎罗布塘，它是通往内地与西藏各地的交通要道，也是历代兵家必争之地。汉人寺的建成，对内地与西藏政治、经济、文化等方面交流起到重要的作用，甘孜县的民居建筑至今仍然具有萨迦的条纹色彩风格，这是康巴文化的重要文物象征，代表着康巴地区或者说元朝多民族融入的开端。

---

① 参见罗贤佑：《许衡、阿合马与元初汉法、回回法之争》，《民族研究》2005 年第 8 期。

第三节　康巴地区佛教传播与世俗王权的干预

政教合一形成后，藏传佛教必定会在世俗王权直接、间接干预下，加快在康区的传播和发展。原来的部落权力结构逐渐解体，取而代之是政教联盟或政教合一制度最终形成。

后弘期，随着吐蕃王朝的崩溃，地方割据势力不断涌现，原来的王族、贵族和造反形成的地方势力各自为政，原来被吐蕃打击的藏传佛教，包括本教得到不同程度的发展空间，各世俗割据政权及各佛教教派相互依存，在发展壮大过程中辅车相将，共同兴盛。出现了宁玛、噶当、噶举、萨迦、希解、觉宇、觉囊等大量教派。于是，在10世纪下半叶“下路弘法”兴起，佛教从多康传入卫藏地区；11世纪中期，复兴佛教的势力通过“上路弘法”，从阿里再次进入卫藏，藏传佛教得以复兴。

这期间，在众多教派中，位于日喀则的萨迦派的影响力日益增强，到萨班时，萨迦派已经与拉萨的止贡噶举、帕竹噶举分庭抗礼。此时正是蒙古崛起之时，朗氏家族札巴迥以年老体衰为由推辞了君临吐蕃的机遇，将蒙古人抛过来的橄榄枝交给了萨迦，于是就有了1247年初，萨班代表西藏势力与元阔端皇子的“凉州会谈”。西藏统一，萨迦执政的政教合一地方政权正式登上西藏的政治舞台，一个统一全藏的萨迦派政教合一制政权得到元朝中央政府认可。建立起了元朝帝师制度、萨迦本钦、十三万户系统，从中央到西藏地方，在两个系统、三个层面上高度统一的政教权力。

元朝在政治和宗教上扶持萨迦派势力作为自己在西藏的代理人，这种“政教合一”的模式，彻底打破了西藏各教派和地方势力之间原有的力量平衡。为此，元朝也考虑到各派的矛盾冲突，对于西藏其他各教派和地方势力原有的既得利益也基本上予以承认，这为西藏教派依靠元朝强大的政权力量来发展自己的势力提供了绝佳机会。但萨迦一派独大的局势已经是大势所趋，它不仅在卫藏地区广传佛法、广建寺院，形成了各教派僧侣均至萨迦寺轮流学法的局面，还开始大规模强势进入康区，在这以前，萨迦等进入康区基本没有势力或者代言人。1244年，萨班应蒙古皇子阔端之邀前往凉州时，途经康区与各地方势力磋商归顺事宜，争取康区的支持。他还专门邀请了康区最大的地方势力头人白利随同前往，商谈归顺等有关事项。

《萨迦世系史》载："1244年萨班接受阔端之邀赴康区，只能借康区白利头人之势小心拓展活动。"[①] 1247年，萨班与阔端在凉州议定了乌思藏与康区诸部归顺元朝和接受所规定的地方行政制度及纳贡的内容。萨班在《致全藏僧俗官员信》中说："因我率白利归顺，因见此归顺甚佳，故上部阿里、卫、藏等部亦归顺，复又使白利诸部输诚，至今蒙古未遣军旅前来，亦已受益矣。"[②] 同时，萨班派出使者前往康巴各地，特别是联系有影响力的寺庙和部落以取得支持，比如康区宁玛派寺庙嘎拖寺、宗教组织三岩"帕措"等。从现有资料可以确定，萨班时期康区的白利、顿楚、噶玛拔希、四郎仁青、喜绕降泽等僧俗首领以及康区藏传佛教各派系和地方组织"帕措"等，积极响应萨班的号召，并且追随其来到凉州，参与并见证了改写西藏历史的重要时刻，为涉藏地区的全面归顺，尤其是藏东康区顺利回归中华民族大家庭作出了重大贡献。

萨迦派得以大规模进入康区是从八思巴时代开始的。八思巴是西藏萨迦政权的创始者，第一任萨迦法王，元朝第一位帝师。上文提到，忽必烈即大汗位后封八思巴为国师，后又晋升其为帝师，更赐玉印，享有崇高的宗教和政治地位，加之八思巴本人亦十分重视萨迦派在康区的传播与发展，萨迦派势力在康区得到迅速拓展。据载，八思巴分别于1264年、1268年、1274年三次往返康区，路经玉树、甘孜等地，为推动萨迦教派在康区的发展，不仅派遣原追随自己到凉州任拉章的堪布们回来担任重要职务，在康区建立起自己的统治据点，而且委派萨迦派弟子在康区广建寺院道场，不遗余力地在康区拓展萨迦派势力，除甘孜县的汉人寺，还有甲朗寺、弥勒寺、东程寺、尕藏寺等亦为八思巴所修。[③] 特别是跟随八思巴去凉州回来担任地方官员的人，他们大力推广并且身体力行改信萨迦，几位返回康区的人士其中一位就是大名鼎鼎的德格土司、二十七世乌金巴之弟四郎仁青，他此时已经改奉萨迦（最初是本教传播者，后成为嘎拖寺宁玛派僧），作为八思巴的拉章、堪布，受封为墨东本，即千户长，最初居住在白玉县最南部接义敦的萨玛村，修筑萨玛寺，后来搬迁至德格更庆，建四川康区藏传佛教萨迦派主寺更庆寺。不仅如此，德格土司一度强制其所管辖内其他派

① 阿旺贡噶索南著，陈庆英等译注：《萨迦世系史》，北京：中国藏学出版社，2005年，第82－93页。

② 阿旺贡噶索南著，陈庆英等译注：《萨迦世系史》，北京：中国藏学出版社，2005年，第82－93页。

③ 参见冉光荣：《中国藏传佛教寺院》，北京：中国藏学出版社，1994年。

别寺庙改为萨迦派，当时除嘎拖寺外，其他德格土司管辖境内寺庙无一幸免。[①] 后元朝下令不允许强制改奉萨迦方才恢复。比如著名的噶玛噶举派寺庙八邦寺就一度改宗萨迦派，后又在帕竹噶举执政西藏时才恢复改奉噶玛噶举派。

另一位就是康区瞻对（今新龙）枭雄工布朗结的先人——喜绕降泽，他亦受到八思巴册封，改奉萨迦（原是嘎拖寺宁玛派僧）。相传喜绕降泽在元世祖忽必烈召见时，当众显示法力，将一杆铁枪挽成了一个铁疙瘩。皇帝见后惊喜万分，便赠其官印、文书。喜绕降泽回到瞻对后仍然入寺继续修行。从此，当地人们称该家族为"瞻对本冲"（意为有挽铁疙瘩本事的官）。不久，喜绕降泽在霍曲河的山上修了一座寺庙，名曰瞻堆寺（现羌堆寺），成为瞻堆家族的寺庙。另外萨迦派僧人卓根其帕在瞻对甲拉西传播萨迦教义，任命头人负责萨迦佛事活动。

第三位就是贡觉的部落首领顿楚，顿楚最初即信奉的是帕木竹巴派，萨班前往凉州时改信萨迦派。[②] 史料记载，1244 年，阔端向萨班发出邀请。同年，63 岁的萨班携侄子八思巴和恰那多吉启程前往凉州。途中，萨班一行在康区接受灌顶，"前往藏拉雅朵地方巡视道场"，并收康区贡觉的部落首领顿楚作侍从，"当法主叔侄前往北方时，被（顿楚）迎至左陀地方，承侍直至他们前往北方"。[③] 作为受封者，顿楚同样不遗余力弘扬萨迦一派。据史料记载，蒙哥汗末年，忽必烈与阿里不哥为争夺王权而相互争斗，萨迦派依附于忽必烈一方，康区的顿楚作为萨班的弟子也依附于忽必烈。1274 年前后，八思巴举荐顿楚为多康的总管，顿楚很快"成为多康岗的主宰人"，是萨迦派在康区的"重要支持者"[④]。《朗氏家族史》记载，在萨迦派的支持下，顿楚在康区的地位十分尊崇，"在他的贡觉地方，连宣慰使司、万户长、千户长亦未封拜，他照拂林葱家族，林葱家族被委封为万户长和千户长"[⑤]。在八思巴第二次返藏过康区之际，顿楚以奢华的规模组织了一次复制《波罗蜜多》三种版本（大、中、小）的仪式，作为对皇帝、他的

---

① 据 1984 年白玉县藏传佛教调研资料。

② ［意］L. 毕达克著，张云译：《顿楚（ston-tshul）：萨斯迦主权在康区的出现》，《西北民族研究》1993 年第 2 期。

③ （元）大司徒 · 绛求坚赞著，赞拉 · 阿旺、佘万治译，陈庆英校：《朗氏家族史》，拉萨：西藏人民出版社，2002 年，第 89 页。

④ ［意］L. 毕达克著，张云译：《顿楚（ston-tshul）：萨斯迦主权在康区的出现》，《西北民族研究》1993 年第 2 期。

⑤ 阿旺贡噶索南著，陈庆英等译注：《萨迦世系史》，拉萨：西藏人民出版社，2002 年，第 89 页。

家庭和帝国的康乐赎罪的贡献。为数众多的工匠们被召集起来做必要的准备原材料的工作，前后历时数月之久。而萨迦派对顿楚也寄予了厚望。同时，萨迦与康区有影响力的三岩“帕措”同样进行了接触，《昌都地区志》也记述了与三岩“帕措”相关的记载：“13世纪萨迦派高僧八思巴前往萨迦时曾路经贡觉，他除了为贡觉望族达鲁家的经堂开光以外，还组织康区缮写人员抄写《甘珠尔》经，当时有一本《藏经》在后记中谈到抄写的施主时，涉及了‘乃达帕措’的名字，这部经书原来珍藏在贡觉县罗麦乡的达松寺内。”①

第四位就是信奉本教的白利土司，后有专门章节介绍。

在这种形势下，康区许多寺庙和其他教派纷纷加入改宗行列，放弃原来教派改宗萨迦派，这也源于政权压力。据《萨迦世系史》称，元朝“命令萨迦派统领西土之僧人。下令在整个吐蕃地方只准修习萨迦派教法，不准修习其他教法”，但在八思巴的反对下，元朝“下令准许各派修习自己的教法”。② 13世纪末14世纪初，萨迦派僧人萨迦冷珠到大渡河流域讲经传法，建造鱼通雄居村雄居寺，在马呷山修行，直至圆寂；萨迦派僧人贡噶洛珠在康定沙德区建造康所扎萨迦寺，还指派弟子在康定东俄洛高尔土山建高尔寺等。

元朝朝廷波诡云谲，政治风云变幻亦精彩纷呈。1259年，蒙哥汗驾崩。1260年，忽必烈继汗位。此后，噶玛噶举派受到冲击，噶玛拔希有帮助阿里不哥争权夺位的嫌疑，被逮捕入狱。噶玛噶举派有依靠西夏政权扩大和发展势力的历史和经验，因此，以噶玛拔希为代表的噶举派对蒙哥和阿里不哥表现出了比对忽必烈更多的热情。年轻的萨迦派教主八思巴却一直追随忽必烈，直至忽必烈取得帝位，其被尊为国师、帝师。虽然萨迦派在与噶玛拔希等其他藏传佛教教派的斗争中获胜，萨迦势力掌控整个涉藏地区，但双方的争斗才拉开序幕。

在康区，噶玛噶举历经都松钦巴时期的传播与发展，已颇具影响。第二世噶玛拔希时期的噶玛噶举派在康区的影响力更加突出。因受到蒙哥汗重视，忽必烈在召见萨迦派的八思巴的同时，也召见了噶玛拔希，噶玛拔希在康区地位得到巩固。在噶玛拔希之后，噶玛噶举派的几世传人都主要活动于康区，且均受到元代皇帝的召见。比如第三世让迥多吉（又译“攘

① 西藏昌都地区地方志编纂委员会编：《昌都地区志》，北京：方志出版社，2005年，第1098页。

② 阿旺贡噶索南著，陈庆英等译注：《萨迦世系史》，拉萨：西藏人民出版社，2002年，第106－107页。

琼多吉”），1332 年得到进京召见，1334 年返藏，途经康区，平息康地争斗战乱；第四世如比多吉（又译“乳必多吉”），1356 年元顺帝传诏命其进京，1358 年启程赴京，1364 年返藏，回藏途中，他从甘肃转到必里（此处是白利势力范围简称），游遍康区各地，沿途建寺塑像。这一时期的噶玛噶举派在康区获得快速发展，一个突出的表现就是新修建的寺院较多，比如甘孜县境内的则写多顶寺，据传该寺是噶玛噶举派第二世噶玛拔希觐见元世祖忽必烈路经甘孜时所建，寺院很大，后被毁灭；巴塘县城区北部扎金顶的扎塔寺，也是噶举派寺院，后亦遭摧毁，寺院僧徒被逼改宗格鲁派；类乌齐寺创建于 1276 年，也是著名的噶举派寺院，该寺位于昌都地区类乌齐县城，以规模宏大著称于涉藏地区；第四世如比多吉在木雅贡嘎山麓兴建森格岗寺（即曲噶寺），该寺后来成为噶玛噶举派在康区东部的重要寺院，为噶玛噶举派势力扩展到康区东部打下了基础。蒙哥汗之前“以黑帽系为代表的噶玛派，在甘、青、康、藏已有很大势力”[①]。萨迦的强势入康，首先是稳定白利势力，“归顺蒙元政权后，白利部落得到了萨迦派和蒙元政权统治者的青睐，加之地处涉藏地区往来内地的交通要道上，使白利土司的地位也迅速提高”[②]。接着开始建寺并动员其他教派改奉萨迦。最典型的就是青海玉树结古寺之争。结古寺原是本教的寺院，后来改宗噶举派。蒙元时期，忽必烈的国师八思巴途径结古地区，开始逐步将当地寺庙改宗。据《萨迦世系史》记载：

> 因为该寺（结古寺）建立之后萨迦家族的人很少到这一带来，而该地不远处有一伙总想贪占别人地盘的噶玛巴的噶尔巴师徒，他们对洛追坚赞前去该寺非常忌恨，表现出轻蔑等不信仰的态度。住在该寺的僧人们不能忍受，一再向洛追坚赞恳求说：“你是萨迦派有法力的教主，这次为了佛法，无论如何要向这些人施展一次法力，不然的话，今后在这一带萨迦派连一个名义也维持不下去。”因此他们师徒七人在住下七天时，举行依止普达罗的加行法事，过了三天的那天晚上，修法的房屋里出现了光芒闪烁、雷鸣、三角形地坑中发出魔鬼哀嚎等内部奇幻征兆，正在此时，噶尔巴的副手，也即是参与计议对法主洛追坚赞加以轻蔑的为首之人突

① 范召全：《藏传佛教在康区传播与发展历史三段论》，《西藏研究》2013 年第 1 期。

② 袁晓文、黄辛建：《凉州会谈与萨迦派在康区的发展》，《中央民族大学学报（哲学社会科学版）》2018 年第 4 期。

然肠子断裂，发出哀叫，最后死去。由于看到如此威猛的法力明白显示出来，所以洛追坚赞的名声在大地之上传遍各方。①

上述离奇的记载可以看出，结古寺改宗成为萨迦派寺庙后，噶玛噶举派并不甘心失去结古寺，仍然没有放弃对结古寺的争夺，斗争异常激烈。据八世嘉那活佛的经师口述称，当时为争夺结古寺，萨迦派与噶玛噶举派之间发生了激烈的冲突。当钦哇·嘉昂喜饶坚赞到达之前，噶玛噶举派在当地发展昌盛，萨迦派无法与其抗衡。后来，在一次法会上，萨迦派战胜噶玛噶举派，噶举派僧众疯的疯、自杀的自杀，被迫从原址迁出。② 在玉树境内，还有一座萨迦寺庙尕藏寺。据传，1265 年八思巴返藏，途经玉树地区，在嘎哇隆巴（今称文乡）讲经灌顶，聚信徒一万余众。由此，嘎哇隆巴更名为“称多”，并在上庄接收阿尼当巴兄弟二人为弟子。该兄弟二人随八思巴在萨迦学法三年，后奉命返回称多县，修建寺院并由八思巴赐名为“尕藏班觉楞”。该寺是称多境内历史最久、规模最大的萨迦派寺院，鼎盛时期僧人达到 1 900 人之多，使萨迦派在玉树地区得到较大发展。八思巴去世后，阿尼当巴衮噶扎巴（阿尼胆巴）还担任过元朝国师，后追封为元朝帝师。

玉树是当时萨迦派发展最多的地区，八思巴先后 4 次通过康区往返于凉州和萨迦之间，玉树是八思巴必经地带，萨迦派势力主要集中在今称多、玉树和囊谦三县的东部地区。1268 年，八思巴从萨迦前往凉州之际，在玉树地区讲经传法，并支持当地僧人修建了东程寺，将本教寺庙赛达寺改宗为萨迦派。

1274 年，八思巴又一次经过玉树地区，在宗达寺驻锡，会见了当地的部落首领并结成了供奉关系，玉树地区萨迦派的发展得到了八思巴的大力支持和保护。据藏文史籍《宗木朵寺历任法座简编》记载，八思巴在驻留凉州期间还向芒康的萨迦派教徒寄送过法衣、贡物等佛事用品。③

根据统计，在玉树地区称多县境内存在 25 座寺庙，其中萨迦派的数量

① 阿旺贡噶索南著，陈庆英等译注：《萨迦世系史》，拉萨：西藏人民出版社，2002 年，第 205 页。

② 叶拉太：《元代多康藏区与西藏的关系考略》，《青海民族大学学报（社会科学版）》2016 年第 3 期。

③ 嘎玛多杰编：《芒巴噶举传记汇编（藏文）》，成都：四川民族出版社，2006 年，第 109－110 页。

最多，占9座，这些多是八思巴时期建造或改宗的。[①] 在甘孜地区萨迦执政以后的13世纪中期，萨迦派在康区就新建了6座寺院，其中稻城1座、白玉2座、甘孜1座、道孚1座、康定1座。[②]

据《萨迦世系史》记载：

法王萨班有大、中、小三种寺院。大寺有具吉祥萨迦寺和北方凉州寨喀寺；中等寺院有桑耶寺、年堆江图尔寺、香色新寺；小寺遍及康、藏、卫等各地。[③]

从宗达寺保存萨迦寺所颂命册，可以窥见其当时的影响力，内容如下：

凡阿里三围、中区卫藏四如、下部朵康六岗所属霍卡四部、囊肖六部、安多上部、贡囊尼和仰巴、格吉部落，白日和年措、优秀、拉秀部落，噶哇仁庆部落（今结古和称多一带）和苏鲁、苏莽、拉托、仲巴葱、卜杰，全德格的农牧区，罗买和查哇安康的上下部（今云南省迪庆藏族自治州一带），贡觉和扎杨、昌都、类乌齐、仲巴、尕谢、群保白黑黄三族等地区，尤其康德囊地区的高僧、贵族等务必保护宗达寺。该寺蒂什察喇嘛系囊谦（千户）家的大喇嘛，为噶德钦楞寺、求宗寺和阐布玲赛德隆寺三寺之寺主。凡此三寺皆属我萨迦派，全藏区均应保护之，不许任意占地断路、刁难寺院，不准拦劫上交萨迦寺的税赋，不得在生活上为难寺院僧徒。以上三寺所化布施归寺院自己支配。特别是嘉绒隆上部四沟、下部八滩以及若骨滩和边智等地的土地、草山，牲畜的饮水、所化布施等永属以上三寺。若有人侵犯，即是违背萨迦之旨意，定受严惩。

藏区多吉顶吉祥于萨迦
（印章）[④]

---

① 王开队：《试论历史时期藏传佛教萨迦派寺院在康区的空间分布及其特征》，《宗教学研究》2011年第3期。

② 王开队：《康区藏传佛教历史地理研究（公元8世纪—1949年）》，暨南大学博士学位论文，2009年，第65页。

③ 阿旺贡噶索南著，陈庆英等译注：《萨迦世系史》，拉萨：西藏人民出版社，2002年，第94页。

④ 参见周文生、陈庆英：《大元帝师八思巴在玉树的活动》，《西藏研究》1990年第1期。

值得注意的是，在萨迦派强势进入康区的同时，萨迦派加强了与宁玛派的联系，也许是宁玛一派无意于西藏权力的争夺，每一次八思巴在路经康区时宁玛派一定会以盛大隆重的仪式迎接，八思巴总是赐予他们从汉地带来的珍贵佛具等。比如白玉嘎拖寺，萨班带八思巴赴内地时曾与嘎拖寺住持益西崩巴（专程去拜见）共同为康区的一所新寺开光，益西崩巴还给八思巴授过灌顶。后来八恩巴从内地返回时向嘎拖寺赠佛塔、净水碗等内地制作的工艺品。[①] 如此，萨迦在康区的权势得到进一步巩固。

萨迦派在康区通过建寺、改派等形式，势力得到空前发展，成为后弘期传播这一阶段的最大赢家。在实现政权稳定的同时，对康区多元文化的形成带来了积极意义，促进了康藏之间、康区与元朝中央政权之间的频繁交往和交流，加快了经济的发展，康区地缘政治的重要性逐渐显现，并在此后历代中央政权治藏过程中占据了十分重要的历史地位。

第四节　萨迦的衰落与帕竹的兴起

当元帝国尚未崩溃解体，人们还在赞颂“去东方升起佛法红日”的萨班、功德昭然的八思巴的时候，影响西藏历史进程的萨迦派，与所有历史上曾经辉煌的政权一样，也留下了衰落的悲壮历史。验证了八思巴所说的“佛陀曾说教法会有兴衰”[②] 的至理名言。

昆氏的绝嗣，使得萨迦地方政权危机四伏、内部纷争不休。因为萨迦政权是由昆氏家族一手建立、缔造的，是萨迦教派和昆氏家族结合的产物。教派主导思想，行政由昆氏家族运行，二者缺一不可。昆氏不复存在，萨迦政权必然面临危机。而此时，在山南雅砻河谷，帕竹万户正在朗氏家族的绛曲坚赞（1302—1364，又译“绛求坚赞”）的带领下悄然崛起。

帕竹与萨迦关系颇为紧密，阔端派部将多达那波带领蒙古军队进驻西藏寻找代理人之时，首先找的是前藏地区影响最大的止贡寺的京俄（即座头）扎巴迥乃，请他到蒙古去会见阔端。这源于扎巴迥乃复杂的身份背景，他出身于今西藏桑日县境内帕木竹地方（今西藏乃东）的朗拉色家族（亦

① 《白玉县志》，成都：四川大学出版社，1996 年，第 153 页。

② 参见丹曲：《萨迦王朝的兴衰》，北京：民族出版社，2004 年，第 1 页。

称朗氏），曾经担任帕竹噶举的主寺丹萨替寺的住持。虽然当时担任止贡寺的住持，但他属于帕竹噶举派，面对蒙古大军，扎巴迥乃代表西藏僧俗首领献上了西藏装有木门的所有人家的户籍名册，表示归附。但多达那波邀请他前去凉州时，前文讲过他没有接过元人递来的橄榄枝，推荐了后藏萨迦派的萨班，并亲笔修书劝说萨班为了整个吐蕃的利益前去凉州。

这一退让，直接成就了萨迦政权在西藏的地位。为了使帕竹同样受到元朝的重视，后来噶玛噶举派黑帽系二世活佛、西藏第一位转世活佛噶玛拔希于1255年来到今四川阿坝州大小金川谒见了从大理北返的忽必烈。翌年，受元宪宗蒙哥召请，到蒙古和林谒见蒙哥，被蒙哥及其弟阿里不哥奉为上师，并赏赐金边黑色僧帽及金印，从此其传承称噶玛噶举黑帽系。1261年忽必烈与阿里不哥争夺大汗位获胜即位后，噶玛拔希因有帮助阿里不哥争夺皇位之嫌疑，被关进监狱。1264年，噶玛拔希获释后返藏，沿途经康、青地区传教，历时8年才回到西藏楚布寺。至此在元代西藏的十三万户政权格局中噶玛噶举派被踢出圈子，失去噶玛噶举派掌握的万户府，但是其宗教影响力一直很大。

元至顺二年（1331），噶玛噶举派黑帽系三世活佛让迥多吉（1284—1339）迎来了与元王朝接触的机会，元帝派金字使者来迎请让迥多吉，萨迦派的元帝师贡噶坚赞也劝其前往内地。于是他两次前往大都传法，元顺帝曾封他为“圆通诸法性空佛噶玛巴”“灌顶国师”，赐给玉印，封诰，并重赏楚布和噶玛二寺等。黑帽系四世活佛乳必多吉（1340—1383）同样受到元朝重视，1356年元顺帝命他进京，他于1358年从楚布寺出发，1360年到达大都，在元顺帝宫廷中活动了四年，被封为“大元国师”，赐给玉印，1363年他离开大都回藏。他的侍从人员中还有被封为国公、司徒的，都得到印信、封诰。①

获得封地与赏赐的噶举派严重威胁到了萨迦独大的局面，萨迦与噶举派的争夺与矛盾愈演愈烈，不仅在康区、安多，在后藏地区也一样，震惊涉藏地区的“止贡之乱”（又称为“止贡林洛”，意为寺院之变）就是典型的案例。萨迦在忽必烈的支持下直接把羊卓从止贡万户中割了出来，以及从帕竹派手中夺取了阿里地区。为此，止贡派开始寻找能够和忽必烈抗衡的势力，得到旭烈兀（元世祖忽必烈之弟）的特别支持。1280年，达玛巴

① （明）巴卧·祖拉陈瓦著，周润年译注：《贤者喜宴·噶玛岗仓史》，西宁：青海人民出版社，2017年，第49－68页。

拉接任帝师之位后，萨迦和止贡之间因为止贡寺座主之位的争夺，两派陷入火并。当时，八思巴和萨迦座主仁钦坚赞（第二任帝师）相继去世，接任的达玛巴拉只有14岁，这让止贡派感觉到有机可乘。于是，1285年，止贡贡巴衮多仁钦引西蒙古汗国的军队入藏，9万蒙古军围攻并焚毁了依附于萨迦的甲域寺，僧主桑杰藏敦遇害。1290年，萨迦本钦阿迦仑奏请忽必烈派兵进藏攻入止贡峡谷，王子铁木儿不花率军进藏，萨迦本钦阿迦仑带领乌思藏的大批差役兵士配合，击败止贡派和西蒙古汗国军队，止贡梯寺被付之一炬，周边1万多僧人、信众被杀，止贡派遭受了沉重的打击。止贡之乱发生后，前后藏的矛盾日益尖锐，已经对萨迦的绝对统治地位形成挑战。

止贡噶举衰败，而前藏帕木竹地方的另一个噶举支派——帕竹派的势力得到了迅速发展。帕竹是元朝在卫藏地区划分的十三万户之一，[①] 第一任万户长为丹玛官尊。《汉藏史集》记载："丹玛官尊在春堆扎喀修建了赤康（似为万户府衙署），归降了东部蒙古，得到万户长的名号。"[②] 到第三任万户长多吉贝时，帕竹万户得到较大发展。藏文史籍记载："（多吉贝曾受丹萨替寺京俄指派）到汉地办事，得到皇帝和上师的喜爱，因而赐给他世代管领帕竹万户的诏书和印信等。他返回乌斯藏后即于阳木虎年（1254）修建了雅隆南杰和乃赤康，担任万户长十三年。"[③] 他任万户长时"建立了以乃东为首的哈拉岗、那措、甲孜朱固、唐波且的林麦、却溪卡、门喀扎西东、甲塘、春堆扎喀、桑日颇章岗、喀托恰嘱朵等直接管辖的十二个溪卡"[④]。至第八任万户长扎巴仁钦（1250—1310）时，帕竹万户的势力得到了进一步的发展。扎巴仁钦原任丹萨替寺京俄，因万户长办事不力，在得到了元帝师和镇西武靖王铁木儿不花的允许后，遂废万户长，以京俄的身份兼万户长，称喇本，集政教大权于一身，开创了帕竹历史上座主兼任万户长的先例，这自然标志着自萨迦以来政教合一制度在西藏地方政权中的进一步发展。同时，它也有利于增强帕竹的实力。扎巴仁钦兼任万户长12年，使帕竹的势力得到了振兴。《朗氏家族史》记载：

---

① 即《元史·百官志》中的"伯木古鲁"。

② （明）达仓宗巴·班觉桑布著，陈庆英译：《汉藏史集——贤者喜乐赡部洲明鉴》，拉萨：西藏人民出版社，1986年，第316页。

③ （明）达仓宗巴·班觉桑布著，陈庆英译：《汉藏史集——贤者喜乐赡部洲明鉴》，拉萨：西藏人民出版社，1986年，第316－317页。

④ （元）大司徒·绛求坚赞著，赞拉·阿旺、佘万治译，陈庆英校：《朗氏家族史》，拉萨：西藏人民出版社，2002年，第77页。

> （他）赎回了先前丧失给旬杰卧都元帅的领地，赎回了丧失给杰塘本钦烈巴贝的领地，赎回了丧失给印度瑜伽咒师们的门喀尔和萨团地方，赎回了丧失给吉琼本钦阿楞的领地。细瓦协巴（指扎巴仁钦）还解囊出资赎回了丧失给萨迦的沙热、锁塘和定三地、宇斯、厥、门嘎尔、纳协诸处属民的土地、干梅朵和车曲地方的领地。还清查户口，以每十户人为一基层单位‘居郭尔’。此外，还完成了‘绛梅朵’（一种差税名）等法度规定的应完成的各项差税。这些都是细瓦协巴的恩德。供应乃东开支的这些著名的溪卡全是细瓦协巴用自己的财物赎回的。[①]

帕木竹巴在兴起，萨迦则在分化内斗。时间转眼到了1349年，萨迦派的四个拉章之间矛盾激化，分裂为以旺秋真骓为首的拉康拉章为一派，以杰瓦桑布为首的其余三个拉章为一派。萨迦的大部分人支持旺秋真骓一派，因此他得到本钦的职务。旺秋真骓和帝师贡嘎坚赞将杰瓦桑布囚禁在拉孜监狱中。萨迦内部争斗给帕竹万户长绛曲坚赞以可乘之机。

绛曲坚赞出身于朗氏家族，9岁出家，14岁前往萨迦寺学法，因才华出众，深得萨迦寺主达尼钦波贝的器重。1321年，回到帕竹接受万户长职位，次年，元朝册封其为帕竹万户长。于是整顿吏治，发展农牧业生产，减免了属民无力负担的苛捐杂税，增强帕竹经济实力，对外则扩张势力。1335年，他要求雅桑万户交回属于原有帕竹万户的领地与其交锋，当时雅桑尽管有萨迦的支持，但经过数次交战后，绛曲坚赞还是彻底击垮了雅桑的军队，接管了其寺庙和庄园。随后，又相继征服、吞并蔡巴与止贡万户。前藏的大部分地方归入其控制之下，帕竹地方政权日益强盛，建立了帕竹王朝。1350年，绛曲坚赞派遣使者进京奏报，元顺帝承认了绛曲坚赞的既得权力和地位，赐给万户长银印两枚。接着，绛曲坚赞开始向后藏的萨迦势力进攻，在帕竹与其他万户的战争中，萨迦本钦始终站在其他万户一边，处处压制帕竹，双方曾多次兵戎相见。但帕竹的军队却以少胜多，在战争中愈战愈强。1354年，绛曲坚赞利用萨迦拉章内讧的机会，以解救本钦杰瓦桑布为名，发兵包围萨迦寺，旺秋真骓兵败被擒。绛曲坚赞收缴了元朝赐予萨迦世代管理乌思藏的敕封，兼并后藏大部分地区，对萨迦大寺也派

---

① （元）大司徒·绛求坚赞著，赞拉·阿旺、佘万治译，陈庆英校：《朗氏家族史》，拉萨：西藏人民出版社，2002年，第83页。

军队驻扎管制，萨迦政权至此崩溃。以绛曲坚赞为首的帕竹噶举派成为西藏大部分地区的统治者，取代了萨迦派地位。此时绛曲坚赞又派出使者到大都向元顺帝请封。1358 年，元朝册封他为“大司徒”，同时册封他为“金刚大乘法王”，顺势认可他为新藏王，命他掌管乌思藏地方政务，并赐给虎钮印章和封诏，令其子孙世袭。于是绛曲坚赞革故鼎新，大力推行庄园制度，将原本十分松散、各自为政的十三万户进行改革，建立了“宗”的行政单位，取代萨迦时期的“万户”制，设立十三大宗，各宗设有宗本，宗本均由绛曲坚赞直接任命，每三年更换。自此，帕竹政权正式取代萨迦政权并确立了对乌思藏大部分地区的统治，绛曲坚赞也成为帕竹政权的第一代第悉。《西藏王臣记》记载：“从此直达极西边，无不听命，全部归附于帕竹派统治权威之下，并且所有西部边境的诸小王，也都依照方俗贡献财务和交纳赋税。”①

绛曲坚赞还打破过去的土地制度，将土地公平分配给农民，同时恢复了松赞干布时期的西藏法律。他建立了自己的军队，并且在边境巡防，逐渐摆脱元朝蒙古势力直接统治的影响力。在此过程中，尽管很多万户长和都元帅、宣慰使等官员向元朝皇帝控告帕竹万户长绛曲坚赞横行造反，不服他们统领，但当时元朝也已开始走向衰落，没有力量干预藏地事务，只有承认帕木竹巴登上统治涉藏地区的政治舞台这个既成事实。随着萨迦的衰败，康区原被萨迦强迫改宗的噶举派寺庙纷纷改回原来派别，噶举派势力在康区强势回归。西藏王朝的更迭对康巴文化意味着更多的融入和丰富，没有因为派别的争斗而失去多元化的特征。

① （清）第五世达赖喇嘛著，郭和卿译：《西藏王臣记》，北京：民族出版社，1983 年，第 130 页。

第七章　明朝治藏策略与康巴文化的繁荣

元末明初，随着元朝的衰萎，涉藏地区教派与政权格局在藏传佛教后弘期发生巨大变化，萨迦衰落，帕竹崛起，替代萨迦控制西藏。而众多互不相属的地方割据势力十分活跃，各种势力盘踞于藏汉之间区域，形势严峻。“既要故踵元制，又要有所损益。”[①] “崇重喇嘛以化之，建立土司以羁之”[②]，成为明朝建立后的治藏策略。在明朝的西藏政策中，最突出的一点，就是通过政治上的“分封”形式，来确立明朝与西藏各教派和地方势力之间的政治隶属关系。“众建多封、贡市羁縻”[③] 是明朝不同于元朝的具有特色的治藏方略，也是统治西藏的创新方法。明朝取消了元朝以西藏宗教领袖为“帝师”治理西藏的制度，放弃了元朝在西藏所实行的那种倚重和单纯扶持某一教派政治势力作为自己统治和管理西藏的代理人的做法，而是采取“分其势而杀其力”的政治策略，对西藏的各主要教派和地方势力首领均予以分封，并通过分封以及袭职、替职和例贡等形式使它们各自均直属于中央，从而与明朝建立直接的政治隶属关系。明朝对西藏的分封政策最终趋于完善和定型是在明成祖永乐年间，是在与西藏各僧俗势力在政治上的频繁联系和深入交往之后，对西藏特殊的政教合一制度和宗教领袖在政治上的举足轻重地位有了全面的认识，在此基础上明成祖对洪武朝时期的西藏分封政策进行了较大幅度的调整，更富针对性。

定型后的西藏分封政策包括“多封众建”“朝贡制度”和“优予贡利”三个方面，这三个方面紧密相连，环环相扣。首先是广泛分封涉藏地区各地的教派首领及地方头人，在分封对象上把西藏宗教教派领袖放在最重要的位置，并建立起了一套新的较完善的僧人封号等级制度。其次规定所有受封者必须定期到京城朝贡，朝贡分为例贡（通常三年一贡，大明永乐和宣德年间，也出现了一年一贡或两年一贡甚至一年两贡的情况）、袭职朝贡和谢恩、庆贺朝贡等。这种朝贡实际上成为西藏受封的各实力派首领对明朝中央承担的一项特殊政治义务，表示其政治上对明朝的隶属关系。最后，对前来朝贡者“优予贡利”。明朝的回赐往往数倍于贡物之值。[④] 同时，对朝贡使团每位使者和随行人员层层赏赐，并承担他们在内地的护送、马匹、

① 邓前程：《元明政权交替与中原统治民族换位形势下的治藏政策调塑空间》，《四川师范大学学报（社会科学版）》2004 年第 31 卷第 3 期。

② 邓前程、徐学初：《务宜远人：明朝藏地僧俗贡使违规私茶处罚的立法与实践》，《西藏研究》2006 年第 3 期。

③ 参见顾祖成、陈崇凯主编：《西藏地方与中央政府关系简明教程》，拉萨：西藏人民出版社，2001 年。

④ 参见王森：《西藏佛教发展史略》，北京：中国社会科学出版社，1987 年，第 238 页。

车辆、船只和全部食宿费用等。明朝的这一政策，对涉藏地区各地僧人及大小地方首领产生了极大吸引力，他们争先恐后到明朝请封，致使藏地去朝贡人数和使团规模逐年递增。到嘉靖十五年（1331），乌思藏辅教王、阐教王、大乘法王及长河西等处军民宣慰使司各进贡，贡使竟多至4 170余人。[①] 根据明朝礼部统计，15 世纪 20—40 年代，涉藏地区各地每年进京朝贡人数不过三四十人，50 年代增至三百人，至 60 年代竟多达两三千人。天顺年间（1457—1464），出现了朝贡者“络绎不绝，赏赐不赀”的现象。

每一年因为“优予贡利”政策的吸引，产生了特殊的朝贡经济模式，形成了大规模的贸易团体，畅通无阻、往来自由、安全有序。不仅强化了朝廷与涉藏地区地方僧俗首领之间的特殊感情，更促进了民间的经济交流和规模形成，对明朝中央政权推行治理西藏地方的施政措施起了重要作用，故“西陲宴然，终明世无番寇之患”[②]。康巴地区地处明朝与涉藏地区交汇地，其交通枢纽作用日益显现，特别是茶马互市的进一步兴盛，广泛的交流促进了康巴文化的空前繁荣。

第一节 明朝治藏策略简述

洪武元年（1368）朱元璋在南京称帝，建立明朝。当年明军北伐，元顺帝逃离大都。

洪武二年，明朝收复陕西，随后派大将军徐达和邓愈率所部军队向西进发，收复陇右（青藏高原东缘）地区和熙河藏人的聚居地区（今甘肃和青海交界处）。徐达和邓愈在稳定此处局势后，就派人前往青海地区诏谕当地的藏人首领，命令藏人上缴前朝印信，换取大明印信，否则予以军事打击，恩威并施。

1369 年 5 月，明朝派出赵琦等人，前往青藏诏谕本土的藏人僧人和世俗首领。明太祖朱元璋在诏书中写道：

> 昔我帝王之治中国以至德要道，民用和睦，推及四夷，莫不

---

① 参见《西藏研究》编辑部：《明实录藏族史料》，拉萨：西藏人民出版社，1982 年，第 1008 页。

② 《明史》卷三三一《西域传》。

> 安靖。向者胡人窃据华夏，百有余年，冠履倒置，凡百有心，孰不兴愤。比岁以来，胡君失败，四方云扰，群雄分争，生灵涂炭。朕乃命将率师，悉平海内，臣民推戴为天下主，国号大明，建元洪武，式我前王之道，用康黎庶。惟尔吐蕃邦居西土，今中国一统，恐尚未闻，故兹诏示。[①]

这份诏书，告知青藏的地方势力，元朝统治不复存在，政权更替，现在“天下之主”是大明，要求涉藏地区各地方割据势力不分大小，归附大明。

然而，这时元朝各地残余势力还未清除，尤其是西南和北疆，大明还没有和元朝彻底决出胜负，再加上元朝统治期间以信奉藏传佛教驭民，不少笃信藏传佛教的青藏地区势力并不愿意就此依附明朝。不仅如此，西北吐蕃部落首领还配合元朝宗王反攻临洮、陇西。这就使得明朝无法以和平方式继承青藏地区的统治。

于是在洪武三年（1370）春天，为了进一步孤立元朝势力，明太祖朱元璋推迟册封皇子为王的仪式，命令徐达带兵对青藏地区展开大规模军事行动，诏书写道：

> 朕荷天地百神之佑，祖宗之灵，当群雄鼎沸之秋，奋起淮右，赖将帅宣力，创业江左。曩者，命大将军徐达统率诸将，以定中原。不二年间，海宇清肃，虏遁沙漠。大统即正，黎庶靖安。欲先论武功以行爵赏，缘吐蕃之境未入版图，今年春夏复命徐达等率师再征，是以报功之典未及举行。[②]

在诏书中，明太祖朱元璋明确提到，因为“吐蕃之境未入版图”，所以要“徐达等率师再征”，体现了朱元璋统一青藏地区势在必行之决心。

2 月，徐达在甘肃地区大破扩廓帖木儿率领的元朝军队，其副将邓愈分兵走临洮取河州，进克元朝吐蕃等处宣慰使司都元帅府，诏谕当地的藏人及蒙元残余势力。

4 月，元顺帝于应昌去世，明军攻占应昌，元朝势力遭受巨大打击。借

---

① 《明实录》太祖二年五月条。

② 《明实录》太祖二年四月条。

此大胜的机会，明太祖再次派出使者僧人克新等前往藏人地区诏谕当地僧人和世俗首领，并且要“图其所过山川地形以归”，又让通事舍人巩哥锁南等前往西域地区昭谕当地藏人归附。

明朝政府军事上的节节胜利引起青藏地区割据势力极大的震恐，当地心存观望的元朝官员以及本土藏人势力纷纷接受明朝政府的昭谕，献图归附大明。

6月，元朝陕西行省吐蕃宣慰司何锁南普向明朝征虏左副将军邓愈投降，上缴元朝印信金牌。镇守青藏地区的元朝宗王镇西武靖王卜纳剌也带领吐蕃各部向邓愈投降。何锁南普作为涉藏地区主要的元朝统治代表，他的投降给了青藏地区其他势力极大震动，此后，甘藏地区的藏人部落势力纷纷归附明朝，加快了明朝统一西藏的进程。

洪武四年（1371），明太祖朱元璋设置河州卫控制西番吐蕃等地。翌年，河州卫上奏朝廷指出青藏地区的帕竹派首领、故元的灌顶国师章阳沙加很受藏人信奉，于是明朝政府派出使者前往西藏，仍然封章阳沙加为灌顶国师，给予他明朝印信。这也是明朝建立以后第一次派出使者进入西藏赐予印信，标志着西藏最大的一派世俗统治者归附明朝。

同年，萨迦派的元朝国师喃迦巴藏卜主动走出西藏，前往南京朝见明太祖朱元璋，于是明朝政府趁机设置了乌思藏指挥使司以及朵甘指挥使司。在明代，虽然帕竹政权保持着对西藏主要地区的控制权，但是萨迦派还控制着后藏的一些地区（吉隆、拉孜等）。喃迦巴藏卜归附之前，明军已经平定了“明夏”政权，收复了四川，于是松潘等地的元朝势力及本土藏族官员投降，明太祖朱元璋承袭前元的土司制度，允许当地藏人自治，安抚当地土官，并在洪武八年（1375）设置俄力思军民元帅府，将青藏最边缘的地区纳入管辖。

但是在四川西部尚有甘孜地区还未归附，与青藏地区之间联系尚不紧密，于是洪武二十年（1387），派出高惟善昭谕长河西、鱼通、宁远地区（今甘孜地区）。《明太祖实录》记载：

> 礼部主事高惟善自长河西、鱼通、宁远等处还。上言曰：“臣闻安边在乎治屯守而兼恩威，屯守既坚，虽远而有功，恩威未备，虽近而无益。今鱼通九枝疆土及岩州杂道二长官司，东邻碉门、黎、雅；西接长河西。自唐时吐蕃强盛，宁远、安靖、岩州等州汉民，往往为彼驱入九枝、鱼通，防守汉边。元初，设二万户府，

仍于盘陀、仁阳置立寨栅，边民戍守。其后，各枝率众攻仁阳等栅，及川蜀兵起乘势，侵凌黎、雅、邛、嘉等州。洪武十年，始随碉门土酋归附国朝，设岩州、杂道二长官司，迨今十有余年。官民仍旧不相统摄，盖无统制之司，恣其猖獗，因袭旧弊故也。其近而已附者如此，远而未附者何由而臣服之。且岩州、宁远等处，乃古之州治。苟拨兵戍守，就筑城堡，开垦山田，使近者向化而先附，远者畏威而来归。西域无事，则供我徭役，有事则使之先驱。抚之既久，则皆为我用矣。如臣之说，其便有六：通乌思藏、朵甘，镇抚长河西，可拓地四百余里，得番民二千余户。非惟黎、雅之保障，蜀亦永无西顾之忧。一也。番民所处老思冈之地，土瘠人繁，专务贸贩碉门乌茶、蜀之细布，博易羌货，以赡其生，若于岩州立市，则此辈衣食皆仰给于我，焉敢为非。二也。以长河西、伯思东、巴猎等八千户为外蕃犄角，其势必固。然后招徕远者，如其不来，使八千户近为内应，远为乡导，此所谓以蛮夷攻蛮夷，诚制边之善道。三也。天全六番招讨司八乡之民，宜悉免其徭役，专令蒸造乌茶，运至岩州，置仓收贮，以易蕃马。比之雅州易马，其利倍之。且于打煎炉原易马处相去甚近，而价增于彼，则番民如蚁之慕膻，归市必众。四也。岩州既立仓易马，则蕃民运茶出境，倍收其税，其余物货至者必多。又鱼通、九枝蛮民所种水陆之田，递年无征。若令岁输租米，并令军士开垦大渡河两岸荒田，亦可供给戍守官军。五也。碉门至岩州道路，宜令缮修开拓，以便往来人马。仍量地里远近，均立邮传，与黎、雅烽火相应，庶可以防遏乱略，边境无虞。六也。”从之。[①]

高惟善返回之后建议，可以安抚长河西、鱼通、宁远等地区，以通川藏联系，方便茶马贸易，明太祖认可并从之。其间建昌酋长月鲁帖木儿造反，长河西等地部落纷纷归附，掐断了茶马贸易，引得朱元璋大怒，准备发兵征讨，于是先降诏书声明，没想到月鲁帖木儿等人看到诏书宣布投降，于是朱元璋就赦免了他们，并且设置了长河西鱼通宁远宣慰司，将三部合一，便于统治。自此川藏朝贡往来不绝，有力地加大了对西藏地区的控制力度。

---

① 《明太祖实录》卷一百八十八。

明朝借鉴元朝的统治办法，将西藏地区划分为三块区域：乌思藏都指挥使司，辖卫、藏、阿里地区；朵甘都指挥使司，辖昌都、玉树、果洛、甘孜及阿坝部分涉藏地区；青海、甘肃和四川部分涉藏地区则分别隶属于陕西行都司、陕西都司和四川都司。[①] 在都司之下设有招讨司、宣慰司、万户所分层统治，这些机构官员均由中央政府任命当地首领担任，属于明朝官员。明太祖为此下诏晓谕诸部：

> 朕自布衣开创鸿业，荷天地眷佑，将士宣劳，不数年间，削平群雄，混一海宇。惟尔西番朵甘、乌思藏各族部属，闻我声教，委身纳款，已尝颁赏授职，建立武卫，俾安军民。迩使者还言，各官公勤乃职，军民乐业，朕甚嘉焉。尚虑彼方地广民稠，不立重镇治之，何以宣布恩威。兹命立西安行都指挥使司于河州。其朵甘、乌思藏亦升为行都指挥使司，颁授银印，仍赐各官衣物。呜呼！劝赏者，国家之大法；报效者，臣子所当为。宜体朕心，益遵纪律。[②]

同时分别任命管招兀即儿和锁南兀即儿为乌思藏、朵甘都指挥使司同知，并赐银印。后又升“行都指挥使司”为“都指挥使司”，下设若干行都指挥使司、万户府、千户所、百户所等。洪武八年（1375）于阿里地区诏置“俄力思军民元帅府”。各级官吏的官阶品第由明中央统一规定，颁给印信、号纸，令其“绥镇一方，安辑众庶”，并直接向明中央负责，事无大小，均可启奏“大明文殊皇帝”。

在康巴地区，明朝先后派许允德、克新、巩哥锁南等前往朵甘、乌思藏招抚。1370 年，康巴地区的故元镇西武靖王主动向明朝左副将军邓愈请降，后入觐。1371 年 10 月，明朝在康巴设置朵甘卫指挥使司。1371 年 2 月，故元摄帝师喃迦巴藏卜带领大批故元旧官来朝进贡，乞授职名。于是其人分别被授予朵甘卫的指挥、佥事及其下属机构的宣慰使同知、副使、元帅、招讨、万户等官职。其中，锁南兀即儿被任命为朵甘卫指挥佥事。同年 10 月，在送交故元司徒印后，锁南兀即儿被升任为卫指挥同知。1373 年，朵甘卫和乌思藏卫一同升为行都指挥使司，隶属于西安行都指挥使司，

① 祝启源：《明代藏区行政建置史迹钩沉》，《藏学研究论丛（五）》，拉萨：西藏人民出版社，1993 年。

② 《明太祖实录》卷九十一。

以锁南兀即儿、管招兀即儿为都指挥同知。同年 12 月，增置朵甘思宣慰司及诸招讨司、万户府、千户所，以赏竺监藏等七人为朵甘都指挥同知。

在任命当地政教首领行使官府职能的同时，明朝还掌握对当地官员升迁、承袭权力过程中的审批、允准权。如 1430 年 5 月，朵甘都司都指挥使撒力加监藏上奏朝廷，称年老乞致仕，请求以其子星吉儿监藏代职，明廷乃从其请；1441 年 4 月，朵甘都司大小首领派使入朝，上奏都司内部的人事变更事宜等，诸如此类甚多。以下是明初在康区设置的卫所：

（1）朵甘宣慰使司。辖地为今四川甘孜藏族自治州境内，1374 年十二月置。初任命星吉儿监藏为宣慰使司宣慰使。1385 年正月，明朝定其官员品级为秩正三品。

（2）陇答卫指挥使司。辖地为今西藏自治区江达县西北隆塔一带，1373 年置。1406 年三月，巴鲁被任命为陇答卫指挥使。卫署官员的任免，依明朝袭替规定处理，多为世袭或由当地土酋担任。同时保留了所辖地方驿站，恢复原来功能。

（3）董卜韩胡宣慰使司。辖地为今四川宝兴一带，1415 年六月置，南葛为首任宣慰使。

（4）长河西鱼通宁远宣慰使司。辖地为今四川康定，1397 年置。该宣慰使司的设置结束了元朝鱼通、宁远、长河西三地各自为政的局面。

（5）武靖卫指挥使司。辖地为康巴宗多地方，1372 年置，故元镇西武靖王卜纳剌为武靖卫指挥同知，子孙世袭。

（6）陇卜卫指挥使司。辖地位于今玉树地区以东，濒通天河下游西岸，1413 年置，初以锁南斡些儿为指挥使。

（7）毕力术江卫指挥使司。辖地为今玉树州治多县境内，1434 年置，以管着儿监藏为卫指挥使、阿黑巴为指挥佥事。

（8）朵甘思招讨司。辖地为今四川甘孜藏族自治州境内，1374 年十二月置。1385 年正月，明朝定其官阶品第为正四品。

（9）朵甘陇答招讨司。辖地为今四川甘孜藏族自治州境内，1374 年十二月置，其官署人员按明朝土官袭替规定承袭。

（10）朵甘丹招讨司。辖地为今四川甘孜藏族自治州西北邓柯一带，1374 年十二月置。

（11）天全六番招讨司。1373 年十二月置，秩从五品。1388 年二月，天全六番招讨司改为武职。

（12）朵甘仓溏招讨司。辖地在今四川阿坝藏族羌族自治州壤塘境内，

1374 年十二月置。

（13）朵甘川招讨司。辖地为今四川甘孜藏族自治州境内，1374 年十二月置，其官署人员按明朝土官袭替规定承袭。

（14）磨儿勘招讨司。辖地为今西藏自治区芒康县和四川甘孜藏族自治州巴塘县，1374 年十二月置，其官署人员按明朝土官袭替规定承袭。

（15）朵甘直管招讨司。辖地为今四川甘孜藏族自治州境北部，弘治年间置，其官署人员按明朝土官袭替规定承袭。

（16）沙儿可万户府。1374 年十二月置，辖地为今四川甘孜藏族自治州新龙县，管者藏卜为万户府万户。

（17）乃竹万户府。1374 年十二月置，辖地为今四川甘孜藏族自治州贡觉县。

（18）罗思端万户府。1374 年十二月置。

（19）别思麻万户府。1374 年十二月置，辖地为今青海海南藏族自治州境内，剌麻监藏卜为万户府万户，后被授指挥佥事职，其官署人员按明朝土官袭替规定承袭。

明朝对西藏的管理获得显著成果。后来的历任统治者基本继承了朱元璋这一分化西藏本土势力的政策，通过分化平衡了西藏各地区本土势力。同时，在边防重要的河州、洮州等地设置卫所控制西藏地区以防不测。其根据藏地势力距汉地远近不同，控制之法也各异，所谓“其与内地关系，依其地位远近，仪化深浅而有不同。明代制驭之术，亦因而各别。于附着诸行省边鄙番族，则重在镇慑开化，使进于内地。厚边军以控驭之，建土司以统率之，而卫所之责乃重”[①]。因地制宜，从青藏地区自东向西由直接控制向间接控制过渡，特别是对茶马互市的控制和利用，“以康治藏”“以茶驭番”，从而加强了对西藏地区的控制。

在具体执行过程中又采取了灵活的手段，对藏人给予适当宽松的管理，比如，永乐十三年（1415）二月，四川长河西鱼通宁远宣慰司奏称：“西番无他土产，唯以马市茶为业，近年禁约之后，生理其艰，乞仍开中市，庶民有所养。”请求准予“开市”获得准许，并有了 1617 年茶马古道的民间《万历合约》[②]，确保茶马互市民间与官方保持一致。此与厉禁汉地茶商贩茶入番的违制处罚，形成鲜明对比。明政府对藏地僧俗的私贩或夹带等违制

---

① 参见谭英华：《明代对藏关系考》第 1 册。

② 龚伯勋：《〈万历合约〉与古长河地方的茶马贸易（续）——解读泸定沈村明代〈万历合约〉》，《康定民族师范高等专科学校学报》2008 年第 4 期。

行为的禁约在立法上就相当粗略，且惩处力度较轻，而在执法实践过程中不仅没有照章实施，甚至给予例外的宽宥。在明朝统治的近三百年间，西藏地区没有发生反抗中央政府的重大叛乱，证实了明朝对西藏地区政策的成功性。也就是说，明朝虽然没有在西藏进行驻军、派汉人官员入藏等，但是通过羁縻卫所制度，任命当地首领为都督、都指挥、指挥、千百户、镇抚等官，赐给敕书印记，辖都司卫所，掌当地军民政事，控制着边疆地区并确定双方的朝贡关系，树立中原王朝对西藏地区的权威。

这一时期，康区发生多次的地方势力格局重组，在明中央王朝的支持下，丽江木氏土司势力进入康区南部，康区北部白利土司逐渐崛起，统一的部落环境促进了经济发展、文化繁荣。

第二节　康巴地区藏传佛教在明朝的变化

明朝是康巴文化最活跃的时代，明廷以怀柔政策及“欲其率修善道，阴助王化”思想，对涉藏地区的各主要教派和地方势力领主采用分封及袭职、朝贡等方式，使其直辖于中央政权。在明成祖分封的法王、教王、国师等宗教封授中，基本上囊括了藏地最有实力的各大教派，即后藏的萨迦派，前藏的帕竹噶举和止贡噶举，在前藏部分地区和西康大部分地区拥有相当影响的噶玛噶举，以及新兴的格鲁派，故意维持涉藏地区各教派割据一方的分裂均势局面，以对宗教的控制，加强中央政权对广大涉藏地区的影响。

元末帕木竹巴取代萨迦系，康区的噶玛噶举派，已拥有极大势力，整体实力为其他教派不可企及。在明朝新政条件下，噶玛噶举派仍受到朝廷重视，发展势头依然强劲。

昌都地区成了噶举派的大本营。自朗达玛灭佛以后，昌都地区的佛教发展亦随之一度沉寂下来。后弘期以后，作为康区的一个组成部分，由于地理位置更接近卫藏的缘故，昌都地区成为“下路弘法”的重要发源地之一。11 世纪是藏传佛教各教派逐渐形成的时代，噶举派则开始在该地兴起。噶玛噶举派的祖寺噶玛寺、玛仓噶举派祖寺学寺、达垄噶举派重要寺院扬贡寺在此地陆续建立，一时间使昌都地区成了佛法宏盛之地。元代以后，尽管萨迦派利用政教上的优势在昌都地区拓展了一定的势力，但是总体来看昌都地区还是噶举派的势力范围，尤其是经过噶玛噶举前几代法王的苦心经营，昌都地区更是成了噶举派的大本营。到了明代，昌都地区在中央政府所册封的大宝法王中位居三大法王之首，可见彼时该地区噶举派地位之显赫。不过，此时昌都地区雍仲本教依然保持了比较强盛的局势，并与噶玛噶举派黑帽系鼎足而立。

当时康区最为有名的就是噶玛噶举派黑帽系五世活佛噶玛巴·得银协巴（1384—1415）。1383 年噶玛巴（“噶玛巴”《明史》译作“哈立麻”）乳必多吉去世，其转世为五世噶玛巴·得银协巴，本名却贝桑波，生于娘布地区的阿拉娘。4 岁跟从噶玛噶举派红帽系二世活佛喀觉旺波学佛，7 岁在贡布的孜拉岗出家。18 岁时前往康区，协助调解部落纠纷，受到康区贡觉地方首领斡即南哥的尊奉和供养。他在康区一带巡游传法，树立声誉。20 岁在孜拉岗受比丘戒。明成祖在他正式即位的 1403 年“遣司礼监少监侯显赍书、币往乌思藏，征尚师哈立麻。盖上在藩合邸时，素闻其道行卓异，至是遣人征之”。[①] 噶玛巴得知消息后，于 1406 年从楚布寺出发。当年 7 月，他来到康区噶玛寺见到了侯显等使者，领受诏书，即随侯显等人一道前往南京。他们经青海方向于 11 月抵达河州；然后经陕西、河南、安徽，乘船入长江，于 1407 年藏历正月抵达应天府，驻锡灵谷寺。噶玛巴除了率领僧众在灵谷寺（今南京市中山陵东面）设十二坛城为明太祖夫妇作超度法事十四天外，还在皇宫中设坛为明成祖传授无量灌顶，讲经译经。噶玛巴活佛在南京所做的超荐佛事和为明成祖传授灌顶等，已超越了一般意义上的佛教活动，有更深层次的含义。一方面，当时明成祖刚刚从他的侄子建文帝手中用武力夺得皇位，在内部还面对着残留的建文帝的支持者的对抗和谴责，他急需利用从西藏招请来的噶玛巴活佛帮助他树立精神上的威望和表现他对其父母明太祖夫妇的思念和孝心。因此，明成祖利用噶玛巴活佛举办佛事活动，以对佛教的倚重和尊崇化解政治压力。另一方面，明成祖也通过尊崇年轻的噶玛巴达到笼络人心、治藏之目的，给予了噶玛巴超过明太祖对藏传佛教首领加封惯例的封号。永乐五年（1407）三月，明成祖封得银协巴为“万行具足十方最胜圆觉妙智慈善普应佑国演教如来大宝法王西天大善自在佛”[②]，命他领天下释教，赐印、诰及金、银、钞、彩币、织金珠袈裟、金银器皿、鞍马，并封其徒孛隆逋瓦桑儿加领真为灌顶

---

① 《明史·本纪第五·明成祖一》。

② 《明史·本纪第五·明成祖一》。

圆修净慧大国师、高日瓦领禅伯为灌顶通悟弘济大国师、果栾罗葛罗监藏巴里藏卜为灌顶弘智净戒大国师，设盛宴于华盖殿，宴请噶玛巴师徒，以示庆祝。噶玛巴在南京、五台山等地停留一年多，于次年四月辞归，明成祖赐给他白金、彩币、佛像等物，派中官护送。

明成祖统治时期，随着明朝对藏族地区情况的进一步了解，明朝对西藏掌管一方、具有一定实力的高僧的分封也日益增多，其中地位最高、最为著名的有阐化王、护教王、赞善王、辅教王、阐教王等五个王。

得银协巴 1408 年返藏，返回时走的是西康这条路，沿途仍为当地僧俗传法，弘扬噶玛教派。得银协巴受封为大宝法王后，这个封号就为黑帽系历代活佛所承袭，并按期进京朝贡。此外，得银协巴的弟子中有数人先后被封为国师、大国师，如灌顶圆通善慧大国师、灌顶圆修净慧大国师、灌顶通悟弘济大国师、灌顶弘智净戒大国师，皆赐印诰，赐银钞、彩币等。①

由于有历史上的强势基础和明朝重视，噶玛噶举派在康区达到发展史上的鼎盛之峰。噶玛噶举派在康区势力范围，除金沙江以西传统优势地域外，还拓展到了金沙江以东。例如，在德格，宋以前兴雍仲本教，元代兴萨迦派，德格土司崇信萨迦派；元朝统治崩溃后，涉藏地区兴噶举派，德格土司是噶举派的支持者，以至德格土司以八邦寺为代表的几个家寺都变成了噶举派的胜地。在滇西北，属“绷波岗”“芒康岗”及“察哇岗”范围的迪庆涉藏地区，巴塘、理塘、木里等康南地区，以德格八邦寺为首寺的红帽系教区和以类乌齐为中心连接金沙江以东的康西南，均已成为噶玛噶举派弘扬之地。

明朝康巴地区还有一个亮点就是，格鲁派开始在康区传播。明英宗正统九年（1444）在昌都地区创建了著名的强巴林寺。昌都强巴林寺的创建，拉开了格鲁派在康区传教的序幕。《土观宗派源流》高度评价昌都强巴林寺创建的意义：由于昌都强巴林寺的创建，才“使格鲁派遍布于号称六岗、六绒、六雪、三茹的整个康区”②。尔后，强巴林寺在维护祖国统一、促进汉藏民族团结和文化交流方面作出了不可磨灭的贡献。

综上所述，明朝期间，康区藏传佛教的发展与西藏整个权力的角逐息息相关，明廷利用茶马互市控制涉藏地区经济，用宗教和册封稳固对涉藏地区的统治。而西藏继萨迦派之后，帕木竹巴势力则千方百计扩大噶举派

① 参见周齐：《明代佛教与政治文化》，北京：人民出版社，2005 年。

② （清）土观·罗桑却季尼玛著，刘立千译注：《土观宗派源流》，拉萨：西藏人民出版社，1985 年，第 170 页。

的势力，借助中央王朝的支持，利用符合自身利益的教派，打压、改造不符合自身利益的教派，通过各种方式建立寺庙，扩大影响力和统治力。这一阶段明显表现出政治与寺庙的属从关系，在康区没有形成政教合一的政治势力，所具有的模式是“政教主从”。例如，萨迦得势时，萨迦派寺庙得到迅速发展；帕竹得势后，噶举派强势回归。以德格土司为例，其原是本教的传播者，后来在与白利争斗中改奉宁玛；尔后得到萨迦八思巴的扶持，改奉萨迦；帕竹得势后，八邦寺恢复信奉噶举，并邀请噶举派大师唐东杰布到德格地区传法，建108座寺庙，自己亲建林珠顶寺，大兴佛法。从他邀请唐东杰布到德格地区传法，可以看出他迎合噶举派并建立紧密关系的目的。其境内寺庙很多曾有几次改奉的经历，从中可以看出藏传佛教在康区波诡云谲的历史、政治变幻中也动荡不定。例如，宗萨寺原为本教，后改为宁玛派，而后又改为噶当派，直至1275年八思巴来到此地后，该寺才成为萨迦派寺庙。① 为迎合西藏政治势力需要，德格土司后来干脆将管辖内的几座不同教派的著名寺庙划归家庙，② 并通过联合或者归附固始汗，大力支持格鲁派的发展（这是后话），巩固其当地政治势力。这样的格局中，必定带来思想的多元化，产生文化碰撞，对康巴文化的丰富起到了“催化剂”作用。

第三节　明朝康巴地区管理制度与土司文化形成

明朝沿袭元制，没有对西藏地区进行军事上的实际控制，对民族地区依然施行“以土官治土民”的土司制度，但不同于元朝的是，明王朝把土职纳入地方官体制内。为此，明朝改设乌思藏都司和俄力思军民元帅府，辖今西藏及拉达克地区，改设朵甘都司，辖今甘肃省甘南藏族自治州，青海省的玉树、果洛、海南、海北、黄海及海西部分地区，西藏的昌都部分地区，四川省的甘孜及阿坝地区，云南省的德钦地区。明初，朝廷在招抚西藏各部、各派和建立军政机构的同时，针对藏族地区教派众多、政教合一、各霸一方的情况，采取“多封众建”治藏方略并取得成效。土司是明

① 参见德格县1984年藏传佛教调研资料，收藏于德格县档案馆。
② 德格土司有五大寺院（俗称家庙）：更庆寺（萨迦派）、八邦寺（噶举派）、噶拖寺（宁玛派）、竹庆寺（宁玛派）、白玉寺（宁玛派）。

朝时期康区地方政权的特色。后面章节将对土司作专门论述，这里只作一般性介绍。

土司又称土官，是土官的一类，是古代中国边疆的官职，元朝始置。用于封授给西北、西南地区的少数民族部族头目。《辞海》《辞源》《简明社会科学辞典》解释为："土司制度是元代统治者总结前代'羁縻之治'的经验，在此基础上发展和健全起来的委任民族上层为土官，对少数民族地区进行统治的一整套政治制度。明清两代沿用此制。"

土司有广义与狭义之分。广义的土司既指少数民族地区的土著人在其势力范围内独立存在的权力机构，且被中央王朝认可、国法允许的治所（土衙署）；狭义的土司专指"世有其地、世管其民、世统其兵、世袭其职、世治其所、世入其流、世受其封"的土官。

在具体授封任命过程中，土司和土官是有区别的。严格来讲，据明朝政策，土官是少数民族地区由土人（本地人）担任的没有限定任期的地方官员，是与流官和土司相对而言的地方官员，又称羁縻土官。相对于流官，土官代表流官政府世代分管其世居之地和世居之民，只是被流官政府支配的胥吏"土人头目"而已。相对于土司，土官既没有独立的管区又没有独立的衙门，只是土司衙署的佐官，作为"土人头目"担任胥吏。土官产生于商朝，大量出现于两汉时期，转变于北宋中后期，兴起于明朝。在此之前史书称土官制度为"羁縻政策"。所谓羁縻，"羁"就是用军事和政治的压力加以控制，"縻"就是以经济和物质利益给以抚慰，即在少数民族地区设立特殊的行政单位，保持或基本保持少数民族原有的社会组织形式和管理机构，承认其部落酋长、首领以及宗教领袖在本民族和本地区中的政治地位，任用少数民族地方"领导者"为地方官吏，除在政治上隶属于中央王朝、经济上有朝贡的义务外，其余一切事务均由少数民族首领自己管理。《史记·司马相如列传》称："羁，马络头也；縻，牛缰也。言制四夷如牛马之受羁縻也。"① 道理浅显易懂，言外之意，治理多民族国家，其政治驾驭之术如同驭牛之术、驯马之道。这里"羁縻"指笼络、怀柔、束缚、控制的治疆策略。

"羁縻政策"是土司制度的雏形，五代十国时期，封建割据激烈，少数民族地区各土著首领在羁縻州的基础上，趁中原各政权相互征战之机，亦相互攻伐，以大并小，以强吞弱。一些强宗大姓扩张势力，逐渐脱离中央

---

① 引自龚荫：《"羁縻政策"述论》，《贵州民族研究》1991 年第 3 期。

王朝的控制，成为地域性封闭的独立小王国。宋朝统一内地之后，顺应了五代十国时期形成的这种情势，摄唐制并使羁縻政策更加完善。“树其酋长，使自镇抚”，并进一步笼络少数民族首领和宗教领袖，对“其有力者，还更赐以疆土”。羁縻政策原本是宋王朝统治鄂西少数民族地区的一项极为重要的政策，尔后普遍应用于边疆少数民族地区，成为重要的治边策略。作为整个治国安邦政策，元朝时突破羁縻改为直接治理边疆，强制性检括户籍，设立驿站，缴纳赋税，强制征调土官土军或在当地驻军，同时寻找边疆治理代言人，逐渐演化完善为土司制度。“羁縻政策”的总原则是：“附则受而不逆，叛则弃而不追。”“因俗而治”“以夷治夷”“即其部落列置州县”“立柱结盟，划界定约”，军事上，羁縻州可保留本部兵马，即所谓的义军、土军、土丁等。经济上，王朝给土著各族施以小利。其特点是：采取温和、宽松、渐进式的办法，通过对少数民族地区部落首领封授官职称号，世领其民，只要臣服于朝廷，即可不过问其内部事务，其要害是“臣服”，承认是中央王朝统治区域的一部分。

羁縻政策真正成为中央王朝对边疆地区施政的定制，始于唐代。唐朝在统一边疆民族地区后，对各部落首领授以官职，世代相袭，各自统辖其地，谓之“羁縻州”。唐初，在康区设置的羁縻州集中在东部沿大渡河一带，计有大渡（今泸定县冷碛镇至得妥乡一带）、米川（今泸定县磨西镇至得妥乡一带）、叶川（今磨西镇至新兴乡一带）、嘉良（今泸定县嘉靖村）、罗岩（今泸定县岚安乡）、当马（今泸定县岔道村）。随着唐朝势力延伸至川西高原后，康区各部落皆举土内附。据《新唐书·南蛮传下》载：

> 雅州西有通吐蕃道三，曰夏阳、曰夔松、曰始阳，凡部落四十六。距雅州三百余里之外有百坡、当品、岩城、中川、钳矣、吕逼、钳井七部落。四百里之外有罗岩、当马、三井、束锋、名耶、钳恭、画重、罗林、笼中、林坡、林烧、龙逢、索古、敢川、惊川、祸眉、不独十七部落。五百里之外有枯祚、三恭、布岚、欠马、记川、让川、远南、卑庐、夔龙、曜川、金川、东嘉良、西嘉良十三部落。六百里之外有椎梅、作重、祸林、舍林、逻蓬五部落。皆羁縻州也，以首领袭刺史。[①]

① 参见《新唐书·列传》第一百四十七下。

目前研究雅属集群羁縻州的专家认为，唐帝国西部疆界曾经一度包括今整个甘孜州（吐蕃占据时间长于唐）。《新唐书·南蛮传》所载“五百里之外”的雅属羁縻州，是指今折多山以西丹巴、道孚、雅江、甘孜等地方；“六百里之外”，是指今康区金沙江、雅砻江流域地方。《四川通志·舆地》《明史·土司一》载：“天全，古氐羌地。五代孟蜀时，置碉门、黎、雅、长河西、鱼通、宁远六军安抚司。宋因之，隶雅州。”文中说孟蜀时康巴地区鱼通[①]已设安抚司。《新五代史》《旧五代史》《宋史》等文献均不见有此设置，就说明当时康区处于部落争斗阶段，设置变动频繁。部落格局稳定仍然始于元朝，例如，那曲东三县的索县，元宪宗时期（1251—1259），在索县境内才逐渐形成索巴、军巴、荣布三大部落。前文已经讲过，元代在鱼通先后设置过鱼通宣抚司、鱼通安抚司、鱼通军民宣抚司、鱼通万户府；与鱼通有关的设置还有长河西、鱼通、宁远宣慰司，鱼通等处管军镇守万户府和朵甘、哈达、理塘、鱼通等地钱粮总管府。[②] 这些是康区设置土司的开端。在此辖区，宋宁宗嘉定十五年（1222），罗岩羁縻州（今泸定岚安乡）曾一度改置为岩州安抚司；明时设岩州长官司，建军卫。由此岚安在清以前就已成为康区茶马互市的商业重镇、政治文化中心。

明代沿袭元代土司制度，并在此基础上将土司管理加以完备和规范。其规范性表现在，确立了专门的土司职官名目、职衔、等级，制定了一整套管理土官授职、承袭、朝贡、封赏、征调、租赋、惩罚等一系列律例。《明史》载：

> 尝考洪武初，西南夷来归者，即用原官授之。其土官衔号曰宣慰司，曰宣抚司，曰招讨司，曰安抚司，曰长官司。以劳绩之多寡，分尊卑之等差，而府州县之名亦往往有之。袭替必奉朝命，虽在万里外，皆赴阙受职。[③]

明代土司制度的完善是在开疆拓土、一统天下的过程中逐渐实现的，土司制度的发展在于创立一套专门用于土官的职名。为尽快统一全国，明初规定西南少数民族来归附之时对其授予原来的官职。“国朝兵平六诏，诸

---

① 任乃强《西康图经》谓“折多山以东地方，皆通称鱼通”。

② 参见吴吉远：《鱼通土司及其衙门考略》，《西藏研究》1991 年第 4 期。

③ 《明史》卷三一〇《土司列传》。

夷纳土，乃各因其酋长，立为宣慰、安抚等官。”[①] 这与元代设宣慰司有相似之处，时为内地经制的重要组成部分，虽在边地的设置具有土官的性质，但这一职名的含义相较明代还是更为宏大。至明代，元代以来的土府、土州、土县仍旧是土司制度的重要组成部分，宣慰司同安抚司、长官司等同样成为专门的土官职名，而内地经制中也不再采用此类官职名称。史料载：

> 土官承袭，原俱属验封司掌行。洪武末年，以宣慰宣抚、安抚、长官等官皆领土兵，改隶兵部。其余守土者，仍隶验封司。[②]

从名称上看，明代土官有特别建制和仿流官建制两大类型。[③] 明代高层政区仿宋制，分军事、行政、监察于都指挥使司、布政使司与按察使司，此三司并立，各掌其权，相互牵制。三司所统有的地域范围不尽一致造成行政区划上的复式结构，尤其分为布政使司系统下的府州县体系和都指挥使司系统下的都司卫所系统。中央高层政区的此类划分对西南土官地区的政区划分有很大影响。土司系统亦被分为隶属于布政司系统的土府、土州、土县等。

而隶属于都指挥使司系统的土司较为复杂，一类是宣慰司、宣抚司、安抚司、长官司等朝廷为土官特设的官职名目；另一类是内地也普遍设立的都司卫所等军事组织，在边疆地区，由于由土人管控，遂被称为土千户、土百户等，成为明代的羁縻卫所制度的基础。明代在西南地区建立了很多类似的土千户、土百户。《明史》载：

> 又有番夷都指挥使司三，卫指挥使司三百八十五，宣慰司三招讨司六，万户府四，千户所四十一，站七，地面七，寨一。[④]

关于卫所土司的品衔，《明史》卷十六载：

> 卫指挥使司，设官如京卫，品秩并同。指挥使一人，正三品，指挥同知二人，从三品，指挥佥事四人，正四品……千户所，正

① （明）朱孟震：《西南夷风土纪》。

② 万历《明会典》卷六《吏部·验封清吏司·土官承袭》。

③ 温春来：《从“异域”到“旧疆”——宋至清贵州西北部地区的制度、开发与认同》，北京：生活·读书·新知三联书店，2008年，第45页。

④ 《明史》卷七十六。

千户一，正五品，副千户二人，从五品，镇抚二人，从六品，百户，正六品。①

一般而言，作为隶属土司系统的土州县和隶属都司系统的卫所是分掌军民、两不干涉的，但两个系统也偶有分置不清、相互掺杂的情形。②

明代在康区广泛实施的土司制度，是羁縻政策发展到一定阶段的产物，是一种策略，并非制度。土司制度是羁縻政策向内地经制转化的重要过渡阶段，这一过程恰恰是中央王朝不断加强和深化对边区民族地区管控的验证。同时，土司制度有其自身起源、发展、衰微的过程，并定期向明廷朝贡。史料载：土司贡赋或比年一贡，或三年一贡，各因其土产、谷、米、皮、布皆折以银，而会计于户部。③ 朝廷接受土司的贡赋后，也要以金银饰品、绸缎布帛、茶叶粮食、生活用品乃至生产工具，予以回赐。

洪武二年（1369），在理塘设扎兀东思麻千户所。洪武五年，置朵甘卫（甘孜、德格、昌都一带），授元朝故官为“武卫、诸司等官，镇抚军民，皆给诰命”。洪武六年，升朵甘卫为行都指挥使司，与乌思藏（卫藏）行都指挥使司分管整个涉藏地区，行都指挥使司下辖若干万户府、招讨司、千户所等。这一时期先后在境内设置大小土司 18 员，分别是朵甘万户府（德格）、沙儿可万户府（新龙境内）、朵甘思宣慰司（德格、白玉一带）、朵甘思招讨司、朵甘陇答招讨司、朵甘川招讨司（甘孜一带）、朵甘丹招讨司（邓柯、石渠）、磨儿勘招讨司（巴塘、昌都芒康）、朵甘仓塘招讨司（白玉昌台），以及麻绒（白玉麻绒）、朵甘思（甘孜）、多八参孙（甘孜拖坝）、孛里加、孛里加思东（甘孜生康）、兆日（新龙境内）、剌宗（巴塘境内）、加巴（康定木雅）等千户所和岩州卫（泸定县岚安乡）。

洪武十六年置长河西等处军民安抚司。洪武三十年改置长河西鱼通宁远宣慰使司，又设沈边长官司（泸定南部，佛耳岩以下大渡河西岸）、冷边长官司（泸定北部，佛耳岩以上大渡河东岸）、长河西土千户（泸定北部大渡河西岸自扯索坝观音岩至康定市境大藏桥）、杂道长官司（泸定北部大渡河东岸岔道一带）。

明永乐五年（1407），明军征云南，长河西土酋阿旺坚参招集十八路头目，在打箭炉设帐供应夫差，积极为明军征调马匹，转输粮饷。明王朝以

① 《明史》卷十六。

② 陈晓敏：《明代土官与土司制度》，复旦大学硕士学位论文，2012 年。

③ 《圣武记》卷七。

“从征军功”授予阿旺坚参“长河西鱼通宁远宣慰使”之职，颁铜方印一颗。由此，正式确立了明正土司在打箭炉的统治地位。

明万历五年至崇祯十二年（1577—1639）的60余年时间里，云南丽江纳西族木氏土司得到明王朝的支持，扩张势力，“攻吐蕃地，自奔子栏以北蕃人惧，皆降”。木氏土司占据康南半个多世纪，设宗（相当于县）管理，除派一大头人驻扎巴塘外，以巴塘为中心建立得荣麦那（得荣）、日雨中咱（巴塘中咱地区）、宗岩中咱（宗岩）、刀许（波柯）、察哇打米（昌都盐井）等五个宗进行统治。

明崇祯十年（1637）漠西卫拉特蒙古和硕特部首领固始汗自新疆起兵攻占青海，十二年由青海率兵南下，占领康北，迅即出兵康南，驱走木氏土司，两年内征服康区各部。固始汗进兵康北时，德格第七代土司向巴彭措与其结为军事联盟，攻打白利并擒杀白利土司顿月多吉，占据了白利土司的玉隆、中杂柯和绒巴岔等部分地区。之后，德格土司家族势力更加膨胀，兼并林葱土司属下头人辖地，逐步取代了林葱土司在德格、邓柯、石渠、白玉、同普等地的统治。在康北甘孜、炉霍一带，有所谓固始汗血统的亲蒙派——霍尔一族，驻于孔撒、麻书、白利、东谷。

明朝土司制度已比较完备，有以下四个特点。

（1）在土司官位设置上分别流、土，专门设置了有别于流官的土司职衔。据《明史·土司传·序》载：“明洪武初，西南夷来归者，即用原官授之。”“国朝兵平六诏，诸夷纳土，乃各因其酋长，立为宣慰、安抚等官。”品级自从三品的宣慰使到从九品的土吏目，规定详尽。《明史·职官志》记载，土司职衔及品级包括：

> 宣慰司——宣慰使一人（从三品），同知一人（正四品），副使一人（从四品），佥事一人（正五品），其属经历一人（从七品），都事一人（正八品）。
>
> 宣抚司——宣抚使一人（从四品），同知一人（正五品），副使一人（从五品），佥事一人（正六品），其属经历一人（从八品），知事一人（正九品），照磨一人（从九品）。
>
> 安抚司——安抚使一人（从五品），同知一人（正六品），副使一人（从六品），佥事一人（正七品），其属吏目一人（从九品）。
>
> 招讨司——招讨使一人（从五品），副招讨使一人（正六品）。
>
> 长官司——长官一人（正六品），副长官一人（从七品）。

（2）开设了土司衙门，按不同品级详细规定了土司的权力、职责和义务等，由此搭建了土官施展权责的平台。土官有了施政衙门之后，随之就有了“土司”这个专用名词，土司也就成为地方行政权力的象征。

（3）规范了土司任命与承袭程序。规定所有土司必须由朝廷任命，颁发印信、号纸，按品级赐授冠带，才能正式开衙使权。对于土司的承袭，规定“必奉朝命”，并对土司承袭的具体过程详加控制。凡承袭土司职衔者，必须先“申报抚按勘明”，经同族保结，待该管衙门查明情况属实后，再由布政司“代为奏请”，经批准后，新任土司还要赴京受职，受取号纸。

（4）完善了对土司的日常管理制度。明王朝规定“隶验封者，布政司颁之；隶武选者，都指挥颁之”，即土司中的文官，由地方行政长官统领约束；土司中的武官，由地方军事长官统领约束。土司不仅要听从地方长官的指挥，定期向上汇报情况，而且一旦有军事行动，如守边、平叛等，必须随时听从调遣。这种文武相维之制，有利于中央集权的统一，也有利于朝廷对土官的控制。

中央王朝与所实行羁縻政策的首领之间具有严格的政治上的臣属关系，将之纳入了国家整体的治理范畴，是中华民族共同体意识的体现。这是因为羁縻政策是建立在民族问题基础之上的治理方式，不同民族之间矛盾得以解决才能真正让天下得以统一。让大家认同一个民族文化和思想，接受处理问题的方式方法，等到思想认识基础成熟后，才具备真正意义上实施羁縻政策的条件，即以德服人和威服并举的管理手段。在特定的历史条件下，中央王朝与地方少数民族首领为了维护各自的利益，作出的相互妥协与让步，客观上促进了中华民族的形成，稳定了社会秩序，使人民安居乐业，特别是康区在羁縻制度下得到较好的生息与发展。

“民惟邦本，本固邦宁”，是中国古代治理国家的指导思想，羁縻制度就是这一思想的具体实践，是对边疆地区和其他番外国家一种象征性的统治制度，只要承认其为属民，就可以进行高度的自治。而明朝对土司制度的完善，也是对边疆治理的一种成功实践。明朝之所以在西北边疆实行“土流参治”制度，并非统治者的主观愿望，而是由西北地区地理位置特殊和民族成分复杂决定的。《甘宁青史略》记载了这种现象：

> 按宁郡诸土司计十六家，皆自前明洪武时授以世职，安置于西（宁）、碾二属。是时地广人稀，城池左近水地，给民树艺；边

远旱地，赐各土司，各领所部耕牧。[1]

地理位置与管控难度就成了是否赐予土司的标准，“边远旱地”是当时生产力无法改变的状况，赐予土司管理，才能够实现稳定。明朝版图最盛时几乎包括了今缅甸全境，传统的边疆政区体制已不能满足此时的边疆控制需要。为适应新形势下西南边疆的社会发展状况，明朝在西南边疆逐渐建立起一套“内边区”与“外边区”分层管理的政区体制，深刻影响了西南边疆的发展和疆域形成。这种“内边区”和“外边区”一般都是借助土司管理，中央王朝不直接进行管理。土司制度与羁縻制度的区别在于由松散的统治变为严格的控制；在承袭、纳贡、征调等政策方面，土司制度均有严格的规定，由此不同管辖地域的土司保留了原有的文化特征，这种文化特征必然诞生出不一样的文化现象，又成为不同地域文化的标志。为此，吉首大学中国土司历史文化研究中心主任成臻铭首次提出“土司学”。康巴地区是土司学的重要研究地之一。

成臻铭认为：“土司学的历史发展与研究对象，决定了土司学的研究主题是土司、土司制度、土司文化、土司政治文化和现代土司现象等专门研究领域。其中，土司研究的主要内容是土司前身——原始土司，游离于国家与社会之间的政治组织和文化群体的传统土司，反映土司生活以及土司祖先过去活动状态的现代土司；土司制度研究的主要内容是中央王朝管理土司的制度、土司约束周边土司的制度和土司治理家族村社的制度；土司文化研究的主要内容是土司文化结构与功能，重点研究土司行为文化以及与之相关联的现存土司物态文化；土司政治文化研究的主要内容是，在国家与社会之间，研究土司针对中央政府、周边土司和家族村社的政治心理、政治评价、政治思想和政治意识形态；现代土司现象研究的主要内容是，我国少数民族地区和汉族微型社区残留的土司文化传统，即与土司心态和行为相关联部分。”[2] 这门学科研究的核心层面，是土司学的学科定位及其理论取向。土司学是一门综合性学问，是一门由文化人类学（民族学）、政治学、行政学、历史学、文化学、社会学、行为学、伦理学、经济学等学科交叉整合之下的专门学科。从康巴文化源流与结构分析，可以肯定地说，“土司学”是康巴文化组成的核心之一。

---

① 《甘宁青史略》卷二七。

② 成臻铭：《论土司与土司学——兼及土司文化及其研究价值》，《青海民族研究》2010 年第 1 期。

第四节　丽江木氏土司与康巴地区之争

康巴文化历史形成中，早期除白利土司外，有一位影响深远的丽江纳西土司——木氏土司。有些专家认为，纳西族的远祖源于藏族冬氏种姓，藏族与纳西族是同源异流的渊源关系。纳西族的文字“东巴文”是本波教始祖敦巴辛饶时期的藏族古老象形文，“东巴”是“顿巴”的同音字。纳西族认定顿巴文（东巴文）是敦巴辛饶（东巴什罗）创立的达斯文和大小玛文。另外，纳西族的神话传说、风俗习惯、文学艺术、宗教文化均显示藏纳两族是同源异流。①

木氏土司对近代康巴文化的影响可谓深远而广泛，木氏土司的兴衰就是中国民族地区土司制度的一个缩影。早在元初，木氏先祖就已经成为受中央王朝册封的世袭地方长官。蒙古人为绕道攻取南宋，选择了先克大理的进军路线。1253 年，蒙古军队兵分三路渡过金沙江，途经纳西族聚居区，为了保证进军速度，据险顽抗的部落遭到了猛烈的打击，而迎降者则被授予官职，并协助攻取大理。② 居于丽江坝的阿琮阿良与沿江抵抗的其他纳西族部落首领不同，其率众迎降忽必烈，并随蒙古军队平乱和征伐，被任命为茶罕章管民官、茶罕章宣慰司、军民总管府等职，正式登上了滇西北政治舞台。

明洪武十五年（1382），阿甲阿得（阿琮阿良第四世孙）归顺明朝，正式开启了木氏土司的鼎盛时代。洪武十四年九月，傅友德、蓝玉、沐英率步骑 30 万征云南。次年，明军攻克大理。然而云南的地形复杂，许多地区属瓯脱之地，诸多地方民族势力并不愿意降明，甚至抵抗，这使得明军疲于应付，不得不分兵征讨。在这样的情境之下，主动归顺的阿甲阿得得到了朱元璋的嘉许：“帝圣旨……尔丽江官阿得，率众先归，为夷风望，足见摅诚且朕念前遣使奉表，智略可嘉；今命尔木姓，从总兵官傅拟授职，建功于兹有光，永永勿忘，慎之慎之！洪武十五年。”③

---

① 叶拉太：《古代藏族、纳西族族源及文化渊源关系》，《西北民族大学学报（哲学社会科学版）》2012 年第 1 期。

② 赵心愚：《纳西族与藏族关系史》，成都：四川人民出版社，2004 年，第 226－229 页。

③ 木光编：《木府风云录》，昆明：云南民族出版社，2006 年，第 56 页。

皇帝的赐姓意味着木氏家族命运从此与中央王朝紧密联结成一体。木氏家族不仅积极协助明军攻下了丽江路军民宣抚司下辖的各府州县，同时也于第二年亲自带着贡物远赴应天府朝觐。皇帝给予了封赏："皇帝制谕，云南等处承宣布政使司丽江府土官知府木得，尔从征南将军傅等，克佛光寨，攻北胜，及石门铁桥等处奏功，授尔子孙世袭土官府，永令防固石门，镇御蕃鞑。"①

自此，木氏家族作为丽江府最高世袭统治者的地位被正式确立起来，赢得了更大的发展空间。明初，丽江木氏下设四州一县一巡检司，分别是通安州、宝山州、兰州、巨津州、临西县、石门关巡检司。这些区域相当于今天丽江市的古城区、玉龙县，迪庆州的维西县，怒江州的兰坪县，不及今天丽江市一区四县的范围，相比元朝时丽江木氏的领地，削去了北胜府、蒗蕖州、永宁州、顺州这一府三州。木氏家族作为世袭知府共经 18 代传承，治理丽江达 361 年。木氏土司坐治丽江期间，不仅促进了古代纳西族社会的发展，而且也深刻影响了整个滇川藏交壤区域的政治文化格局。

明朝初期，国力尚弱，边疆没有安定，北方的蒙古族仍有很大的威胁，西面南面又有强大的吐蕃地方割据势力。此时，拥有一定军政实力且又忠于中央王朝的木氏土司，成了明王朝防边固边的重要力量。《明史・云南土司传》载："丽江自太祖令木氏世官，守石门以绝西域，守铁桥以断吐蕃，滇南借为屏障。"② 明政权视木氏土司为"屏藩"，明确提出了"防固石门，镇御蕃鞑"的任务。

明初，虽然明朝名义上继承了元朝对西藏的管理，但是在整个封建时代，中央王朝对西藏的控制都是薄弱的。对此，木氏坚持不向明初实际控制区用兵，只向东、西、北扩张。东面是北胜土司、永宁土司、五所管辖区，北面是吐蕃控制区，西面是吐蕃和其他少数民族聚集区，这三个方位是木氏土司扩张势力的主战区。近 200 年来木氏土司对藏东、川南等地用兵，"但如若向西面的吐蕃地扩张，明王朝不惟允许，还鼓励支持"。原因在于符合明廷"以蛮攻蛮，制边之善道"的治边策略，可以有效扩大明朝对涉藏地区的影响力，更是借此扣住涉藏地区东部作为质押，使得西藏不敢公然脱离大明王朝的管理。再就是木氏家族从不违背明廷指令，未建独立政权，亦未自封国号，对明王朝甚是恭顺。

---

① 木光编：《木府风云录》，昆明：云南民族出版社，2006 年，第 57 页。

② 转引自杨林军：《明代丽江木氏土司对外扩张与治边经略》，《丽江师范高等专科学校学报》2015 年第 1 期。

元时木氏领有的北胜府、蒗蕖州、永宁州、顺州，明代不再列入木氏土司的行政版图。1383 年，北胜府降为北胜州，隶属于鹤庆军民府管辖。1396 年，北胜州改属澜沧卫军民指挥使司，出现了土司、卫所共治的局面。明代中后期，木氏土司不断对高氏、子氏等土司恩威并用，将原属于北胜府靠近金沙江一线的梓里、睦科、大湾、米厘、松坪、喇嘛、娄子海等地控制，并占为己有。成化年间，木氏土司主要向维西、中甸（今香格里拉市）推进，《木氏宦谱》详细记载了土司木嵚、木泰对外用兵情况："兵攻之，吐蕃建碉数百座以御，而维西之六村、喇普、其宗皆要害，拒守尤固；木氏以巨木作碓，系以击碉，碉悉崩，遂取各要害地，屠其民而徙么些戍焉；自奔子栏以北番人惧，皆降。于是自维西及中甸，并现隶四川巴塘、理塘，木氏皆有之，收其赋税，而以内附上闻。"[①] 至嘉靖年间，木公、木高父子已将辖区推进到西藏昌都的左贡县一带。嘉靖八年（1529）木氏土司还在今天小中甸修建了年各羊恼寨，即为木氏土司的行宫。今存有遗址。

景泰年以来，木氏土司为争夺金银铜矿产资源，对川西南地区大举用兵。木氏土司向北鼠罗用兵，以今天木里藏族自治县为中心，先后在雅砻江、无量河、木里河流域发动 20 余次战争。[②]《明史·四川土司传》称："（盐井卫）地与丽江、永宁二府邻近，丽江土官木氏侵削其地几半。"这一区域主要有盐之利，也有金银之利，为争夺资源，周边几股地方势力频繁交战。木氏土司也奔袭千里参与角逐，引发这一区域动荡不安，最终惊动朝廷。嘉靖十四年（1535），云南分守金沧道参政、四川建昌兵备副使、左所土官、前所土官、丽江土官、永宁土官等，经过认真审查，公断是非，最后形成《两省会勘夷情录》，木氏土司东进受阻。

由此可知，木氏土司非常注重控制经济资源，其拓展就是从开银矿开始。尔后武力向北（康巴地区）挺进，"姜岭大战"就是典型的木氏土司经营康巴地区期间，盐井一带的纳西族人与藏族人之间所发生的冲突和交往史。到第五代木氏土司木青，正德七年（1512），他率领纳西的军马，沿着茶马古道向金沙江以北的区域广泛扩张，正式占领盐井。部分纳西族人随武力扩张和迁徙至此戍守，并定居下来，并将他们已发展成熟的制盐技术带到了盐井。此后，木氏土司还在盐井设置盐官以管理食盐的生产。直到 17 世纪中叶，蒙古和硕特部的军队将木氏土司击败，才将盐井重又收归西藏。

---

① （清）余庆远：《维西见闻纪》。

② 现木里木天王开采木里黄金之传说、趣闻在民间广为流传，且水洛河、龙达河、木里河两岸所遗采金矿洞至今可见。

至明末，木氏土司势力范围最宽广：东北方向已达雅砻江流域的五所、宁远宣慰司等区域的一部分，而且占有了盐井卫至建昌卫及长河西鱼通宁远宣慰司的一部分领域，[①] 还包括九龙县、乡城、稻城等地。正北方向已达巴塘、理塘至昌都（查木多）一线；向西达到今缅甸恩梅开江一带。《徐霞客游记》称“丽江名山，牯冈犛果，俱与鼠罗相近”。“牯冈”（今稻城东部噶嘎岭）被他注明为木氏土司“东北界”，因为当时木氏占领的长河西鱼通宁远宣慰司其辖地就有木里、九龙、稻城。此时，木氏土司控制区域已是明王朝划定行政区的数百倍，并以移民方式派来了大批纳西族百姓“实其地”。

木氏土司的成功在于因地制宜地建立基层统治机构来实现对涉藏地区的治理。木氏土司派出亲信负责军政事务，即所谓的“绛本”（藏语中是纳西官员之意）。而在绛本之下军政分离，分别由“木瓜”负责军事；“本虽”负责行政管理；两者各司其职，均听命于绛本。木瓜、本虽多由诚服的藏族头人担任。由此，层级分明、分工明确而又有群众基础的制度在康区有效施行，加强了木氏土司的统治。同时木氏土司注重经济往来、发展农业，使得涉藏地区与其他地区的交流增多，加强了联系。木氏土司也很好地完成了明王朝交给的任务。[②] 扩张中的木氏土司，也并未一味采用武力征服。针对涉藏地区藏传佛教势力庞大、教派内部斗争激烈等特点，木氏土司在治理涉藏地区过程中采取了“多派扶持、以教治教”的软策略。[③] 初期，木氏土司在与嘎拖寺保持良好关系的前提下，更多的是与噶玛噶举派往来，并大力支持其传教。从成化九年（1473）起，木嵚、木泰和木定土司先后邀请过西藏噶玛教黑帽系七世曲扎嘉措和帕巴拉二世活佛帕巴桑结等到丽江传经，并赠予活佛以厚礼。正德十一年（1516），木定土司派 4 名木瓜带近万名兵丁迎请黑帽系八世米觉多吉至丽江会晤，互赠厚礼。木定答应“今后 13 年内不向涉藏地区用兵”，并表示建寺百座，每年选送 500 名童子剃度为僧。活佛在丽江住了七天，遂到小中甸筹建了康司寺和达隆噶举杂郭寺。14 世纪末叶，格鲁派（黄教）在西藏迅速发展，引起木氏土司注意。万历八年（1580），木旺与康区各土司于理塘发起集会，迎请三世达赖，建成理塘寺。达赖还答应派昌都却吉降初活佛前往中甸、木里等地传教建寺，

① 方国瑜：《中国西南历史地理考释（下册）》，台北：中华书局，1987 年，第 841 页。

② 杨林军：《明代丽江木氏土司对外扩张与治边经略》，《丽江师范高等专科学校学报》2015 年第 1 期。

③ 周智生：《明代丽江木氏土司藏区治理策略管窥》，《中国边疆史地研究》2013 年第 4 期。

并于万历十二年（1584）建成木里瓦尔寨大寺，属格鲁派寺庙，终于“在那红坡，除有宁玛派静室小寺外，也有了格鲁教派施主”①。

后任的土司木增又在噶玛噶举派的帮助下主持刊刻了丽江版的《甘珠尔》大藏经，这一行为赢得了其他教派的支持与尊重。不过，天有不测风云，人有旦夕祸福，在西藏政治多变的时代，这一时间，正值格鲁派与噶举派激烈斗争的白热化时期，与噶玛巴教派关系密切的木氏土司与警惕格鲁派的白利土司放弃争端，结成联盟，掀起“抑黄兴白”的高潮，使噶玛巴教派势力在康区发展壮大。《五世达赖传》载：“索南嘉措于理塘所建之新寺，姜（纳西）时期由于异端教派的缘故渐被弃置一边，向白利土司顿月顿柱众僧，特别向黄教的佛敌（白教）祈愿布施，以军队围击寺庙。”②《木里政教大事记摘抄》也写道：

> 降央绒布第二次返回木里时，正遇木天王大兴噶玛巴白教而灭黄教。木天王破毁寺庙，撵走喇嘛。扬言说：今后老百姓若再送子弟入黄教寺庙为僧，就要当众砍下这些子弟的头和手叫其父母背尸游众。③

“抑黄兴白”一时间使得在滇川藏边区的格鲁派势力受到了严重威胁，从而导致木氏土司与康北的白利土司一样遭到固始汗的打击，从此衰败。蒙古和硕特首领固始汗于1640年率军自青海入康区，先后击败白利土司与木氏土司，基本上控制了整个康巴。随着木氏土司的军事失败，“姜地”又萎缩回丽江地区，纳西移民也逐渐返回。④

清初，木氏曾支持遗明势力与清廷对抗，清朝控制云南后，土司力量遭到极大打击。同时，木氏所支持的噶举派在涉藏地区宗教的统治地位被格鲁派所取代，土司的宗教影响力渐弱。到了雍正改土归流，木氏土司降为土通判，走向了最后的衰落。

综上所述，木氏与康区之争，体现了明朝“以夷制夷”手段的运用，而且是成功的运用。随木里土司迁徙戍守的纳西族遍布康区，如今西藏的盐

---

① 参见《红坡鸣丹羊八景如意宝瓶底簿序》，《中甸县藏文历史档案资料辑录》，1991年。

② 转引自潘发生：《丽江木氏土司向康藏扩充势力始末》，《西藏研究》1999年第2期。

③ 刘先进：《木里政教大事记摘抄》，《西藏研究》1987年第1期。

④ 参见木粲成、汪炳鋆、佳日一史：《浅析丽江木氏土司的家国观》，《中国社会科学院大学学报》2015年第6期。

井还有纳西族，位于今四川省木里县西南有一个纳西族乡——俄亚乡，得荣县白松乡还有纳西村；今康南巴塘、得荣、乡城、稻城、理塘等地还有纳西族后代等。他们至今保留着纳西族的语言和风俗习惯。另外，木氏带了大量的云南金工匠人来到康区，对康北河坡金工锻造影响深远，这些都丰富了康巴文化，成为康巴亮丽的文化元素。虽然这些纳西人早已被藏族同化，但产生的文化现象有别于康北和其他地区，纳西文化影响深刻而广泛，其独有的文化特征让人向往。

木氏土司像是康区的一面镜子，虽然随着其结束对康巴的统治和影响，康区的史料记载中很快就消失，但依然能够从其兴衰对比看到康区诸如白利土司、德格土司的兴衰，更能够看到康巴文化的广泛性、包容性，即能够接纳纳西族融为一体；同时，也能够见证中华民族共同体思想认同的基础。

第八章 固始汗对康巴文化的影响

讲到康巴文化，明末清初，蒙古人固始汗（1582—1655）对其影响可谓举足轻重。他是青藏高原历史转折的重要人物，对巩固西藏地方和清朝中央政权的关系起了重要作用。1638 年应西藏格鲁派摄政者索南群培和五世达赖、四世班禅邀请入藏救助格鲁派，先后推翻了青海和康巴的政权。1642 年入藏推翻了噶玛噶举派的藏巴汗王国，建立新一代和硕特汗国及甘丹颇章（行政型）政府，西藏只是其汗国的一部分。确立新兴教派格鲁派诸领袖在西藏的领导地位，重建布达拉宫及扩建大昭寺，形成了达赖驻锡重建的布达拉宫、班禅驻锡扎什伦布寺的传统惯例，影响了西藏数百年历史。在康巴地区的文化结构成分中，涉及的蒙古文化和近现代宗教大变局都与其有关，行走在康巴农牧区，关于蒙古人在当地的故事不胜枚举，其文化的融合早已深入生产生活的各个领域。

固始汗，又译顾实汗，皆“国师”之音译。姓孛儿只斤，名图鲁拜琥。明末清初卫拉特蒙古和硕特部首领。卫拉特汗哈尼诺颜洪果尔第四子，以勇武著称。《青海史》载：明万历二十二年（1594），图鲁拜琥年仅十三岁，率军击败俄伽浩特之四万士兵，占据今巴里坤、乌鲁木齐一带。

万历三十四年，厄鲁特（即卫拉特）蒙古与蒙古高原的喀尔喀蒙古发生了战争。为避免战争、内乱，图鲁拜琥只率领几个侍卫大胆来到喀尔喀蒙古的汗帐，晓以大义，以和平方式结束了战争。因调解平息战事有功，图鲁拜琥备受推崇，被东科尔呼图克图授以“大国师”称号。

崇祯七年（1634）冬，与巴图尔珲台吉发动对哈萨克远征，获胜。

崇祯八年，乔装改扮成朝佛的香客，从新疆途经青海进藏做实地调查，侦察敌情。

崇祯九年，至拉萨会见五世达赖和四世班禅，获“顾实·丹增却杰”（“国师·持教法王”，或作“丹津却吉甲波”，意为“佛教护法王”）尊号。蒙语又称为“顾实·诺门汗”（“国师·护法汗”）。同时，遣使赴盛京（今辽宁沈阳）向清朝纳贡通好。这年秋，为避免内部冲突及另寻新牧地，应西藏四世班禅罗桑却吉坚赞、第巴索南饶丹之请，于秋季率和硕特部兵马在准噶尔部援助下，与巴图尔珲台吉联兵进军青海，在大小乌兰和硕（今刚察县境内）之间展开“血山之战”，以少胜多，消灭却图汗，遂据青海（固始汗把其大哥的长子鄂齐尔图汗留在天山南北家乡）。

崇祯十三年，固始汗于五月发兵康北消灭白利土司顿月多吉。战争持续一年后，固始汗占领了白利土司统治的全部地区，并将丽江木氏土司势力驱逐出康区，康区成为和硕特蒙古的统治区。出席蒙古领主大会，参与制定《蒙古卫拉特法典》。

崇祯十四年（1641），兴兵入后藏。

崇祯十五年，灭藏巴汗，掌握西藏地方政权，命长子达延鄂齐尔汗驻守拉萨。扶持格鲁派，以前后藏之税收献给五世达赖作为寺院费用。除日常政务由其控制的第巴索南饶丹料理外，西藏高级官员均由其委任，并制定“十三法律”，新添噶伦、达本等官职，健全西藏地方行政机构，直接控制西藏军队，牢固掌握青、藏地方政权，以格鲁派护法王自居。屡遣使与清廷联系。同年，遣使者抵盛京，备受款待。

清顺治二年（1645），尊四世班禅为师并赠其“班禅博克多”称号。

顺治三年，与卫拉特各部首领二十二人联名奉表进贡，清廷赐以甲胄弓矢，命其统辖诸部，由此确定了主权关系，青藏高原和新疆等地正式纳入清朝的主权版图。

顺治十年，受封为“遵行文义敏慧固始汗”，封号由他的子孙继承世袭。

顺治十二年病故于拉萨，终年73岁。其子达延汗留藏主持藏事。

第一节　格鲁巴的崛起

15世纪初，藏传佛教历史上出现了一位改革家——宗喀巴。当时，藏传佛教教派林立，戒律、经文理解混乱，“俗潮滚滚，‘邪风’日盛，戒律丧尽，显密水火，佛法败落”[①]。为此，宗喀巴大师首提复兴戒律，倡导僧人应严守戒律。1388年，他率先垂范，改戴黄帽。黄帽乃严守戒律之标志，故亦称其创立之教派为“格鲁派”（汉译“黄教”，“格鲁”意为“善规”）。因该派认为其教理源于噶当派，又称新噶当派。1400年，宗喀巴于拉萨西郊的噶瓦栋寺向450余名僧人传法时，正式提出了僧人务必视戒律为一切功德之根本的主张。同时，他为格鲁派的崛起和佛教正法的传播寻求政治和社会支持，四处弘法，传播其佛教思想。1409年，宗喀巴在扎巴坚参等人的支持下举办了拉萨正月祈愿大法会。在这次法会上，宗喀巴大师打破旧规，不分教派，不论等级，无论僧俗，兼容并蓄，吸引各教派僧众万余人

① 班班多杰：《宗喀巴评传》，北京：京华出版社，1995年，第40页。

参加，还对僧众承事供养、救济贫穷等，给藏传佛教带来了强烈的思想冲击，注入了新的活力。会后，宗喀巴在帕竹贵族仁青父子的支持下，在拉萨达孜境内建立了甘丹寺作为根本道场，该寺由此成为格鲁派的祖寺。

甘丹寺落成之后，大师自任赤巴（法台），设法学院、定章程制度，规定在《噶当六论》的基础上，以五部大论为主体的学习内容，制定学习层次、教学程序，要求僧人循序渐进地学习，先读完显教经典，考取格西（学位）后才能学习密乘。为此，还建立了一套组织制度，各大小学院不仅有作为住持的堪布，维持戒律的格贵；还有领班念诵的翁则，实际教学的格更。这一套完整的寺院教育体系，保证了格鲁派僧人的学习和修行，加上大师自身的学识和成就，格鲁派迅速发展，后来居上。

宗喀巴的宗教改革和格鲁派的兴起，受到了明王朝的重视，得到了明朝皇帝的认同。当时初创的格鲁派也迫切需要中央政权的支持，以扩大自己的影响。“永乐中，既封（大宝、大乘）二法王，其徒争欲见天子邀恩宠，于是来者趾相接。”① 1413 年，宗喀巴的大弟子释迦益希奉大师之命，从西藏山南出发，经现 318 国道线到成都，明成祖特派官员迎接。1415 年到达南京后不仅受到朝廷的盛大欢迎，而且释迦益希被明成祖封为“妙觉圆通慧慈普应辅国显教灌顶弘善西天佛子大国师，赐之诰命”。此举不仅建立了格鲁派与明朝中央政府的联系，而且加深了西藏与祖国内地的联系。

格鲁派的发展并非一帆风顺，格鲁派的迅速发展遭到了藏传佛教其他教派尤其是噶玛噶举派的强烈反对，出现了西藏历史上前所未有的教派纷争，这实质上是各派在其世俗后盾支持下的政治权力之争。16 世纪中期，随着格鲁派支持者帕竹阐化王政权迅速走向衰落，噶玛噶举黑帽系、红帽系先后与仁蚌巴、辛厦巴联合压制、排挤格鲁派，正如意大利藏学家杜齐教授所说：“从十五世纪开头的几年起，西藏历史的重心不再是对立家族间的斗争，这些家族现在已经精疲力竭，数目也减少了。西藏的历史中心转移到后藏贵族支持的红帽派与经过巧妙策划联合贵族订立联盟的黄帽格鲁派之间的对立。”② 面对打压，格鲁派也开始不遗余力地为自己寻找坚强的后盾。1559 年，蒙古土默特部首领俺答汗率部进入青海，因其势力强大，明朝以分封政策安抚之，1571 年封其为“顺义王”。1576 年，库图克台彻洪台吉建议叔父俺答汗，邀请在西藏宗教中享有很高声望的格鲁派领袖索

---

① 《明史》卷三三一《西域传》。

② ［意］杜齐著，李有义、邓锐龄译：《西藏中世纪史》，北京：中国社会科学院民族研究所民族史室、民族学室，1980 年，第 69 页。

南嘉措来青海相见，当时土默特部急需喇嘛教帮助执政，而格鲁派迫切需要一个势力庞大的政治集团改变不利处境。于是三世达赖索南嘉措与蒙古的俺答汗结为福田施主关系，俺答汗向达赖进尊号："金刚持达赖"，并赠予刻有蒙、汉印文的"金刚持"金印。至此，拉开了藏传佛教格鲁派向蒙古社会大规模传播的序幕，同时土默特部的实力进一步增强。

17 世纪初，卫藏地区以五世达赖阿旺罗桑嘉措为首的藏传佛教格鲁派寺院势力，受到第悉藏巴地方政权的敌视，在青海的蒙古喀尔喀部却图汗与第悉藏巴联合，更构成对格鲁派寺院势力的威胁。后金天聪元年(1627)，蒙古察哈尔部林丹汗[①]在清太宗皇太极的攻击下，自辽河流域西退，曾在蒙古土默特部的归化城（今呼和浩特市）停留数年。随后林丹汗又率部众去青海，准备与占据青海的喀尔喀部却图汗部会合。早在 1617 年，林丹汗在西藏萨迦派僧侣沙尔呼图克图的劝说下，由格鲁派改宗宁玛派。而此时黄教在蒙古经过数十年的传播，已经根深蒂固，林丹汗突然改宗，无疑加剧了信奉格鲁派的蒙古诸部对大汗的不满。林丹汗与却图汗的联合，有共同对付尊信格鲁派的蒙古卫拉特四部，进而向卫藏地区扩展势力的企图。由于林丹汗与却图汗的联合，格鲁派寺院势力面临的形势更趋严峻。

与此同时，明朝支持崛起于康区的地方世俗政权白利土司，对欲进入康区的格鲁派势力十分警惕，因为格鲁派与蒙古势力结盟。格鲁派与白利土司交恶，于白利土司而言就是因为格鲁派"没有能保证蒙古人不进攻康区"，遂与之积怨。[②] 就格鲁派方面来说，则主要是白利土司顿月多吉与反格鲁派的却图汗结盟，扶持其他教派打压格鲁派。在后期白利土司甚至与却图汗、木氏土司结成三角联盟，共同阻断"汉藏黄金桥"，并在境内毁坏格鲁派寺院，逼迫其改宗。

这一时期，前后藏发生"鼠、牛年战乱"，格鲁派的施主吉雪第巴索南朗杰请蒙古喀尔喀部的首领出兵帮助攻打第悉藏巴，而第悉藏巴彭措南杰率兵还击摧毁了色拉寺和哲蚌寺，杀死僧俗 5 000 多人，格鲁派寺院势力的处境岌岌可危，格鲁派正如"在风暴中的一盏油灯摇摇欲灭"[③]。为此，五世达赖的大管家索南绕丹绕道至青海，请求蒙古军首领派兵援助格鲁派。

---

① 蒙古帝国第 35 任大汗（1604—1634 年在位），一般认为是蒙古末代大汗（也有人认为额哲是末代大汗）。

② 石硕、李志英：《康区白利土司顿月多吉的宗教态度探讨——兼论固始汗消灭白利土司》，《中国藏学》2016 年第 3 期。

③ 夏格巴著，李有义、邓锐龄译：《西藏政治史》（内部资料），1978 年，第 90 页。

卫拉特四部均以尊信格鲁派相标榜，并以格鲁派的施主自诩。格鲁派寺院势力处于危急存亡的关键时刻，不得不向实力雄厚的卫拉特四部求援。天聪八年（1634），五世达赖派人将密信辗转送交卫拉特四部之一的和硕特部领袖固始汗，请求他出兵救援。当固始汗接到求援密信后，虽然在卫拉特四部中，和硕特部受到实力更为雄厚的准噶尔部的排挤，但他立足长远，立即作了出兵的准备。

当时和硕特部同样面临内忧外困的处境。从内部来讲，卫拉特蒙古同其他游牧民族一样，畜牧业经济是社会生产的基本形式，这种经济形态最基本的生产资料就是牲畜和牧地。随着卫拉特各部人数的逐渐增多，牧场需求增加，卫拉特各部不得不寻求新的领地。与此同时，蒙古东西诸部与卫拉特因为草场纠纷发生了一系列武装冲突，在此过程中漠西蒙古和硕特部的盟主地位受到挑战，准噶尔部的巴图尔珲台吉屡屡想夺回盟主之位，几乎兵刃相见。固始汗努力化解两部的矛盾，虽暂时相安无事，但一山终究不能容二虎，两部的矛盾大有一触即发之势。从外部来说，俄国的渗透侵略活动也使和硕特部的发展异常艰难。面对内忧外患的情况，和硕特部首领固始汗将目光转向了青藏地区，这里草原辽阔，水草丰美，是传统的唐蕃古道的主线，不仅极具战略价值，而且是东方与西方丝绸之路的商业黄金地带。于是固始汗从战略高度选择与黄教结盟，调整战略重心，转向青藏高原。由于格鲁派早在 17 世纪早期就在卫拉特人中间得到广泛传播，群众基础牢固，已经形成较强的凝聚力。而格鲁派的邀请正中固始汗下怀，一方面获得了利用格鲁派宗教影响来号令蒙古诸部的机缘；另一方面抓住了通过格鲁派进入青藏高原这一战略机会；同时，又有了一个不失体面便能摆脱与准噶尔部正面冲突的借口。可谓一举三得，天赐良机。

第二节　固始汗出兵青海挫败却图汗

如前所述，固始汗出兵西藏是战略需要，地利人和已具备，等待的是天时与东风。在 1636 年秋末固始汗自伊犁出兵之前，形势不断变化。先是林丹汗还没有与却图汗会合，就因天花死于青海大草滩。同时却图汗部也发生了内讧事件，实力大为削弱。天聪九年（1635），辛厦巴派人请求却图汗出兵帮助对付格鲁派，于是却图汗派其子阿尔斯兰率兵万人入藏，让他与噶玛噶举派红帽系饶绛巴、第悉藏巴·丹迥旺布联合，欲共同对付黄教寺院势力。但是，阿尔斯兰到达藏北达木（今西藏自治区当雄县）后，持重不前，另有所图。于是戏剧性的一幕发生了，黄教寺院势力成功地策反了他，调转兵锋，与噶玛的施主辛厦巴兵戎相见。第悉藏巴·丹迥旺布率军相抗，阿尔斯兰的军队由于不熟悉地形民情，唯恐后路被截断而撤回拉萨，并拜见了达赖五世。由于阿尔斯兰进入卫藏后未按原计划攻击黄教寺院势力，反而倒戈攻袭第悉藏巴，投靠政敌达赖五世，噶玛噶举派红帽系饶绛巴派遣信使向青海的却图汗斥责其背信弃义，却图汗密令阿尔斯兰的部将诱而杀之。一年后在阿尔斯兰返回青海途中，经过康区时，与白利土司发生冲突，被部将岱青所杀。部众溃散，却图汗遂陷入众叛亲离、孤立无援的境地。1636 年冬，固始汗率和硕特部兵抵达青海，略事休整后，于次年正月发起了对却图汗的突袭。在青海湖西北岸，固始汗以少胜多，以 1 万兵力摧毁却图汗的 3 万军队。[①] 留守青海的却图汗在今青海省刚察县境被杀。却图汗被消灭后，青海尽入和硕特部治下。于是，固始汗部从天山南麓迁入青海。当年秋天，固始汗率领部分随从乔装成商旅，潜入拉萨，侦察前后藏等地形势，与五世达赖阿旺罗桑嘉措及后来被认定的四世班禅罗桑却吉坚赞会见，双方密谋对付黄教劲敌的策略。在固始汗返回和硕特部前，五世达赖和四世班禅共同赠给他“丹增却杰”的称号。

此时，白利土司、第悉藏巴，还有云南的木氏土司对却图汗的覆灭大为震惊，急谋对策。但是未及他们行动，固始汗即于 1640 年出兵康区，攻打白利土司。此前，固始汗于 1638 年曾派遣蒙古僧人墨尔根噶居喜饶嘉错入藏，迎请达赖五世去青海，却发现达赖五世和班禅四世仍处在第悉藏巴的迫害之下。而且达赖五世担心此次出兵会危及安全，没有接受邀请。墨尔根噶居喜饶嘉错回到青海，向固始汗详细报告如上情况，固始汗从战略上考虑，遂首先对白利土司用兵。在德格土司和囊谦土司的策应下，白利土司顿月多吉兵败被杀。固始汗彻底扫清了进兵西藏的外围障碍，确保了后勤供给，巩固了自己的政治势力。

在消灭白利土司后，固始汗挥师东进攻打木氏土司，木氏土司兵败逃回老巢。固始汗将丽江木氏土司所占据的康巴地方悉数收回，交予当地土司，受到拥护。至此明代康区由白利和木氏统治的格局彻底瓦解，近代土司新的格局基本固定，形成了包括嘉绒十八土司在内的五大土司系统和霍

① 参见《五世达赖自传》第一部，第 168 页。

尔十三寺布局的政治架构，对康区的政治文化影响至今。

固始汗占据安多、康巴以后，扼住了西藏之咽喉，控制了西藏的经济命脉（茶马互市和盐业），此时，西藏门户已然洞开。同时，康区丰富的物质资源为固始汗立足安多提供了战略支援。安多的马，加上康巴的人（康巴土司倾力相助），再配合蒙古铁骑，形成了可以横扫第悉藏巴·丹迥旺布的战略态势。

固始汗灭白利土司后，专门派人去拉萨传送他在康区获胜的消息，当时达赖五世见到使者后，表示固始汗在略定康区以后，不必率军到卫藏，建议返回青海。同时多次指示强佐（总管）索南饶丹，不宜邀请固始汗军进藏征讨第悉藏巴。这种障眼之法与后来固始汗暗度陈仓之计紧密相扣，故意放出风声以麻痹第悉藏巴。索南饶丹心领神会，一面把达赖不允许自己邀请固始汗的指示公开讲给众人，一面捎密信给固始汗，请固始汗带兵前来卫藏攻灭第悉藏巴，以配合固始汗使用暗度陈仓之计。

固始汗收到密信后，佯装从马尔康回师青海，让第悉藏巴放松戒备，暗中派出精锐骑兵向卫藏进发，进攻第悉藏巴政权。清崇德六年（1641）当固始汗兵临拉萨时，第悉藏巴竟毫无觉察。据藏文史籍《安多政教史》记载，东噶尔宗（今堆龙德庆区东嘎街道）经过激战，被固始汗攻破，德钦宗（今达孜区德庆镇）和乃乌宗（今堆龙德庆区柳梧街道）等地的第悉藏巴所属地方官员纷纷出降。最后，固始汗于1642年攻下日喀则，第悉藏巴·丹迥旺布被俘。① 起初，固始汗曾有意起用第悉藏巴为自己效力，加上班禅大师与萨迦派达钦等显贵人物曾为其向固始汗求情，考虑到第悉藏巴政权的影响力，且当时前后藏并未统一，便将第悉藏巴关押在吉雪内邬宗。但后来以红帽系噶玛巴和黑帽系噶玛巴为首的第悉藏巴势力发动了叛乱，固始汗与司库索南群培联合平定叛乱之后，第悉藏巴被处死。至此，第悉藏巴地方政权（1618—1642）大厦崩塌，噶玛噶举派犹如秋日的树叶，岌岌可危。

固始汗审时度势，虽不愿将来之不易的西藏控制权拱手让给格鲁派上层集团，但考虑到兵力、防御有限，想要完全把持西藏事务力不能及。他深知利用“黄教”收拢民心的重要性，占领西藏后，他高举保护格鲁派的旗帜，欲借五世达赖的宗教威望来巩固自己的权力和地位。所以才有在桑

① （清）智贡巴·贡却丹巴饶杰著，尼玛太、星全成译：《汉译〈安多政教史〉（摘登）》，《青海民族大学学报（社会科学版）》1984年第3期。

珠孜（城堡）的大厅当着众多蒙藏上层人士之面宣布“将包括日喀则在内的西藏十三万户全部献给我（即达赖）”[①] 的举措。然后将前后藏的赋税收入献给格鲁派，作为寺院集团的宗教活动费用，尊五世达赖为全藏的宗教领袖，“还授给达赖赐给封赐土地的权力”[②]，并以格鲁派的宗教影响号令蒙古诸部。因为“格鲁教在西康藏区和甘青藏区已有相当势力，蒙古族汗王对这些地区进行统治很需要达赖的帮助”[③]。

固始汗意识到格鲁派的权力不能集中到一人手里，于是在尊崇达赖的同时，不忘提高格鲁派其他宗教上层人士的地位。顺治十一年（1654），固始汗赠予后藏札什伦布寺的法台罗桑却吉坚赞“班禅博克多”的名号，追认了前三世班禅，并捐献后藏地区数十个溪卡给札什伦布寺作为僧众的供养。[④] 自此，格鲁派产生了达赖之外的另外一大活佛转世系统。班禅系统的创立，分散了达赖的宗教权，由达赖和班禅分别管理前、后藏地区宗教事务，使其相互牵制。这样，固始汗不仅通过提高四世班禅的经济和宗教地位来间接巩固自己的权力地位，还“利用达赖宗教影响，维护其统治，另外又分治达赖的宗教权，不使达赖在宗教上过于集权”[⑤]。

在行政权力分配上，固始汗在“甘丹颇章”（达赖驻锡地）政权中设立西藏地方行政事务的最高长官“第巴”一职，第巴由汗王亲自任命，代为管理地方政务。其政令需由固始汗钤章批准，第巴副署盖印，听命于蒙古汗王。固始汗时期，“作为和硕特蒙古汗王代表的‘第巴’一职，在军政方面拥有很大的权力，这种权力集中表现在对各级官员任免、领地分配和军队派遣上”[⑥]。“第巴可以不顾五世达赖的劝阻甚至请求而坚决执行和硕特蒙古上层的命令。”[⑦] 之前，固始汗为巩固其统治地位，把青海的牧场和属民划分给自己的十个儿子，要求他们在青海戍守；命令第五子伊勒都齐的儿子罕都总管康区；命其长子达延汗驻扎达木辖其部，以防御藏巴汗的支持者噶尔巴势力的反抗和北部蒙古军的入侵。并以青海为后方根据地，“青海

---

① 五世达赖阿旺洛桑嘉措著，陈庆英、马连龙、马林译：《五世达赖喇嘛传（上）》，北京：中国藏学出版社，2005 年，第 137 页。

② 王辅仁、陈庆英：《蒙藏民族关系史略》，北京：中国社会科学出版社，1985 年，第 130 页。

③ 王森：《西藏佛教发展史略》，北京：中国社会科学出版社，1997 年，第 202 页。

④ （清）阿旺丹白坚赞：《政教史水晶明鉴（藏文）》，拉萨：西藏藏文古籍出版社，第 292－293 页。

⑤ 伍昆明：《西藏近三百年政治史》，厦门：鹭江出版社，2006 年，第 33 页。

⑥ 胡小鹏、王力：《和硕特蒙古在西藏的统治述论》，《内蒙古社会科学》2007 年第 6 期。

⑦ 胡小鹏、王力：《和硕特蒙古在西藏的统治述论》，《内蒙古社会科学》2007 年第 6 期。

地广，令子孙游牧，而喀木输其赋"[①]，即用康区赋税补充和硕特部的需要，保证青海部众的生活，从而巩固在西藏的统治。固始汗本人则带部分蒙古骑兵，初驻守日喀则，后移驻拉萨，掌握和硕特部的大政局。

第三节　白利土司顿月多吉

16世纪中后期至17世纪初，明朝统治期间，青藏高原东部崛起一个强大的地方势力，这就是历史记载中被五世达赖强行抹去的白利土司（部落）。该部落曾把持现青海玉树、果洛藏族自治州，以及德格土司、明正土司、囊谦土司、昌都土司等控制的大片区域，不但与卫藏、云南丽江木氏和青海却图汗形成几方对立的局势，还因掌握了传统进藏的"黄金通道"，使其地位显得至关重要。因为试图阻止格鲁派援引固始汗进入青藏高原，与其顽强抗衡，失败后其历史几乎化为乌有，一夜间销声匿迹。难得的是，现今不断有第三方史料发现，并取得相关研究成果，这其中有中国藏学出版社原副社长、著名藏族历史专家周华的《藏族历史中的白利及白利王研究》，德国学者彼德·史卫国的《清代顿月多吉小传》，白日吉美旺嘉的《白利王权势兴衰简论》（藏文），李志英的《康区"白利土司"考》等，结合这些研究成果和笔者的田野调查再努力地去还原这段因政治需要而刻意抹去的历史。

一、白利土司迁徙溯源

关于白利土司的起源，研究中一般将其历史追溯至元朝。在《萨迦班智达致蕃人书》中提到了"前此数年，蒙古兵未至上部地方，由我率白利归顺，因见此归顺甚佳，故上部阿里、卫、藏等部亦归顺，复又使白利诸部输诚"[②]。这里的"白利"应是当时藏东白利部落势力范围。此白利是否为后来的康区白利，争议一直颇多，甚至出现地域时空转换之说。格勒博士曾把"白利"指向地名，认为是原甘孜县"白日"的异音，现今甘孜县

---

① （清）魏源：《圣武记》，上海：中华书局，1984年，第202页。

② 阿旺贡噶索南著，陈庆英等译注：《萨迦世系史》，北京：中国藏学出版社，2005年，第103页。

名起源于康熙元年（1662）甘孜建成后，以前与“白利同音”。他还讲：

据“白利”居民传说，“白利”土司的祖先势力很大，是一个辖有广大区域的大国，最早居住在青海省玉树一带，常与格萨尔王的岭国发生战争，尔后迁居甘孜地区。

格勒博士对白利土司最早居住地的推断已经非常接近目标了，他甚至提到了“必里”是今甘孜县古时的译音。两者的关系虽然从地名上进行关联有些牵强，但明确了民间承认白利曾经占据甘孜地区的事实。这点任乃强先生亦做过调查：

于时康地诸王国，白利最大。国都在今甘孜县境内，辖地远达今德格、邓柯、白玉、瞻对、道孚诸县。其王顿悦夺吉（不空金刚）专弘黑教，蹂躏黄教、白教、花教备至。①

其他相关资料其实对其具体所在地都有所记录，如《常见藏语人名地名词典》（汉英藏对照）收录有《东嘎藏学大词典》的记载：“白利顿月统治的甘孜地区的政权名称”及“白利顿月统治下的甘孜朱倭大政权”。② 白日吉美旺嘉在《白利王权势兴衰简论》中也记载了一个关于白利土司起源的传说：“白利最早建立在一片被青杠木围绕的山林中，因而得名白利。最初形成了阿扎白利，其后形成了昌都白利，最后散居为朱倭白利。”③ 参考同一时期明王朝为了扼制西藏东扩，并有利于管控西藏，对丽江木氏土司所采取的政策也是鼓励他们从青藏高原东部向西扩张。按照传说，被青杠木围绕的山林，从植被分布来判断，青杠林出产松茸，所以白利部落迁徙和扩张的地域应该是藏东河谷地。

专家们早期的田野调查已经发现白利土司与今青海游牧部落有着相关的历史，④ 他是从靠近甘孜藏族自治州的青海方向迁徙而至，并成为康区霸

① 任乃强：《德格土司世谱》，《任乃强藏学文集（下册）》，北京：中国藏学出版社，2009年，第174页。

② 陈观胜、安才旦主编：《常见藏语人名地名词典（汉英藏对照）》，北京：外文出版社，2004年，第20页。

③ 转引自李志英：《康区“白利土司”考》，《藏学学刊》2015年第2期。

④ 从早期的藏文献记载看，白利指称或为部落名称、官名和人名等，成书于12世纪的《娘氏教法源流》就提到尊者三人化装成乞丐到过白利疆域，是多麦（安多）南部的一个区域。

主，只是没有考证发现其迁徙路线和详细的统治范围。要明确这点，首先需要溯源白利部落的历史。按照《元史》追溯，笔者在田野调查中发现白利与元朝“青海贵德黄河北岸”及“青海海兴县”所设置必里万户府有密切的关系，《元史》中记载康区追随八思巴而被敕封的四人中，德格土司的一支四郎仁青最初在白玉沙马控巴塘、理塘等地；贡觉顿楚在德格俄支乡控德格、昌都等地；新龙是挽铁疙瘩的喜绕绛泽受封地；白利所控制的区域在多康地区，当时的多康是藏东区域，包括今青海黄南、海南、果洛藏族自治州以及四川甘孜州的色达、甘孜、炉霍、道孚、德格等地，还包括阿坝藏族羌族自治州的壤塘、阿坝、红原县等地。《如意宝树史》记载：“总的说朵甘思（多康）分麦康、朵寿（雅姆塘）、宗喀（吉塘）等三地，称为三康，也就是安多、曲多、昌都三地。”[①] 色达、石渠县在当时白利部落的分支向西南迁徙和扩张时起到了重要的枢纽作用。青海游牧骑兵从高而下，直逼甘孜、炉霍、道孚、德格、昌都等地区，可以说是横扫康北整个地方势力，康北诸部被迫屈服于白利治下，由此形成了元末至明朝时期青藏高原东部地区地方势力的政治格局。一个共同的特点是追随八思巴后，都有由本教改崇萨迦的事实。后来随着蒙古人逐渐进入今青海地区，白利部落的控制区域逐渐转向康巴地区，到明朝时已经将德格土司、贡觉顿楚所占地征服，最远至那曲东三县。特别是广大牧区，几乎被从青海迁徙而来的游牧部落所控制，由此，安多语至今散存于以康巴藏语为主的广大牧区。所以，德国学者皮特·史卫国才认为：

> 我接触使用过的材料却表明，顿月多吉的白利可能位于拉托和昌都之间的相邻地区，即在长江和澜沧江之间的玛尔康岗地方的上部或上部边缘地区。也许，我们可以把顿月多吉的白利和拉托南部的一个有同样名称的地方联系起来，此地位于昌都和德格之间的公路边，隶属今天的西藏自治区昌都专区。在台赫曼1922年的旅行地图和1981年中华人民共和国出版发行的西藏自治区地图上都能找到这个地名。白利是现昌都地区的一个行政单位。[②]

---

① 松巴堪布·益西班觉著，蒲文成、才让译：《如意宝树史》，兰州：甘肃民族出版社，1994年，第235－238页。

② ［德］彼特·史卫国著，才旺南加译：《清代白利土司顿月多吉小传》，《西藏民族学院学报（哲学社会科学版）》2001年第1期。

有这样的判断都是根据仅有的在康区的资料，石泰安先生曾大胆推测：

这些南方的董族人一直扩展到昌都地区，即怒江和湄公河上游达（拉）曲江的汇合处。[①]

这样的推断非常符合白利部落的迁徙与扩张，只是判断方向有误，没有考虑青藏高原东部青海地区藏族部落因为蒙古人进入而被迫迁徙的实际。《元史·世祖本纪》中记载至元二十九年（1292）九月甲申，乌思藏宣慰司言：

“由必里公反后，站驿遂绝，民贫无可供亿。”命给乌思藏五驿各马百、牛二百、羊五百皆以银。[②]

说明当时青藏高原东部仍然不安定，蒙古人的进入使藏族部落的利益受到侵害，不得已发起反抗，而这些部落无疑会向更为广阔富庶的地域迁徙。为什么白利土司顿月多吉非常担心蒙古人进入其控制的地域？究其根源就是白利部落早期有被蒙古势力压迫而迁徙的阴影，十分惧怕再次遭受蒙古势力的侵占。这在《五世达赖喇嘛传》中可以窥见：

早在木鼠年（1624）除夕，在举行施食法事时，从噶尔巴的辖区送来了到拉萨的人，并声称如果甘丹颇章不能保证蒙古人不向康区进兵，那么，我们不让他们到上部来……[③]

现有史料亦记载白利早期曾受蒙古土默特部役属。《明神宗实录》记载：

俺答子宾兔住牧西海，役属作儿革、白利等诸番。[④]

---

① ［法］石泰安著，耿昇译：《汉藏走廊古部族》，北京：中国藏学出版社，2013 年，第 46 页。

② 《元史》卷十七。

③ 五世达赖阿旺洛桑嘉措著，陈庆英、马连龙、马林译：《五世达赖喇嘛传（上）》，北京：中国藏学出版社，2005 年，第 126 页。

④ 《明神宗实录》卷三七，万历三年四月甲戌条，页二下三上，台北：“中央研究院”历史语言研究所影印，第 52 册，1966 年，第 858 页。

宾兔是土默特部在青海的实际统领者，为俺答汗之子。《四世康珠活佛的传记》对白利部落的扩张曾有过记载：

> （白利）由于十分凶猛残暴，这些军队间发生许多战事，霍尔、林、琼部、色嚓等许多部落发生动乱，从中得到许多的土地。①

上述文字记载证实了白利部落从青海方向迁徙扩张的历史，在残酷的战斗中掠取了炉霍、甘孜、色达、德格、贡觉、昌都等地的控制权，同时也印证了笔者田野调查取得的资料的可靠性。白利部落曾经受到蒙古势力的挤压，不得已转移至康区，后才逐渐兴起。当占据了康区大片区域后，抵御青海蒙古势力进入康区，巩固自身势力成了当时白利首要的政治战略任务。

明成祖朱棣执政后，五次御驾亲征，北伐蒙古，缓解了青藏高原东部各藏族部落遭受蒙古势力侵袭的压力，在西藏实施“以夷制夷”“以康控藏”，同时扼制仁蚌巴崛起的势头，默许白利势力西进。到明嘉靖年间，西藏藏巴汗统治中期白利部落顿月多吉的祖父白利雀崩和父亲阿潘杰已经完全占据并控制康区。明末顿月多吉时期其实力达到顶峰，成了当时康区最大的地方势力，与丽江木氏土司（明朝皇帝同样默许其西进）为争夺康区兵戎相见，并取得优势。《昌都文献宝积》记载：

> 白利和绛在铁桥相争时，虽然白利军队兴兵（准备）攻打（神川铁桥），但中间起很好链接作用的大施主（顿月多吉）打算听从了（噶玛丹培的建议不攻打神川铁桥），但鲁赞主什斩断了神川铁桥，对过往的商旅造成了很大的损害。②

这时白利部落的势力已经如日中天，所到之处势如破竹。白利部落向康区的迁徙和扩张，令当时康区北部比较大的地方势力德格土司和玉树囊谦土司无法抵抗，或受白利王的控制，或被迫远走他乡。据《玉树囊谦王历史及其世袭》记载：

---

① 转引自周华：《藏族历史上的白日及白利土司考辨》，《中国藏学（藏文）》2012年第2期。

② 转引自李志英：《康区“白利土司”考》，《藏学学刊》2015年第2期。

到17世纪30年代，崇信本教并称雄于今四川省甘孜州德格、邓柯、白玉、石渠及西藏昌都江达县等地区的白利土司顿月多吉（该文记顿悦多杰，藏语称“白利嘉宝”，即“白利王”），向周边扩张势力，出兵占领类乌齐、昌都、察雄、囊谦、拉多等地，焚烧并毁坏了囊谦境内建立最早、规模最大的根蚌寺，屠杀僧徒300余众。焚毁后的根蚌寺一片狼藉，仅剩一尊释迦牟尼铜像和先祖者哇阿路的红座台一个。囊谦王府被迫迁往今吉曲乡松宗地方。①

明朝末期国力衰退，边疆地区群雄并起，白利土司在康区取得绝对控制权，发现西藏格鲁派欲借蒙古势力固始汗扩张其势力的图谋后，根据战略需要，在警告无效之际，为抗衡格鲁巴联合蒙古势力入康进藏，形成了以卫藏第悉藏巴、丽江木氏土司以及青海蒙古喀尔喀部却图汗几方联合抗蒙反格鲁巴的政治联盟。他们采取的措施非常强硬，1634年白利土司顿月多吉会同却图汗，共同阻断了康区通往卫藏的道路。《安多政教史》记：

察哈尔人、却图汗、白利土司等阻断了汉藏黄金桥，安多的一些有魄力的人们，绕道内地，经打箭卢转中康地区前去卫地。②

《五世达赖喇嘛传》也同样记载该情况：

（1634年9月间）在此时期，察哈尔人、却图汗、白利土司等阻断了黄金之桥，各个高僧和施主的成千上万的礼品只有很少一部分能寄过来……。③

不仅如此，在这些政治联盟所在的区域掀起了反对格鲁巴的浪潮，藏历土兔年（1639）除夕顿月多吉写信给藏巴汗时称：

在神山上已插置神幡。由于甘丹颇章没有能保证蒙古人不进

① 周生文：《苏毗女国、囊谦王及囊谦王府属寺根蚌寺》，《青海社会科学》1998年第3期。

② （清）智观巴·贡却乎丹巴绕吉著，吴均、毛继祖、马世林译：《安多政教史》，西宁：青海人民出版社，2017年，第39页。

③ 五世达赖阿旺洛桑嘉措著，陈庆英、马连龙、马林译：《五世达赖喇嘛传（上）》，北京：中国藏学出版社，2005年，第101页。

攻康区，明年我将带兵到卫藏。那座堪称觉卧仁波切的铜像是招致战争的根源，应当扔到河里去。把色拉、哲蚌和甘丹三大寺破坏以后，应在其废墟上各垒一座灵塔。藏巴汗应当与我亲善起来，一同供养卫藏和康区的佛教徒和本教信徒。①

从这封信可见白利土司顿月多吉的忧虑，也正因为此，顿月多吉成了蒙古和硕特部首领固始汗控制青海后首先攻击的对象。战争从 1639 年 5 月到 1640 年 11 月底，历经 18 个月固始汗方才擒杀白利王，并将木氏土司赶回丽江老巢。在发动对白利土司的进攻前，固始汗派使臣请格鲁巴“为用兵白利举行法事”，诅咒白利失败，格鲁巴方面回复得更为坚决彻底：“我们要求彻底消灭白利土司。”② 可见双方斗争的尖锐，也能够推测当时白利土司对其境内格鲁巴的打压和摧残的程度。

二、白利土司家族史

关于白利土司的迁徙，前文已经叙述其来自康区北部青海部落，从考古和相关历史记载来看，这是因为青藏高原东部靠近黄河中游，一直是古羌藏类游牧民族的中心，这个中心其中一支向南迁徙的路线就在今康巴地区。在漫长的冷兵器时代，游牧民族的生活习性与文化决定了其具备天然的军事优势。他们始终扮演着历史主导性地位，因此，从这个古羌藏的游牧民族发源地产生控制康区的白利部落就不会有任何疑虑了。

有研究认为藏族远古“六氏”几乎囊括了三皇五帝及夏商周时代所有的贵姓，如斯（豕、姒）、董（钖、仝）、扎（眨、瞻）、惹（猱、婼）、塞（藏语金的读音，塞人即斯基泰人）、恰（雀、鹊、契）。③ 远古民族大迁徙的时代，青藏高原东部与中原地区的联系更为紧密，但其对西藏而言只是荒凉的边地。这里的白利部落自然会有它独特的演义方式和规律。李志英在《康区“白利土司”考》一文中对白利的家族史作过详细的推断。

白利确实是作为家族名称出现在藏文史记中，白利是东氏家族十二分

① 五世达赖阿旺洛桑嘉措著，陈庆英、马连龙、马林译：《五世达赖喇嘛传（上）》，北京：中国藏学出版社，2005 年，第 123 页。

② 五世达赖阿旺洛桑嘉措著，陈庆英、马连龙、马林译：《五世达赖喇嘛传（上）》，北京：中国藏学出版社，2005 年，第 124 页。

③ 《史前羌藏类游牧民族迁徙扩散的路径》，徐江伟：《血色曙光——华夏文明与汉字的起源》，西安：陕西人民出版社，2013 年。

支中的一支，姓氏源于东氏族。《黑头凡人的起源》记载：

东氏迎娶了哲娜玛，生了一个叫岗乾谢秀周的儿子。他有一个儿子，叫侔波德仔。他有一个儿子，海螺般白色的男人，有一双碧玉般眉毛和海螺样顶髻，手持着白旗，白色藤鞭举头顶，是苍穹之下扎的战神，因而半数东氏云游天空。此人有一个儿子，叫伯纳郭若。他有一个儿子，叫拉钦提波。此人有三个儿子，分别叫作侔波东、纳切东、托托东。①

另外，《汉藏史集》中记载藏族族姓东氏：

兄长东氏分出六个长系，上部有章叶氏和巴曹氏，中部有热西氏和若则氏，下部有吉坦氏和木雅氏。六个长系又分出六个尊贵系，他们分别是比日阿木多和林巴，由若则氏分出的普巴和达巴，吉坦氏也分解出两个支系。以上为东氏繁衍的长尊十二支。②

以上说明藏族东氏分支广泛，所占据的地域由分支后的部落控制。其中，白利土司的族系“侔波东占领东边的岗迦雪之地”③。这个支系在上中下部又各分出两支，形成了六支系。

侔波东有六个殊胜：上部的吉和雅两族是黑头吐蕃人的头人；中部卡沃和白利两族是吐蕃人的大臣；下部有木雅及齐坦两族，居住地在康区的大砖觉洛多巴。④

李志英根据白日吉美旺嘉先生上下白利世系图表，断定包括朵巴和岭巴两支系的白利只是其中的一个支系，而朵巴和岭巴则属于东氏八大部落

① ［韩］金东柱：《苯教古文献〈黑头凡人的起源〉之汉译及其研究》，西宁：青海民族出版社，2013 年，第 158 页。

② （明）达仓宗巴·班觉桑布著，陈庆英译：《汉藏史集——贤者喜乐赡部洲明鉴》，拉萨：西藏人民出版社，1986 年，第13 页。

③ ［韩］金东柱：《苯教古文献〈黑头凡人的起源〉之汉译及其研究》，西宁：青海民族出版社，2013 年，第 158 页。

④ ［韩］金东柱：《苯教古文献〈黑头凡人的起源〉之汉译及其研究》，西宁：青海民族出版社，2013 年，第 159 页。

中很重要的两个部落。认为史书中所指的上白利和下白利就是朵巴、岭巴两支系，即在柔西有藏岱和芒岱；在若仔有千户和臣相；在扎沃，有仔巴和恭巴；在白利有朵巴和岭巴，那就是八大部落。① 通过四世康珠活佛丹增却吉尼玛（1730—1779）的自传印证，东氏族下的十二支系之中就有白利。自传载：

> 传承为大者东氏，分支众多者扎氏，勇武者珠氏著名姓氏里，我的姓氏是传承者为大的侔东氏，是多康北部地区小姓部落中厉害的姓氏，再者，在玛域著名红白利地方居住的白利……②

为此，李志英参照白日吉美旺嘉和周华两位先生的研究以及《拉托王统记》等传记和《达垅教法史》等教法史，整理完成了白利土司谱系示意图。③

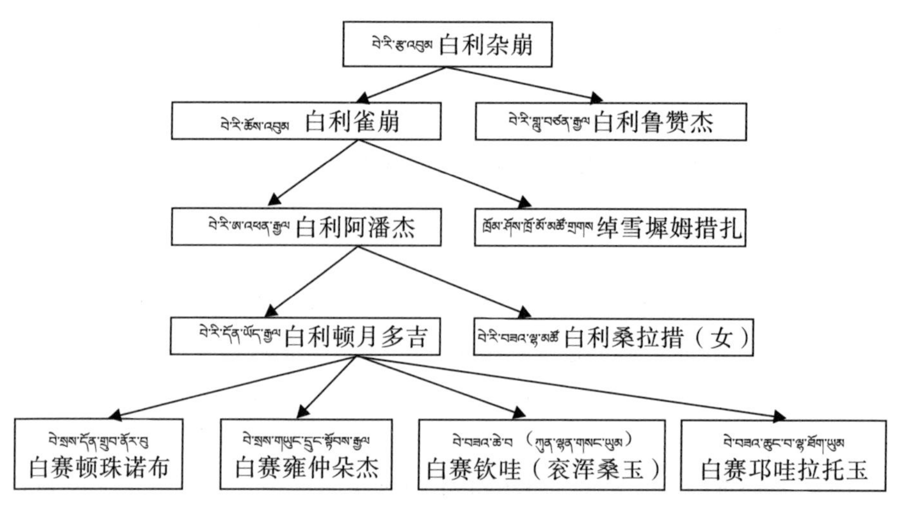

白利土司谱系示意图

笔者在田野调查中，常常遇见格萨尔与白利土司问题相同的困惑，虽然很多研究都说德格阿须乃格萨尔的出生地，但活动点在青海的玉树、果

① ［韩］金东柱：《苯教古文献〈黑头凡人的起源〉之汉译及其研究》，西宁：青海民族出版社，2013 年，第 159 页。

② 转引自李志英：《康区“白利土司”考》，《藏学学刊》2015 年第 2 期。

③ 转引自李志英：《康区“白利土司”考》，《藏学学刊》2015 年第 2 期。

洛藏族自治州，反而符合部落迁徙扩张由青海进入康区的新旧石器人类迁移路线。虽然很多史学家认为格萨尔史诗原型是唃厮啰，或其他诸如松赞干布等，但笔者在田野调查中对白利部落活动范围与征战情况分析，发现与格萨尔有很多巧合。比如，白利也曾为争夺盐井发生过战争，这与“羌岭之战”（传说格萨尔王与纳西王羌巴为争夺盐井食盐展开过激烈战斗）很相似。白利曾对色达、炉霍、甘孜发动征战，其地点描写与“霍岭大战”相似。笔者认为部分人把白利土司说成格萨尔原型或白利因为政治需要被历史抹去，许多事例成为史书元素是有一定道理的。[①] 多一个视角看文学人物与历史人物或许能够从另一个维度推断白利家族史。《果洛宗谱》在关于阿波董氏的记载中说道：

> 白拉董氏，原先康地最大的王，就是伟日王（白利），一个时期，伟日王东越及君臣对喇嘛和寺院，特别是对格鲁派危害极大，故格鲁派大施主厄鲁特蒙古王固始汗的队伍，对伟日土王的势力予以沉重打击。中部康地额货地方，有白拉董氏的后裔。[②]

从“多康”地域上看，青海果洛、黄南等地均属于同一区域，而16世纪中期（明嘉靖年间），以俺答汗为首的内蒙古部落南下征服了青海湖周围的藏族土著，并驻牧于此，迫使青海藏族部族南迁，同样扼守了西藏与中原来往的咽喉。而史书上记载关于白利也多指向这一区域，处在西藏通向中原地区重要的枢纽线上。按照田野调查指向，与格萨尔（历史有无真实人物依然有争论）同属一族的可能性非常大，有学者就认为古代以婚姻为纽带的部落联盟比较多，如果真要对这种被历史抹去或被怀疑的人物详细考证有一定困难，正如格萨尔母系家族所在地是否在朵麦的恩琼纳宗，或者青海尖扎县坎布拉乡。[③] 同样系董氏的白拉支系的白利王，其母系是否就在同一地也待考证。毕竟，远古时候游牧部落母系家族非常重要。而白利部落的分支众多，白利王率众部落取得康区控制权以后，政权中心地应该

---

① 笔者在三岩的田野调查中，报告人就曾经说白利就是格萨尔，只是改了名字。后来《格萨尔》的传唱是德格土司的引导，还讲过精彩的传唱包装过程，在笔者《解密三岩帕措》一文中有介绍。

② 吉隆·扎西嘉措、吉隆·图确多杰著，苏德胜译：《果洛宗谱》，西宁：青海民族出版社，2017年，第77页。

③ 孙林、保罗：《“玛桑格萨尔王”及其相关氏族杂考——〈格萨尔〉古氏族研究之一》，《中国藏学》1996年第4期。

在甘孜县与德格县之间。该地不仅控制进藏道路，亦可有效联络（石渠方向）青海玉树、（色达方向）果洛和海南藏族自治州。

三、白利土司的消亡

鼎盛时期的白利土司在青藏高原东部可谓非常强大，《拉托王统记》记载白利雀崩时期，白利部落的势力已经是："其百人白马犹如钉在天空中的六颗星一般。"[①] 这六颗星星其实是指白利的六个分支，白利利用姻亲联盟策略，与拉托王、周边的大部落形成战略合作，极大地巩固了在康区的地位。在固始汗没有进入青藏高原之前，青藏高原东部地区藏传佛教主要是本教、噶举、萨迦与宁玛派。始建于 9 世纪的德格县境内的本教寺院登青寺，是白利部落在康区的家庙之一。当时登青寺的分寺众多，其势力范围覆盖今甘孜州、嘉戎、西藏昌都，云南涉藏地区和青海玉树、果洛、黄南、海南等区域。白利部落既是该区域最大的统治者，又是本教的大法王，且兼崇萨迦，身兼政教两权。

到白利土司顿月多吉时期，康区的政治格局是丽江木氏土司控制了康南巴塘、木里等土司辖地，不仅在木里大规模采金，而且把控了盐井的盐业经济；而白利控制了玉树囊谦的盐业经济，并在新龙等县同样大规模开采金矿。茶和盐是涉藏地区的刚性生活需求，控制了四川、云南茶马互市咽喉要道，又占据盐业生产地，等于把控了涉藏地区的经济命脉。另外大肆开采康区的矿产资源，积蓄了大量的财政资金，可见当时白利与木氏的势力之强盛。这一时期的白利土司在"历不属藏、亦未附汉"的三岩（武城县）都设置了那达本。前面讲过连康区大名鼎鼎的德格土司和囊谦两位土司都被迫交出管辖权，远走他乡避难。

白利甚至对结盟对象却图汗儿子阿尔斯兰予以剿灭。1634 年，阿尔斯兰原本受父亲却图汗指示，前往西藏与红帽派饶降巴喇嘛等联合消灭格鲁派，结果被格鲁派策反，竟然跟合作对象藏巴汗的军队开战，还到拉萨专门拜谒了达赖。却图汗非常生气，这是对白利、藏巴汗和他联盟抗御蒙古势力进入战略计划的严重破坏，下令要处死阿尔斯兰。结果阿尔斯兰兵败西藏逃至白利土司地界，白利出动精兵强将，一举将其擒杀。

强势的行为必然带来危机，首先是第七代德格土司向巴彭措联合囊谦土司洛周加宝（第十五代囊谦王）之弟嘎玛拉德（洛周加宝亡故后，嘎玛

---

① 转引自李志英：《康区"白利土司"考》，《藏学学刊》2015 年第 2 期。

拉德摄理王位）秘密与格鲁巴合作，并前往青海和硕特蒙古处求援，请求固始汗出兵康区（喀木），平定白利土司。在其策应下，1639 年 5 月固始汗大兵压至青海玉树，进攻白利土司，这场战争一度形成拉锯战。在与白利军队几度交锋后，固始汗军队佯装后勤保障供应不足而退兵西宁，顿月多吉不知是计，闻讯后立即派兵追击，深入青海腹地，意图将蒙古军赶出其领地。结果中计，遭遇德格、囊谦和固始汗军队的夹击，兵败玉树，被迫逃至贡觉一带避难。中山大学何国强教授带许韶明博士等在三岩作田野调查时，报告人称：

> 在三岩人的眼中，白利土司顿月多吉是一个“魔怪”，因为他像朗达玛一样动用武力消灭佛教，因此他的死是理所当然的。据说，顿月多吉在三岩避难期间，虽然没有留下官寨之类的宏伟建筑，但在三岩的一些坝子上留下了一些军营的建筑遗迹和其军队架灶后所遗留的痕迹。有报道人指出，顿月多吉来到三岩时许多三岩人被收编进军队，老老少少都被赶到山上参加战争；然而，由于帕措的存在，三岩各村的人们不能团结作战，只是各自保护自己的村庄，顿月多吉对此种一盘散沙的局面无可奈何，因此他在三岩的统治时间并不算长，只维持了 3 年的时间。①

这位报告人可能是受到了后代黄教对白利评价的影响，这与笔者所调研的有些差异，三岩热萨堪布（敏都寺）讲：三岩人说他们是白利土司的兵，曾经横扫康区，后来白利土司被蒙古人打败，请求三岩支援，由于大雪封山，没有办法出兵，最后德格土司带兵和蒙古人一起在贡觉相皮擒杀了白利土司。这一说法与《贡觉县志》大事记记载一致：“1639—1640 年（冬季）（藏历第十一饶迥土兔年至铁龙年），蒙古和硕特部首领固始汗进兵康区，攻打势力日渐强大的白利土司顿月多吉，在贡觉相皮乡桑珠荣、孜荣一带发生激战，白利土司顿月多吉被擒杀。”② 至此，一代枭雄化为尘土，烟消云散。

---

① 许韶明、何国强：《整体稀缺与文化适应：三岩的帕措、红教和民俗》，广州：中山大学出版社，2013 年，第 212 页。

② 西藏自治区贡觉县地方志编纂委员会编：《贡觉县志》，成都：巴蜀书社，2010 年，第 846 页。

五世达赖在《西藏王臣记》中作了详细记载：

在丑年冬季，因康区中部白利发生了对佛教徒进行残害只准发展本教的事件，他（指固始汗）再次来到措喀。因此，他于己卯年（1639）5月率大军到达白利，当即征服了那里的民众。在庚辰年（1640）11月25日，所有白利顽强的官吏头人等，虽一度远逃他方，但他们难以抵抗那福威强大的铁钩，结果如磁石吸铁般地都被捕回，全部置于法庭，依法惩办。这样从区域中消除了一切痛苦不安的根源，将所有受害的萨迦、格鲁、主巴噶举、达龙噶举等各派的僧官们从牢狱中解救出来，送他们回各自的方土。从此包括西域王（指云南纳西王）所辖的人民在内的所有民众都来献纳赋税方物，恭顺承事。①

白利王的失败使康区政治与宗教格局发生逆转，丽江木氏土司被赶回老巢，康南各土司恢复了原有的属地管地。“固始汗联合德格土司和囊谦土司消灭白利土司后，康区北部的本教遭受了空前的摧残，几乎被灭绝。许多本教寺院被烧毁，凡是亲近白利王的僧俗人士遭到杀害或关押并强迫本教徒改宗格鲁派。随后固始汗和五世达赖派却吉昂翁彭措到康区，在原有本教寺院的废墟上重建13座格鲁派寺院。”② 而由于政治的需要，五世达赖和固始汗下决心将白利土司从康区历史上抹去。所以白利土司相关记载很少，大多只是片言碎语，正如扎西次仁在《甘孜日报》发表的《康巴历史之谜——迷失的白利王国》一文所说：

桑结嘉措的《黄琉璃》（1698年成书）、《五世达赖阿旺罗桑嘉措自传》（1617—1682年成书）、《西藏王臣记》（1643年成书）和松巴堪布（1704—1788）的《青海史》等著作中，也多少有点顿月多吉及其兴衰的记载……造成有关白利土司的资料信息稀缺。究其原因，我怀疑，固始汗杀害顿月多吉时，为了消除其影响，会不会将其一切有关白利王世系的历史档案尽数销毁？或者土司属下的本教徒为躲避迫害，将有关的历史档案资料埋藏起来，待

① （清）第五世达赖喇嘛著，郭和卿译：《西藏王臣记》，北京：民族出版社，1983年，第177页。

② 得荣·泽仁邓珠：《藏族通史·吉祥宝瓶》，拉萨：西藏人民出版社，2001年，第574页。

日后时机成熟时作为伏藏重新发掘出来？藏族历史上不是没有发生过这样的事。这或许是笼罩在白利土司王国头上迷雾的原因吧！①

白利土司战败，德格土司与囊谦土司如愿获得战争红利，固始汗将被消灭的白利土司的大部分地域划交给拉青，德格土司一跃成为康北最大的土司，同时获得固始汗赐封的“德格僧王”称号，成为德格第一任法王。囊谦王嘎玛拉德在打败白利土司的战斗中立下了赫赫军功，固始汗和五世达赖为了奖赐他，给他颁发了一份锦缎文册承认其统治地位，并赐封“米旺仁钦南杰”（意为“尊胜人主”）称号。自此，囊谦部转归和硕特部蒙古管辖。随着固始汗完全控制康区，出兵西藏，推翻藏巴汗王国，格鲁巴甘丹颇章登上政治舞台，明朝时期康区土司争霸画上句号，白利土司宛如天际的流星划过，难觅踪迹，唯有安多语流传在康巴广袤的草原。此后，康区土司除工布朗结一度崛起扩张外，基本格局未有变化，一直到改土归流、中华人民共和国成立后民主改革彻底废除土司制度。

第四节　西藏与清政府关系的建立

清朝于顺治元年（1644）定都北京时，须面对蒙古和硕特部已经控制青藏高原藏族地区的现实。在崇德二年（1637）清朝便与固始汗建立了同盟关系，接受了固始汗治理青藏地区混乱的政治局面的成果，为清朝后续的大一统行动创造了十分有利的条件。因此，清朝入关后的第一个皇帝顺治帝通过和硕特部完全实现了对全藏族地区的统治。

从西藏内部看，虽然在固始汗的支持下甘丹颇章地方政权得以建立，但由于原来教派之间的矛盾形势依旧严峻，残余的第悉藏巴军队和噶玛噶举派属下势力遵时养晦，伺机而动，还不时有叛乱发生。外部情况是大明王朝江河日下濒于崩溃，清朝政府则如旭日东升，1636 年皇太极将努尔哈赤建立的“后金”改国号为“大清”，1640 年，明清松锦之战爆发，1642 年洪承畴在松山被俘，祖大寿在锦州投降，明朝在辽东的防御体系完全崩

① 扎西次仁：《康巴历史之谜——迷失的白利王国》，《甘孜日报》，2015 年 5 月 16 日。

溃。大清势力风起云涌，不可阻挡。为此，1642 年，五世达赖和四世班禅便与固始汗商议，派遣赛钦曲结为使者前去与清朝皇帝联络。1643 年赛钦曲结抵达沈阳。皇太极亲率诸王、贝勒、大臣出怀远门迎接。

如此隆重接待卫藏使者，因这正合大清政权战略意图。清初在用武力扩展势力的同时，皇太极也十分重视利用藏传佛教的影响，崇德四年（1639）就曾派人赴藏“延致高僧”。赛钦曲结返藏时，皇太极令其带回致达赖、班禅和萨迦达钦的书信及所赐礼品。这以后，“兴黄安蒙”成为清王朝治理边疆贯彻始终的基本国策，积极扶持藏传佛教，倚重格鲁巴，以借助其影响力更有效地治理信仰藏传佛教的蒙古族与藏族地区，事实证明这是一项成功的策略。

1644 年顺治皇帝入关，又专门派人进藏慰问达赖与班禅，并发放布施，表示对达赖的支持。同样，达赖和班禅亦派专人为贡使，祝贺皇帝登极，表贡方物。1651 年，顺治帝派遣察干上师和席喇布上师前往西藏，敦请达赖赴京。翌年，五世达赖率领西藏僧俗官员及随从共 3 000 多人，前往北京朝觐顺治帝。顺治帝命内务府大臣协古达礼康到青海高规格迎接。抵达甘肃时，皇帝又赐给达赖金顶黄轿。达赖到京城附近时，顺治帝以畋猎之名，在南苑以相遇于路途的方式迎接了达赖，在南海子旧衙门接待五世达赖，然后再赴京师“宾之于太和殿”。达赖在自传中写道：“皇上拨白银九万两，专门为我修建一座名为黄寺的如同天神苑囿一般的居处。”“皇帝对我格外施恩。我献上珊瑚、琥珀、兽皮千张等贡物。皇帝回赐物品十分丰厚。”①

此行，达赖在京城居留 2 个月。1653 年 2 月，达赖上奏顺治帝曰：“此地水土不服，身既病，从人亦病，请告归。”顺治御殿赐宴，为其饯行，并予以丰厚赏赐。达赖抵达代噶后，顺治帝又遣礼部尚书觉罗郎球和理藩院侍郎席达礼等，送去册封达赖的金印“西天大善自在佛所领天下释教普通瓦赤喇怛喇达赖之印”。这一敕封，表明达赖的名号已经确定下来。达赖自传说：“将皇上所赐金印中的汉文择要化简，仿制新印，以便于在长效土地文书上钤用。撰写新印赞诗，献给洛格肖日菩萨及欲界自在战胜天母。”②由此可以看到，五世达赖十分重视清帝所赐金印，不仅代表他名正言顺执掌西藏的王（天）意，更是执掌西藏政权威信与至高权力的象征。

达赖此次前往北京觐见顺治帝，固始汗因为身患重病，只能留于西藏。

① 《五世达赖喇嘛自传》木刻版，第一部，第 197 页
② 《五世达赖喇嘛自传》木刻版，第一部，第 275 页。

但是，“清世祖对于当时实际上控制着西藏局势的固始汗并没有忽视。清世祖仍然以金印、金册封赏固始汗。金印的全文是‘遵行文义敏慧固始汗之印’”。固始汗在之前完成了两件对西藏地方政治、宗教、历史具有深远影响的大事。1645 年，他赠给自己的老师罗桑却吉坚赞“班禅博克多”称号，从此确立了班禅活佛转世系统。1646 年，固始汗与卫拉特各部首领 22 人联名奉表进贡，清廷赐以甲胄弓矢，命其统辖诸部，与清朝确定了主权关系，青藏高原和新疆等地正式纳入清朝的主权版图。

1654 年固始汗去世，1659 年西藏发生反对蒙古势力的“诺尔布事件”，在日喀则第巴诺尔布发动战事，继承汗位的达延鄂齐尔汗由青海返西藏平息事件，但经此一役，蒙古可汗的权力削弱，五世达赖扩大了他在世俗的权力。1668 年 3 月 12 日，达延鄂齐尔汗去世，西藏统治主集团与固始汗后裔的矛盾日益激化。1682 年，五世达赖圆寂，第巴桑结嘉措秘不发丧，以与固始汗之孙拉藏汗对抗。1705 年第巴被拉藏汗所杀。接着拉藏汗又废第巴所立的六世达赖仓央嘉措，另立意希嘉措为达赖喇嘛。清廷先是承认了拉藏汗所作的处置，并封其为“翊法恭顺汗”，不久，康熙帝感到“西藏事务，不便令拉藏独理”，于 1709 年派遣官员入藏“协同拉藏”管理西藏事务。1713 年又正式册封五世班禅为“班禅额尔德尼”，以安定西藏局势。

1717 年，准噶尔汗国的策妄阿拉布坦派台吉大策凌敦多布从伊犁出发，以护送拉藏汗两个子女归藏为名（拉藏汗之妻出身准噶尔首领家族），经乌什—莎车—和田—阿克赛钦—阿隆冈日山脉—申扎县—藏北纳木错，用计攻入拉萨，杀死了拉藏汗，和硕特汗国灭亡。自此以后，和硕特在西藏的影响力消失，开启了清廷加强西藏治理的施政之路。清廷于 1718 年和 1720 年先后两次派兵入藏，平定了准噶尔部入藏之乱。在此期间康区土司早已纷纷与清朝取得联系，借助清朝中央政府的力量摆脱蒙古势力控制。此次事件后，清廷废除了独揽地方大权的西藏第巴（藏王）职位，设立四名噶伦管理政务，令康济鼐为首席噶伦，并赏其贝子衔，以“噶伦会议”代替了“第巴”制，并陆续派遣官员赴藏办事。同时，清廷在进军西藏的同时，顺应蒙、藏人士的意愿，护送原在西宁供养的格桑嘉措入藏坐床，敕封为“弘法觉众”“达赖”。但此后不久，西藏噶伦间发生了矛盾。

1727 年“卫藏战争”爆发，噶伦阿尔布巴等起兵杀死康济鼐，引发长达一年的大规模战争，终结了“噶伦会议”制度。战争的爆发，给西藏人民带来深重灾难。虽然清廷早就发现噶伦“互相不睦”，并增派官员进藏，设立驻藏大臣，但此举没有制止事件的发生。为迅速平乱，清政府任命内阁学士僧格和副都统马喇为首任驻藏大臣，直接监督西藏地方政府，调解西藏贵族内部纠纷。同时派遣左都御史查郎阿率兵1.5万余人赴藏平乱。在噶伦颇罗鼐和当地僧俗军民协助下，平息了阿尔布巴等人发动的骚乱。清廷以颇罗鼐平息阿尔布巴事件有功，封其为贝子，委之总理藏政，后晋为贝勒。同时，为防准噶尔部入侵，1727年，清廷将七世达赖移往康区，经过工布江达、昌都、边坝、洛隆、巴塘到理塘，1730年迁至泰宁惠远寺庙。借助七世达赖移居对康区的影响，清廷于1729年在康区展开了大规模的土司设置行动，共册封大小土司67员，强化了清廷对康区的控制。由此，一次近代西藏文化东进就在康巴大地上根植，且影响巨大。

为了更好地控制和管理西藏，清朝在1728年厘定了西藏的行政区划，“下令将西康东部的打箭炉、理塘、巴塘等地划归四川管辖；将西康南部的中甸、阿敦和维西等地划归云南管辖。又从南称巴彦（今玉树）等处七十九族中划出四十族归西宁办事大臣管辖，其余三十九族后来也归驻藏大臣管辖”。[①] 这种区划，赋予了康区地缘政治格局新的战略意义。这样，不但使以后西藏地方政府的辖区得以明确，也体现了中央管辖涉藏地区的绝对权威。西藏在这段时间内社会稳定，边疆平静。康区经济得到发展，步入了文化繁荣时期。

1747年，原西藏多罗郡王颇罗鼐病故，其次子珠尔默特那木札勒袭封郡王。其子没有继承父亲扼守职责、兢兢业业的优点，“父亲是珍贵檀香树，儿子是溪边柽柳条”[②]。珠尔默特那木札勒“素不信奉达赖，心怀仇隙”，表面上顺从清朝派遣的驻藏大臣，在外“潜结准噶尔为外援”,[③] 暗中联络蒙古准噶尔汗国，伺机起兵反叛。对内则先后谋害了其兄长，罢黜和设计欲杀害德高望重的老一辈噶伦，并不断制造事端，激化同七世达赖的矛盾。1749年，珠尔默特那木札勒攻杀其长兄“里公”珠尔默特策布登，控制了阿里。次年，驻藏大臣傅清、拉布敦迫于情势，诱杀珠尔默特那木札勒，随后为其党羽卓呢尔（官名）罗卜藏札什所杀。七世达赖因此事件下令“解散贼党安抚难民”。随后，乾隆皇帝派遣四川总督策楞、提督岳钟琪领兵入藏，配合七世达赖平息了叛乱。

西藏内忧外患频繁，如何削弱世俗贵族的权势从而更好地治理西藏，这些问题摆在清政府面前，根据乾隆帝的指示，策楞拟定《西藏善后章程

① 苏发祥：《清代治藏政策研究》，北京：民族出版社，2001年，第64页。
② 顾祖成：《明清治藏史要》，济南：齐鲁书社，1999年，第203页。
③ 牙含章：《达赖喇嘛传》，北京：人民出版社，1984年，第49页。

十三条》（下文简称“十三条”），对西藏的行政体制进行了一系列改革。章程废除了西藏郡王制，设立噶厦，驻地在拉萨大昭寺，长官为噶伦，秉承驻藏大臣、达赖旨意办事。同时规定噶伦员额为四人，且必须于公所（噶厦）办理政事。章程扩大了驻藏大臣的职权，并首次正式规定了达赖的世俗权力，形成了驻藏大臣、达赖与班禅的僧官系统、噶厦俗官系统三者制衡的状态。驻当雄的达木和硕特八旗蒙古军队亦归驻藏大臣统辖。

1751 年，清政府颁行策楞拟定的“十三条”。在进行体制改革的同时，清政府还决定在西藏长年驻兵 1 500 名，令提督大员率领弹压，3 年轮换一次，成为定例。1757 年，七世达赖圆寂，乾隆帝恐噶伦等人“擅权滋事”，令第穆呼图克图“一体掌办喇嘛事务”，废除郡王独理专擅西藏政务的制度，由达赖领导噶厦掌管西藏的政务，分权于一僧三俗的四位噶伦手中，创设了达赖未亲政时的“摄政”制度。

1780 年，六世班禅为祝贺乾隆皇帝七旬寿辰前往内地朝觐。7 月 21 日乾隆帝在承德避暑山庄高规格接见了六世班禅额尔德尼，乾隆帝用藏语交谈，使得气氛非常融洽。8 月 25 日，六世班禅离热河经古北口至北京，由皇六子和章嘉国师陪同在京活动，11 月，六世班禅在北京西黄寺因患天花治疗无效而圆寂。

1781 年 6 月，乾隆遣副都统乌尔图纳孙到西藏宣旨，封 24 岁的八世达赖强白嘉措为“西天大善自在佛掌管天下佛教遍知一切斡齐尔怛喇达赖”，并赐金册，令其亲政。

1785 年，噶玛噶举红帽系第十世活佛确朱嘉措与执掌西藏政教事务的格鲁派达赖、班禅政权之间产生纠纷，外逃廓尔喀国（今尼泊尔），挑唆廓尔喀国王发兵西藏。廓尔喀军以所谓“银钱贸易冲突”“妄增税课”“盐掺杂质”为借口，进入后藏聂拉木、济咙、宗喀等处滋扰，钦差巴忠等人贪功邀赏，默许了西藏地方政府许以每年元宝三百个、折银一万五千两（相当于 5 万卢比）作为赔偿，连续 3 年，以换取廓尔喀退兵。

1788 年，廓尔喀军再次借故袭入后藏，深入日喀则等地，洗劫扎什伦布寺，震动全藏。乾隆派巴忠率军入藏，以不利的条件议和，允诺向廓尔喀偿银赎地，并向朝廷谎报失地收复，罢兵。1791 年 7 月，廓尔喀再次入侵后藏，并先后占据聂拉木、济咙等地。八世达赖、七世班禅与驻藏大臣联名向清廷报告，请速派大军入藏抵御外侮。乾隆帝闻报后，下决心彻底解决西藏边务问题，下令任福康安为大将军，海兰察、奎林为参赞，并从东北调索伦兵 1 000 人，调金川土屯兵 5 000 人，川兵 3 000 人，并加上藏内官兵3 000人，共17 000余人，历尽千辛万苦，清军收复擦木、济咙，随后越过喜马拉雅山，兵临廓尔喀首都加德满都城下。1792年5月廓尔喀国王请降，并将确朱嘉措的尸骨、妻小及掠去的扎什伦布寺部分财物一并送至福康安军前，至此，廓尔喀成为大清藩属，5年一朝贡，直至清末。此战胜利，是藏汉民族共同保家卫国之战，在中国反对外来侵略的历史上写下了辉煌的一页。

平定外扰之后，福康安按乾隆皇帝旨意整饬西藏事务。一是严惩确朱嘉措的叛国行动，废除了噶玛噶举派红帽系活佛转世，查抄了该系的寺庙和财产，并强令其所属的红帽喇嘛改奉黄教。从此噶玛噶举派红帽系在西藏销声匿迹，不复存在。

二是遵照乾隆帝谕令“妥立章程，以期将来撤兵后，永远遵循”。制定《钦定藏内善后章程二十九条》（下文简称“二十九条”）。“二十九条”对西藏的宗教事务、外事、军事、行政和司法做出了详细的规定。章程的第一条规定，认定活佛转世实行金瓶掣签制度。改革制定了藏传佛教中的活佛以及活佛的遴选制度。清政府制作了两只金巴瓶，一只供奉在拉萨大昭寺内，用于达赖、班禅及其他大呼克图克转世；另一只则供奉于北京雍和宫内，用于蒙古各部及甘青涉藏地区的大活佛转世灵童的认定。

“二十九条”明确了驻藏大臣督办藏务，并与达赖、班禅地位平等；明确外交事务均须通过驻藏大臣处理。“二十九条”的颁布，标志着“清朝在西藏地方施政已发展到最高阶段”①。八世达赖强白嘉措也表示：“立定法制，垂之久远，我及僧俗番众感切难名，何敢稍有违拗，将来立定章程，惟有同驻藏大臣督率噶伦及番众等敬谨遵照，事事实力奉行，自必于藏地大有裨益，我亦受益无穷。”② 亦颁布全藏《水牛年公文》，全面落实章程。

① 索文清：《乾隆鼎盛时期中央治藏政策推演与完善》，《中国西藏（中文版）》2004年第4期。

② 参见牙含章：《达赖喇嘛传》，北京：人民出版社，1984年，第62页。

第九章 清朝治理康巴地区的政治与军事实践

相较于明朝，清朝治理康区经过多次政治与军事实践，首先是消除青海蒙古和达赖政权在康区的政治影响力，通过军事行动，有效地增强清朝在康区的统治地位；其次是继承和改革了明朝治藏方略，向该地区导入效仿“藩部”的制度和政策，给予较高的行政级别和地位；最后是实行了“安藏必先安康”的政治实践。第一次从地缘政治学的观点定位西藏是内地守护，“欲图内地之安，则境外之藩篱必先自固。蜀之门户在西藏”①。“经营理塘、巴塘、德尔格忒一带，酌度情形，开荒修路，逐渐整顿，直到川藏交界为止，庶可固川省之藩篱，慑藏番之狡抗，则界务通商均可次第了结，英人亦自输服”。② 所以，清廷最初治理康区的策略是沿用明代土司制度，后来军事介入采取“以番攻番”“剿抚并用”，并最终实行“改土归流”。在此过程中发生了许多对康区有深远影响的军事事件。

第一节　西炉之役与清政府治藏之策

前文已述，明末固始汗进入康区擒杀白利土司，并将木氏土司赶回丽江老巢，康区实际被固始汗所控制。由于蒙古和硕特部的进入，康区形势出现前所未有的重大变化，而此时的明王朝自顾不暇，中央政府事实上失去了对这一区域的控制。清朝建立之后，这一区域的形势并没有立即出现转变，在清政府基本控制四川地区后的几十年时间里，清军实际上未进入康区，清政府也未能对康区进行直接有效的治理。虽然，明正土司是在顺治九年（1652）归附清廷（长河西、鱼通、宁远），但中央政府没能够有效控制该地区。17 世纪末至 18 世纪初的西炉之役改变了这种格局，在战略决战取得胜利后，清政府实际控制了康区主要地域，其治藏战略由此迈出新的一步。

“打箭炉”即今之康定，是随茶马互市线路改变而兴起的一座重镇，是进入吐蕃的门户，自古是兵家必争之地。早在唐宋时期，康区东部及大渡河流域一带已有不少中央政府设置的羁縻州。元初，这一地区的藏族部落

① 参见《清代藏事奏（上）》，北京：中国藏学出版社，1994 年，第 490 – 491 页。光绪三年（1877）十一月十日，丁宝桢奏折。

② 参见《宫中档光绪朝奏折（第 10 册）》，台北：台北故宫博物院，1974 年，第 529 – 531 页。光绪二十二年（1896）十一月二十一日，鹿传霖奏折。

均受朝廷招抚。据《元史·地理志》等记载，元在大渡河流域及周边一带设有碉门、鱼通、黎雅、长河西、宁远军民安抚司。明踵元制，设立军民宣慰司，并成为茶马互市重镇，汉藏商人汇集于此。而西藏地方之所以觊觎打箭炉，看中的就是这个边茶市场。他们以“番人藉茶度生”为由，多次以达赖名义上疏朝廷，流露出派兵“屯戍”之意，想要在打箭炉“戍兵”。为达此目的，于是频频插手康巴地区事务，其代理人打箭炉营官昌泽集烈便有恃无恐，欲凭借固始汗之力独霸一方，不断挑起事端。昌泽集烈原为噶举派僧人，在今康定市瓦泽乡营官村背后山嘴上噶举派饶蒂寺出家。后来被蒙古汗王收为义子，命他把这座寺庙扩建成木雅营官的官寨（营官寨），并成为营官，受命于蒙古与噶厦。

清政府断然拒绝了戍兵的要求，同时于打箭炉地方令扎什巴图尔台吉领兵驻防，蒙古兵撤归西海（即青海）。西藏第巴（藏王）桑结，假达赖之名向朝廷虚报“已撤归”了打箭炉的西海蒙古兵，却暗中支持和怂恿昌泽集烈占领打箭炉。在打箭炉跑马山建起一座寺庙，实施以教权干涉土司政务，于清康熙三十九年（1700）杀死明正土司蛇蜡喳巴（奢扎寨巴），越过大渡河举兵东进，侵占河东乌泥、若泥、岚州、嘉庆、擦道诸地，扰及雅州府所辖地方。“内土司”被喇嘛营官打死，所住地方被侵占，令朝廷震怒。朝廷认为此事西藏地方负责人有不可推卸的责任，于是敕谕西藏第巴务必严处。《清实录·圣祖实录》载：“康熙三十九年（庚辰）六月辛卯敕谕第巴等曰：‘边境向有定处，尔纵放营官喋吧昌泽集烈，将四川打箭炉内土司蛇蜡喳巴居住地方恃强尽行霸占，渐次侵踞河东乌泥、若泥、凡州三处，潜有窥伺嘉庆、擦道之意。又因内土司蛇蜡喳巴漏言，遂至于死。种种狂悖，实难宽假。川陕总督席尔达已经具题。据此，岂非尔私示所属人等侵犯边境生事？边境地方岂可让与寸土？此等事情，尔俱违悖妄行！敕旨一到，将渐次侵占打箭炉及版图内土司地方俱著退还。打死内土司蛇蜡喳巴之营官，即拿解送。不然，生事之罪，归与尔身，彼时悔之不及矣！’”这是清政府对西藏地方负责人的严斥与告诫。[①] 当时的第巴桑结，对五世达赖之死秘不发丧，实际控制着西藏政权，面对中央政府“谕旨”仍然一意孤行，从进入泸定首险大冈峰到磨西西南以下一百多里的大渡河，立营十四，陈兵五千，意欲对抗。

康熙三十九年川陕总督席尔达疏请进讨，将化林营移驻打箭炉。参将

① 《清史稿》第188卷洪武廿一年（1388）。

李麟奉命督兵前往镇压，受阻。是年十一月，冷竹关、烹炊、沙湾、咱威、紫牛等河西沿岸村落均被昌泽集烈布防，与清军隔河对峙，陕总督再奏朝廷请派援军进剿。四川提督唐希顺率川省标镇协营官兵沿大渡河东岸布防，清朝令侍郎满丕率军增援。清军攻占各渡口后，分兵三路出击：一路由游击张自成攻那吒顶；一路由唐希顺沿大道向磨冈岭进发，与张自成形成钳击之势；另一路由参将马尔植等渡河沿河西咱里、沙湾、烹坝而上，攻要隘大冈。激战5日，唐希顺与张自成合力占领磨西，生擒昌泽集烈，斩首示众。马尔植也用火攻之法占领大冈。清康熙四十年（1701）正月，唐希顺率部进驻打箭炉，征剿用兵历时半年，以清政府完胜结束。

此役时间虽不长，双方投入兵力较多，在康区历史上规模空前，成为清朝治藏的一个分水岭。此役之后，清中央政府得以直接管控康巴地区，康区政治军事格局出现重大变化，清治藏战略亦出现重大调整。随即，清王朝在打箭炉地区采取了设立军事据点、扩建官道、设立驿站、架桥修路等措施，特别是拨重金在大渡河上修建了泸定铁索桥，使打箭炉真正成为茶马互市重镇。正如任乃强先生所讲："川康间之重镇，历有变迁，汉为沈村，唐为黎雅（雅安），宋为碉门（天全），元为河州，明为岩州（岚安），清康熙时为化林坪（兴隆），雍正时为泰宁（汉源），乾隆以后是打箭炉（康定）。"① 从此打箭炉得以快速发展，成为川藏商贸集散地。它对于恢复和发展茶马贸易，重塑四川涉藏地区政治与经济格局，稳定藏东局势起到积极作用。在地方治理上，一方面坚决清除和硕特部的势力，彻底消除蒙古势力影响；另一方面让明正土司后代继承其职管理打箭炉事务，同时在相邻地区设置了一批安抚使、土千户与土百户。这些措施使清王朝得以顺利践行直接治理和统治四川涉藏地区治藏之策，雅砻江以东和大渡河中上游地区尽在控制之中。康区其他地方势力顺势而为，也在摆脱与格鲁派矛盾重重的和硕特部控制，积极与清王朝联络，最后形成了由中央王朝控制康区土司割据的格局。

---

① 任乃强：《民国川边游踪之〈泸定考察记〉》，北京：中国藏学出版社，2010年。

第二节　大小金川战役

位列乾隆帝“十全武功”之二的大小金川战役，是清政府深度治理涉藏地区事务的标志，不仅在清朝历史上产生了深远的影响，对四川涉藏地区的社会稳定，边疆建设，巩固多民族统一及宗教信仰同样产生了巨大的影响。战后，成都将军明亮向乾隆帝的奏折中提到9条入藏路线中有5条与大小金川有关，因为大小金川位置正好处于三藏区的交界处，西通西藏（卫藏）、东邻汶茂（羌）、北枕青海（安多藏）、南接康藏。它可以远扼西藏、青海、甘肃等藏族地区，近控川边，其战略地理位置的重要性显而易见。

一、第一次金川之役

乾隆七年（1742），大金川土司色勒奔病亡。翌年十一月，清政府任命其弟色勒奔细承袭土司职。色勒奔细颇有野心，意图控制小金川，通过联姻把侄女阿扣嫁给小金川土司泽旺。阿扣则与泽旺之弟土舍良尔吉私通，离间兄弟。乾隆十年，色勒奔细袭取小金川，活捉泽旺，夺取小金川印信，其地交由良尔吉管理。接着他又将自己的女儿嫁给巴旺土司，以期控制巴旺。色勒奔细扩张的态势引起了清政府的注意，不断以檄谕相告。而这时清政府征剿瞻对的不力，让色勒奔细轻视清政府，变得更加嚣张。乾隆十二年，色勒奔细一面发兵攻打革布什咱土司，一面出兵攻占了明正土司所辖的鲁密、章谷等地。坐汛把总李进廷无力抵御，退保吕里。四川巡抚纪山一面奏闻请旨，一面派兵弹压，结果被色勒奔细伏击而兵败。胜利给了色勒奔细极大的信心，他开始联合其他土司，攻围霍尔章谷，千总向朝选阵亡，并侵压牦牛，枪伤游击罗于朝。

乾隆帝闻报震怒，派遣曾平定准噶尔、苗疆等地的名将轻车都尉张广泗带兵征剿，乾隆十二年4月，张广泗奉命入川，招来自己的心腹。他到金川前线后，认为在大小金川地区的现有汉、土官兵两万余人“各怀二心，非边巡观望，即逃匿潜藏，此土兵之不足恃也。而官兵又单弱，将来深入贼巢，或攻剿碉寨，或沿途防守，断难支持”①。为此，乾隆帝又从贵州各营兵中再调兵2 000人给张广泗。起初，张广泗进剿顺利，先后收复了大金川所占的牦牛、马桑等地。被色勒奔细活捉的小金川土司泽旺亦前来投诚，并出兵协同清政府攻剿大金川。乾隆皇帝为此深感满意，同时传谕张广泗，对金川“不若尽兴剿灭”“不必专以召徕抚恤为剪金酋之胜算也”。②

进攻的大金川据点有二，一为勒乌围，色勒奔细镇守于此。二为刮耳崖，乃大金川之要塞。张广泗权衡再三，决定6月28日从西、南两个方向攻击。西路又分四支进攻：一支松潘镇总兵宋宗璋统兵4 500名，由丹坝进取勒乌围官寨；一支参将郎建业等率兵3 500名，自曾头沟、卡里进攻勒乌围；一支威茂协副将马良柱率领汉、土官兵3 500名，由僧格宗进攻刮耳崖；一支参将买国良、游击高得禄率兵3 000名，由丹坝进攻刮耳崖。南路由建昌镇总兵许应虎统领，又分三支进发，一支参将蔡允甫率兵由革布什咱攻取正地、古交，与西路宋宗璋、郎建业协同夹攻勒乌围；一支泰宁协副将张兴、游击陈礼带兵由巴底前进，与西路军马良柱、买国良会合攻打刮耳崖；一支游击罗于朝带兵会同土司汪结由绰斯甲布进发，攻取河西各寨。总计兵力3万余名。

经过两个月的进攻，西路军距刮耳崖仅10公里；南路军夺得碉卡数处，兵临勒乌围。但是，面对大金川高大的碉卡，清兵使用掘地道、挖墙孔、断水路、炮轰击等种种办法均不能攻克。张广泗方才意识到攻打的艰难，其手下更是束手无策，望碉卡而兴叹。乾隆帝收悉战况，得知后勤保障亦面临困境，只得传谕张广泗暂时停止进攻，移师宽阔地带休整，待来年开春之时再战。色勒奔细见清军大部队退去，抓住战机于乾隆十三年（1748）正月初二，率兵攻击江岸的噶固碉卡，守碉80余名土兵水断粮绝，无奈打开碉门投降。随即大金川兵峰剑指郎建业部，游击孟臣战亡，所立卡伦7处丢失，后勤辎重损失严重，色勒奔细乘胜追击。20日，郎建业不得不率部退守巴底，总兵马良柱所部也撤至孙克宗碉寨。张广泗损兵折将，进攻大金川以失败告终。

张广泗进剿失败，上疏弹劾马良柱撤军导致炮械被毁，辎重丢失，乾隆帝命将其逮捕前去京师问罪。面对金川战局，乾隆皇帝决定派大学士、军机大臣讷亲为经略，赴金川指挥战事，并以提督衔重新起用了岳钟琪赴

① 《清高宗实录》卷二九一，乾隆十二年五月己未条。

② 《平定金川方略》卷二，乾隆十二年五月乙巳条。

军前效力。

讷亲乃皇亲贵族，满洲世家子弟，虽祖上都是雄才大略的开国元勋，可他却非统军之才，没有作战经验，只会纸上谈兵，且刚愎自用。乾隆十三年六月，讷亲驰抵小金川美诺军营之后，传达皇上旨意，借乾隆下诏责备张广泗的大军作战无方、胆怯惧敌；并借此讽刺张广泗等。张广泗对其盛气凌人不满，次日，便前往卡撒军营。六月九日讷亲亦赶到前线，在刚到兵营对敌情一无所知的情况下，贸然发动腊岭之役，署总兵任举、副将唐开中、参将买国良分兵三路攻打“山陡箐密，碉寨层层”的腊岭，并下达限令三日克捷之令。结果，损失惨重，总兵买国良、署总兵任举中枪阵亡；副将唐开中受伤，进攻失败。经此一役，讷亲灰头土脸，骄气被彻底打灭，诸事推诿，受张广泗等军事将领耻笑，以其不懂军事而轻视之，将相不和，军威日损，军心涣散。

此时，张广泗竟然下令仿照金川筑碉建卡的方式，进行以碉攻碉。这种打消耗战的方式自然受到乾隆下旨严训，责备张广泗附和推诿。讷亲恰在此时弹劾张广泗分十路进兵，导致兵力微弱，劳师糜饷；岳钟琪连上两份告发张广泗的奏折，弹劾张广泗玩忽职守，用人不当，导致军事机密泄露，故屡战屡败。为此，乾隆帝传谕召讷亲、张广泗返回京城述职，为了震慑军心，张广泗被斩立决，随后讷亲也被其祖父遏必隆的佩刀斩杀。乾隆指出：讷亲来到前线，张广泗观望推诿不配合，明知讷亲策略必败，对其错误举措，不去指正，还幸灾乐祸，进行非议，可见其内心之险恶。

张广泗确实如乾隆所说，对待岳钟琪也是如此，当岳钟琪来到军营，张广泗即命岳钟琪领四路驻扎党坝。岳钟琪抵达前沿驻地，首先登山梁观察地形，只见党坝三面环敌，金川兵碉寨林立眼前，所据地势十分险要，碉寨之间又成犄角之势，相互照应，进可攻，退可守。而党坝清营岌岌可危，如同叛军桌上的烤肉。于是岳钟琪经过深入细致的研判，提出“从党坝就近直接攻打康八达，先拿下勒乌围门户，直逼叛军老巢”的计谋。张广泗却反命令岳钟琪到百余里外去攻打无关紧要的腊岭、卡撒两寨。岳钟琪反对，好在监军讷亲支持岳钟琪。张广泗却以“容我一想”，从此按兵不动。岳钟琪对张广泗舍近求远、避重就轻的战术产生怀疑，于是在军中进行秘密调查，发现张广泗率军抵达金川后重用了王秋和良尔吉，一位是他的旧友，另一位是色勒奔细派来的奸细，所以两年来清军的行动色勒奔细一清二楚，预先防范。岳钟琪急将此事密奏乾隆，才有乾隆震怒，立即下旨“着岳钟琪就地诛杀奸细，接管金川军事；罢去张广泗军权官职，逮京候审”之举。

处理讷亲、张广泗之后，乾隆再次计划攻打金川，傅恒毛遂自荐参赞军务，随后以户部尚书协办大学士署理川陕总督，经略军务。为了配合傅恒出征，授予与岳钟琪一起被释出狱的傅尔丹署理川陕总督之职，与岳钟琪一起管制兵马。乾隆帝降谕从陕甘、云南、湖北、湖南、四川及京师、东北增派满、汉官兵35 000名，加上原有兵力共计6万人；同时拨银、拨铜等，除在金川本地铸造铜炮外，还命从京师运去很有威力的冲天炮、九节炮、威远炮等。乾隆为此还在北京西山建圆形城，专门为征讨大小金川而修筑模拟战场。八旗军中的精壮将士2 000余人组成的一支特种部队“健锐云梯营”，日夜在此演习山地战和攻坚战。

傅恒来到前方军营后，听取岳钟琪建议，采用“碉勿攻、绕出其后、旁探其道、裹粮直入”，“舍碉而直捣中坚”的策略，与岳钟琪兵分两路进剿，秘密调集人马，留3 000兵力守护粮草辎重，3 000兵力布防于党坝、泸河一线，以1万兵马出党坝，偷渡泸河，水陆并进，突然袭取碉寨。同时，派出1万人马自甲索进马牙冈、乃当两地，与从党坝出发地攻击力量形成东西夹击，围马牙冈、乃当碉寨。经过一番激战，焚毁碉寨10余座，攻克敌大小碉卡47处，缴获粮谷12仓……清军旗开得胜，士气大振。傅恒、岳钟琪乘势攻击色勒奔细老巢勒乌围的门户康八达，康八达堡垒坚固，重兵把守，虽有重炮攻击，却毫发未损。岳钟琪心生一计“引蛇出洞”，一面在康八达碉寨不远处运土夯堡；一面用口袋装土派兵日夜假运粮草，制造存有大量粮草的假象。清军大队人马则每夜轮番手持火药喷筒，鸟枪弓箭，埋伏于土堡四周，等待金川兵出寨抢粮。寨中守兵果然中计，未等几日便大队人马深夜出动欲劫粮，被清军伏击，侥幸逃出者拼命往碉寨里跑，结果斜刺里另一队清军随败军直冲寨门，进入康八达寨内，控制寨门，占据制高点，接应后续人马杀入寨中，占领康八达寨。

色勒奔细老巢勒乌围门户大开，与清军大营隔泸河相望，已无险可拒。色勒奔细得知清军统帅为岳钟琪，于是请降。原来康熙五十六年（1717），准噶尔汗国大汗策妄阿拉布坦与沙俄勾结入侵西藏，欲吞并青藏，色勒奔细带领本族士兵随岳钟琪出征西藏、羊峒，战后经岳钟琪一力推举，朝廷授色勒奔细金川按抚司一职。其间岳钟琪曾调停杂谷、金川、美同、沃日、龙堡部落间的内乱，秉公而断，调回了他们被夺去的山寨。所以族人对岳钟琪敬佩有加，视为恩公，今心甘情愿请求罢兵归顺朝廷。后经傅尔丹、岳钟琪请奏乾隆，并禀告傅恒，傅恒则坚持要求色勒奔细、郎卡叔侄亲缚赴辕，方饶恕他们不死。乾隆十四年（1749），皇帝降旨，允许其求降，以省帑费，以惜人力。赦其罪，仍给土司职……

至此，第一次金川战事结束，此次用兵 75 000 余人，耗银 2 000 余万两。

二、第二次金川之役

第一次金川战事结束后，大小金川等相邻土司之间的纠纷并没有停止，乾隆二十年（1755），大金川土司参与孔撒、麻书、绰斯甲布、革布什咱等诸土司的纠纷。四川总督黄廷桂、提督岳钟琪立即召集各土司调停，并平息纠纷。

乾隆二十三年，色勒奔细病故，其侄郎卡袭大金川土司职，此时正值大金川与毗邻发生边界纠纷，郎卡一举攻下党坝，赶走小金川土司泽旺，同时围攻革布什咱土司官寨。四川总督开泰调停，谕郎卡归还邻封地，郎卡不从。乾隆帝对金川纠纷颇为忧虑，既不愿对金川轻起兵事，以免蹈其覆辙；同时又不希望大金川骚乱，引起更大社会动荡。乾隆帝决定采用“以番治番”、因势利导、互相钳制的策略，指示开泰调集鄂克什、绰斯甲布、党坝、革布什咱、小金川、巴旺、卓克基、梭磨、松岗九土司攻剿大金川，派钦差大臣阿桂至川督办。乾隆二十八年，正当绰斯甲布等九土司合攻大金川之时，开泰却多次接见郎卡所遣之人，常加慰抚。《清史稿》载：

> （乾隆）二十八年六月，开泰奏九土司大举击破金川。上闻郎卡使人诣成都，开泰许进谒，抚慰之，而阴令九土司进兵……谕曰：“郎卡于绰斯甲布等屡肆欺凌，众土司合力报复。开泰既闻其事，惟应明白宣示，谕令悉锐往攻；而于郎卡来人严为拒绝，且谕以尔结怨邻境，谁肯甘心？断不能曲为庇护。如此，则郎卡既不敢逞强，绰斯甲布等亦可泄忿。乃既用谲以笼络郎卡，又隐为各土司援助，郎卡素狡黠，岂能掩其耳目？殊非驾驭边夷之道。”①

这势必引起九土司的疑虑。乾隆帝因而革去开泰总督之职，以阿尔泰代之，表明清政府支持九土司的立场。乾隆三十一年（1766），四川总督阿

① 《清史稿》卷三百二十六《开泰列传》。

尔泰令九土司环攻大金川。虽然未能战胜郎卡，但获得谈判条件，郎卡同意退还所占毗邻土地，阿尔泰亦准保留其安抚司之职，允许其与绰斯甲布、小金川联姻。《清史稿》载：

（乾隆）三十一年，诏四川总督阿尔泰檄九土司环攻之。九土司者，巴旺、丹坝、沃日、瓦寺、绰斯甲布、明正、木坪、革布什乍及小金川也。巴旺、丹坝皆弹丸，非金川敌。明正、瓦寺形势阻隔，其力足制金川。而地相逼者，莫如绰斯甲布与小金川。阿尔泰不知离其党与，反听两金川释仇缔约，自是狼狈为奸，诸小土司咸不敢抗。①

大小金川、绰斯甲布结成姻亲，势力愈强，反而埋下隐患。乾隆三十二年（1767），乾隆帝又得知郎卡将女儿嫁给小金川土司泽旺之子僧格桑，立即意识到“此又一伏衅端”，并谕示阿尔泰“当留心，不可隐讳”②。金川地区局势的发展，不出乾隆帝所料。乾隆三十五年四月，僧格桑把其父泽旺生病怪罪于鄂克什土司信用喇嘛诅咒，发兵攻占鄂克什的三个寨子。四川总督阿尔泰得悉调解，僧格桑不从。此时小金川土司泽旺年老昏聩，不理政务，由其子僧格桑掌管印信，而僧格桑之妻为大金川土司郎卡之女，故纠纷发生时大金川一直声援僧格桑。阿尔泰与提督董天弼亲往弹压，僧格桑被迫撤兵，叩头谢罪，表示愿意退还所占鄂克什的地域。

乾隆三十五年，郎卡病故，索诺木承袭父职。次年，索诺木与革布什咱各头人杀其土司色楞敦多布。小金川土司泽旺之子僧格桑也配合其行动发动反清斗争。阿尔泰因处置不力被罢职赐死。史载：

（乾隆）三十六年，索诺木诱杀革布什札土官，而僧格桑再攻鄂克什及明正土司，与官军战。上以前此出师，本以救小金川。今小金川反悖逆，罪不赦。赐阿尔泰死，命大学士温福自云南赴四川，以尚书桂林为四川总督，共讨贼。③

乾隆命大学士温福为定边右将军汶川出击，尚书桂林为四川总督由打

① 《清史稿》卷五百一十三《列传三百·土司二》。
② 《平定两金川方略》卷五，乾隆三十二年二月戊申。
③ 《清史稿》卷五百一十三《列传三百·土司二》。

箭炉率师进剿小金川，西南夹击，为各个击破。要求暂勿声讨大金川。乾隆三十七年（1772）五月，桂林副将薛琮率3 000兵攻墨龙沟，被僧格桑截断后路，薛琮向桂林求援，桂林按兵不动，致其全军覆没，桂林被黜，乾隆帝以阿桂代桂林。阿桂督军进展顺利，连续攻克资里、僧格宗等地，十二月，清军攻克小金川美诺官寨、底木达官寨，俘杀泽旺，僧格桑逃至大金川。攻破小金川后，乾隆帝授温福定西将军，阿桂、丰升额为副将军，各统一路官兵进攻大金川。三路大军均未能突破金川负险构筑的防线。温福一路受阻于功噶尔拉，只得改变进攻路线。温福在攻占小金川后，“自以为是，不听伊言，以致众兵寒心”。当进攻遭金川土司猛烈抵抗，难以前进时，“不广咨方略，惟袭讷亲。张广泗以碉卡逼碉卡之故事，修筑千计，所将兵二万余大半散于各卡，每逾数日当奏事，即派兵扑碉，不计地势之难易，得不偿失，士心解体”①。温福还“狃于易胜，不复调檄各路兵马，惟日与提督董天弼辈置酒高宴”②。史载：乾隆帝多次提醒温福，并曾数十次下谕，温福依然我行我素。结果，次年六月，索诺木联合小金川头人七图噶拉尔思甲布等数千人，突袭攻陷提督董天弼底木达军营，切断清军粮运，夜扑木果木大营，抢占底木达营盘，击杀董天弼，温福的后路被断，仓皇失措中中枪而亡。清军望风溃逃。

木果木之败，清军损失惨重。提督马全及牛天畀等文武官员88人阵亡，损失兵士3 000余人、粮食17 000余担、银5万两、大炮5尊等大量军需物资，小金川得而复失。这是乾隆帝执政以来用兵的第一次大溃败。

当时乾隆帝在热河，闻报后震怒，命阿桂为定西将军，明亮、丰升额为副将军，舒常为参赞大臣，征调京中键锐火器营以及各地精锐军队、绿营兵丁、屯土兵士等近8万名，由阿桂统领，听取木塔尔（小金川已降土目）之策，分兵3路合击小金川。阿桂从西路攻美诺，明亮从南路攻僧格宗，丰升额由西北路攻大金川宜喜牵制索诺木兵力。阿桂、明亮势如破竹，连战连胜，攻克小金川后又集各路兵力剑指大金川。阿桂仍兵分3路，自率1路由小金川进兵；明亮从南路经马奈、马尔邦进兵；丰升额从北路由党坝进兵。同样捷报频传，攻无不克。乾隆三十九年（1774）七月，清军直驱索诺木官寨勒乌围。索诺木鸩杀僧格桑，献尸求赦己罪，阿桂不允。勒乌围碉寨坚固，土兵集结于东部山头碉楼群防守。西临大河，南有转经楼与

① 《圣武记》卷七《乾隆再定金川土司》。

② 《啸亭杂录》卷七《木果木之败》。

官寨互为犄角，石卡栏栅围护，下有暗道可通。但此刻清军气势如虹，一鼓作气攻陷勒乌围，破石卡碉楼，夺转经楼、喇嘛寺，断犄角，阻水路。可索诺木及其兄色勒奔细刚达克等已先期逃往噶拉依，为此阿桂、丰升额督兵直捣噶拉依，乾隆以大金川“战碉林立、易守难攻”命苏赫德选派善测量之法的“西洋人”傅作霖赴金川助阿桂进剿。有了傅作霖的精确计算，大炮昼夜轰击，且命中率高，乾隆四十一年（1776）二月初四，索诺木不得已率男女老幼2 000余人出寨投降。清军将索诺木兄弟及头人等押解启程回京。四月，索诺木等被凌迟处死。第二次金川之役结束。

清军第二次出兵大小金川，历时五年，耗银7 000余万两，官兵死伤数以万计。事平后，清朝在大小金川设立懋功、章谷、抚边、绥靖、崇化等五屯，驻军屯垦，以防再次发生反抗事件。

大小金川战役与抗击廓尔喀人入侵、进剿三岩是同一时期清政府在涉藏地区的最大军事行动。[①] 看待大小金川战役，不能仅仅局限于战役本身，而要从清朝确保国家统一，民族团结，稳定边疆的战略高度审视。虽然投入巨大，但效果理想。它结束了近三十年之久的混乱局面，使大小金川乃至整个西川地区从此得到了相对的稳定和安宁，也使影响全国不少地区类似金川事件的问题得到妥善解决。最主要的是彻底改变了康区的政治格局，清政府得以直接掌控康区和安多，钳制西藏，并完全控制藏区，对维护国家统一，确保国家安全与多民族团结，保持边疆少数民族地区的稳定和发展都具有重要的历史意义。平定大小金川之战后，实行改土归流，大兴屯田，恢复和发展了生产，促进地方经济发展及汉藏民族融合交流，有不少藏族兵民陆续投附清朝军营，拉开了藏族将士在清军中活动的序幕。后来，廓尔喀侵扰西藏，在西藏驻军难以抗敌的情况下，清朝即命成都将军率所部满、汉官兵和大小金川屯练（当地士兵为主）士兵3 000余名，迅速入藏抗击侵略者。经过两个多月的苦战，把廓尔喀侵略军赶出了西藏。此后，大小金川等地的屯练土兵，成了保卫西藏地方安定和边疆安全的重要武装力量，同时，构成了康巴文化爱国的核心内容。从乾隆开始到民国时期，先后被征调出兵30余次，每次从征土兵2 000人左右，还远征贵州、湖北、湖南、青海、甘肃、台湾等地，为维护国家的统一和安定起着积极的作用。

---

① 汤池安：《浅析“进剿三岩”》，《藏学研究论丛》第四辑，拉萨：西藏人民出版社，1992年。

第三节 波日·工布朗结

关于工布朗结，因所处角度不同，有人赞誉他是农民起义的英雄，也有人贬斥他是制造战乱的魔怪。在康巴历史上，工布朗结是一个不可忽略的人物，在道孚县惠远寺，有一块碑文专门记述了征剿工布朗结的文字。相比白利土司，工布朗结至少有史可查。

一、工布朗结的成长

工布朗结（1799—1865），清嘉庆四年（1799）出生于新龙切依地方的瓦达寨子。青年时在一次战事中失去了左眼，变成了“独眼龙”，藏语称为“布鲁曼”。

工布朗结的先人叫喜绕降泽。喜绕降泽因出家为僧，拜白玉嘎拖寺喇嘛益西茂为师，机缘巧合与顿楚、四郎仁青跟随八思巴去京城，后获封敕、得官印。于1270年修成热鲁官寨。其管理之权，交其姐姐行使。当地人称该家族为“瞻堆本冲”（意为有挽铁疙瘩本事的官）。不久，喜绕降泽在霍曲河的山上修了萨迦瞻堆寺，成为瞻堆家族家庙。

到“上瞻对班滚”时，热鲁的下瞻对土司两个同父异母兄弟，即大、小班滚争夺土司继承权导致了该家族的分裂，1745年小班滚的孙子工布扎西被授予土司封号。但大班滚占领了位于热鲁的下瞻对家族的城堡，小班滚不得不搬到位于上、下瞻对间的卡娘居住。后来由于大班滚担心小班滚将来会与他争夺土司职位，于是暗中派人杀害了小班滚，并迫使其家人搬到甲日的卡恰城堡居住。小班滚的儿子工布登成人后，千方百计摆脱伯父的控制，并成为力压甲日地方的主导势力，被民间称为“甲日小长官（小土司）”或“中瞻对家族（中瞻对土司）”。工布登在这一地区的势力和权威不断增强，再一次引发了大班滚的强烈担忧，他派人刺杀了工布登。

18世纪中叶，工布登的儿子工布扎西成人后，娶了上瞻对土司属下小头人桑绒本的女儿萨古玛为妻。萨古玛聪慧机智，她以热鲁下瞻对土司家族杀害小班滚和工布登为由，几次向清朝官员状告下瞻对土司，后来她又向朱倭土司和炉霍土司求救，但是两位土司担心得罪下瞻对土司都不敢为她做主。她深感忧虑，为摆脱下瞻对土司对她家的严密监视，在亲戚的支持下，萨古玛将家搬到位于卡娘对面的切依。到切依的哇塔城堡定居后，他们得到了萨古玛娘家和工布扎西舅舅的保护。她的儿子诺布次仁成人后，娶了当地最有权势的阿呷家族女儿夏迦措为妻。生下一个儿子和四个女儿，可儿子多吉绕丹早早夭折了。为了巩固家族势力，诺布次仁将女儿们嫁给上瞻对土司属下的小头人家族，与之建立起了婚姻联盟。长女索南拉姆嫁给了桑绒·格桑达吉，次女阿拉嫁给了林达·顿珠崩，三女索南措嫁给了墨堆·工布旺杰，而幼女多吉卓玛嫁给了墨居·旺杰。与此同时，他在瓦塔修建了一座被命名为“瓦塔颇章”的城堡。后来，诺布次仁娶了桑绒·阿色遗孀诺布卓玛为次妻，诺布卓玛是下瞻对土司属下小头人绒塔的女儿。她为诺布次仁生了三个儿子和两个女儿。长子诺布，次子温布喇嘛，幼子工布朗结。两个女儿，长女措姆嫁入了下瞻对土司属下一个名为“甲日仓”的小头人家族，次女扎西拉姆也嫁入了上瞻对土司属下一个名为息哇仓的小头人家族。通过与有钱有势的阿呷家族以及上、下瞻对六个小头人家族联姻，诺布次仁的势力得到快速增强，在瞻对地区获得一定权势。

清朝康熙至乾隆年间，上、中、下瞻对不断爆发内讧，相互征杀。为避免内乱，雍正、乾隆朝先后两次用兵进剿，致使下瞻对土司势力衰弱，一直被上、下瞻对压制的中瞻对便趁势而起，到工布朗结之父诺布次仁时，四处攻掠，抢占地盘，清朝政府不得已又派出大军进剿。1815 年川督琦善派兵围剿中瞻对诺布次仁，兵马行至炉城，诺布次仁畏惧兵威“缚献凶夷朗结七力等十一名”，以示降顺，并央求上瞻对及阿色土司等出面保举，愿充军到五百里外的古鲁一带居住。前来围剿的清朝总兵罗声皋轻率地听信了诺布次仁畏惧兵威的虚辞，准其所请，遣令班师。然而诺布次仁用的是缓兵之计，罗声皋失职被清廷革职。于是第二年，川军前往围剿，与德格土司，上、下瞻对头人联合剿灭诺布次仁。

就在清政府两次出兵瞻对期间，工布朗结出生。他一出生就被一位高僧说是恶魔降世，也有高僧说他是护法神的化身。史料记载：“雪山神而生工布朗结，工布朗结生而神力绝人，兼有胆智，自幼嬉戏，儿童多受其指挥，既长而驰马、试剑无虚日，每顾盼自雄曰：‘天何生我在蛮夷之中！’”① 从年轻时他就展现了天生的谋略才能。中瞻对有两户人家，一户叫巴古，一户叫阿珠。两家在当地都颇有势力，被工布朗结视为自己家族重新崛起的障碍，便挑拨两家关系，使他们刀兵相向。两家相互攻杀时，他有时悄

---

① 参见昔绕俄热：《新龙工布朗结兴亡史》，《甘孜藏族自治州文史资料选集》第三辑，1985 年。

悄帮助巴古家，有时又悄悄帮助阿珠家。一次，两家又互相攻杀。他就躲在巴古家的楼上偷看，被阿珠家手下开枪打到窗檐的木屑弄瞎左眼，于是有了“布鲁曼”的称呼。后来在瞻对“布鲁曼”就变成工布朗结的独有名称。他从小喜爱骑马舞刀，在寨中儿童游戏时多为指挥者，结交朋友甚多，常常把家中食品送给穷孩子和与他年龄一般的人，因此被拥护为“孩儿王”。工布朗结幼年生活是较优越的，但至其父诺布次仁战亡后，开始过着贫困的日子。

二、工布朗结的崛起

工布朗结长大后，皮肤黝黑，身材高大，力量过人，是个智勇双全的男子汉。他继承了父亲诺布次仁建立的与各家族婚姻联盟基础形成的成果，工布朗结与他的两位妻子育有四个儿子和七个女儿共十一个孩子。正妻卓玛来自上瞻对土司属下的一个名为色贝本的主要头人家族，育有三个儿子和四个女儿。长子其美工布，次子堆对工布，三子东德工布。老四即长女次旺卓玛嫁给了理塘的拉旺仁增，次女阿拉嫁给上瞻对土司属下名为“沙堆本”（即沙堆首领）的主要头人，三女索南卓玛嫁入道孚地区名为“东纳仓”的有钱有势家庭，幼女贝措嫁入林葱土司属下的古色家族。次妻雅吉来自上瞻对的息哇仓家族，班丹（头人）的妹妹，育有一个儿子和三个女儿：儿子叫桑达工布。老二即长女格桑卓玛嫁给了中瞻对家族属下被称为“东纳仓”（即墨居首领）的头人旺杰（后来她又嫁给了“霍波如本”），次女丹增卓玛嫁给了朱倭土司洛色，幼女恰多卓玛嫁给了让塔家族的阿索。工布朗结不仅与自己属下和上瞻对土司属下的头人家族建立婚姻联盟，而且也与邻近的林葱、朱倭、理塘和道孚地区有权有势家族联姻。他逐渐将家族势力扩展到邻近地区，从而为其将来扩张到这些地区奠定了基础。父子两代逐步建立起的一系列婚姻联盟，使工布朗结拥有了一个姻亲政治属性的血缘网络。他的许多姻亲都是上、下瞻对土司属下的小头人，有利于他统一整个瞻对地区，将其纳入统治之下。瞻对地区的统一也为工布朗结发起针对康区其他土司的军事行动提供了物质条件和军事力量。

而此时瞻对地区各土司间的内部纷争依然无休无止，尤其是工布朗结家族与上、下瞻对土司家族间的仇隙不断加大。史载，当年其父诺布次仁被清军围剿时，16 岁的工布朗结正在炉霍一带地方夹坝未归。清兵撤退后，他便回到中瞻对，潜藏于卡娘地方，窥探形势。那些年，上、下瞻对土司被中瞻对诺布次仁欺凌，今见他大败于清军，正好报仇雪恨，便相约出动武装，捕杀工布朗结。下瞻对土司（热鲁）出兵直扑他的潜藏地卡娘，工布朗结逃脱，他母亲却被擒获。本来上瞻对土司（大盖）约好和下瞻对同时直取卡娘，却在路上绕了一个弯，先去取切依寨，夺取工布朗结家的财产，然后才驱兵卡娘。就因上、下瞻对两土司各怀心思，配合不好，工布朗结才得以逃出生天。

工布朗结很快控制住了局势。1816 年 5 月，待围剿大军撤退后不久，工布朗结在一个夜晚突袭切依寨，并俘获了上瞻对土司派往该地的头人，交换回母亲。上瞻对土司将占据的切依地方归还给工布朗结，同时双方约定以后互不侵犯。工布朗结顺势夺回卡娘，将原来不属于上、下瞻对土司所管辖的地域全部占据，威胁赶走了滂热地方的头人司朗泽仁，拆其房屋，并征调滂热和卡娘两地民夫，修造了一座大寨子，取名“滂热达莫卡”（意为滂热虎寨），举家迁往居住。

工布朗结虽然偷袭成功，夺回了原来的地盘，但他并不满意。他心里清楚自己直接面对瞻对境内的两个劲敌：上、下瞻对土司。所以他一面抓紧兼并附近那些独立的小部落，一面招兵买马增强军事实力。

清道光二十五年（1845）前后，上瞻对土司邓珠翁加自杀。该土司懦弱无能，大小事务均由其妻班珍决定。班珍是下瞻对土司女儿，有此背景，其性情强悍暴戾，为人刻薄，行事嚣张。她生有二男一女。工布朗结前来求亲，上瞻对土司便将女儿嫁给工布朗结的儿子其美工布。班珍因此事受到娘家下瞻对土司的指责，便迁怒于丈夫，争吵中动手打了丈夫。这在男尊女卑的瞻对可谓奇耻大辱，邓珠翁加羞愤自杀。此事给了工布朗结插手上瞻对事务的机会。

邓珠翁加自杀后，上瞻对土司境内有实力的头人们便来实行集体领导，暂时代行土司职权。面对咄咄逼人的工布朗结，他们决议将土司两个尚未成年的儿子，一位送到活佛丹珍处求其保护，一位送往下瞻对土司家暂避。丹珍活佛本是邓珠翁加的弟弟，不甘土司权力就此落入头人们手中，便拉拢其嫂，以图夺回权力。但班珍却打算伙同情夫先杀了丹珍，再翦除几大头人，夺回土司大权。

天赐良机，于是工布朗结趁火打劫，劝班珍将送到娘家的儿子接到他的官寨中居住，说是这样便可以两家合为一家，夺回上瞻对土司职权。对此建议，上瞻对众头人自然一致反对。工布朗结见软的不行，便对上瞻对下了最后通牒：一是将班珍及其儿子送到他的官寨；二是不许诸头人长驻上瞻对土司官寨；三是不许诸头人代行上瞻对土司职权。遭到拒绝后，工布朗结便出动武装，包围了上瞻对土司官寨和寺庙。连续战斗十天，又断了官寨和寺庙的水道，上瞻对众头人力战不支，只好投降。

征服了上瞻对，工布朗结便转而把兵锋指向了下瞻对土司。这时的下瞻对土司普巴贡布年纪还小，由其母亲和奶奶辅助，共同执政。面对公开宣战的工布朗结无计可施，只好请了活佛高僧来寨中念经卜卦，同时也把属下的武装集中起来护卫官寨。

面对此情况，工布朗结先发制人，主动向下瞻对发起进攻，将下瞻对官寨包围起来，连续攻击。下瞻对土司虽然年幼，但手下武装也都英勇善战，工布朗结连续攻击十五天也不能得手。于是他各处搜捕在官寨中领兵据守的下瞻对头人们的亲属，押到阵前，以此要挟守卫将士。同时，又断了通往官寨饮水的暗渠。相持之下，他故意给寨中人留出逃生的缺口。此计一施，立马见效，很快夺取了下瞻对官寨。他将其子东登贡布派为下瞻对长官，原下瞻对土司领地全归其统辖。至此，工布朗结统一瞻对全境。

工布朗结占据下瞻对以后，不仅捣毁了下瞻对家庙，还把历代皇帝颁发赏赐给下瞻对土司的印信、号纸、官服、顶戴等，扔进雅砻江里。他说："我既不做汉官，也不做藏官，而是要靠自己的力量发展起来，才是我要做的官。"①

英雄造时势，时势造英雄。能够实现瞻对的统一，不得不承认工布朗结是一位智勇双全的康巴勇士。在统一瞻对的军事行动中，他使用了走为上计：父亲诺布次仁被劓，他避上、下瞻对追杀逃跑，尔后杀回；离间计：挑拨巴古家与阿珠家械斗；瞒天过海计：夺回切依寨，滂热，巩固中瞻对，救回母亲；反客为主计：岭达村邓珠崩是工布朗结的妹夫，他借口丢很多马，带人来岭达村找，村人刚倒茶，他的人就占据了所有房屋；趁火打劫、无中生有计：利用上瞻对土司邓珠翁加与妻子班珍的矛盾攻打上瞻对；顺手牵羊、笑里藏刀计：攻打下瞻对，以头人家属要挟，欲擒故纵，断水道、留逃跑路线，答应保小土司安全后又杀之；打草惊蛇计：火攻三坝之一的日坝寨坎昆头人，收复其他小部落。

工布朗结在整肃内部问题时同样表现非凡。他有一属下头人邓珠莫，是他的二姐夫。平时，邓珠莫对工布朗结的所作所为颇不赞同。工布朗结内心十分不满，更担心日久生患，说："坏人放在地方上，地方不安；獐子放在森林里，森林不安；内衣烂了最不好，内部出奸最危险。"他对部下下

① 参见《新龙县志》，成都：四川人民出版社，1992 年，第 377－378 页。

令，找机会设法把此人除掉，但故意走漏消息，邓珠莫听到后连夜携家眷逃往西藏。

三、工布朗结的征伐

工布朗结势力的壮大无疑对清政府治理涉藏地区产生负面影响。道光二十九年（1849）二月，川督琦善奉旨抽调松潘、懋功、建昌等地屯兵及“康区十大土司”共15路兵马，6 000人进兵瞻对围剿。在大军围剿的危急关头，工布朗结身先士卒，镇定指挥，终于稳住了阵势。工布朗结利用地理优势，采取“兵进则彼伏而不出，兵撤又复乘间窃取”的避实就虚、以少胜多、以守为攻战术，很快扭转了战局。不到2个月，清兵被拖得精疲力竭，伤亡较多。史料记载：“工布朗结在有可能出现德格等土司兵马的地方，首先让妇女们全方位搜索，发现情况就在山岗上以熏烟为号，报告敌情；让骁勇善战的青壮年分别到各处冲锋陷阵；让中年人固守险要村寨、隘口，让老年人都身着铠甲手持武器看家守户。”① 工布朗结面对数倍于自己的各土司兵力，能战则聚兵力战；不能战，便分成小股隐入深山密林。待金川兵稍有松懈，又趁势偷袭。面对工布朗结此种战法，八土司大军深入瞻对境内数月，除了得到些空荡荡的寨落，并没有真正损伤到工布朗结的有生力量。半年之后，冬季到来，气候寒冷，大雪封道，各土司兵后勤供应困难，士气便日渐低落，便只好分道撤兵。

琦善深感“野番出没无常，一时骤难进取”，为掩盖失利，不得不改换策略，以赏赐“六品长官司”诱降。工布朗结将计就计，假降使得琦善退兵，随后当下属面将顶戴衣帽抛入雅砻江以示未降。

在瞻对境内，经此胜利，工布朗结的威信更加高涨。清兵一退他就对周围土司发起攻势，首当其冲的是炉霍的章谷土司。他采用偷梁换柱、各个击破的策略，杀章谷土司心腹吉沙大吉、俘区角头人，刺吉绒拉科，借法神喇嘛开展攻心计，用降将占登管家杀楚洛头人，最终占领章古土司地盘。紧接着以远交近攻、欲擒故纵的计谋，与白利土司频繁交往，攻打孔萨与麻书土司。最后迫使白利土司与工布朗结的女婿朱倭土司投降，征服霍尔五土司。紧接着，用暗度陈仓、声东击西、擒贼擒王之计，以德格土司写给理塘土司共灭瞻对的信件为由，假传进攻理塘消息，暗地兵分南北五路，夜行收复玉隆土司。不知不觉来到德格，兵临城下俘虏德格土司母

① 参见昔饶俄热：《新龙工布朗结兴亡史》，《甘孜藏族自治州文史资料选集》第三辑，1985年。

子，完胜康区最大土司。随后，乘胜追击，以浑水摸鱼、十面埋伏之计，经历“细菌战”，完胜理塘土司，并攻打巴塘土司、明正土司，横扫了康东、康南、康北各地土司头人的武装势力，占领了金沙江以东的大片康巴地区，进入全盛时期。整个康区听闻工布朗结之名皆噤若寒蝉、胆战心惊。

工布朗结攻打霍尔五土司最精彩的就是离间计，他故意与白利土司频繁来往，疏远紧靠瞻对的孔萨与麻书土司，造成土司间彼此猜忌，然后举兵攻打孔萨与麻书两家土司。工布朗结吸取了征服章谷土司前期一味硬攻而不能得手的教训，在战事前期，他令兵马稍事进攻后便佯装败退，让他的对手认为瞻对人并不如传说中那样英勇无敌。接下来数次战斗，工布朗结的兵马依然稍战则退，有时甚至还佯装败逃，使对手的队伍渐渐滋生了轻敌情绪，除了土司官寨外，分散在雅砻江两岸的村寨都放松了戒备。这正是工布朗结等待的大好时机。当机立断，瞻对人出动大军，同时偷袭孔萨和麻书两土司全境，一夜之间，便几乎将其全境占领，并向两土司官寨合围而来。见此情形，孔萨与麻书自知无从抵抗，便收拾金银财宝和清廷颁发的土司印信，抛下土地和百姓，举家向西逃亡，渡过金沙江，进入西藏去了。

如此一来，瞻对北境有所谓蒙古血统的霍尔五土司，便只剩下白利与朱倭两家。朱倭土司本是工布朗结的女婿，见此情形，自然立即归附。而白利土司一家，自知无力抵抗，也只好向工布朗结称臣投降。

工布朗结在攻打理塘时，还经历了一场“细菌战”。面对被瞻对围困几个月的局面，理塘土司的妻子想出了一条退敌妙计。她向土司提出，可用传染天花的办法逼退强敌。理塘土司当即命人搜集患过天花的人的结痂。他们将这些含有病菌的结痂研为细末，分别掺入糌粑面和鼻烟末中，差人送到工布朗结帐前，号称他们已经精疲力竭，弹药粮食将尽，无力再战，愿意向瞻对称臣投降，先送来糌粑、鼻烟慰劳，以示诚意。工布朗结不知是计，下令将这些慰问品分散下发，鼓舞士气。结果，不出几日，天花就在瞻对的军营中发作起来，并日渐扩散，连工布朗结带到前线观战的孙子也染病而亡。瞻对人的队伍因这“细菌战”造成疫病流行而失去战斗能力，工布朗结只好含恨撤兵而去。

次年带着仇恨的瞻对人杀气腾腾，再次攻打理塘土司，理塘土司知道此次必会遭到严重报复，逃至西藏寻求庇护。获得胜利的工布朗结又进兵巴塘，受挫（藏军增援），继而改攻康定。一向谨小慎微且极其恭顺的明正土司也撤走驿站。新任命的驻藏大臣景纹到西藏赴任亦受阻。

四、工布朗结的结局

工布朗结的迅速崛起和扩张，使西藏当局也严密注视着这位康巴枭雄。他不以寺庙作为政治工具，制定了平分土地，实行移民政策，废除门当户对的婚姻制度，主张自由联姻等三条原则，引起了西藏噶厦政府的警惕。过去，噶厦政府对于各土司反抗清廷的战事，都乐得作壁上观，甚至暗中相助的事例也不少。但工布朗结与之前的土司大不相同，不但对宗教领袖缺少应有的尊重，而且扬言要征服西藏。他在康区得势后，并没有挥兵向东进攻汉地，而意图将兵锋转指西藏，这在噶厦政府中自然引起震动。藏历木鼠年（同治三年，1864），那些被工布朗结侵犯、威胁而逃到西藏的土司和头人们，更从中煽动，请求噶厦政府出兵，清政府也提出愿同噶厦政府共同出兵。于是噶厦政府决定：一是由三大寺僧众对工布朗结进行念经诅咒；二是从后藏增调部队，集结大军；三是从康区逃亡的头人中选出向导，择吉出兵。

而刚刚在历次对外战争中败北，又经历了太平天国战争和陕甘回民起义等内部战事的清廷，国库空虚，实力大损，无力对已经四度用兵的瞻对再大肆征讨，只好以藏军为主力并动员川属土司合围瞻对。这次对瞻对用兵，噶厦政府一反常态，非常积极主动。战事刚起，藏军不听节制，又让同治皇帝改变了主意，要求藏军撤回西藏本境，下旨四川总督骆秉章出兵。但骆在剿抚之间犹豫不决，以致原来制定的东南西北四路进剿的战略，只有西北两路藏军积极进攻。其实这时西藏地方政府也看到了清廷面临的窘况，要趁清廷衰弱之时扩大其影响，获得在康区的直接管辖权。

西藏噶厦在出兵前还专门制作了一个工布朗结的偶像，立于拉萨城广场，集中了许多擅长密法的喇嘛，对着工布朗结偶像施咒作法。在密集的诅咒下，偶像轰然倒下了，这被视为工布朗结必然败亡的预兆，极大地鼓舞了藏军士气。有关资料记载：

> 由于工布朗结占据了康区的许多地方，加上勒乌玛多次去信威胁等原因，西藏甘丹颇章政府问神打卦，要求甘丹、色拉、哲蚌三大寺念经诅咒，都显示了收服瞻对的好兆头，因此，藏历木鸡年，便派兵马来到了德格和呷杰（今白玉县境盖玉）。[①]

---

① 参见昔绕俄热：《新龙工布朗结兴亡史》，《甘孜藏族自治州文史资料选集》第三辑，1985年。

1864年噶厦军队到达金沙江边，前期急于进攻失利后，采用反间计，广布说客，并集中优势兵力后发动进攻，工布朗结在江达、白玉战斗中遭到重创。其主要原因是，藏军经过失利后总结经验教训，做了大量前期准备，在后来的进攻中，有的暗中接应，有的公开支援，号称西藏来的军队是“佛爷”派来的神兵，加上还有熟悉地形和有当地知情人带路。虽然工布朗结预计到了这样的结果，并提前把德格和霍尔五土司辖区内较为富裕和有影响力的人，包括平时有怨言的人，分别移地监管，集中关押，防止他们策应藏军，造成混乱，但还是出现了众叛亲离的局面。工布朗结最没有想到的是，玉隆头人见藏军大兵进攻德格，再次叛变（瞻对兵马几路围攻德格时，德格土司属下玉隆头人率先投降），率兵从瞻对守军背后发动偷袭，动摇了瞻对守军的防线。瞻对驻德格头人勒乌玛节节败退，只好向工布朗结告急，请求援兵。

工布朗结立即派另一得力战将普雄占堆带领三百骑兵前往增援。普雄占堆追随工布朗结多年，东征西讨，富有作战经验。前往德格救援途中，他侦知藏军首领赤满率兵驻扎在德格附近的汪布堆地方，即率所部向石渠开进，并施放烟幕，说是要去保护他家的亲戚林葱土司。实际目的却是采取迂回包抄战术，意图从北方南下，会同保卫德格的勒乌玛守军，将藏军包围，加以聚歼。但他不熟悉地理情况，在翻越拿纳玛大山时便迷失方向，未能与勒乌玛如期会合进攻藏军。反而在行踪暴露后，被藏军识破阴谋，避开了他的兵锋。普雄占堆在汪布堆地方扑了空，只好退回石渠。

失败后的普雄占堆不检讨自己为何失策，反而迁怒于防守金沙江的当地武装，责备他们抵抗不力，并将领兵头人扣押，解送去甘孜一带看管。普雄占堆骑兵退回德格北部石渠的草原地带，复又大肆抢劫，连当地著名的色须寺、智嘎寺等寺庙也未能幸免。此时，当地已经是怨声载道。

当普雄占堆率兵回到德格东面，率部翻越雀儿山与勒乌玛会合时，藏军已占领德格南山，直逼德格。普雄占堆便从德格北山发起进攻，与藏军激战。普雄占堆不支，队伍溃退。欲率兵进驻德格更庆，不想，同是瞻对兵马，驻守更庆的勒乌玛却不许他进入寨中，普雄占堆无可奈何，只得全力对抗藏军，并击退藏军。藏军败走后，普雄占堆已经面临很大困境，其队伍在与藏军交战中被截为两段，首尾无法相顾，失去战斗力，采取躲避战术勉强自保。

勒乌玛虽然通过普雄占堆的抵抗获得短暂的喘息机会，但面临着更加严峻的形势，藏军不断派人策反当地武装，原来已经归顺瞻对的德格本地武装纷纷反叛，频繁向勒乌玛部属发动袭击，使得勒乌玛部属穷于应付，不得安宁。勒乌玛面对藏军再一次进攻，不得已收缩防地。他将弃守的村寨尽行烧毁，虐待并残忍杀害藏军俘虏。

勒乌玛此举不仅没有起到震慑效果，改善其不利的战争态势，相反激发了更大的仇恨与反抗，使自己陷入更加孤立的境地。不久藏兵再次将他驻守的更庆地方包围起来。勒乌玛多次想办法解围，皆没有成功。工布朗结见此情形，只好允准放弃德格，并命令勒乌玛撤退前要将更庆地方的官寨、村落、寺庙和驰名整个涉藏地区的德格印经院全部烧毁。此时好在工布朗结的儿子桑达工布反对父亲的命令，他马上也给即将从德格退兵的勒乌玛去信，口气严厉地写道："不准你烧毁更庆寺和德格印经院，否则你我一定不会再有主仆关系，绝不会饶恕你！"因此，勒乌玛撤离德格时，才没有烧毁德格印经院。

勒乌玛撤走后，普雄占堆也随之撤离，藏军随即兵不血刃地占领德格。工布朗结失去了德格地域的消息传开后，其占领的霍尔五土司地区立即骚动起来。羁押于瞻对的人也开始组织逃跑，暴动频发，希望摆脱工布朗结的控制。

勒乌玛和普雄占堆回到瞻对后，藏军从南北夹击，一路从北线直赴甘孜县境发起进攻，另一路从瞻对南面的理塘攻击。面对严峻形势，工布朗结召集心腹干将商议对策。是战是和，工布朗结手下四位干将分为两派，勒乌玛和镇守理塘的尤布泽丁主战，普雄占堆和泽仁喇嘛主和。就在瞻对两派争议时，藏军占领甘孜，"当地群众像迎接菩萨一样，熏烟迎接藏军。勒乌玛曾多次试图向藏军反击，都没有成功"。①

兵败如山倒，更加严重的事件也在此时发生。甘孜被藏军占领后，普雄占堆便从麦科潜往章谷，与藏军联络。这事被工布朗结知悉，特派次登罗布前去督战、监视，清查通敌之人。并命令普雄占堆与妻子回瞻对接受新的任命。普雄占堆一面与次登罗布周旋，表示依然忠于工布朗结，愿意服从命令，并派其儿子随同次登罗布先回瞻对；一面派人在半路设伏将次登罗布杀死，救出其子，随后便率队伍投降藏军，并建议藏军向东攻取章谷，瞻对独臂将领阿曲罗科在章谷一带全军覆灭。这样一来，工布朗结占据的最后一个土司地域也被藏军攻占。藏军随即从麦科地方进兵，居高临下威胁瞻对。瞻对人心动荡，大盖头人格然滚投靠藏军；降空寺较有名的

① 昔绕俄热：《新龙工布朗结兴亡史》，《甘孜藏族自治州文史资料选集》第三辑，1985 年。

喇嘛呷他仁增、温波尼麦二人也带了财物去投降藏军；甚至连工布朗结平日最为信任的勒乌玛、甲日拉玛泽仁等也暗中与藏军取得联系。头人瓦则路古泽仁向工布朗结建议，应该把关押的活佛释放，以稳定人心。在工布朗结接受建议释放被关押的活佛后，瓦则路古泽仁也潜逃了。

当藏兵分三路攻入瞻对腹心地带，这时在工布朗结身边只剩下他的三个儿子，桑达工布、其美工布和堆对工布。还有一个儿子东德工布不在身边，他曾经是工布朗结的得力大将，当初南下攻击理塘土司的战斗就由他亲自指挥。但到后来，他觉得父亲在统治新征服的地方时过于严苛，又不听进言，便带领属下去了热鲁官寨。不久热鲁官寨也被藏军包围，东德工布投降，后与其家属被送去西藏软禁在一座庄园。

藏军乘胜攻击，于 1865 年 7 月包围了工布朗结的官寨。但工布朗结的官寨地处雅砻江东边陡峭的江岸之上，地势险要，楼高七层，墙厚五尺，粮食储备甚为充足，还有水道暗通寨内。藏兵虽然重兵围困，轮番进攻，一时间却很难得手，所以，藏军首领赤满提出谈判，其实欲借谈判之机，诱捕工布朗结。他通知工布朗结随儿子一同出寨谈判，迫于形势，工布朗结同意谈判。

为表达诚意，谈判之前工布朗结释放了德格土司母子和其他押在寨中人质共 200 余人。工布朗结派出他的儿子桑达工布和女婿洛色两人。结果藏军将其捆绑，押至官寨诱劝其父投降。这时，工布朗结在官寨获悉儿子女婿被扣，始信藏军真无谈判诚意，追悔莫及。他将全家撤到官寨中心，将其余的附属建筑一把火点燃，一代枭雄就此灰飞烟灭。

工布朗结败亡后，清朝政府无奈同意将瞻对置于西藏地方政府的统治之下，西藏地方政府任命“梁茹基巧”（新龙总管，相当于西藏驻康区大臣）。一是作为征剿的一种奖赏；二是对十二世达赖上书，请求清廷偿付藏军瞻对之役所花费的“口食钱粮军火药铅等项”的兑现。1865 年，随着驻瞻藏官的到来，西藏噶厦政府通过对瞻对的直接统治，进而将势力范围扩大到了康区北部其他地方。这个变化影响到了整个康区地方政权格局，又改变了清廷与西藏地方政府的关系，是工布朗结扩张这一地方性事件在国家层面的反应，对西藏地方历史乃至整个中国历史都产生了深远的影响，一直到赵尔丰改土归流、“民七事件”后方才恢复原有政权格局。但是，“瞻对（梁茹）基巧”统治的影响则一直延续到了 20 世纪初叶。①

① 参见玉珠措姆：《瞻对工布朗结在康区的兴起探析》，《中国藏学》2014 年第 2 期。

第四节　格鲁巴在康巴地区的兴盛与利美运动发起

康区因其特殊的地缘政治地位，是任何教派都想争夺的要塞。前面已经讲过，在西藏地方政教格局实现大逆转的宏观背景和大趋势下，这一时期格鲁派在康区超常发展，康区政教格局随之发生剧变。在一强多弱，大力“抑本兴黄”过程中，随着西藏政治格局的变化，原格鲁巴依附的和硕特汗国政权，在固始汗曾孙拉藏汗时榱栋崩折；加上康巴地区分别划归四川、云南、青海管辖后，康巴地区迎来新的政治地缘格局，虽然西藏噶厦政府借助宗教进行“长臂管辖”，但康巴各土司依附清王朝的趋势已经无法阻挡。这时候德格土司意识到教派平衡一旦打破，将出现政治文化危机，便充分利用“德格巴宫”（德格印经院）的文化优势，支持管辖区内的白玉噶举派宗学寺（仲学寺），发起了由宁玛派的巴珠、蒋扬钦哲旺波、弥胖，噶举派的蒋贡康楚，萨迦派的沃罗爹旺波，以及格鲁派的图登曲吉扎巴（也称弥涯昆梭）等诸位上师所倡的利美运动。

一、格鲁巴在康巴地区获得超常规发展

协助固始汗攻打白利土司的德格土司、囊谦土司收获胜利果实，如愿分得联盟红利。第七代德格土司向巴彭措把更庆寺确立为家庙“德格拉中”，制定了“十套教法”和“十六条政法”，被人们尊为德格第一代法王。德格土司一跃成为康区最大的土著势力后，便顺应时势，选择改信格鲁教派。在德格土司根嘎彭措的支持下，五世达赖派遣弟子曲吉·昂翁彭措到康区建寺弘法，于1655年在中扎科同鸠村建成康北第一座格鲁派寺庙“更沙寺”，并任该寺第一世曲吉活佛。此后，德格土司辖区内十余座黄教寺庙先后建成。1662年，他应总管康区的固始汗之孙罕都（伊勒都齐儿子）邀请，又马不停蹄地在甘孜绒坝岔建立大金寺，让白利寺改奉格鲁派。紧接着又在甘孜、炉霍、道孚等地建立了甘孜寺、孔玛寺、东谷寺、扎觉寺、章谷寺（寿灵寺）、西科寺、娘绒寺、灵雀寺、班日寺、孜苏寺、桑珠寺，即康藏“十三林”，又称霍尔（藏语蒙古人的称呼）十三寺。为了配合固始汗对康区的治理，“霍尔十三寺”自建成以后，与霍尔诸土司形成了紧密的政教关系。

霍尔十三寺建成，康南、康东受其影响，加上格鲁派还利用政治、军事、宗教优势逼迫或诱使其他宗派改信黄教，康区南部的巴塘、乡城、得荣、稻城等地许多其他教派寺院原属于噶玛噶举，固始汗将木氏土司赶出康巴后，差不多在同一时期内，这些寺庙纷纷响应改宗为格鲁派寺庙。比如，创建于明永乐年间的巴塘康宁寺，最初系本教寺庙，后改宗噶举派，1639 年又改宗格鲁派；得荣县的龙绒寺，原与乡城老桑披寺为同一个寺庙，有老桑披寺之称，属噶举派寺庙，康熙年间改宗格鲁派，迁址龙绒，遂称龙绒寺；云南省迪庆州德钦县奔子栏乡的“冲冲措岗寺”原属噶举派，后因参与以滚钦寺为首的反格鲁派战乱，格鲁派获胜后，改宗格鲁派，并与抗萨、支用、书松等 7 个小寺（贡巴）合并，更名“噶丹东竹林”。尔后，于 1679 年在中甸又建成东竹林寺（又称归化寺），五世达赖亲赐名“噶丹·松赞林”。这种情况在当时的昌都地区更为明显，明清之际，宗教格局发生根本性转变，在原来噶举派势力占有优势的昌都地区，由于明王朝统治的崩溃以及卫藏支持噶举派的几个政权的陆续倒台，特别是后来信奉格鲁派教法的蒙古和硕特部固始汗的进入，使得噶举派在与格鲁派的政教斗争中彻底失败，其在昌都的势力绝大部分丧失，大量寺院要么被毁，要么被迫改宗。进入清代以后，经过陆续调整，昌都地区最终形成了四大呼图克图联合统治的局面，格鲁派在昌都地区占据了绝对优势，这一形势一直维持到民国时期。对于黄教的发展，清政府也一直持支持态度，大小金川战役结束，就开启了“抑本兴黄”之策。之前，1728 年，清廷护送七世达赖赴理塘，奉雍正谕旨拨款 16 万两白银，在噶达（今道孚协德）修建寺庙，钦定名为“惠远寺”。1730 年，移七世达赖驻锡，1731 年，雍正帝御制“惠远寺”碑文立于寺，该寺成为康东格鲁派的又一大寺。同时，也进一步促进了黄教在康区的迅猛发展。总之，清代格鲁派在康区的传播与发展，可谓超常规。①

二、宁玛派获得发展

藏传佛教诸多宗派中唯一跨越“前弘期”“后弘期”两个时期的就是宁玛派，作为藏传佛教诸多宗派中历史最为悠久的宗派，传播范围十分广阔，它的数量仅次于格鲁派寺院，虽没有教派执政历史，但宗派影响极其深远，民间草根基础格外坚实。

---

① 参见范召全：《藏传佛教在康区传播与发展历史三段论》，《西藏研究》2013 年第 1 期。

宁玛派虽然是除雍仲本教外最早传入康区的教派，但在萨迦、噶举、格鲁派寺庙因为依附政治权利而超常规发展过程中，传播绩效一直不及后来者，这一状况直至清朝初期才有所改变。以德格为中心发展，形成了与格鲁派平分秋色的影响格局。

当时的德格是康区一个十分特殊的地区，著名藏学家任乃强先生讲："德格则西康佛教文化之中心也。"[①] 德格地区的藏传佛教无论是寺院规模、影响力还是学术文化水平，都是康区内其他地区所难以企及的。康区第一座寺院"丹垄塘度母寺"，[②] 就坐落在今洛须镇。洛须镇原就属德尔格忒宣慰司，因种种原因，德格在康区历史上成了比其他地区更有宗教号召力的地方。唐时这里又是唐蕃古道的重要枢纽之一，来来往往的汉藏僧侣在此活动，宗教石刻不断涌现。另外，因吐蕃的三次本佛之争和灭佛事件，大批高僧大德和僧人汇聚于此，通过传教弘法，本教寺庙如雨后春笋般出现。到了宋朝，后弘期在康区复兴，宁玛派嘎拖寺建成，尔后止贡噶举八邦寺落成，下路弘法走向高潮。元时，萨迦派执政，在获得封敕后大兴萨迦，以仲萨寺为代表的本教寺庙等也纷纷改宗成为萨迦派寺庙。明清时期，德格土司取代白利土司强劲崛起，对藏传佛教各派的支持前所未有，创造了一个小高潮。更庆寺、更沙寺、白玉寺、竹庆寺、协庆寺、八邦寺等一批具有重要影响的藏传佛教寺院纷纷建立起来，著名的德格印经院也开始创建。这一时期，德格土司辖区成为整个康区以弘佛带动五明（工巧明、医方明、声明、因明、内明）成就最高的地区，文化艺术、教育卫生、建筑手工等空前繁荣，南派藏医、河坡藏族金工锻造、雕版印刷、绘画书法、藏戏音乐等至今仍然在涉藏地区占有举足轻重的地位。

在德格土司所辖区域内，虽然在固始汗控制时期也对格鲁派进行了大力支持，但是宁玛派在当地已经形成了较为强大的势力，且宁玛派与格鲁巴保持了良好的关系，加上德格土司在对待藏传佛教各派的政策上基本是平等的，对德格境内各教派的发展和传播均采取支持的态度，很少加以限制，这使得藏传佛教各教派在德格境内和平相处、共同发展，宁玛派依旧强势发展。

宁玛派以嘎拖寺、白玉寺、竹庆寺为中心，不断向周边拓展，建立分

① 任乃强：《西康图经 · 境域篇》，第 69 页。

② 即《西藏王臣记》中所记"在魔女的左掌心上建康隆塘度母寺"，今天渠县洛须镇的"卓玛拉康寺"。杨嘉铭：《四川藏区藏传佛教的基本特点》，《西南民族大学学报（人文社会科学版）》2007 年第 2 期。

寺。白玉寺是1675年仁增贡桑喜饶所建，建成后因其大成就者不断涌现，对周边产生了极大影响，在阿坝和甘孜地区、昌都江达一带、青海果洛等地拥有100多座属寺。嘎拖寺分寺则更多，分布范围更广。1685年白玛仁增以“宁玛祖师莲花生曾莅临竹庆，竹庆为宁玛派圣地”为由，在德格竹庆主持修建竹庆寺（或译佐钦寺、竹钦寺）。该寺与1692年所建分寺协庆寺成为康区宁玛派向青海传法的前沿，与青海果洛地区的宁玛派教区相连。[①] 可控青藏的地缘政治的优势，得到了从清朝中央政府、地方势力以及周边国家的不同程度的支持，发展规模及速度一度超过嘎拖寺和白玉寺。其拥有100多座宁玛派属寺，主要分布在今四川阿坝、甘孜以及青海玉树等地区。

截至清末，德格土司辖区共有宁玛寺庙60余座，僧侣近2万人。据1990年统计数据表明，宁玛派寺庙为324座，占四川涉藏地区藏传佛教寺庙（含本教寺庙在内）总数的40%，居首位，是格鲁派寺庙总数的3倍。在雪域高原6座宁玛派大寺——西藏的敏珠林寺、多吉扎寺，四川的嘎拖寺、竹庆寺、白玉寺和协庆寺中，四川涉藏地区就占了4座。[②] 其中，嘎拖寺历史最久，竹庆寺实力最强。特别是嘎拖寺，作为伏藏南传支系在宁玛派法脉传承中占有举足轻重的地位，继承和弘扬伏藏南传支系法脉传承的同时亦发挥着重要的政治作用，成为与西藏多吉扎寺和敏珠林寺齐名的宁玛派大寺。[③]

综上所述，康区宁玛派的发展，使康区成了藏传佛教宁玛派著名寺院荟萃的宗派重镇和文化圣地，为康区文化的多元化做出了积极贡献。

三、利美运动的发起

格鲁巴的强势入康，与原本在康区就有根基的宁玛派形成能够左右藏传佛教的影响力，特别是在清政府的支持下，格鲁巴和硕特蒙古联盟瓦解，清朝又两次出兵青海将推翻和硕特汗国的准噶尔势力驱逐出去。1721年，清朝废除第巴，实行噶伦制度，设立五个噶伦。扶持黄教寺院集团掌政噶厦政府，由原来的“护教者”转变为在清政府管辖下，僧侣和贵族联合专政的政教合一领导者。格鲁巴势力如日中天，在西藏地方政教格局实现大

① 参见蒲文成主编：《甘青藏传佛教寺院》，西宁：青海人民出版社，1990年，第3页。

② 杨嘉铭：《四川藏区藏传佛教的基本特点》，《西南民族大学学报（人文社会科学版）》2007年第2期。

③ 参见范召全：《藏传佛教在康区传播与发展历史三段论》，《西藏研究》2013年第1期。

逆转的宏观背景和总局势下，康区政教格局相应发生剧变，正如前文所讲格鲁巴在康区得到迅猛发展，其强势的扩张与政治上的需要，严重压制了其他教派的生存与发展，一派独大态势，享有无可争议的特权地位。于是，19 世纪，一场藏传佛教平等尊重各派教法的复兴文化运动在德格土司境内应时而生，这就是利美运动。虽然德格土司最初联盟固始汗率兵剿灭白利土司，如愿分得联盟红利，取代强悍的白利土司跃升为康区霸主之一，并顺应时务，支持格鲁派，但面临格鲁派一家独大的趋势，隐约感到不安，与自己主张多元文化共存、各个宗教派别共同发展的理念大相径庭；也担心对自己“朗德格，沙德格”（天是德格的天，地是德格的地）的政治抱负构成制约。在其境内出现以德格为中心形成辐射全涉藏地区的一场藏传佛教复兴运动也就十分正常了。

“利美”一词，是藏语“无偏向、无偏见”的意思，是佛教的专有名词，在论述阐释宗派观点的著述中常见。《东噶藏学大辞典》中认为：涉藏地区有宁玛、萨迦、噶举、格鲁等诸多藏传佛教教派，各派不以自派主张、在不诽谤不歧视其他教派的基础上，各持己见，清净守持见修，称为“利美”。[①] 利美运动在当时情势下发起，无疑如春雷炸响，对整个藏传佛教产生了非常重大的影响，除格鲁巴外，各派的高僧与法台也都先后旗帜鲜明地支持这个运动及其思想。

“利美”作为一种思想文化运动，并不是空穴来风，也不是忽然发起的。在藏传佛教发展过程中，一直都有“放弃宗派敌视，共存共融”的主张和声音，只是这种萌芽思想的主张一直没有形成有效的理念在宗教界流行和被普遍接受。追溯“利美”的思想萌芽形成，是一段相当漫长的宗教发展史，它是伴随藏传佛教五次大的宗教运动而逐渐萌生的哲学思想，也是藏传佛教发展到一定阶段的必然现象。因为，在佛教传入西藏以后，在原来象雄雍仲本教改革运动之后，又有四次重大的宗教事件。第一次是莲花生大师入藏，历经“佛本之争”，佛教逐渐成为吐蕃的主要宗教；第二次是赤松德赞时期的“顿渐之争”，印传佛教主导吐蕃；第三次是阿底峡尊者入藏，复兴西藏佛法，明确了修道次第并创立噶当派教法；第四次是宗喀巴大师的宗教改革，创立了格鲁派。这五次大的宗教运动就是利美思想萌芽的土壤，其过程相当不易，经历过无数血腥的斗争，不断醒悟、觉悟，

① 万果：《藏传佛教“利美运动”的现实意义探析》，《西南民族大学学报（人文社会科学版）》2012 年第 7 期。

集无数高僧大德之智慧，最终才有了利美这个至今依然是各宗教派别共识的哲学思想。利美的萌芽思想，关键在它重申了佛教发展的基本原则，“各宗教之间、教派之间要相互尊重、相互对话、相互包容，互不诋毁、互不攻击，共同发展，服务众生”。

利美运动的发起，就是这个萌芽思想的破土。当然仅凭几位僧人的大声疾呼也只是斗升之水，渺不足道，是不可能形成声势的。关键还是需要政治依托，这就是德格土司。利美运动产生的时期是宗派纷争非常严重的时期，但是派别间教义区别并非引起派别纷争的主要原因，前面说过事实上更多的还是政治原因。“宗教任何时候都可以成为统治阶级的专政工具，唐代涉藏地区兴本教，德格土司信本教；元代兴萨迦教派，德格土司崇信萨迦教；元朝统治崩溃后，涉藏地区兴噶举派，德格土司是噶举教派的支持者，以至德格土司的几个家寺都变成了噶举教派的胜地。因此，自唐代起，涉藏地区的各教派有兴有衰，但德格土司一直从小到大、从弱到强地发展着。”① 虽然德格土司一直以来有依附中央王权的传统，也会顺势而为，在当时也非常重视与固始汗、甘丹颇章政权的关系，但德格土司辖地仍然是从元代以来平等尊重各教派，各种宗教和文化并行共存的地区。支持利美运动，从政治上看既是符合历来德格土司统治政策的自然之举，也是符合当时德格寺院分布状况的现实需要。而远在藏东的德格土司，对西藏政权来说鞭长莫及，对其发生的这场宗教改革运动只能接受。何况追溯“利美运动”思想的萌芽与形成轨迹，可溯源至7世纪时的吐蕃王朝，在藏传佛教初传、中兴阶段并没有中断。“宗教无偏见，佛本相融，你中有我，我中有你”，一直是宗教界的呼吁。

目前已知的关于利美运动的资料不多，主要都是参考林古土库所著《至尊蒋贡康楚的利美思想》一书，这是目前为止唯一一部专门以利美运动思想为内容的研究著作，也是利美运动研究的一个突破。

利美运动的主要内容：一是不分教派，对所有宗教派别予以传统的尊重；二是对佛陀所有教法，都能引导至完美解脱的全然信赖；三是平等的态度，即以公平无私的仁爱心对待所有众生，包括朋友与敌人；四是以诚实与体贴的方式，平等促进国家间的和平与富足。“利美运动发起人之一”宗萨蒋扬钦哲说：

---

① 参见格勒：《甘孜藏族自治州史话》，成都：四川民族出版社，1984年，第85页。

> 世尊曾说佛教修行的重点要避免三件事：欲望（贪），愤怒（嗔），无明（痴）。
>
> 利美能让我们自此三者解脱。利美精神不应被理解成某种新时代运动，把所有东西置于一个屋檐下。消弭派别歧见是利美的精髓所在。综观历史，人们一直因执着他们的国家、观念，尤其是宗教而受苦。
>
> 他们甚至执着于宗教的某个特定派别。这样的执着会表现成对他人的愤怒，或至少是某种对待他人行为的冷漠。这种教派意识普遍存在于基督教、回教、犹太教，甚至是佛教，并也付出极大的代价。所幸在佛教的派别之间并未造成流血冲突，只是许多伟大的法教流失了……佛陀的教授有如狮子吼一般，只有内在的腐败才能危害到这头狮子。为了预防这种情况，最重要的就是让佛陀正法能够为世人研习与修持。①

所以，利美运动发起目的非常明确，旨在反对宗派门户之见引起的宗教论争及迫害，形成一个超越教派，寻求调和及容忍的运动。利美运动所呼吁的口号和兴起的落脚点，在于佛教的修持。从其思想的阐释上，落脚点也并不是政治和平，而是教法传承和心性的修持，不会因为谁统治了西藏，就要反对其他教派。正如第三世宗萨蒋扬钦哲仁波切评价的那样："即便在今日，这个提倡不分教派的'利美运动'，仍被认为是个相当激进的运动。从西藏的历史背景来看，他要维持这样的一种态度，几乎是超乎想象的。"②

利美运动是康巴人对藏传佛教的贡献，开启了藏传佛教内部各教派之间的一次互动与对话，使得一直因派别争斗的藏传佛教格局得到暂时缓和，促进了宗教之间的和谐与对话。在这以后藏传佛教的传播发展终于实现了并行不悖、和谐共荣的局面。利美运动的思想在当下构建和谐社会、和谐文化、和谐宗教具有重要的历史价值和现实价值。这也是康巴文化多元化、包容性特点的标志。

---

① ［不丹］宗萨蒋扬钦哲仁波切：《仁波切谈对鹿野学院的愿景》，《钦哲基金会电子会讯》第7期。

② 转引自周洁：《藏传佛教利美运动的精神和历史传承研究》，厦门大学硕士学位论文，2011年。

第十章　清土司文化对康巴文化的影响

关于土司，我们在第七章中已经对明代管理制度与土司文化的形成做过介绍，清朝土司经历了从兴盛到衰落的历史演变进程。从清王朝建立，“因明制”继承沿袭明朝土司制度治理；到清朝完成天下大统而“准予照旧袭封”，鼎盛时期实施直接管控、任命等；再到“卫司合一”“改土归流”形成了以“政治制度”与“政治符号”相结合的土司制度，已经与以往任何朝代都不一样。清朝时期“因俗而治”和“天下一统”思想得到进一步完善，在康巴地区“土流参治”的行政建制逐渐实施，形成了流官、土官、寺庙的涉藏地区集权统治网络行政模式，构建了“政治神化”与“中央集权”并行不悖的涉藏地区土司政治体制，由此形成了康区独特的“土司文化”。

土司文化是传统文化、民族文化、乡土文化、家族文化和政治文化等多元文化的统一体，是一种具有多元性、原生性、本土性、政治性、多样性特点的民族传统文化。这种文化，既是一种社会文化，又是一种经过八百年积淀、发展而成的伦理型政治文化。①

康区藏族土司总计约363家（藏族土司362家，纳西族1家）。其中青海玉树藏族自治州土司总计166家；四川甘孜藏族自治州（除色达县）土司总计133家；西藏昌都地区的东部土司总计15家；② 云南迪庆藏族自治州藏族48家，纳西族1家，总计49家。③ 如此庞大的土司数量，自然会形成独特的康巴土司文化现象。康区土司制度虽然兴起于羁縻政策，成形于明，但其发展、壮大和衰落都发生在清朝270余年间。

康巴土司文化具有根深蒂固的“中华情结”，是中华民族共同体的制度见证。土司在明朝晚期至近现代中华民族处于危亡的紧要关头，能够主动服从中央政府与中华民族保家卫国的要求，在1788—1792年抗击廓尔喀和1904年抵挡英帝国入侵时，留下了许多可歌可泣的功绩，有力地维护了祖国边疆民族地区的安全稳定。

---

① 成臻铭：《清代土司研究》，北京：中国社会科学出版社，2008年。

② 《卫藏通志（卷12）》，职掌条载：“三十九族总百户一员、百户十三员、百长五十三员。”

③ 贾霄锋：《藏区土司制度研究》，西宁：青海人民出版社，2010年，第92页。

第一节　康巴地区土司制度的演变

康区的这片土地上，土司制度能够形成清朝时的最后格局，与白利土司的消亡、丽江木氏土司势力退缩有密切关联。明末清初固始汗进入康区之前，康区基本格局是白利和木氏之间的争斗，其他地方小势力都围绕这两大土司活动。比如明初，在明廷的允许和鼓励下，丽江木氏土司开始对康区藏族土司用兵，在藏东、川南地区，先攻三塘，即建塘（中甸）、巴塘、理塘（相传这三塘系吐蕃帝国时代藏王三个儿子的封地）。建塘被攻略之后，木氏土司又连续攻占了巴塘、理塘，建立了一大批据点，通过大量移民强化控制，兵锋直抵西藏东部重镇昌都，直接威胁拉萨。当时康南、康中、嘉绒等都在其控制管理下。而康北尽在白利土司治下，双方多次恶战，最终出于政治考虑，面对固始汗觊觎涉藏地区的威胁而结成同盟。但结盟结果不理想，局势的发展出人意料，固始汗大胜青海霸主却图汗，遂据青海，后在德格土司和囊谦土司的协助下，旋风般占据康区，擒杀白利土司，将木氏土司赶回丽江老巢。随着时间推移，固始汗死亡后，他的和硕特王国与西藏的甘丹颇章政权产生嫌隙，出现了重重矛盾，西藏在清廷的介入与支持下，清除了蒙古因素，并通过适当用兵，设立驻藏大臣，顺利掌控西藏地区，到近代康巴地区方形成了影响深远的明正、德格、理塘、巴塘四大土司，嘉绒十八土司，囊谦土司，木里土司，昌都地区土司，迪庆土司等大小土司独立执政格局。因此，在民族、地域认同的前提下，又形成了不同的文化圈，这些文化圈构成了康巴文化多元性的特点。

一、清时期土司制度的发展

清朝入主中原定都北京后，前朝的边疆政策得到很好的继承，顺治五年（1648）规定："各处土司，原应世守地方，不得轻听叛逆招诱，自外王化。凡未经归顺，今来投诚者，开具原管地方部落，准予照旧袭封。有擒执叛逆来献者，仍厚加升赏。已归顺土司官，曾立功绩，及未经授职者，该督抚按官通察具奏，论功升授。"① 为争取四川涉藏地区各土司的支持，

① 《清圣祖实录》卷四十一。

清朝开始实施因俗而治的理念，推行民族区域自治，变通推行的民族同化政策。

与明朝不一样的是，清朝通过军事行动和政治实践，完善了土司制度，没有滥发武官职（土司及羁縻卫所）和法王、教王等称号并给予他们丰厚赏赐，而是直接管理，设置品秩，对土司的管理制度化，并制定详细的程序。在《大清会典》《大清会典事例》《理藩院则例》等法典中，对土司的品秩、承袭、赏罚、赋税、征调、进贡等皆有明确的规定，使康区土司制度发展到了极盛时期。清代的土司有文、武之分。文职隶属吏部，在省隶属布政司，分为土府、土州、土县。

康区未见有文职土司之设，均系武职土司，隶属兵部。武职土司的官品分为指挥使司、宣慰使司、宣抚使司、安抚使司、招讨使司、长官司、土弁。

需要说明的是，土司的官品虽有高低之分，但是各不相属，互不统率，也不以官品领取朝廷俸禄。

从清世祖顺治九年（1652）到仁宗嘉庆十二年（1807）的 155 年间，清廷陆续在康区分封土官 138 员，计宣慰司 6、宣抚司 5、安抚司 15、土守备 1、长官司 16、土千户 12、土千总 1、土百户 82。之后，由于土官势力的消长，或绝嗣，或不称职被革，或被兼并，逐渐形成康区大小土司各据一方的格局。

清代土司制度完善成熟，其特点如下：

一是土司的职衔品级有所扩大。据光绪《大清会典》载：“从正三品至未入流、无品级者，规定详尽。”甚至还出现了虚衔土司，即只有土司职衔品级，却没有行政权力，不管理村寨地方。

二是进一步完善并建立了分袭制度。清政府在承袭人的宗支嫡庶次序上作了明确规定：“土司亡故或年老有疾请代时，有嫡子嫡孙者袭，无嫡子嫡孙则以庶子庶孙承袭；无子孙，则以弟或其族人承袭；其土官之妻及婿有为土民所服者，亦准承袭。”其目的是对“深山穷谷，流官威法所不及之处，则将所削之地分立本人子弟为众土司，使其地小势分，事权不一，而不能为害”。

三是建立健全了土司政绩考核制度，“有功则叙，有罪则处”，鼓励土司为朝廷忠实效力，遵守朝廷约束。

四是建立土兵征调制度。规定各土司辖区都须遵朝廷安排备足土兵，平时安民，战时保境。

五是建立了贡赋制度，以明确土司对中央王朝的臣属关系。规定各土司必须以辖地土特产作为贡品进献皇帝；田赋则与流官所辖地方一样，或纳粮，或纳银，是体现朝廷统治的重要象征。

二、土司的政治制度

土司制度就是典型的农奴社会制度。首先，土司拥有很强大的自治权，土司各自为政，常常为了夺取土地和人口互相攻击。其次，当时各土司政权对自己所在地区的管辖十分残酷，在土司制度的统治体系中，当地土司对辖区内的属民有着绝对的权威。对于土司来说，手下的属民只不过是供他们享乐的工具，可以买卖，所形成的传统文化具有典型的奴隶社会文化特征。

1. 政权机构

土司是辖区内的最高统治者，藏语称为“节布”（意为王），为世袭，对辖区的人民有生杀予夺之权。土司与土司之间无统属关系，直接受中央政府所派驻的地方官吏管理。其政权机构因所辖范围大小不同，有繁简之分和一些小的差异，但各地大体上都是一致的。

在农区，土司之下设头人会议。遇有重大事件，由头人会议决策，报土司批准执行。德格土司原辖邓柯、德格、白玉、石渠、同普（今西藏江达县）五县，设有头人会议的常设办事机关“涅空”（意为涅巴办公的地方），由四个“涅巴”分掌辖区内的行政、经济、军事、对外联络等事务。“涅巴”由大、小头人及更庆寺上层喇嘛提名，经八邦、竹庆、协庆、嘎拖、白玉五大家庙活佛卜卦认可，始由土司委托。“涅空”下辖二十五个“宗”（相当于县），由土司派流官管理，称为“宗本”。“宗”以下设大村和小村，由土司委派大、小头人管辖，皆世袭。而其他一些较小的土司，无常设办公机关，由头人到土司官寨轮流值班。土司之下，设寨或村，由土司委派头人管辖，世袭其职。

牧区的政权机构，与农区基本相同，但均较简单。土司“衙门”设于大帐篷内，各地头人轮流到帐篷值班，处理内外重大事务。“衙门”之下，按部落（或称“大村”）委派头人统治，世袭其职。部落之下，基层组织是“村”（理塘毛丫牧区称为“几火”，意为十户）。“村”既是行政、生产单位，又是军事组织，遇有械斗，“村”就是战斗单位。

2. 政教联盟制度

政教联盟或称为“政教合一”，起源于元朝利用萨迦管理西藏，是农奴社会政治制度的典型特征。康区境内的政教联盟制度有其各自的特点。就多数地区而言，土司、头人和寺庙上层相互勾结，彼此利用，对农奴实行联合统治。德格土司规定：一子承袭土职，一子出家为僧，集政教两权于一家。理塘长青春科尔寺（毛丫土司改土归流后），直接政教一体，类似木里土司，于十八格桑会议下设乡城，木拉、下坝、濯桑、拉波、玉瓦等孔村，分别管理乡城、稻城、理塘及雅江部分地区的行政事务，集政教权力于寺庙。虽然形式各有不同，但政教中枢，则是农奴主阶级的集合体。

寺庙与世俗农奴主一样，占有大量土地、农奴、奴隶、牧场、森林、牲畜，设有监狱、法庭、武装，实为雄踞一方的农奴主。他们的统治机构虽自成体系，但在阶级利益一致的原则下，一些大的寺庙必定派遣上层喇嘛参与土司、头人的政权机构；土司、头人也会派遣自己的亲属或亲信入寺为僧，参与寺庙管理。土司、头人把土地（牧场）和农奴布施给寺庙，寺庙则借助“神”的威力，维护土司、头人的利益。遇到重大事件，或由土司、头人主持，或由寺庙上层喇嘛主持，召开联席会议协商、研究决策，各取所需，相互支持。这种制度使广大农奴在遭受农奴主的压迫剥削外，又慑于神权的威灵。可以说，在封建农奴时代，藏传佛教在广大藏族地区沦为地地道道的统治工具，成为农奴们的精神鸦片，起着巩固封建农奴制度的作用。

3. 法律和军事

康巴区域内各土司，一般都有习惯法。比如德格土司制定了《曲村》（教规）和《甲村》（国法），史称《十套教法》和《十六套政法》。《十六套政法》内容为：①英雄猛虎律；②懦夫狐狸律；③地方官吏律；④诉讼是非律；⑤逮解法庭律；⑥警告罚款律；⑦信使薪给律；⑧杀人命价律；⑨伤人抵罪律；⑩狡狂洗心律；⑪盗窃追赔律；⑫亲属离异律；⑬奸污罚款律；⑭神律；⑮狩猎杀生的山律；⑯捕鱼丧生的水律。

相比德格土司，明正土司还建立了“明正衙门”。《康定县志》记载：“土司为封建王朝赐封，世袭所辖土地和人民，对其统治区内有生杀予夺之权，重则死刑，轻则处以各种惩罚或流放……辖区各地，由土司委派头人管理地方行政，仲裁民间纠纷，肩负缴纳贡赋、征兵之责。”而巴塘、理塘土司只能协同粮务办案，既无拟制法规之权，又无自行裁决之力。雍正七年（1729），已升任川陕总督的岳钟琪奏准将四川巴塘、理塘等处“请照流官例，如有事故，开缺题补”。这就确定了巴塘、理塘土司与康区其他土司不尽相同的承袭制度及其流官性质。有所不同的是木里土司，大喇嘛兼土司政教合一模式，有着高度的自治，同样没有成文法，完全以土司为首的僧俗贵族们的意志为法律。

上述种种，不管是习惯法还是制定的法规都有几个基本特点：一是维护农奴制，严厉惩罚抗拒应支差役和拒不缴纳贡赋的农奴，有“杀人不请旨”的特权。二是露骨的等级差别，“罪以亲疏，刑以钱免”，不同等级的人在法律上有不同待遇。如头人命价至少比农奴高两倍，土司与活佛的命价更高。三是“神明审判”，利用神的权威，判决疑难案件。四是残酷的刑罚。

法律既然是维护农奴制度的，农奴主理所当然地不受法律的约束。农奴主凭借法律赋予的封建特权，运用所掌握的武装、法庭、监狱恣意而为。对农奴，农奴主除用皮鞭、脚镣、铁链、木枷等刑具外，更有挖眼、割鼻子、割嘴唇、拔舌头、抽脚筋、烙铁烙、钉子钉、砍手、断脚、剖腹、剜心、活剥人皮、活埋、丢进河里、下油锅、开水煮、把人剁成肉酱、把人缝在湿牛皮中曝晒风干、吊在树上饿死等酷刑，其残暴程度，让人不忍视听。

军事制度大致有如下几种：

第一种，在德格、甘孜一带，土司规定年满 18 岁至 60 岁的男性“差巴”，都有服兵役的义务，平时兵役由枪差担任，战时全体动员。

第二种，在康东地区，土司规定每村置步枪一支，每户“差巴”置明火枪支，应征作战。

第三种，在牧业地区，全体有作战能力的男性成员，都有参战的义务。

第四种，寺庙武装，平时念经或守寺，战时出征。

这些封建武装虽然散居各地，但农奴主对其均有较严格的控制，如掌握兵丁花名册，每年检查农奴自备枪、马、弹药等情况。改土归流之后没有恢复土司制度的地区，政治制度与土司统治地区有所不同。接受“改流”的土司、头人，或因接近汉族地区，或因清王朝及国民党统治力量较强，或因接受所委新职，事实上已被当作流官对待。县署之外尚有土司官寨，土、流并存，政令由流官通过土司加以贯彻。县署以下的基层政权，改土归流时清政府设区、村、小村三级。民国政府推行保、甲制度，设区、联保、保、甲四级，后又改为乡、镇两级。过去的统治者摇身一变而为县长、区长、村长、保长、甲长，只是不能世袭其职而已。此外，民国政府还建立过“土兵”制度，委任一些头人和寺庙上层充任“团总”“联防主任”等职，因而头人和寺庙都拥有一定数量的武装。

清朝和国民党政府都在这类地区（也包括土司统治地区）强制推行过各自的法律。但这些法律仅适用于汉族、藏族之间的诉讼，藏族内部的案件，仍按习惯法处理。① 即使官方法律已经进行了判罚，民间私下依然会再次运用习惯法进行调处。

第二节　清末康巴地区改土归流与土司文化

清末，西方列强觊觎西藏，川边渐感事繁，清王朝曾几议改土归流，以便加强对涉藏地区的控制。自同治年间清王朝把瞻对划归西藏管辖后，“番官嗣与土司勾结”“川边土司弱者慑其威而甘于输纳，强者怙其势而恣为奸横，几若知有藏而不知有川”。光绪二十二年（1896）清王朝再平瞻对之乱。四川总督鹿传霖奏请改流，因当时时机尚未成熟，遭到清王朝拒绝。仅于炉霍仿金川“五屯”之制，改土设屯。

康区全面实行改土归流，是清末以“凤全事件”为导火线，于光绪三十一年（1905）全面展开的。其主要内容是废除土司制度，按内地行政体制设道、府、州、县，由清王朝派遣流官直接进行统治。

“凤全事件”发生于光绪三十年（1904），驻藏帮办大臣凤全奉旨前往察木多（今昌都）就职，十一月到达巴塘。当时，英军侵占江孜、拉萨，形势紧迫，清王朝升打箭炉厅为直隶厅；移驻藏帮办大臣驻察木多，以便“居中策应”。凤全由雅州行至中渡（今雅江县），奉上谕“及时将三瞻收回内属”。抵巴塘后，见当地土地肥沃，气候温和，便停了下来，于光绪三十一年正月奏请勘办巴塘垦务及筹划收回三瞻，称：“远驻察台恐难兼顾；变通留驻巴塘半年，炉厅半年，以期办事应手。”清王朝不允，他仍一意孤行。据巴塘人民杀凤全后递交给打箭炉同知刘廷恕的《巴塘番夷公禀》称，在此期间，凤全与巴塘垦务委员吴锡珍、巴塘都司吴以忠“私开汉夷百姓老幼男女人丁户口”“采看各方百姓差地”“招聚外处土工（内地农民）多人”，开地“数百亩”，扩大垦务；规定喇嘛寺“每寺只许住喇嘛三百名，余则（者）一千二百余名即行还俗”“吩谕教（兵勇）习洋操、学洋话、行洋礼”“诬百姓为盗，以寺僧为窝户主谋……攻打丁林喇嘛寺……打毙进

① 参见《甘孜藏族自治州概况》，成都：四川人民出版社，1986 年。

士喇嘛十余名”等等。公禀所举事实，无疑激起了当地民众的强烈不满。同年二月底，七村沟人民劫夺垦场，杀害垦民，丁林寺喇嘛攻入巴塘城内，围凤全于行辕之中，杀死法国教堂司铎。凤全见势危急，带随从及卫队返川，行至离巴塘县城不远的鹦哥咀地方时，被愤怒的群众所杀。

“凤全事件”发生后，四川总督锡良即派提督马维骐由泰宁（乾宁）率兵西进，并派建昌道（道治雅州府）赵尔丰“办理炉边军务”。马维骐擒杀巴塘土司及丁林寺堪布，镇压巴塘人民返川，赵尔丰仍留巴塘“督办边务善后事宜”。他血腥屠杀七村沟人民，继而以理塘土司抗差为由，平理塘，攻乡城，再次镇压藏族人民。与此同时，作为建昌道，赵尔丰向清廷上了著名的“平康三策”，第一策是整顿治理西康与四川边境的少数民族地区；第二策是力主改土归流，并将西康地区设为行省；第三策是开发西康地区，联川、康、藏为一体，四川、西藏和西康各自建省，并仿效东三省总督，设立西三省总督。为此，赵尔丰升任川滇边务大臣，分四个阶段正式在甘孜州境内改土归流。1905—1907 年以“凤全事件”为导火线，杀、逐巴塘土司和理塘土司为第一阶段；1908—1909 年以德格土司兄弟争袭土职为由，收缴德格、高日、林葱、春科土司印信为第二阶段；1911 年，赵尔丰升任四川总督，与代理川滇边务大臣傅嵩炑一道，攻得荣、冷卡石，经白玉、德格至甘孜，逐驻瞻对藏官，收孔萨、麻书、白利、东科、朱倭、鱼科、巴底、巴旺、丹东、明正、鱼通、咱里、冷边、沈边土司印信为第三阶段；同年赵尔丰返川，由傅嵩炑收秦宁惠远寺堪布执照，攻鱼科土司，收缴崇禧、毛丫、曲登土司印信，结束改土归流。

当时，清廷对赵尔丰筹边卫藏的计划还是有所顾虑：若将凡是边兵所到之地皆改土归流，改为边务大臣直接管辖，怕引起西藏和英帝国主义以筹边改流为借口进行干预。另外土司必须有罪，清廷方可派兵讨伐之。“土司不遵法度，例得题参治罪，或另立土官，或改土归流”，除此断难无故更张。故清廷对川边改土归流采取“兼顾统筹”办法。首先对巴塘、理塘实行改土归流，其具体内容：废除土司制度，由清政府派官员直接管理；清理丈量土地，颁发统一官契；制定税收规则；创办垦务农场，设驿站，整修道路；废除乌拉（差役）制度，明确规定脚价；创办各类工厂；兴办学校；限制寺院喇嘛人数等等，次第推行于川边各地，设府厅、州、县治之。

赵尔丰自 1906—1907 年，在南路平息巴塘、理塘、盐井、三坝、乡城、稻坝等地的骚乱，改土司管辖之地为直接受清廷官员管理，齐于县治之例。次年，改打箭炉为康定府。

宣统元年（1909），赵尔丰转赴北路，适逢德格土司兄弟相争构难，乘机攻克之，以其地分置五县，即德化、白玉、邓柯、石渠、同普，以及俄洛、色达等地改土归流。于是北接青海、南抵巴塘、西起昌都、东到甘孜的广大地区直接受清廷官员管辖。同年，赵尔丰率边军护送川军入藏，将阻止川军入藏的类乌齐、硕般多、洛隆宗、边坝等地的西藏官员，全部驱逐回西藏，清廷在上述地区设委员管理。因边军声势威震，藏北三十九族、八宿地方首领顺应时势，亦请设官管理。

宣统二年（1910），边军护送川军抵达江达地方，奏准于江达地方划西藏地方与川边地界，后边军自江达返回，驻察木多。赵尔丰又率师赴乍丫，于三岩、贡觉等地，改设行政官员。

宣统三年（1911），赵尔丰调署四川总督，绕道北路，先将孔撒、麻书二地改设甘孜行政委员，并会檄林葱、白利、朱倭、鱼科等地诸土司，缴印改土归流。赵尔丰复至打箭炉会檄鱼通、卓斯各土司，缴印改土归流。由呼图克图管辖之察木多、乍丫等地亦缴印归清廷官员管辖。[①] 赵尔丰离边赴任前，同傅嵩炑一起大刀阔斧地进行改土归流工作，沿路收缴孔撒、麻书等土司印信，以其地设甘孜委员；驱逐瞻对藏官，拔掉了西藏噶厦在康区的铁疙瘩"梁茹基巧"，设瞻对委员；离开打箭炉后，赵还收缴了咱里、冷边、沈边三土司的印信。赵尔丰赴川后，傅嵩炑又收缴了沃日、崇禧、巴底、巴旺等余下土司的印信，只有毛丫、曲登土司乞缓未缴。玉科土司拒不交出印信，抗拒改流，被击毙，并将其地划归道坞委员。至此，川边的土司全部被改流。清廷批准赵的奏请，在川边设置两道五府二十一州县。后傅嵩炑奏请改川边为西康省，设二十一县。从此，川边这一名称被西康代替了。[②]

收缴了土司印信号纸的地区，清王朝宣布废除土司制度，派流官（委员）进行统治。不久，辛亥革命爆发，北洋政府无暇顾及边疆，一些土司又恢复了旧有统治。经过数十年演变，在封建农奴制社会内，已恢复土司制度的地区与未恢复土司制度的地区，至中华人民共和国成立前夕已有明显差异。

赵尔丰在康区推行改土归流，总的来讲，冲击了康区的农奴制度，打击了僧俗农奴主的封建统治，大部分地区取消了寺庙与土司的特权，促进

① 参见伍昆明主编：《西藏近三百年政治史》，厦门：鹭江出版社，2006 年。

② 赵宏：《康区土司》，香港：中国文化出版社，2011 年，第 14 – 15 页。

了康区的社会生产力，特别是教育的发展。但是，也产生一定的消极因素，后续工作未跟上，没有从当地少数民族中选任管理官员，而是完全派遣汉族流官去统治当地人民，而流官不熟悉当地情况，不了解民风民俗，机械的执政与管理增加了民族隔阂。

川边土司虽被赵尔丰所改流，但民国以后川边战乱频繁，川边镇守使陈遐龄为稳定川边局势，防止西藏涉足康区，将赵尔丰改流收缴的土司印信退还各土司，土司复辟。有的虽未恢复土司职衔，但仍行使土司职权。

已恢复土司制度的地区情况如下：

①土司制度（农奴制度）还存在或较完整地存在。

②劳役地租是主要剥削方式，农奴依附于土司，头人和寺庙，无人身自由。

③牧区仍处于较低发展水平，农奴制特征较为明显。

④农业、牧业、手工业落后于没有恢复土司制度的地区。

未恢复土司制度的地区情况如下：

①土司制度废除后，新兴的头人势力迅速发展，土地兼并加剧，地主经济萌芽。

②土地的租佃、典当、抵押、买卖已经发生。

③有的地方农奴已基本上转化为国家的依附农民。

④农民对头人的依附关系极大削弱，在交出土地后，一般已可自由迁徙。

⑤农业、牧业、手工业较恢复土司制度的地区稍为进步。

民族杂居地区改土归流后，虽然派有流官，也给予了土司新的称号，但形式上仍由土司、头人、寺庙上层统治。只不过农奴制受到一定冲击，内地经济模式得到强力推行，土地的典当、抵押、买卖较为普遍，租佃关系盛行。农奴仍称“差巴”或“科巴”，但事实上已可自由迁徙。

但是，就其社会性质而言，除泸定汉族聚居地区和康定部分地区外，其余地区仍然没有完全超出农奴制范畴。尽管这些地方出现了地主、富农经济的萌芽，整个社会仍然建立在劳役经济这一基础之上。何况寺庙仍然占有着一部分农奴，极少数奴隶仍然没有获得人身自由，土司政教合一的农奴制复辟势头依然强劲。

第三节　土司制度的寿终正寝

清末康区的改土归流，是康巴地区有史以来最大的一次政治宗教等领域的改革行动，不仅在政治上尝试了废除土司和寺庙特权制度，探索涉藏地区管理新模式，提出“治藏必先安康”的战略建议，并拟建西康行省，设置县治，以流官管理地方事务。筹建西康省之前，县治设置已被清廷核准。与此同时，各县在宗教、经济、军事、文化教育和民风习俗等方面，均不同程度地出台具体改革方案。比如，对改土归流政策、内容进行公告，发布《改土归流章程》，做到有章程可依。布告正文如下：

为出示晓谕事：照得土司改流系本年二月十二日，民政部奏明。奉旨允准通行各省办理，非独川省惟然。本大臣是以会同四川总督部堂赵，即遵旨将各土司印信号纸一律收回，改设汉官。原为扩充民治，教养兼施，以维治安而广文化起见，非有薄待土司百姓之意。况土司原有贤肖之分，若抗不缴印，私行逃避，或素不恭顺如孔萨土司者，不惟革去土职，且必办罪。凡属恭顺服从各土司，本大臣和四川总督部堂赵，无不格外优待，惟之奏请朝廷，奖给世袭汉官之职，酌予养赡。至于百姓等均是大皇上赤子，数百年来受土司之压制，但知当差纳粮，衣食尚难自顾，更无为官为宦之心思，不能与汉人一样同风，共享朝廷恩泽。四川总督部堂赵，在边地多年，深为尔百姓叹息不止也。兹幸改流，明昭待颁，即尔等得睹听进化文明之幸福。土司得袭汉官，即与汉官一体。百姓等以此发奋，将子弟送入学堂读书，俾知明伦爱国，夷汉同风，为官为宦未可限量。此又本大臣与四川总督部堂赵之所以厚望于尔等也。现既改流，自本年六月起，尔等词讼即向汉官控诉，听候裁判。本年粮税即向汉官上纳，领取印票为凭。除纳上粮税外，一切旧有支差名目，概予裁革。其往来官兵及转运粮饷官物，需用驮骑乌拉，乃系价雇，并非支差。无论文武大小官员，衙署行台公所，往来差事所用人力，亦照雇工之例，按日发给口粮，不准勒令百姓当差，并不准有世奴小娃名目。倘有不遵，准尔百姓等向大臣或四川总督部堂衙门呈控，立查办。除分知咨行外，合即出示晓谕。为此，仰尔百姓人等一体知悉。自示之后，各宜遵照办理。毋违特示。

此示

宣统三年六月二十七日[①]

布告发布以后，紧接着拟制了《巴塘善后章程》，征得四川总督核准后，在成都印制了《巴塘善后章程》藏、汉文 4 000 册，以法律形式颁行。因此，《巴塘善后章程》又称《改土归流章程》。

《改土归流章程》计分改革、设官、裁撤土司、小差、公举、保正、正粮、差粮、僧粮、粮限、纳粮、逆产、垦田、杂支、佃户、干预、词讼、命案、判案、窃案、奸案、常案、案费、原告、限期、展期、销案、换票、纸张、修建、僧额、学堂、葬亲、剃发、冠服、着裤、平等、戒烟、粪除、坟墓、中厕、辩族等四十三条。

为保证《改土归流章程》的实施，赵尔丰又陆续制定了《关外收粮暂行章程》《牲畜税章程》《统一度、量、衡章程》《边务开办章程》《巴塘制革厂章程》《关外学务局章程》《巡警学堂章程》《筹设印刷官局章程》《设医药局施诊施药章程》《调用人员拟定薪资奖励章程》《会奏川军进藏津贴粮饷章程》《整顿兵差并定乌拉章程》《颁婚姻办法一夫一妻制并婚书公告》《汉蛮联婚通饬》等。其中《整顿兵差并定乌拉章程》要求征乌拉者必须付给一定的费用（脚价），凡强行支差，不给脚价者，坚决严惩。这一章程意义重大，极大地解除了康区人民沉重的负担，受到广大民众拥护。章程规定："牛驮运不得超过 120 斤，背夫不得超过 66 斤，过重者，百姓可以拒雇；一匹马只准乘 1 人，随行货物不得超过 20 斤；雇佣的骑驮在乌拉途中倒毙者，官兵应给赔偿；以前乌拉支应者多为妇女，今后应徐图改良，男女均出，且五十岁以下……"

赵尔丰以章程为纲，对土司、土司制度、司法制度、寺庙经济特权、土地制度、税收、乌拉、社会风俗习惯等都进行了重大改革，明确宣布从此永远革除土司之职，"康区全境皆大皇上地土，无论汉人、蛮人皆为大皇上百姓"，并仿照内地设治置官。"大抵一县之中，就地面之大小，分设若干区，每区有保正一人；区下分乡，每乡有头人一人；乡之下，复分为村，

① 吴丰培：《赵尔丰川边奏牍》，成都：四川民族出版社，1984 年。

每村有村长一人。凡设县之地，为求指挥便利，更于各保正之上，设一总保，总理全县事务，为县知事催科。”在乡村的管理中，赵尔丰在头人之上附加了保甲制度：“地方官衙门，设汉保正三名，藏保正三名，所有藏汉人民钱粮词颂，由藏汉保正合管。保正工食、薪水、纸张等费，由官筹集，不准向民间需索。”

这些举措，在推动康区社会发展、“急固藩篱”、加强边疆防务、维护国家统一和领土完整方面都具有积极的作用。藏学家任乃强对康区的改土归流给予了比较客观公正的评价：

> 赵尔丰雄才大略，刻苦奋进，精诚所至，成绩炳然。虽鄂尔泰之改流，左宗棠之开疆，与之相较，应无愧色。然有一短：过任用夏变夷之术，干涉土人习俗太甚。尤以轻侮喇嘛，蹂躏佛法，大失康藏人心。①

改土归流的探索为后来对涉藏地区的管理积累了经验和教训。后人研究赵尔丰，虽有“赵屠夫”之贬称，但对他在改土归流保卫国家“尺寸之土”、巩固边疆政权方面，均采用积极的观点评判，任乃强先生的评价就是后人评价赵尔丰的观点的归纳。

清末改流时，对土司的处置，除巴塘、理塘正副宣抚司被杀被逐，少部分土司的财产被没收一部分外，其余大部分康区大小土司都仍居原地，持有其原私有财产、牛羊牲畜和所属大小头人及农奴。有的土司，清廷还视其职衔、功过和辖地大小，年发养赡金。例如德格土司因在清廷改土归流中主动上交印信号纸，在康北起到“带头作用”，被认为是有功之臣，特发给“世袭花翎二品顶戴都司”荣誉，安置他移居巴塘土司官寨，年发养赡金3 000两。后因他为巴塘捐银 2 000 两资助办学，又给予“头品顶戴”嘉奖。

不过，康区地域的特殊性，使得康区仍处于西藏噶厦和清廷直接管辖权力争夺的夹缝中，“寺庙是精神，土司是石头，官是流走的水”，这就是康区地方势力与清政府、西藏噶厦政府关系的真实写照。不久，这些改革成效随着清政府垮台而终结。边军内调后，处于辛亥革命时期的中国，国内战争不断，国民政府无力顾及川边，康区改流土司趁机纷纷复辟。康南、

① 任乃强：《康藏史地大纲》，民国健康日报社雅安刊本（复印本）。

康北虽已任命部分流官，但或拖延未到任，或无能施治，形同虚设。

1911 年，历时六余年的康区改土归流在轰轰烈烈的辛亥革命浪潮中戛然而止。

民国二年（1913），川边（康区）被划为特别行政区，直隶国民政府。将赵尔丰、傅嵩炑设置的府厅、州县一律改为县治，相对稳定了改土归流时期的流官制度。对那些改土归流没有巩固的区域内复辟的大小土司和头人，视其衔职高低，辖地大小及影响，委以“总保”或“保正”和村长等职，让其管理县以下各级政权。这期间，还把理塘毛丫、曲登、雅江崇禧和绰斯甲土司的印信发还，让其“羌绝难治，使之约束夷民”。

民国七年（1918），康藏两军在甘孜绒坝岔交战，川边镇守使陈遐龄为防止土司头人被西藏噶厦政府利用，将改土归流时没收土司的财产发还，并委任明正土司甲宜斋等头面人物为“夷情调查员”，委任孔萨土司俄珠宣美、定乡（乡城）土头彭错达吉为土兵营长。1919 年，巴底土司病死，受土妇泽旺娜姆之请求，正式发给巴底以其子贡嘎旺绪承袭土司的委任状。1920 年，分别委任上瞻、中瞻、河东、河西东本为四个区的“总保”，各村头人为“保正”，让其世袭。

民国十六年（1927），二十四军军长刘文辉入主西康，至 1949 年，历时 22 年。刘文辉围绕“化边地为腹地”的治康总方针，对康属藏传佛教采取“因势利导，力谋政教协调、僧俗合作，以纳民于轨范”的策略，把维护国法、整治教规、限制寺庙僧额作为重要政策。对土司、头人施以“感化，期能服从”，“确有才能学识或德高望重者，当随时甄举延教，参与政治”，以达到“稳健政策，力求安定”的目的。对已复辟的土司和头人均委以区长、总保、保正、土兵营长等职，致使封建农奴制度合法化，形成官僚军阀、土司头人和宗教寺庙三大统治势力同时在康区并存的特殊格局。康南的理塘、巴塘两宣抚司，在改流时，被赵尔丰武力打击，两个宣抚司均被杀，彻底瓦解了两个宣抚司的统治势力。但其所属土司、头人纷纷复辟，加上一些新的势力集团崛起，形成了局部地域相对封闭的封建制度。

民国二十一年（1932），甘孜“大白事件”后，二十四军旅长余松琳为拉拢土司，先后委任崇禧土司阿曲、毛丫土司四郎、曲登土司然登沃巴、德格土司泽旺登登、朱倭土司刘雍切绕、孔萨代土司香根活佛等为“国防督察长”“军粮转运官”。同时对各县有功和出力土司委任“土兵营长”。被委任为土兵营长的有：孔萨土司德钦汪姆、白利土司属下大头人邓德杰、东科（东谷）土司赤若登子、林忽土司彭措格列、德格土司泽旺登登和属下玉隆大头人高中彭措、甘孜绒坝岔大头人阿都翁噶、白玉赠科大头人丁古白和、上瞻总保多吉郎加、下瞻总保杜呷、河东总保穹穹工布、河西总保巴登多吉、崇禧土司阿曲、毛丫土司四郎、定乡新兴土头彭措达吉。

民国二十八年（1939），西康建省委员会成立各区民团指挥部后，委任德格土司泽旺登登为第四区（甘孜区）民团副总指挥，并委各县土司或大头人为县的民团副队长。

同年，西康省保安司令部成立后，先后委任各县土司、头人为保安副司令或大队长、中队长等职。康区的大小土司、头人在各种职衔的保护之下，合法地行使自己的土司权力，形成康区官僚军阀、土司头人、宗教寺庙三大统治势力。清末改土归流后，在民国时期没有恢复土司势力的有穆平宣慰司，巴塘正、副宣抚司，里塘正、副宣抚司，咱里土千户，冷边和沈边长官司。被德格宣慰司吞并的有春科、高日长官司。已复辟土司制，又被消灭的有朱倭安抚司。土司下属头人势力膨胀，分成独立派系并能左右土司权力而又被国民政府承认的有德格土司大头人夏克刀登、革什扎大头人四郎巴登。

民国时期，康区行政管理建制又作重新调整和增设。康区除色达以外，全部设置县治，区内大小土司虽恢复土司制度，均由各县流官统管。

民国元年（1912）六月，四川都督尹昌衡被北洋政府任命为西征军总司令，挥师康藏平乱，后尹昌衡改任为川边镇守使。尹昌衡在驻康期间，设边东、边西两道：置理化府（理塘），改道坞委员为道坞县；在冷边土司和咱里土千户辖地置泸定县，在沈边土司辖地和化林营防汛地置化林县；在明正土司辖地三岩龙、八阿龙、迷窝龙、麦地龙、墨池龙、洪坝龙、湾坝龙、二安龙和菩萨龙 9 个村寨（九龙）设治局。次年又将康定府、理化府、巴安府、邓柯府、德化州、白玉州、得荣委员、甘孜委员、章谷委员改为县；道坞县更名为道乎县，冷卡石县更名为义敦县，化林县改为县佐（副县级），隶于泸定县；取丹东革什扎土司和巴底、巴旺土司首字置丹巴县。

民国三年（1914），设川边特别行政区，归川督节制。废府、州制、设川边道，撤三坝厅和贡嘎岭县丞。德化县更名为德格县，河口县更名为雅江县，置瞻化县（新龙）。

民国十四年（1925），改川边特别行政区为西康特别行政区，改九龙设治局为九龙县。

民国二十六年（1937），从道孚划出泰宁置泰宁农牧实验区，直属西康建省委员会（1940 年改为泰宁设治局，1945 年改泰宁设治局为乾宁县）。

民国二十七年（1938）十二月一日，国民政府发布命令“查西康建省事宜，前经组委员会从事筹备在案。兹据行政院转报筹备告竣，应着于民国二十八年一月一日成立西康省政府，此令”。省会康定（1952 年改为雅安），全省分宁属（西昌地区）、雅属（雅安地区）和康属（现甘孜州全境和昌都地区）。康属又分成康东（泸定、九龙、雅江、丹巴、金汤设治局，泰宁设治局），专员公署设康定县；康南（理化、巴安、得荣、定乡、稻城、义敦），专员公署设理化县；康北（炉霍、甘孜、瞻化、白玉、德格、邓柯、石渠），专员公署设甘孜县。在康区全面设县的同时，又普遍设置县署行政管理体制。形成土司、寺庙和区、乡、保政权为一体的基层行政管理体制。

1950 年，康区和平解放后，中央政府没有急于废除土司制度，而是采取团结上层、教育改造、稳定发展、民主建政、管理决策的建政方针，调动一切可以调动的积极因素，充分发挥爱国统一战线的法宝作用。新成立的西康省藏族自治区人民政府在辖区设置康南、康北两路办事处，直管康南（理塘、巴塘、义敦、乡城、稻城、得荣）6 县和康北（炉霍、甘孜、新龙、白玉、德格、邓柯、石渠）7 县，并改巴安为巴塘县，改理化为理塘县，改瞻化为新龙县，改定乡为乡城县；撤销金汤设治局，并入康定县。

1955 年 10 月 1 日，西康省并入四川省，改为四川省甘孜藏族自治州。11 月 9 日，正式置色达县。1956 年率先在康、泸、丹三县开展民主改革试点工作，逐步废除土司制和寺庙特权制。次年，民主改革工作在康区各县农区全面推开，直到 1959 年康区民改工作在牧区全面结束。在康区传承 700 多年的土司制度，到此彻底退出了中国政治舞台，结束其历史使命。①

康区土司制度的废除，是康区少数民族多数人的意志和强烈愿望，是顺应大势、契合民心的变革，打破了西藏几千年来的等级和特权制，是人权的解放和平等自由的具体体现，不仅体现了人人平等的思想，更体现少数民族自己当家做主的愿望。土司制度的废除实现了各民族平等和各民族共同发展，使得原先土司地区与内地相对区隔、发展缓慢的状态逐渐消除，成为加快中华民族共同体融合的重要一环。当然，土司制度的废除不代表一些固有的文化烙印就随之消失，其影响仍然深远，深深地沉淀于民族文化与传统习惯中，改造任重而道远。

① 参见赵宏：《康区土司》，香港：中国文化出版社，2011 年，第 14－15 页。

第四节　康巴地区土司简介

康区是西南地区土司制度历史最悠久、土司数量最多的地区之一。据《甘孜藏族自治州民族志》记载，仅清朝在甘孜州一地就授大小土司 122 员，大小土职 127 员，其中宣慰司 4 员，宣抚司 3 员，副宣抚司 2 员，额外副宣抚司 2 员，安抚司 13 员，副安抚司 1 员，长官司 15 员，土完备、土千总各 1 员，土千户 5 员，土百户 80 员。在众多土司中，尤以德格土司、明正土司、巴塘土司、理塘土司势力最大，被称为“康区四大土司”。[①]

一、德格土司

1253 年，八思巴将四郎仁青选任为“色班”（膳食堪布），赞赏其具有较好的德操品行，赐以“四德十格之大夫”荣称。建治所于入藏道路之咽喉（元时德格土司控制南北两条入藏通道），后与西藏噶厦政府联系密切，又依托中央政府，与明正、巴塘土司形成进出川藏之门户。

从 1638—1775 年，德格家族历经 5 代人，9 任土司的发展，在清王朝、固始汗和西藏噶厦政府的支持下奉旨率兵参加大小金川战役，征服霍尔咱安抚司，击败麻书土司、金川土司和绰斯甲土司的联合进攻。德格家族从蜷缩在金沙江河谷地带传播本教，至改崇萨迦获封地方土酋，到政治站队固始汗、拥护格鲁巴后势力日增，鼎盛时期扩张至拥有今四川德格、石渠、白玉、甘孜、新龙 5 县和西藏贡觉、江达，青海称多、达日、玛多等县部分地区，号称有地近 10 万平方公里，有人民 7 万户，一跃而为康北地区政教势力最强大的土司家族。

1775 年以后，德格家族政治势力日渐衰微，其辖区除在今青海称多县、达日县、玛多县境内有部分扩张外，东、南、西疆域基本维持原状。1908 年，护川滇边务大臣赵尔丰奉旨进军德格，剿灭昂翁降白仁青武装力量，推行改土归流，改划土司辖区并首设流官，德格土司制度才宣告结束。西康和平解放以后，1956 年，党和政府领导人民群众开展民主改革，彻底废除了土司、头人、寺庙的封建剥削压迫特权，结束了德格土司家族延续了

① 康定民族师专编写组编：《甘孜藏族自治州民族志》，北京：当代中国出版社，1994 年。

数百年时间的土司统治。

德格土司历经元、明、清、民四个时期，共22代，统治德格700余年。其家族的法王称号则以明末清初的第七代土司向巴彭措为第一世，至民国时期的泽旺登登共沿袭了14世。纵观历史，明、清两朝德格土司承前启后，是其极盛时期。在康区诸土司中，以其“土地广大”“传世最远”“富冠法王”“天德格、地德格”，并以“著书立说，雕版印刷”而著称于当时，影响于后世，对康北地区历史上各民族文化交流，经济社会发展和维护祖国统一曾起过不可磨灭的贡献。

（1）统一整合了康北藏族区域，为康巴地区社会发展奠定了基础。

（2）推动了民族手工业的发展。建立了以河坡（白玉县）、麦宿（德格县）、波罗古泽（江达县）为中心的工业加工基地。

（3）宗教上采取包容政策，文化上采取一方面吸收先进文化，另一方面又不丢掉自己民族的文化传承，为康巴文化的传承保护做出了应有的贡献。德格印经院的修建、利美运动的发起等无疑对藏民族文化的保护、传承、发展起到了积极作用。值得一书的是，1729年土司登巴泽仁出巨资刻印《甘珠尔》等经典时，特邀八邦寺司徒曲吉迥乃为总编师，奠定了今天德格印经院的基础。

二、明正土司

明正土司，即明正宣慰使司、长河西鱼通宁远军民宣慰使司，嘉绒十八土司之一，正四品。“明正土司”为简称，是明朝所封的正土司之意，史书上没有“明正土司”四个字之记载。明正土司藏族称“嘉拉甲波”，为众土司之冠，被称为“土司之领袖”，治所康定。辖地东至泸定县60公里交冷边土司界，西至雅江河口140公里交理塘界，南至九龙300公里交冕宁界，北至丹巴225公里交小金界，包括康定、丹巴、九龙三县及泸定、道孚、雅江、新龙、石棉的部分地区。1950年康定解放，土司制度彻底废除，甲联升成为最后一世明正土司。[①]

明正土司所居茶马古道之咽喉，是藏羌彝文化走廊的核心区域，又是各种文化、经济交汇带。这里与内地的经济、文化交流频繁，历来与中央政府联系密切，与西藏地方政府不即不离，所形成的文化圈在康巴文化中独具特色，形成了包括藏传佛教五大教派、天主教、基督教等多种文化共

① 参见四川省康定县志编纂委员会编：《康定县志》，成都：四川辞书出版社，1995年。

存的现象。缤纷多彩、广博丰富的康巴文化的形成，是这片古老的土地上浓墨重彩的一页。

三、巴塘土司

巴塘土司，治所在巴塘，有正、副二职。皆于康熙五十八年（1719）任职，光绪三十一年（1905）被改土归流。

巴塘土司辖地在今四川、云南、西藏三省（区）结合部，所辖地方包括今四川巴塘、得荣，西藏盐井，云南香格里拉、德钦，以及西藏芒康县的莽岭、竹巴龙、郭布等地。据《卫藏通志》记载："共管辖地方寨落33处，头人29名，百姓6 920户，大小喇嘛2 110众。"雍正五年（1727），川、滇、藏划界后，巴塘土司所辖地域有所减少，其地东连理塘，南至云南以奔子栏为界，西接西藏江卡，北交德格。雍正八年（1730），清廷将新招抚的上下冷卡石、岗里、隆石、上下苏柯等12个部落划归巴塘宣抚司管理。光绪二十三年（1897），将上中下三岩划入巴塘宣抚司管辖。

巴塘正土司共12任，副土司共11任。巴塘土司与涉藏地区其他土司相比具有两个显著特点：第一，取消了土司世袭制度。根据清廷规定，巴塘土司职位不得在父子、兄弟或夫妻间世代承袭；土司去世后或被免职后，由粮务官员主持推选适合之人向朝廷申报，待批准后方能袭职。虽然巴塘土司的历史上也有子承父职的现象发生，但这种子承父职并不是以世袭的方式实现，而是"照流官例"替补的。第二，取消了土司终身制度。按清廷规定，巴塘土司必须接受清政府设在当地的粮务官员的管束，粮务官员可以通过朝廷将不称职的土司降为副土司；将"侮慢了粮务的"土司贬为额外副土司，或迁往他地，成为有名无实的空头土司；对部下约束不严的可被革职，另从其他土官中拔补。因此，巴塘土司虽可以终身任职，但在制度设计上和实践中，其终身制已被打破。

四、理塘土司

理塘土司即理塘宣抚司，驻理塘，康熙五十八年归附，雍正七年（1729）受职。光绪三十二年（1906），因凤全案，理塘土司被清政府诛杀并改土归流。

理塘地方，受元代涉藏地区三大土司之"吐蕃等路宣慰司都元帅府"所属的"奔不儿亦思则招讨司"管辖。明末清初，蒙古族和硕特部首领固始汗征服康区并掌握西藏地方政权后，理塘地方由西藏派“第巴”（营官）管理。清康熙年间，蒙古族准噶尔部入侵西藏，清廷派遣四川永宁协副将岳钟琪率部进藏平定准噶尔之乱。岳部途经理塘，委任七世达赖继父勒安邦为理塘大营官，理寺喇嘛却吉降措为理塘二营官，是为理塘土司之始。10年后，即雍正七年，川陕总督岳钟琪奏准“四川巴塘、理塘等处，请授宣抚司三员，安抚司九员，长官司十二员……”并授第三任大营官安本为理塘正宣抚司，副营官理寺喇嘛却吉降措为理塘副宣抚司。乾隆十年（1745），安本不能约束番众，降为副宣抚司，改授汪尔结正宣抚司职；乾隆十四年（1749），因理塘藏民不服，清廷改授汪尔结理塘额外副宣抚司职。

理塘土司辖地东至雅江中渡（今县城）与明正土司地交界，西至二郎湾河交巴塘界，南至拉空岭、瓮水关交云南中甸界，北界交白玉、新龙县地界；包括了今之理塘、乡城、稻城 3 县及雅江、新龙 2 县部分地区。下辖长官司 5 员，土千户、土百户各 1 员，大小部落头人 39 员，百姓 6 500 余户。所辖各土司主要有瓦述毛丫长官司、瓦述曲登长官司、瓦述崇禧长官司、瓦述长坦长官司、瓦述国陇长官司等。

五、嘉绒十八土司

嘉绒十八土司，嘉绒语称“嘉绒甲卡却吉”，是对川西地区的嘉绒人十八个土司势力的统称。嘉绒十八土司前面已经介绍了明正土司，余下的十七个土司分别为：

（1）冷边土司。冷边长官司，在今泸定县东北。

（2）沈边土司。辖今泸定沈村等地。

（3）鱼通土司，即鱼通安抚司，辖今甘孜州道孚县。

（4）穆坪土司（又称“宝兴土司”），即穆坪董卜韩胡宣慰司，在今四川雅安的宝兴县。民国十七年（1928），改土归流，改设“建县筹备处”，后建立宝兴县。[①]

（5）革什札土司，即革什札安抚司（又称“丹东”“革什杂”“单东革西杂”“革布什咱”），在今甘孜州的丹巴县大桑地区和道孚、炉霍县境内部分地区。

（6）巴底土司，即巴底宣慰司（又称“布拉克底”或“巴拉斯底”），

① 参见宝兴县地方志编纂委员会：《宝兴县志》，北京：方志出版社，2000 年；又见《雍正通志》《天全州志》。

在今甘孜藏族自治州丹巴县境内。

（7）巴旺土司，即巴旺宣慰司，在今甘孜藏族自治州丹巴县境内。

（8）绰斯甲土司，即绰斯甲宣慰司（又称“绰斯甲布宣慰司”），辖今阿坝藏族羌族自治州金川、壤塘以及甘孜州色达等县。绰斯甲境域，唐为东女国，永隆间没于吐蕃，属安多地区三十六番诸部落之一，元代为吐蕃等处宣慰司管辖，明属朵甘思宣慰司管辖。

（9）促浸土司（又称“大金土司”“祁浸土司”），即促浸安抚司（又名“祁浸安抚司”），在今阿坝州金川县境内。促浸土司是攒拉土司（小金川土司）的分支。

（10）攒拉土司（又称“小金土司”），即攒拉安抚司，在今阿坝州小金县（旧称“懋功”）境内。

（11）鄂克什土司（又称“沃日土司”），即沃日安抚司，在今阿坝州小金县东北部。是本教传播世家而形成的地方派头，类似于部落或寨主，有众多信崇者，渐成为一方之势力集团的领头。

（12）党坝土司，即党坝长官司，在今阿坝州马尔康县境内。党坝辖地为格尔威、尕南、剑北、石戈坝、阿拉伯、银部、石加优七部落村寨。银郎、石加优原属松岗辖地，在乾隆皇帝攻打金川后由阿桂将军封赠给党坝土司的。

（13）卓克基土司，即卓克基长官司，在今阿坝州马尔康县境内。

（14）梭磨土司，即梭磨宣慰司，辖今阿坝藏族羌族自治州马尔康、红原、理县、黑水等县。

（15）杂谷脑土司，即杂谷安抚司，在今阿坝州理县、黑水、茂县部分地区。

（16）松岗土司，即松岗安抚司，在今阿坝州马尔康县境内。

（17）瓦寺土司，即瓦寺宣慰司。在今四川汶川县境内，由今西藏地方部落酋领琼布思六本·桑朗纳斯坝，奉旨“驰驿回藏，永绥南荒”而留守授职。

六、木里土司

木里藏族自治县位于四川西南部，西邻稻城县及宁蒗县，东接盐源、九龙及冕宁等地，是以藏族为主的多民族地区。“喇嘛王国”曾是木里土司制度与藏传佛教结合的最贴切概括。

大喇嘛兼土司是旧木里的最高统治者，土司由清朝册封，权力由中央政府授予；喇嘛是维系其统治的阶层，大喇嘛是他们的首领。喇嘛不能组建家庭，“无私有”是构建当地政教合一统治的基本原则。

木里土司制度是政权与寺庙宗教有机结合的典型。木里土司的承袭，与康区其他土司领地完全不同，历代寺庙主持兼任土司，土司衙门建在寺庙里，寺庙是木里政治、军事、经济和宗教的中心。虽然土司兼喇嘛不结婚生子，不实行父传子、子传孙的世袭传承，却是以母系为传承，母女相传，向外招赘，在兄弟或侄子中，产生一代代的土司和大喇嘛。土司衙门中，除了“把总”和“师爷”二职不是僧人担任外，其他一律由僧人担任。从第一世大喇嘛却吉·松赞降措到中华人民共和国成立前的第二十世大喇嘛项培初扎巴，大喇嘛主寺共302年二十世，土司执政共221年14代，均无嫡系后代。

七、囊谦土司

即囊谦千户、玉树土司，驻地在今囊谦县扎乡。所辖之地跨据杂曲、吉曲两河，东与苏尔莽百户部落为界，南与西藏吕都、类乌齐相连，西与苏鲁克、中坝、格吉等部落毗邻，北与拉秀百户部落接壤。在明末清初，与德格土司一道，协助固始汗剿灭白利土司，获得政治红利。后来囊谦以“玉树”替称，“囊谦”则成为一县域名称。

不过在民间仍有“族系二十五，头领囊谦王”的传说。据《囊谦王世系谱》记载：其家族的后裔自今四川康定市折多山一带迁入玉树，因祖先曾担任吐蕃“内大相”，部落故称“囊谦”。而在这片肥沃的土地上，曾经有玉树40族，后历经沧桑，至咸丰同治之际，合并形成玉树25族。即囊谦、扎武、拉达、布庆、拉秀、迭达、固寨、称多、安冲、苏尔莽、苏鲁克、蒙古尔津、永夏、竹节、格吉麦玛、格青班玛、格吉得玛、中坝麦玛、中坝班玛、中坝得玛、玉树将赛、玉树总举、玉树戎摸、玉树雅拉、娘磋（年错），各有百户1员，囊谦千户为各族之长。至清朝末年，又增加白日多玛、阿尼六瓦、格吉那仓、玉树白乎日瓦、白日麦玛等族，共有30个百户部落。[①] 其住牧地在今青海南部曲麻莱、杂多以东，巴颜喀喇山以南之玉树藏族自治州。

---

① 周希武编著，吴均校译：《玉树调查记》载：道光二年（1822），阿里克部落因不堪南番侵扰，迁往海北，成为环海八族之一；觉巴拉、拉布库克二族不纳马贡，故不列数。此外，有旧日分立后来自相合并者，如南称四族，后并为一；安图七族，后并为一；阿拉克硕二族，后并为一；隆布二族，后并为一。有旧自有族后来附属于人者，如洞巴之附于囊谦，吹冷多拉之附于拉秀，噶尔布之附于苏鲁克，白利之附于玉树（后来又迁往西藏），啥尔受、班石之附于扎武。亦有旧为一族，后来分出数族者，如玉树原本一族，后分为四族（将赛、总举、戎摸、雅拉4个百户）；隆坝原本二族，后分为三族（麦玛、班玛、得玛3个百户）；蒙古尔津又分出竹节族等。

玉树地区的千、百户制度一直保留至1958年才被废除，当时已经达到7个百户部落，36个百长部落，共5 967户，26 797人。[①] 囊谦千户从第一世囊谦加宝（藏语意为囊谦王）哲旺阿洛到末代囊谦加宝扎西才旺多杰，共传25代。第二十五代囊谦末代土司扎西才旺多杰为祖国统一、民族团结做出了历史性贡献。玉树解放后，他坚决拥护人民政府，协助党和政府推行新政，得到人民的肯定，1951—1966年先后担任玉树藏族自治州主席、自治州州长。

八、昌都地区土司

昌都地区自吐蕃王朝统治崩溃以后，一直是一个部落众多、头人林立、自主称王的特殊地区。自元明清以来，历代中央王朝虽在昌都设置过军政机构，任命过政教头领，但其内部始终未能有效地统一起来。

（一）土司

元时期，贡觉的地方首领顿楚随八思巴抵凉州，授封，有研究者认为元朝所辖“亦思麻儿甘军民万户夫”为其封地。明朝，昌都地区在白利土司时代归其管理，白利土司被固始汗擒杀后，其属地交予德格、囊谦土司管辖。昌都地区土司系有两家：一为拉多宗，系拉多土司的领地。根据藏文典籍《拉多世系》说，拉多土司是护送文成公主进吐所带觉卧佛的车夫吉拉嘎的后裔，因有贡献，被赤松德赞封为“拉多王”（意为第一神王），明太祖洪武七年（1374）被封为土司，清世宗雍正七年（1729）被封为“安抚司”。拉多土司是康区著名的大土司之一，其官寨至今仍在昌都县拉多区嘎来村，新中国成立前，拉多土司管辖930户，4 650人。二为江达宗（今江达县），系德格土司的领地。[②]

（二）三十九族部落

三十九族指雍正年间划归西藏的三十九个部落，是原居四川、西藏、西宁三界之间的青海蒙古奴隶，曾由蒙古人任命的三十九位地方头领的藏族首领，在罗卜藏丹津变乱之后逃离至此的部落，后被清政府招抚。

三十九族最初包括位于昌都地区北部的丁青等地，属于清初藏北、青

---

① 陈庆英主编：《中国藏族部落》，北京：中国藏学出版社，1991年。

② 王川：《西藏昌都近代社会研究》，成都：四川人民出版社，2006年，第214页。

海一带的“七十九族”之内；雍正帝时，将“七十九族”一分为二，四十族属于青海，三十九族属于西藏；乾隆二十八年（1763），划三十九族隶属于驻藏大臣；民国年间噶厦政府于此设“霍尔基”（专员），不久，直接隶属于昌都噶厦；1942 年归于那曲总管管辖。在近代，中华人民共和国成立之前，三十九族多数时期隶属于驻藏大臣或川军、川边镇守使。①

（三）四大呼图克图

由于清朝政府的扶持和赏赐，加之历史原因，昌都四大呼图克图在各自所执掌的封地内，实行着典型的政教合一制度。他们既是各自封地内最高的宗教领袖，也是最高的行政长官，集政教首领于一身，在各自辖区内有着至高无上的权力。故在昌都有“格仓日西”之称，意为有独立管辖权的四个地方，即帕巴拉呼图克图、察雅罗登西饶呼图克图、类乌齐帕曲呼图克图和八宿达察济隆呼图克图。

上述呼图克图驻锡寺庙都设有专门的行政管理机构，称“拉让”，官员有总管、大管家、宗本（相当于县长）、甲本（相当于乡长）等。土司和宗教势力互为唇齿，如德格土司家族就和各呼图克图之间有着千丝万缕的联系。

① 王川：《西藏昌都近代社会研究》，成都：四川人民出版社，2006 年，第 214 页。

第十一章　康巴地区的部落文化特色

部落是原始社会一种基本的社会组织，是形成一个民族共同体的初始形态。由于部落是由一个氏族为核心或由几个氏族联合组成，所以马克思将其称为“血缘共同体”。恩格斯说：“从这时起，这种集团便为其共同的社会的和宗教的制度渐渐地巩固起来，而跟同一部落内的其他氏族有所区别了。”① 当人类进入阶级社会以后，大部分血缘氏族部落基本解体，但是康区地处西藏边缘，在四川盆地和云贵高原之间的过渡地带，境内为横断山系，有沙鲁里山和大雪山两大山脉，游牧草原和高山峡谷兼而有之，至今还留有很多活化石般的部落形态，这些部落依然保留着原来部落的名称，也传承着氏族部落的传统和习惯，它们曾经在很长一段时间左右这里的政治文化生活。

第一节　三岩帕措父系部落文化

三岩帕措文化是康区父系文化的典型代表，是区别于道孚、雅江扎巴以及牧区“拥如”母系走婚制的古代藏族社会制度，三岩曾经因为清政府五次用兵征剿而成为涉藏地区赫赫有名的部落。

三岩，又称“山岩”，赵尔丰改土归流曾经设置“武城县”，藏语称“扎西热克西巴”。横亘于传统入藏道路 317 和 318 之间，称为“三暗巴地方系通藏大道”。历史上“尚不属藏，亦未服汉管”。这里地势险恶、土地贫瘠，恶劣的自然条件迫使三岩人除了农牧业，还以抢劫为生。清史曾记载三岩为：“化外野番，不服王化，抢劫成性，不事农牧。”其实这只是偏见，生活在峡谷中的藏族部落，农牧业生产不能满足生存保障，抢劫和偷盗就会成为补充经济，并形成独特的抢劫偷盗文化，使之成为传统文化。同时，为保证补充经济的来源，还以血缘为根基组织起严密的父系血缘“帕措”部落一致对外。

帕措，藏语“帕”指父亲一方，“措”指聚落之意，“帕措”指“一个以父系血缘为纽带组成的部落群”，也就是藏人传统观念中的骨系；因为地处西藏四川之间，金沙江以西称“措帕”“措戈”，金沙江以东称其为“戈巴”“锅巴”，其称呼来源于图腾白头鹰，意为比鹰还厉害的部落。帕措既

① 恩格斯：《家庭、私有制和国家的起源》，北京：人民出版社，1957 年，第 41 页。

有氏族的特征，又有部落职能，虽然历经演变，但父系血缘性质和传统习俗依旧。从这一视角来看，帕措与彝族家支的社会功能相当，但帕措拥有更为严密的组织结构和鲜明的氏族民主议会特征。正因为如此，许多人把三岩的帕措组织称为“藏族父系原始文化的活化石”。

帕措可以看作是一种宗族制，以严格的父系血缘为纽带组成部落核心。同一宗族的帕措内部，人们互视为兄弟姐妹，实行严格的外婚制，本帕措成员的兄弟后代之间，世代禁止通婚；不准与有血仇的其他帕措联姻；女子必须嫁出，不得招婿上门。结婚虽由家长做主，但女子嫁出前一般要征求本人意见，如果坚决不同意，为避免帕措间纠纷则让其女遁入空门当觉姆。男女之间性行为非常严肃，女子未婚前不得有性关系，结婚后不得有外遇，男女间禁止嬉戏和玩笑，否则被认为有辱门户。如果本帕措的女子和其他帕措的男子发生了性关系，则会要求赔偿，若谈判不能达成，必将械斗。

三岩的婚姻形态主要有三种：一是一妻多夫制，即兄弟共妻，一个父母所生的同胞兄弟共娶一妻；二是一夫一妻制；三是一夫多妻制，即所娶的妻子不生男孩，便可再娶一妻，甚至可娶第三妻。在家庭中，采取严格的父系血统继嗣。妇女无婚权，无财产支配权和继承权，也无家庭议事、决策权，她们仅仅是生产和生育的工具。当一个妇女丧夫成为寡妇后，帕措会另外安排一个男性去接替其丈夫的地位和财产，寡妇对自己家庭的财产、子女和再嫁仍无支配权。男婚女嫁有较强的功利性，婚姻是帕措之间实现联盟的重要纽带。

在家庭中，男女有着明确的分工。因而，在帕措无集体活动时，男子常待在家中，并做一些针线活。妇女则主要从事农牧业生产和操持家务。一般而言，男子除了参加帕措的集体活动，如械斗、征战外，还负责犁地，修房时打墙、砍柴，夏天为在山上放牧的妇女运送物品、加工皮张、做针线活或其他副业收入（挖虫草，采松茸、贝母等）。妇女主要负责早、中、晚的饮食，背水，砍柴、背柴，修墙时挖土、背土，耕田时松土、锄草、收割、脱粒、入仓、加工，喂养牲畜，挤奶、打酥油；夏季妇女内部分工，一部分上山放牧，一部分操持家务、管理田间等。

关于帕措的政治组织结构与功能，民国白玉县县长羊泽曾有形象的记载：“三村人民，均为野番，约在百年以前，由河西迁移来此，开田荒地，聚族则居，号为锅巴，亲戚连为一气，客民亦可依附，分耕土地，为之上粮当差，受其保护。每一锅巴，管辖数户或数十户不等，党派复杂，有似内地之哥老会，互为雄长，各不相能，所在械斗时生，到处滋扰。”① 这种类似哥老会的帕措，实行的是公民大会制度，头领没有特权，民主决策；“巴巴”承担司法制度职能，临时的“法庭”处理刑事、民事纠纷等案件；经济基础决定上层建筑，农牧业为基础，偷盗、抢劫、高利贷为补充经济模式。帕措是藏民族聚居区最具完整性、有着非常独特的“政治架构、法律体系、经济基础”的原始部落社会单元。

一、帕措的头领及议事规程

1. 帕措的头领及其执掌的条件

帕措不分大小，都有自己的头领，这些头领是在长期的社会活动中自然形成的。执掌帕措头领的条件：一是出身于本帕措中具有悠久历史的家庭，年龄一般在40岁左右；二是有口才，能言善辩；三是有组织才干，在带领本帕措进行械斗时表现突出；四是诚实可靠，处事公道，不负众望；五是经济上有一定的实力。头领没有名额的限定，有的帕措有一个头人，也有的有二三个头人。这些头领一般由民主推举产生，不称职者可随时除名，有才干者可以世袭，如朗年村的嘎日帕措头领已连续传了十三代。有的帕措头领，被藏政府委任为地方头人的，还可借政府的势力维护在帕措中的地位和声望。

2. 头领的职权及其与成员的关系

头领是帕措的最高行政长官和对外发言人。他的职权主要有：①对内根据情况决定每户应承担的各种摊派；②对内根据血亲远近和财产多少分配每户应承担的“赔命金”；③天灾人祸时，动员捐钱捐物，济穷扶贫；④对外组织策划血亲复仇械斗；⑤对外代表本帕措协商“赔命金”。

头领与本帕措成员之间是一种相互尊重的平等的关系，并非统治与被统治的关系；成员之间一律不分贵贱、尊卑。成员不向头领承担任何义务，头领没有个人特殊的权利，不占有任何财产，同样承担“赔命金”，血亲复仇时必须冲锋在前。如果多数帕措成员对头领有异议时，也可以随时更换头领。

3. 帕措内部的集会议事规程

帕措内部集会议事的规程大同小异，以一次帕措内部某个成员被害并

① 傅真元著：《三十年来之白玉》，赵心愚、秦和平编：《康区藏族社会历史调查资料辑要》，成都：四川民族出版社，2004年，第120页。

打算为此复仇的集会议事为例：

（1）本帕措中，每户必须有一男性家长参加集会。

（2）在集会时，由被害人的兄弟或儿子把被害者的血衣拿出来。如果没有兄弟或儿子，则由其他家属拿来。

（3）把血衣展示在参加集会的帕措成员面前，让大家仔细察看，分清是枪伤、刀伤或为其他什么伤。经过分析，确认致命伤的部位，并认定凶手，进而激起愤恨，萌发复仇的意念和动机。

（4）商量复仇的办法，明确分工，如谁去杀人，谁去抢财产，谁去抢牲畜，谁去烧房子等。

（5）宰牛吃肉，喝酒盟誓。

（6）褒和贬在械斗复仇中的英雄和懦夫。在械斗中打死人者被尊为英雄豪杰而受表扬；在械斗中缩头缩脑或被他人欺侮、唯唯诺诺者受人讥笑。

遇有天灾人祸，需要本帕措共同救济时亦要提交议事会商量。

4. 帕措内部行为规则

帕措内部有一套不成文的行为规则，世代相传。其主要内容是：

（1）逢年过节必须在有山神的地方集会，熏烟祀神，头领讲经，喝酒盟誓。

（2）不准偷盗和抢劫本帕措内的财产。

（3）帕措内建房要聚集在一起，不允许私自脱离本帕措。

（4）成员必须忠于帕措的集体利益，不得对外泄露帕措内部研究的事情。否则视情节轻重，处以逐出帕措、挖眼、割鼻、割唇、割肉、断手、砍足等酷刑。

（5）以能抢劫、凶悍、善斗为荣，常以抢劫数量的多少来确定本人在帕措中的地位，故有“男人不抢劫，只能守灶门”的说法。

（6）同帕措男女不能通婚，否则被逐出帕措或撵往他地。

（7）女人无权继承家业，若夫死则由帕措派人接管妻女与家业。

（8）本帕措内不准吵嘴斗殴，男子不得支持和参与妇女间的口舌之争。

（9）不得在外面做有损本帕措尊严和声誉的事情，如不允许乞讨，但可以抢劫。

（10）在对外复仇的械斗中要冲锋陷阵，必要时男女都要出动，但一般不杀害妇女，否则会被耻笑。

（11）本帕措全体成员共同承担杀人赔偿金的费用。

二、帕措的调解机制

调解、协调赔偿金，是一件周期长，且十分烦琐的事情，由临时成立的巴巴（功能类似现在的巡回法庭）担当裁决。发生械斗、帕措间纠纷等事项，为求得公正、公平，都会找德高望重的中间人去筹建巴巴，以寻求达成调解谈判的共识。邀请的巴巴成员是与双方都没有利害关系，也相互认可的第三方帕措头领或元老团、勇士团的人员。而且不能由单一帕措人员组成的巴巴，双方要从多个帕措中确认符合条件，公道、正直的人员参与。根据纠纷的大小，一般由 3 ~ 8 人组成巴巴。组建巴巴的筹建者，需先找双方当事人及其帕措头领，征求他们对调解的意见。如果双方不愿将矛盾扩大或尊重中间人，会立即同意确定巴巴调解人员。但一般不会这么顺利，需要反复沟通，才能够确定最后的巴巴调解人员。如果巴巴筹建人无法说服当事人，就会主动邀请更有威信的人参加进来。一旦双方都同意调解，巴巴就分别向双方收取等额押金，视案件的严重程度，收取 5 万 ~ 6 万元不等。押金在调解完成之后会退还给双方，如果任何一方不服从调解结果，其押金就归巴巴所有，还将罚款。

协调时双方共选一个地方举行谈判，调解时双方帕措的人不能见面，比如，选择在山上牛场上，各自搭建帐篷相隔很远。巴巴的帐篷搭建在双方的中间，由纠纷的双方提供食物给巴巴们。巴巴往来于两边，首先是讲述巴巴对现状的看法，提出建议了结的愿景。接着巴巴要听取双方的诉求，当即对认为其中无理的部分进行驳斥，也指出有理的部分表示支持。双方当事人可以不断提出新的诉求意见，巴巴都会听取并迅速回应。通过双方对各自诉求的了解后，巴巴会不断讨论，并根据讨论的意见去和当事双方沟通，逐步传达对方的意思以及讲述自己的看法。除反复与当事人及其帕措头领商谈之外，巴巴也会主动寻找证据，咨询目击者。由于双方都尽可能想说服中间人巴巴，因此调解过程往往时间持续很长。小的纠纷要调解几天到十几天，大的纠纷会断断续续调解几个月，甚至好几年。这个过程中，巴巴可以更换、增加新的成员，而发生纠纷的双方代表也会继续坐下来，争取自己帕措的利益。当巴巴认为调查清楚之后，就秘密讨论具体的赔偿数额。

以伤害纠纷为例，赔偿的项目主要包括：医疗费，与医治相关的开支（如交通费和宗教服务费），受伤和死亡的要赔偿“伤口的价值”和“生命的价值”，因受伤、死亡所导致的预期利益的损失等，还要参照事情的起因，确定双方道理的多少以及是否加以惩罚性赔偿。此外，任何一方在纠纷中受到的损伤都能够成为减轻自己赔偿责任的根据。比如加害方已经受到国家的刑罚，则可以在一定程度上抵扣赔偿数额。

在中间人巴巴的监督下，参与调解的巴巴会采取用小石子投票的方式（一颗石子代表一定的物品数量，比如一个石子为一头牛）来表示赔偿金数额。为确定一个能让双方都感到满意的数额，巴巴负责人不投石子，他负责做最后的裁决，把其他巴巴每个人投出的石子数量进行综合，再进行合议后做最后赔偿决定。

如果其中有一方就金额问题迟迟未能表态，作为中间人的巴巴有权前往或派人对这方帕措成员家人做思想工作（巴巴与其同吃同住，对方必须无条件负担中间人的生活费用），直到这家人最后妥协同意为止。赔偿价格确定后，巴巴分别向纠纷双方公开。双方必须服从，且不能再申辩。如果不服从，会将原先的押金没收。假如任何一方认为裁决结果对自己不公平而质疑中间人的公正性，巴巴的每个人就都要到附近的神山、神水前发誓自己是公平处理这起纠纷。如果一方坚决不接受中间人裁决的价格，意味着调解失败，但这种情况很少有。

赔偿方须在确定赔偿价格当天付清全部款项，如果现金不够，就用物品折价。当事人的家庭财产不足以赔偿时，由整个帕措一起承担。受害方接受赔偿后，不能再就同一事情挑起纷争。但有时候一方并不是真正愿意调解，就会把赔偿款保留下来，作为将来复仇之后再向对方赔偿的准备。得到赔偿的一方，如果赔偿款较多，通常是受害者家庭拿一部分（1/3），其余平均分配给帕措的每一户。

双方接受价格并进行赔偿后，中间人巴巴会要求双方发誓或者写保证书保证不反悔，较简单的形式是双方一起在巴巴面前发誓，有时也要到神山、神水前发誓（现在也到寺庙）。调解后双方各自向巴巴支付几百元酬金。

三岩巴巴在实践中几乎没有听说过有不公正的裁决案例，一旦有不公正的现象，参与的巴巴们就会颜面扫地，从此在三岩没有地位。巴巴在调解中，会根据双方提出的赔偿数额进行折中。受害方要求的赔偿数额较大时（因为少了就没有面子），巴巴会建议赔偿方以实物，包括牛、马等折合赔偿，折合金额巴巴会以偏高计算。也有折价很低的情况，加害方不愿多赔偿，于是巴巴就会压低折价实物（比如一头牛，偏高可以算成一万元，偏低可以算成六千元），兼顾受害方的情绪。其实三岩经过巴巴调解的赔偿金额，都有水分。大家都心知肚明，为的就是一个面子。因为，“以大欺小”的情况在三岩很普遍，即大帕措能够获得较多的赔偿，小帕措获得的赔偿则要少许多。

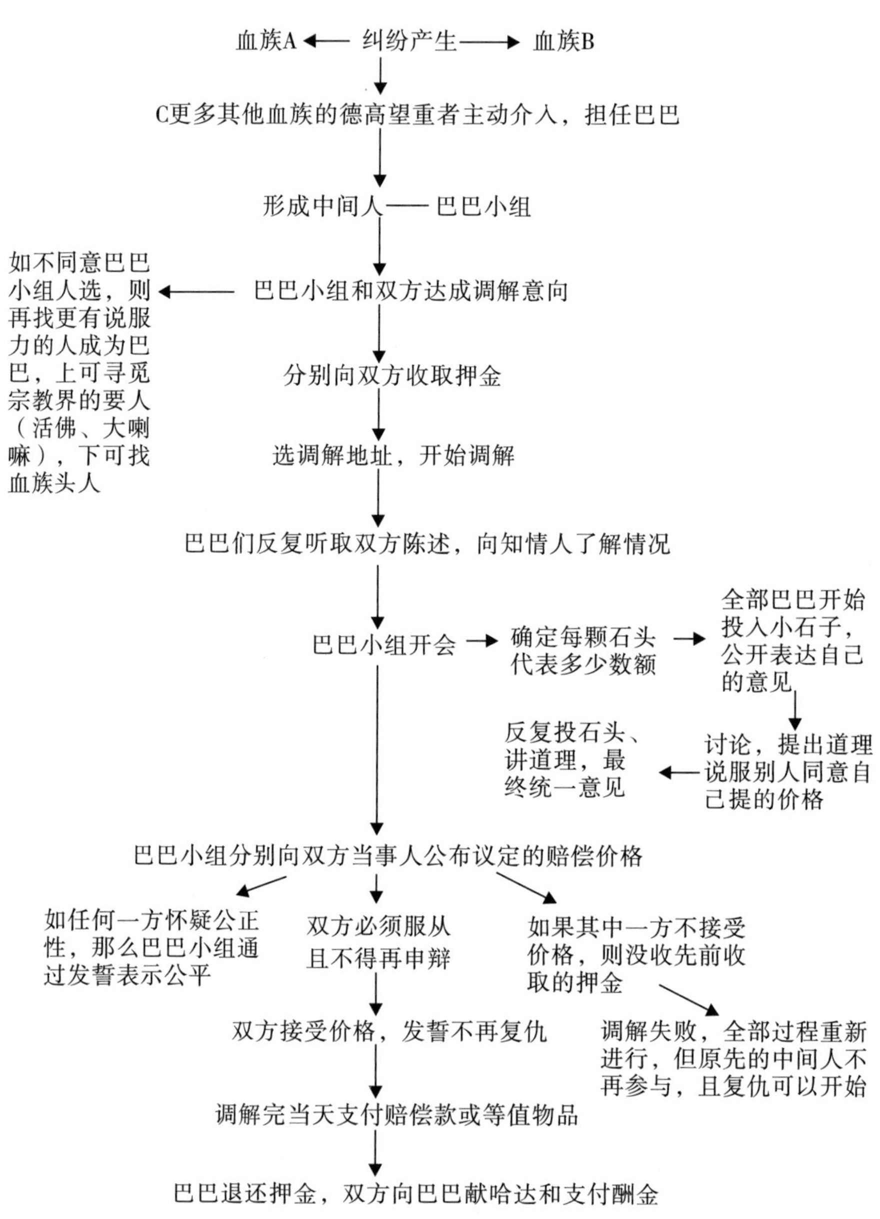

巴巴运作流程示意图

第二节　色达瓦须部落与习惯法

色达，其意为居住在金河谷一带的牧民。明末，瓦须骨系一部迁于色达杜柯，游牧于色柯上游。第一代首领觉得这里是黄金之地，所以很多地名都是色（金子）开头，这里的河就称为色曲（金河），县城所在地叫色吉果根塘，即金马草原的意思。是清王朝“政力未逮”之地，赵尔丰康区改土归流，多次札谕色达归诚未遂。

瓦须为色达世系总头人种姓，瓦须是一个古老的种姓，在藏语中称其为骨系，是原始氏族部落产物。中华人民共和国成立以前，该家族领有49个部落，25 000多人，30多万头牲畜。[①] 由于受外界及古代藏族法律的影响，素有“化外之域”称谓的瓦须色达，在长期部落联盟的历史进程中，逐步形成了自己独具特色的部落习惯法。这种习惯法与前文所说三岩的习惯法有一定的相似之处。因为色达部落习惯法也是传统文化部分，按照法律体系标准，其不具有完整的体系，绝大部分属不成文法，是一种混合性的禁止性规范或惩罚的工具，类似乡规民约或村规民约。法规弹性大，刑事与民事、罪与非罪等界限模糊，且在一定程度上与佛教伦理等思想观念密切相连。对于部落政治文化来讲，这些习惯法除维护统治阶级的利益外，对稳定社会、保护群众的生命财产、化解民间矛盾、避免流血事件、惩治犯罪等也曾起过积极作用。这类习惯法最大的特点就是“民事前置”“以罚代法”。这种文化现象，由于其简便、快捷，容易执行到位，所形成的文化遗产，至今仍然具有一定的研究价值。

一、习惯法生产的文化背景

色达瓦须部落的主要生产方式是游牧业，其逐水草而居的生活方式是产生部落习惯法的主要社会基础。游牧业生产方式的主要特点就是居无定所，随季节迁徙。虽然在传统放牧过程中，各部落间划定了放牧地界，但部落之间常发生争夺放牧草场之事，由此而来的各种矛盾、纠纷几乎代代相传，无法彻底解决。除了草场矛盾和纠纷，在游牧迁徙过程中也容易遇

① 益邛：《色达部落习惯法述略》，《中国藏学》1996年第2期。

见突发事件和人为的侵扰。正如恩格斯所说："在没有明确的和平条约的地方，部落与部落之间便存在着战争。"① 因此，就必须制定一个规约以统一大家的行动，依靠群体力量保障迁徙途中的人畜安全。为了对内实行有效的统治，对外进行兼并扩张，游牧部落自己的习惯法便应时而生。习惯法秉承了游牧部落传统文化的核心，规定凡为本部落的利益杀死了外部落的人，命价由本部落共同负担。这种共识以部落法的形式确定下来，旨在鼓励和培养人们的尚武精神，增强部落意识。

另外还要看到，选择成为"化外之域"的瓦须部落，是一个非常封闭保守的部落联盟体。家族和部落神权观念是习惯法形成及其功能得到充分执行的思想基础。部落一开始就是以血统关系为基础而形成的社会组织，并有一定的地域，不但家族观念有调节人与人之间的关系的作用，而且都有自己的"地方保护神"。这个保护神就是他们相传的祖先，色达瓦须部落认为他们是格萨尔的后裔，穆布董氏的后人。②

最为重要的是，蒙古人竭尽全力在游牧部落中引入藏传佛教，佛教的传播为习惯法的制定和完善创造了浓郁的文化、思想氛围。《红皮法典》将制定的起源初始意愿归结于观世音菩萨（度母）之普度，上天旨意自然就具有权威性，那么色达诸部落，就必须按照总官的法令，为部落的属民服务，民众亦必须遵从。这也就一目了然了，这部习惯法的产生，是部落与寺院在"政教合一"之下，相互利用、统为一体的结果。部落为寺院提供物质需要，寺院成为部落的精神依靠。这样，部落习惯法的产生和功能的发挥既有土壤生存，又有精神支柱。③

二、色达部落的权力结构

发展到20世纪50年代初，"瓦须三部"已经衍生出，虽76个部落，却号称80部落18个支部落、25个分部落、33个小部落。尽管如此，诸部仍然同属于一个骨系的首领，也就是说，该系统的最高权力机构一直执掌部落事务。此最高权力机构是各部落头人联席会议，常设机构由三俗一僧共

① 中共中央马克思恩格斯列宁斯大林著作编译局编：《马克思恩格斯选集（第4卷）》，北京：人民出版社，1975年，第94页。

② 在多部《格萨尔》书中，格萨尔自报家门时唱道："要问我是何许人，吾乃天国派遣的使者，三大圣尊之化现，降诞于黑头人间，源源不断的雪山之水，世系未断的穆布董氏，董拉查干布之后代。"

③ 贾晞儒：《试论藏区部落习惯法的文化成因及其改革》，《攀登》1997年第2期。

四人组成，这四人均称“总头人”。总头人之下分领各个部落的是“措本”（若措浑），措本之下各有“居本”（若居浑）若干，每个居本各理20～40户不等。在军事组织方面，建有“赤岱”，号称有兵员万人，隶属部落头人联席会议领导。赤岱的最高长官“赤本”（万夫长）通常由一位总头人兼任。赤岱之下，逐级设有东岱10名，甲休100名，居休1 000名，实行逐层率领。① 其实就是典型的军政一体化组织结构。

瓦须总官及各部落首领均为世袭制，如果头人无子继位，可在部落中选择继承人，如果没有选择，也没有遗嘱，则可在头人直系亲属中推举，但继位者须经部落头人联席会议认可。措本及以下的官员不完全为世袭制，部落中能力较强、有责任担当、品德优秀者，总官征求部落头人和部分老者意见后，可直接书面委任。主要标准是：①热心部落事务；②有一定胆略；③能说会道；④众人评价较好；⑤断案公平等。

头人为终身制，如果部落头人无能，则尽量考虑几名得力助手辅佐，在一些谈判和外交活动中可以作为头人的发言人。每个部落从成员懂事起就需要牢记部落誓言：“有灾共担，患难与共，一致对外，章法共遵，信守不渝。上至喇嘛头人，下至鳏寡孤独，均一视同仁。”② 这种从小耳濡目染的誓言是部落集团得以维系的基本伦理，也是头人凝聚族人的基础。

在这个基础之上，人人都需要严格地遵守《瓦须法典》，法典其实是原则性规定。比如：规定三年一次的部落“诵经法会”公共活动；每年需念1～2次的公共保佑经，举行一次焚香祭祀竹日神山的活动。部落还规定每年召开一次“十官会”和“部落大会”，主要安排四季草场和属本部落的公共活动，缺席者罚款。

部落管理内容及规定主要是：要求各家各户服从部落安排，并遵守“俗法”。各家各户成年男子需购买刀枪马等，而僧众需购全套僧服和法器等。

经常性的部落公务主要有：边界守护，巡视打探，防止偷牛盗马；草山管理，封山禁猎，制止采药开矿；公共摊派，募捐帮贫等。

各部落的摊派主要是公共保佑经法会的开支。如遇对外赔偿人命案等损失，则由本部落所有牧户按各家经济状况计算分摊。除去1～2岁小牛，一律按牛为单位计算，一匹马折五头牛，五头羊折一头牛。以此计算达到

① 陈庆英主编，青海省社会科学院藏学研究所编著：《藏族部落制度研究》，北京：中国藏学出版社，1995年，第125－126页。

② 参见益邛：《色达部落习惯法述略》，《中国藏学》1996年第2期。

300个牛单位的户视为富裕户。

部落草场属部落所有，任何人无权私自转让或出售。部落头人有权调剂安排属于部落内部的草场，有权租借外地2～3户牧户的季节性草场。瓦须总官有对新迁入的外地牧户在色达境内安排草场的权力，但没有向外出售或转让草场的权力。各部落均有维护各自草场的义务。侵占部落草场或开矿、挖土、采药、狩猎，部落将组织力量严加干涉。部落以十邦或茹果尔为单位划分四季草地，一般以抓阄的方式进行。其使用期限每个部落的规定不尽相同，一般为一年一变，也有1～3年或长期固定的。①

因为践行公有制经济的方式，加上没有收税规定，瓦须总官除了收取官司裁决费外，没有更多的收入来源。其享受的特权是每一次由8户牧民轮流成为总官，负责四季草场的搬迁。一旦总官遇到困难，会在一两个部落巡视一次，农区部落头人会筹集一些青稞送给总官；牧区部落头人则给总官筹集酥油、奶渣等畜牧产品。头人也能在筹集的农畜产品中得到好处。

三、《红皮法典》与《黄皮法书》

瓦须《红皮法典》原文现在已经不知去向，在历史沧桑变化中成为根植于民众心里的传统文化，且一代代相传，群众基础深厚，影响深远。《色达历史断编》根据流传于民间的部分内容作了收录，摘译如下：

> 源于众生怙主观世音，诸佛之母度母之王族瓦须官宦法令天铁宝剑，言金刚结，妙传于祖先和子孙之福祉，色达诸部落，要按照总官的法令，为部落的属民服务，若违犯部落“习惯法”则罚1头4岁母牛；违犯公共保祐经的有关规定，按天计算处以罚金；违犯参会、禁盗规定罚1匹马；部落内部多次行窃者罚“一箭缺破”（即罚现有家产的一半）；部落内非故意打死牛马不得上诉；家犬伤人一般不争讼，主人家不阻挡而被打死的不得上诉；部落内部打架斗殴致轻伤，不得提出赔偿石血、棒血、抓血费之要求；抽刀未伤人不得没收腰刀；内部盗窃赔偿九倍加赃；杀人赔千；僧人违犯戒律，处以“五种法忏”（烧夜香、点夜灯、大锅茶、叩百头、转百次经）；违犯偷盗、采药、封山禁猎等规定屡教不改的，执行“俗法”“僧法”。所谓俗法，乃是被告遇到什么困

① 参见益邛：《色达部落习惯法述略》，《中国藏学》1996年第2期。

难，部落一概不理睬；所谓“僧法”，乃是被告人家里需念超度经、消灾经的，本部落的僧人一概不予（这在色达属于一种较严重的处罚形式）。[①]

法典其实是原则性的规定，这与其他土司、部落中的习惯法几乎一致，主要都是对部落内部的事务，以及一些内部民事纠纷的原则性处理方式。量刑处罚没有统一的具体规定，裁决权具有一定弹性。同时突出了神明裁判，在无法取得犯罪证据的时候，祈求神的裁决，赌咒发誓，相信神佛能够判明善与恶。这在生产力原始落后的社会阶段是最有效的手段之一，人们对神的敬畏会让犯罪人供出真实情况。后来随着神明裁判依赖的对象由自然崇拜的神明转为藏传佛教的神佛，神的代言者（活佛）便具有了无比的权威性。藏传佛教的伦理思想逐渐渗透到各种习惯法之中，甚至成为某些部落习惯法的基本原则，人们将高僧大德的教谕视为圣人之言，奉为圭臬。

进入 19 世纪以后，色达出现了著名高僧阿屋喇嘛丹曾大吉，其制定了《黄皮法书》并经当时瓦须总官认可，在色达实施。该法书规定了僧众必须遵守的规范，如封山禁谷，严禁狩猎，严禁使用猎枪、猎狗捕杀野生动物，寺庙要规定封山禁谷区的范围，严禁偷盗以及规范俗人的行为等。违反上述禁令的要以“法裁”的形式予以处罚，所谓“法裁”就是按宗教的“坐斋”方式，对违者处以多少日的坐斋，最长的可达一百天。阿屋喇嘛丹曾大吉的《黄皮法书》，当时在多康的大部分地区施行。

四、色达部落的司法程序

色达部落习惯法，与三岩巴巴类似，借用现代司法概念来讲，司法程序一般分六个阶段：

1. 申诉期

习惯法中称“显明绒”，原申诉可找任何人断案，不受限制，但最后确定断案人必须经被告同意。

2. 确定争讼的时间和地点

习惯法中称“觉地贡”，时间确定后，各自请喇嘛诵经或焚香祭神，祈求争讼成功。

---

① 益邛：《色达部落习惯法述略》，《中国藏学》1996 年第 2 期。

3. 成立临时法庭

习惯法中称“觉呷道”或“居中听讼”，裁决人数不限，可由一人担任，也可以由数人担任。裁决人一般为有身份、威信较高的人，可以是头人，但一般牧民也可以担任。

4. 收取保证金

直译“上争下垫”，此费在习惯法中称“俄衮南多”，由裁决人员出面与当事人双方谈话，主要内容是争执双方必须服从的裁决结果，同时向双方收取数额相等的抵押金。此费的多少根据案情经裁决人评估后确定，裁决后与本案有关的所有开支也在此费中列支。如果评估的数额有出入，可多退少补。但涉及人命案的抵押金由杀人凶手一方承担。主要作用是为执行裁决打基础。

5. 诉讼期

习惯法中称“王吊”，双方当事人隔一定距离各自搭帐篷，裁决人员的帐篷搭在当事人双方的中间。双方参加人员各自选一些能说会道，对打官司有经验的人作为争讼人或辩护人，有的还请一些证人住在就近的牧户家中，他们一般不露面，只在迫不得已的情况下出庭作证。此外，双方还带烧茶煮饭和放马人员。裁决人分别听取双方当事人的陈述，当事人不见面。调解人员根据双方的诉求，尽可能找到能够达成一致的解决方案，还会作深入细致的思想工作，晓以利弊，劝双方放弃一些明显不合理的要求，以达到缩小矛盾的目的。

6. 裁决意见

即裁决书“日宇”，根据案情难易程度，裁决分直接裁决、法裁（以宗教形式的裁决）、“花花梁合”（双方是非难辨，不分输赢的裁决）等。确定裁决意见后，必须制作规范的裁决书，然后向双方宣布裁决结果，通过裁决人所定的赔偿款收取诉讼费、裁决费、裁决书书写费等，并向双方开具清单。[①] 最后由裁决人召集当事人双方见面宣布裁决，如果当事人认为裁决不公可正式声明不服本裁决，这样将派生出另一个官司，本案裁决人则提出赔偿“弃裁费”，然后组织成立另一裁决组。裁决人以各部落公认比较公正的头人、有威信的人员，以及善于调解纠纷、处理的案件比一般头人多一些的人员组成，有些像现在法院的“合议庭”。

需要注意的是，色达瓦须部落的习惯法，传统等级观念往往在赔偿中

---

① 益邛：《色达部落习惯法述略》，《中国藏学》1996 年第 2 期。

起着重要作用，同样离不开农奴制度阶级等级的影子，在判决中仍然将人分为上中下三等和男女来决断赔偿的数额，造成了“人千”（命价）种类繁多和不公平的社会问题。如人命案中的“人千”，赔偿数额就不尽一致，一个上等男人的命价正额是100头母牦牛，而下等女人只有25头牦牛，也就是说4个下等女人才能抵得上一个上等男人。[①] 在古老的藏族法律中，杀人一般要抵命。在部落习惯法中的死刑早已消失，赔偿“人千”是处罚凶手的最高方式，没有死刑、体罚等刑律。杀人偿命只是一般当事人报仇的口号，这就造成了康区诸部落都有血亲复仇的传统，以至于在中华人民共和国成立之后还偶有发生。

第三节　河坡格萨尔兵器部落

《卫藏通志》兵制篇说：“唐古忒番兵，向来分派各寨农民，有事则调集为伍……”[②] 这是汉文史料关于藏族兵役制度的早期记载。千百年来，藏族部落的武装一直实行寓兵于民的兵役制度。平时下马为民，从事农牧业生产；战时上马为兵，建立武功。《格萨尔王传》反映了藏族古代的兵役制度，河坡民族手工艺金属锻造业形成的格萨尔兵器部落，从另一个方面能够很好地反映康区军事与制造文化。因为，河坡民族手工业的发展变化就是康区军事的发展变化，即从家家藏刀的冷兵器时代，到家家有枪火药的热兵器时代。武器的改变让兵器部落生产的产品也发生改变，而兵役制度相应从体力为主，转向以兵器战术运用为主，从而演绎了康区军事文化的精彩篇章，也构筑了康区独特的崇武文化。

一、河坡金工锻造历史

河坡格萨尔兵器部落是指四川境内的白玉河坡镇、热加乡、赠科乡、金沙乡，德格麦宿片区的达马镇、普马乡、白垭乡、八邦乡、岳巴乡和西藏江达县波罗乡、岩比乡、岗托镇、汪布顶乡、邓柯乡11乡3镇的五明之

① 陈庆英主编，青海省社会科学院藏学研究所编著：《藏族部落制度研究》，北京：中国藏学出版社，1995年，第253页。

② 《卫藏通志》，拉萨：西藏人民出版社，1982年，第303页。

工巧明的金工锻造文化圈。其中，金工锻造核心区在河坡镇、热加乡、普马乡、岩比乡。金工锻造产业链中热加乡、赠科乡是提炼铁的基地；相邻的河坡镇是加工兵器的主要研发基地；普马乡与岩比乡是模具塑形以及生产相应兵器的地域；其他乡镇是生产生活用具，比如装饰、土陶、氆氇、木刻等的区域。对康区而言，这里就是当时比较成熟和发达的工业区。

早在唐代，藏王（松赞干布）屯兵康区，为战争所需，铸造刀、矛、弓、箭等兵器，工艺随之传入。到宋朝时期，岭·格萨尔兴起，继承了吐蕃在藏东的政治与经济方面的遗产，更是广集工匠，赶制兵器。强令霍尔部落著名铁工曲打带徒传艺，并开始土法炼铁，促进了以兵器为主的民族工艺长足进展。今热加乡阿仁沟一带，尚可见当时炼铁所遗铁渣痕迹。“河坡”地名就是因此而来。“河”系部落简称，“坡”在藏语里含搬迁转移之意。这种以金属锻造加工带动其他产业的发展，必然会形成经济与文化的大交流、大融合。

南宋绍兴三十二年（1162），康区第一座藏传佛教寺庙嘎拖寺在白玉河坡建成。为在教派的激烈竞争中求得生存与发展，蔡巴·噶德公布活佛七次赴内地，聘回了一批又一批汉区名匠，兴佛堂、塑神像、刻经版、制佛具，这不但为河坡民族工艺注入新的技术，亦拓宽了原材料门路。

到了元代，八思巴进京，嘎拖寺主寺阿俄·益西布巴前去朝见，在为其灌顶后有了师徒之谊。故八思巴在京时，特地留意京中工艺珍品，回藏途中又憩息于嘎拖寺，以所置珍品相赠。为存放这些珍品，再次请来了汉区名匠，共修殿堂，合建宝库。德格土司四郎仁青获帝师八思巴宠幸，得到“四德十格之大夫”个人称号，并被元朝廷封为“多麦东本”，即《元史》载亦思马儿甘万户府。因萨玛（今沙马乡）地震，政权转移至德格，并留下博他嫁妹以犁地换取林葱土司地域的传说。

明永乐八年（1410），明成祖朱棣为给他逝去的妃子徐氏求冥福，“遣使往西土求藏经之文，刊梓印施，以资为荐物之典”。[①] 噶玛巴第五世活佛德银协巴应邀赴京，在赴京路途，活佛素仰嘎拖寺之名望，特地到该寺，并带该寺一些著名工匠同往京城，“于灵谷寺建普度大斋道场”，使河坡民族手工艺匠师首次有了直接在先进地区参观学习的机会。这种使团的交往，促使民族工艺本身由较单纯的冷兵器工艺向仿制生产藏枪和佛具工艺转化，

---

① 参见《白玉县志》，成都：四川大学出版社，1996 年。又见王万宏、汪代明：《白玉藏刀手工艺文化研究》，《文艺争鸣》2009 年第 11 期。

康区的新主白利土司与丽江木氏土司争夺不断，云南的金工技艺也随之传入河坡，这种转化无论是对当时或以后的藏族金工锻造工艺发展都起到了不可忽视的作用。后来固始汗入康，白利土司被歼，德格土司如愿获得河坡金工锻造控制权，逐渐成为德格土司地域乃至整个康区的手工业中心，溯本探源，无疑与吐蕃、格萨尔、白利土司的兵器制造，以及和康巴第一座佛教寺庙在河坡建立有着重要的关系。

清康熙三十九年（1700），清政府出兵打箭炉（今康定），中央政权势力直接抵达雅砻江以东地区。雍正五年（1727），清军大败和硕特部，统治范围扩大到整个康区，叩开了康巴长期关闭之门，出现了较大规模的产品交换，云南的铜，川省的茶、棉、绸等源源而至，激发了康区农牧民从事家庭手工业的兴趣。此时，作为藏东金工锻造工业重地的河坡为使其制品更多地进入交换领域，产品种类不断增加。于是精美的佛具、锋利华美的藏刀、实用的火药枪、结实漂亮的细绒毯子、精雕细刻的饰品、材坚质优的马具与日俱增，河坡逐渐成为涉藏地区佛具生产基地。在茶马互市的交通枢纽中，这里也由此成为重要的物资贸易交易中心，至今仍有很多曾经从事运输骡马队家庭的后裔饲养骡子。

清道光二十一年（1841）七月，清政府有针对性地制定章程，其中强调："不许禁止德格（时白玉为其所属）商人在青海西宁一带行商贸易。"并对拖欠款项、寄存货物等均作了明确规定。中央政权的支持，为河坡民族金工工艺制品的流通打开了方便之门。清末改流后，随着垦民的出关，垦民中的泥、瓦、木、石、金、银、铜、铁各种匠人带回了汉族地区先进的生产工具和生产技术，川滇边务大臣赵尔丰明确规定："如本地百姓需要此种匠人，随雇随到，不得假故推诿，亦不得抬高工价，违者重究。"民族间的直接交流，给河坡的民族工艺注入了新的血液；改流之后，农牧民的人身依附关系有了一定程度的松弛，亦促进了以金工锻造生产为主的加工业的蓬勃发展。工业文明自然带动文化的多元化进程，德格土司所处的地域以康巴文化发源之谓，自然有其道理。

二、从兵器部落透视康区兵器文化

自人类进化开始定居生活，使用工具便成为古人类最为重要的生产、狩猎、防御手段。原始人以木棍、石块等作为对付野兽的武器，这是人类最简单也是最早的武器装备。为了在严酷的环境中生存，人类不断创新工具的使用，在探索中对原有武器装备进行一步步改进，对武器的使用越来越得心应手。从将石块撞击成有棱角的、比较尖利的器具，把木棍制成标枪，到学会使用石球抛打，远距离进行杀伤。这些改进后的器物既有利于采集、狩猎等生产劳动，同时也便于携带，成为使用方便的自卫武器。

藏文史籍《智者喜宴》有一段文字记述了兵器的历史。书中说，在青藏高原上出现人类以前，由夜叉等十类神灵统治，当时依次出现了弓箭、斧头、罗刹腿、火炮、刀、绳、乌朵（投石器）、铠甲等战争所用器械。[①]藏文史书中的这些记载虽然具有浓厚的神话色彩，但显示了武器装备是一个演变的过程，这和人类历史进步完全相吻合。

不仅如此，考古也为我们研究藏族武器的使用提供了依据。在前几章我们讲到了考古，这里再稍作论述。1978—1979 年，在西藏昌都发掘的卡若新石器时代遗址中，不仅出土了打制的矛、簇等物，还有磨制的斧、锛、凿、刀、镞、矛等石器。卡若遗址的年代，根据出土物的特征，可分为早晚两期。根据碳十四测定和树轮校正，早期为距今 5 555 ± 125 年；晚期为距今 4 750 ± 35 年。综合以上年代，卡若遗址距今约 4 600 年。[②]说明这些武器的雏形早在四五千年前就在青藏高原问世了。之后出现了金属武器，在青海省境内的循化县等地发现了卡约文化，“潘家梁墓地男性随葬品有铜斧、铜镞、铜锥、铜刀”[③] 等物，经碳 - 14 年代测定距今有二三千年的历史。铜器的出现是人类文明进步的象征，也是武器装备由石器、木制转向金属时代的开始，当时人们不仅将其作为武器装备的首选用于战争，更多用于生活生产和佛教用品。镞是弓箭的重要部件，它的产生说明弓箭这一具有划时代意义的武器至晚也在一二千年以前就在青藏高原上诞生了。同时铜器也作为财富、权力的象征出现于日常生活中。而河坡距离西藏一江之隔的江达铜矿资源丰富，不排除远古时候就有加工业的存在。何况川藏北线茶马古道在固始汗入康之前是从今德格的玉隆乡到白玉赠科、热加、河坡，到西藏（或从岳巴乡到登龙至西藏）。因为有铜铁矿和冶炼锻造技术，这里又曾经是松赞干布的后勤基地。笔者在撰写《四川藏族金工》和编写《白玉县志》田野调查过程中得知，白玉境内丰富的矿产资源是最初金工锻造的肇端。最先是赠科先民在野外用石头支砂锅煮肉后意外发现金

---

① 陈庆英主编，青海省社会科学院藏学研究所编著：《藏族部落制度研究》，北京：中国藏学出版社，1995 年，第 270 页。

② 西藏昌都地区地方志编纂委员会：《昌都地区志》，北京：社方志出版社，2005 年，第 890 页。

③ 赵生琛、谢瑞琚、赵信：《青海古代文化》，西宁：青海人民出版社，1986 年，第 75 页。

属，后来拾来同样的石块也获得金属片，金属片可用石块锤击后加工成不同形状的工具，于是萌生了最原始的金属锻造加工业。

根据藏文史料记载和藏族社会生产力发展状况的分析，刀矛之类的金属兵器在吐蕃第八代赞普——止贡赞普时代已经产生。藏文史书中说，在这位赞普生活的年代，人们把“木头烧成木炭，熬煮皮子获得皮胶。挖出铁、铜、银三种矿石，用木炭把他们烧熔，冶炼出铁、铜、银三种金属”。[①]敦煌文献记载，止贡赞普要求他的一名臣下与他比武，对方提出，“请授与大王神库中自动穿刺之戈矛，自动挥舞之长剑，自动穿着之甲胄，自动戴着之兜鍪。以上几种神通变幻之灵物若能赐予臣下，臣可以与大王一试”。[②]赞普答应赐给这些器物后，二人进行比赛。赞普将这些器物藏于神库，说明他将它们视为至宝，相当稀缺。《敦煌古藏文历史文书》记载七世纪初时，一个名叫韦·邦多日义策的部落首领，父兄子侄七人与松赞干布的父亲朗日论赞于拉木、恰拉山中间之冲木地方盟誓，按照盟誓惯例韦氏家族以半克青稞煮酒，奉献饮宴，并给朗日论赞献上十套犀皮铠甲、两把带鞘长剑。[③] 当时长剑已广泛运用于战争，长剑是从战场上缴获的，铠甲也是将领作战的基本着装和配置。按照民间口传及古籍考证，河坡片区作为松赞干布在藏东的后勤基地时期生产金属兵器，这是由气候、人员、水源、林木等先天的条件决定的。为改变最原始的金属锻造加工方式，生产质量较好的铁器，人们在实践中探索发现赠科生产的高品位矿在相邻的热加乡阿仁沟冶炼，出铁率高，且质量更好。这里有能够生产用于冶炼木炭的柏树，土壤和水富含微量元素利于炼出上好的铁。热加地处赠科与河坡之间，自然承接了金工锻造上下游的中间一环的冶炼。后来随着内地高质量的钢铁、铜皮的引进，热加金属冶炼规模逐渐萎缩直至消失，转化成围绕河坡金属锻造的材料引进和产品销售的服务业。这种产业衔接与配套，河坡无疑承担了兵器制造的更多任务，吐蕃金工器皿的生产也在藏东有了另一个支点。当时河坡金工锻造制作的犀牛皮铠甲、金属铠甲技艺已经十分成熟，其制造的长剑、刀具钢火质量十分好，不仅锋利而且极其坚硬，可以斩金断银。

在吐蕃王朝时代，部队多为骑兵，主要运用弓箭、大刀、长矛，关于这方面史书有不少记载。现今位于拉萨市墨竹工卡县甲玛乡龙达村的群觉

① （元）萨迦·索南坚赞：《王统世系明鉴》，北京：民族出版社，1981 年，第 47 页。

② （元）萨迦·索南坚赞：《王统世系明鉴》，北京：民族出版社，1981 年，第 47 页。又见《敦煌古藏文历史文书》第 30 页。

③ 王尧辑：《敦煌古藏文历史文书》，西宁：青海民族学院，1979 年，第 48 页。

古代兵器博物馆，就收藏了涉藏地区古老的兵器。从博物馆收藏的装备就可以洞悉涉藏地区兵器的发展历史，早在吐蕃王朝第八代赞普——止贡赞普时期，就出现了刀剑等进攻武器。那时候的刀剑种类多样、特征明显。主要使用头盔、铠甲、盾牌等防御装备。在攻城略地时，吐蕃军队主要使用的兵器还有一些我们并不熟悉，比如抛楼、飞梯、鹅车等，这些兵器为吐蕃军队助阵，使得他们所向披靡。纵横向比较历史，藏东康区具有矿产条件、加工历史和技能等优势的唯有河坡，除了汉地引进的兵器，毫无疑问，河坡一定生产了不少值得称赞的兵器。

到了近代，冷兵器时代结束，出现了火枪。由于帝国主义侵略、藏族部落与内地交往频繁等原因，步枪等武器也在部落地区出现，这时已经不是《卫藏通志》所记载的藏兵“多不使用军器”的时代了。在康区，明正、德格等土司统治时的士兵制度规定，凡有战事发生，需自备枪支口粮，应征作战，所以持枪者极为普遍。“几乎家家有枪，爱枪如命，宁愿给儿子，不给枪支”的情况在康区很普遍。[①] 刘自乾在《建设新西康十讲》中说：“边民最不好的一个习惯，就是打冤家”，“小有冲突，必然持枪动武，只要持枪动武，必有死亡；一有死亡，必有报复，此支力量不足，必求助于他支，他支乐于助此，又多系以武力报复为条件”。[②] 继而造成械斗频繁，枪支需求大增，继而泛滥。同样，在玉树、迪庆、昌都等地，也有“武器装备自备”之类的习俗。周希武说20世纪初，玉树各部落“其器械则戈矛刀剑外，鸟枪最多，来福次之，后膛快枪又次之。二十五族，大率族有快枪十余杆至数十杆，马则族各数百匹，或至千匹”[③]。

这时候，河坡所造武器只能够民用了，因为康区外来枪支已经达到一个前所未有的数量。1913 年，英国策划“西姆拉则会议”分割西藏，康藏战争爆发，其代表之一就是“类乌齐事件”。为稳定地方巩固边疆，北洋政府调拨给川边镇守使陈遐龄汉阳造枪 3 000 支，山炮 3 门，子弹 100 万发。[④] 直到 1918 年，在各方磋商下，西藏武装势力与西康地方分别割据西康部分县份，此事方才告终，但中央支援的武器装备留在了康区，在当地体制下，

① 秦和平主编：《四川民族地区民主改革资料集》，北京：民族出版社，1943 年，第 63 页。

② 文豔林：《近现代康区民间枪支问题研究》，《云南民族大学学报（哲学社会科学版）》2015 年第 32 卷第 5 期。

③ 周希武编著，吴均校译：《玉树调查记》，西宁：青海人民出版社，1986 年，第 72 页。

④ 冯有志：《西康史拾遗（上）》，成都：巴蜀书社，2015 年，第 87 页。

大部分散落于土司、寺庙和居民个人手中。[①]

地方纷争导致了枪支泛滥。“类乌齐事件”12年后，即1930年夏，大金寺与白利土司家庙亚拉寺所在村发生所谓“差民纠纷”，史称“大白事件”，西藏地方势力再次卷入，暗中资助大金寺造步枪50支，子弹若干发，双方武力对峙，“步枪大炮一齐出动”，1932年10月，以白利武装战败签订“《岗托协议》而告终。[②] 1931年下半年，康巴人洛桑泽仁受国民党中央派遣，回到巴安地方组建国民党西康省地方组织，途经云南得到云龙资助，送予他单筒步枪100支，他凭借这些武装，缴获了巴安地方驻军（国民革命军24军一部）的武器装备，宣布成立“西康省防军司令部”，后来战败，武器装备散落民间或被当地驻军国民革命军24军收缴。1935年，活佛诺拉凭借他两年前从西藏带来的200余人的武装力量，袭击了西康地方武装一个团，[③] 并以获取的枪支和大量弹药组织寿宁寺等寺庙武装与红军激战。战败后被红军俘获，武装溃散，大部分枪支散落于当地民间。

1937年，为提升班禅在西藏的实力，国民党中央政府组建“班禅回藏行辕”，亦即班禅行辕，拨给其大量经费和先进武器装备。班禅在途中圆寂，行辕滞留甘孜县内，并与当地武装发生冲突，史称“班辕事件”。冲突中，班禅行辕“到各乡动员群众，自愿参加的，每人发给步枪一支，子弹100发，手榴弹4颗”。这次冲突以行辕失败告终，所带1 000余支精良枪支、大量弹药，以及其他武器装备或被地方武装截获，或流入民间。这些武器装备“多是中正式、意大利四环步枪，较驻军的汉阳造枪，要好得多”[④]。

红军“博巴政府”解散后武器亦有流失。1935年5月—1936年7月，中国工农红军第四方面军先后进入四川涉藏区域，红军进入后，曾力图建立“博巴政府”，发展地方武装，给予了当地一些武器装备。但这个时候，当地民众已经有部分武器。他们把“自己所有的快枪、土枪、刀、矛主动地拿出来武装自己”[⑤]。其枪支数量近7 000支，可见当时散落于民间的武器数量之大，这在康巴地区是一个独特的现象。

---

① 参见文黼林：《近现代康区民间枪支问题研究》，《云南民族大学学报（哲学社会科学版）》2015年第32卷第5期。

② 甘孜州志编纂委员会：《甘孜州志》，成都：四川人民出版社，1998年，第764页。

③ 冯有志：《西康史拾遗（上）》，成都：巴蜀书社，2015年，第87页。

④ 冯有志：《西康史拾遗（上）》，成都：巴蜀书社，2015年，第341页。

⑤ 中共甘孜州委党史研究室：《红军长征在甘孜藏区》，成都：成都科技大学出版社，2012年，第212页。

另外武器交易也是个比较严重的现象。辛亥革命后，“原清军大量枪支散落民间”[①] 并进入市场，云南是西南枪支交易最大的集市，为康区提供了较为稳定的枪支来源。此外，就是地方政权向民众发放枪支。一般情况下，出征都是居民应征自备武器，但在“紧急情况”下，政府会组织民兵并发给枪支弹药，如昌都上左贡和丁青民兵得到过地方政府下发的英式步枪超过 100 支。[②]

这一时期，河坡金工锻造转型以生产民用器具和佛具为主，但修理枪械、仿制枪支依然大有市场，在中华人民共和国成立之初，河坡仿制和生产的枪支在周边口碑极佳，有部分明火枪至今仍然是收藏界（获得办证允许）争相抢购的增值精品。我们说兵器文化和崇武文化是康巴文化的一大特色，虽然弊端极多，但不得不承认这又是一种进步的表现。

综上所述，康区历史上就处于大动荡地区，在内地严格控制武器进入涉藏地区的年代，就一定需要发展生产武器的工业，河坡片区因为自然资源的优势，金工锻造工艺成熟，自然成了兵器部落。而康区在远古时期就发现金属，并能够粗加工，到后来出现河坡金工锻造和手工制造武器就是发展的必然现象。围绕兵器部落发展，窥视康巴文化现象，会为研究者打开一扇惊喜的窗户。

第四节　康巴地区部落兵役制度的文化现象

在部落里，男性成员人人皆兵，这就是涉藏地区的特色。自有阶级社会以来，藏族部落寓兵于民的制度自上而下得到有效的实行，究其原因主要有三：第一，专门军队与藏族部落的生产力水平不适应。藏族部落社会的生产力水平较低，社会所创造的财富尚不足以养活一个庞大的军事集团。在广阔的草原，部落以游牧生活为主，其生产活动和生活方式决定了他们经常与枪支马匹打交道，使他们与生俱来就具备军人的某些素质，能招之即来，来之能战。这就决定了部落没有建立专职军队的必要。

第二，涉藏地区崇山峻岭、地域辽阔，人员居住分散，有较强的安全

① 云南省地方志编纂委员会总纂，云南省公安厅编撰：《云南省志·公安志》，昆明：云南人民出版社，1996 年，第 123 页。

② 西藏昌都地区地方志编纂委员会编：《昌都地区志》，北京：方志出版社，2005 年，第 60 页。

需求，因此部落成员对部落表现出很大的依赖性。部落成员享受部落保护和权利的同时，必须履行成员对部落的应尽义务。部落成员最主要的义务之一就是出兵打仗，保卫部落安全。如果有成员不为部落尽义务，那么就会受到惩处，情节严重的还将被赶出部落。

第三，藏族部落内部虽然已经分化出统治阶级和被统治阶级，出现了剥削和压迫，但氏族制度和部落制度仍在各方面发挥着重要作用，加之宗教能在很大程度上暂时缓和阶级矛盾，还不需要组织专门的军队来镇压被统治阶级；藏族部落间相互械斗虽然时有发生，但因部落全体参与，所以没有专门成立用于进攻或防御的军队的需求。

因此，部落成员在军事方面必须无条件地服从部落，寓兵于民的兵役制度也就特别行之有效。由此也形成了涉藏地区独有的军事文化现象，藏族的男性从小就服从部落意识，崇尚武力，性格粗犷、豪放。所以很多时候看到康巴汉子具有共同的特点就是："热心肠""实心人"；锋芒毕露，刚性有余；注重信誉，办事实诚；有集体主义、英雄主义意识，很容易被现场气氛感染。其实这些就是军人的性格特征，这种现象成了康巴文化的核心部分。

一、从《格萨尔》史诗看康区兵役文化状况

康巴是格萨尔王的出生地，伟大的史诗为我们研究康巴文化提供了无穷的依据。从《格萨尔》史诗中可以洞悉当时涉藏地区部落的兵役制度。寓兵于民、男性人人皆兵的兵役制度在史诗中比比皆是。比如《格萨尔王・梅岭之战》就有岭部大将察香丹玛在90岁时还上过战场。[①] 从史诗这些记载看，各部落普遍实行成年兵役制，兵员的界定年龄往往因地因时而异。岭属霍尔部落军事首领辛巴梅乳孜曾说："在我的花花虎皮箱中，有阿庆大军花名册"[②]，就是说，部落按规定将适龄公民的姓名及其他情况记录在册，保存于军事首领处，战时依册征集兵员。

按照史诗内容，一般情况下，涉藏地区为"18～60岁"兵役制，部分地区也有"13～60岁"兵役制，前面介绍的三岩父系部落就是"13～60岁"兵役制。在史诗中，我们可以看到，有些男性也可以不服兵役或不出

---

① 参见周生文、何峰：《从史诗〈格萨尔〉看古代藏族部落的兵役制度》，《青海社会科学》1994年第1期。

② 意西泽珠、许珍妮译：《格萨尔王传：取雪山水晶国》，成都：四川民族出版社，1989年，第7页。

征作战。史诗中有这样的叙述：岭部落为复仇向门部落发动进攻，爆发了门岭之战，门部落首领率尺王召集群臣分析形势，商议对策。会上一位名叫阿琼的老者向群臣献物，起身请求道，他年老体弱，参战力不从心，愿意拿出一捆上好的绸缎、一匹白色千里马、一副白银巴札宝、一张汉地红虎皮、一副黄金巴扎宝，总共五件宝物献给率尺王。另外又拿出一匹狮纹绸缎、龙宝及南方好米等三样白物献予众臣，请求免除征役。门部落群臣商议之后，认为阿琼出征确有困难，于是答应了他的请求。[①]

另外，在霍岭战争前期，岭部落将士主动出击，取得了一次次战斗胜利。这时总管王的儿子昂琼玉达与其他少年也请求出征。为求得公正，部落通过掷骰决定出征者，结果昂琼玉达获准。此时，昂琼玉达的父亲总管王戎察叉根上前勒马阻挡在黄霍尔辛巴面前说，他的三个儿子中，长子玉片达嘉和次子连巴曲加先后战亡，如果现在老三出战死了，他没有赡养之人，部落又无王位继承者，于公于己都十分不利。他愿拿出一马、一甲和一件战袍，另加五联哈达等，共计八样东西，在众英雄面前作为罚金，请求准许勿让其子出战。[②] 岭部落的众英雄将领都觉得总管王说得有理，同意了他的请求。但是小昂琼立功心切，不听父亲和众人劝阻，双方争执不下。于是贾察想出一个折中办法，他备马出列，要代替昂琼出战。此时昂琼着急地喊道："霞鲁哥哥呀，请你安坐吧！为什么要你替我出征？我又不跛、不瞎、不聋、不哑，我可以自己上战场！"[③] 众人劝他不住，只好让他出征去了。

根据涉藏地区的部落兵役制度，一般女性不参军，但也有例外。《格萨尔》史诗中也有"花木兰"似的女英雄。在霍岭战争初期，霍尔部落的少年阿乍也随军出征，而在临行前其姐姐玛茉冬果化装来至军中，请求弟弟将戎装换给她，她要女扮男装代替阿乍出征，让弟弟留守家园，照顾父母。

二、部落兵役征集方式

虽然涉藏地区部落兵役制度是男性皆兵，但也会根据具体情况征集参

---

① 周生文、何峰：《从史诗〈格萨尔〉看古代藏族部落的兵役制度》，《青海社会科学》1994年第1期。

② 周生文、何峰：《从史诗〈格萨尔〉看古代藏族部落的兵役制度》，《青海社会科学》1994年第1期。

③ 王歌行、左可国、刘宏亮：《霍岭战争（上）》，北京：中国民间文艺出版社，1985年，第61页。

战士兵。平时藏族部落的兵员分散在各家各户，只有在战时或训练时才集中起来，各部落都有自己的规章制度，而如何集中、集中多少，概括起来大致有以下四种情况：

1. 按经济实力征集

部落按财产多寡将成员分为若干等级，根据等级征集兵丁。在这种制度下，财产多的家庭多出兵，财产少的少出兵。比如玉树地区的属民等级按牲畜头数来划分："部落群众所有的牲畜，除了没有长出牙齿的幼畜及掉了牙齿的老畜外，凡长足四颗牙齿的，马三匹为一份，犏牛两头作为一份，牦牛一头作为一份，牛五头作为一份"，"三百份以上者为特等户，三百份以下一百份以上者为上等户，十份以上一百份以下者为中等户，十份以下者为下等户。凡下等户以上者为差户，须承担缴纳财物的差税。下等户以下者称为次化"。①

2. 按户征集

这类征集法的依据是家庭人口和男性成员的数目。陈庆英在《藏族部落制度研究》中说："将部落中的所有家庭按其人口分为若干等级，再按级征兵，特等人家每户征35人，大户人家每户2~3人，中等人家每户1~2人。一般户也按户应征，夫妻分离者，亦须应征，按步兵例征集。凡不能服役者按丁等级科以枪支、马匹、牛等。"②

3. 成年男性人人皆兵

有些部落规定，不论户口、财产凡成年男子都要无条件地承担兵役。但这只是一个原则，具体实施可变通和演变发展，如很多部落都学习了吐蕃兵役制度，从全民皆兵制，到"三丁抽一""五丁抽二""七丁抽三"征兵。这样的方式有利于生产，可以保证区域内经济的正常发展。

4. 僧兵的加入

藏族社会僧侣集团中的僧兵现象是独特的。按宗教教义规定，僧人要持守多种戒律，杀生则为佛门第一大戒，本来僧侣和军事应当说是风马牛不相及，但在一些重大事件发生时，寺庙里修行的僧人可以随时变成僧兵。在近代康区有影响的"大白事件"就是僧兵招致的事端。1930年，四川甘孜地区大金寺与白利土司争夺差民引起纠纷。6月，大金寺武装进攻白利，

① 陈庆英主编，青海省社会科学院藏学研究所编著：《藏族部落制度研究》，北京：中国藏学出版社，1995年，第263页。

② 陈庆英主编，青海省社会科学院藏学研究所编著：《藏族部落制度研究》，北京：中国藏学出版社，1995年，第263页。

川东军边防旅旅长马啸遣人调解未果，大金寺僧人开枪击毙该旅一排长，由此拉开长达近3年的战争。

三、军事训练

在战争中起决定作用的是人，千百年来，部落经常对自己的成员进行集体观教育，基本上人人都怀有为部落利益就是赴汤蹈火也在所不辞的集体主义和英雄主义精神。因此，借助早已形成的尚武风尚，设法提高战士的战斗力成为藏族部落武装经常性的一项工作。藏族部落武装的军事训练主要有专门训练、实用演习、射击比射和赛马活动四类。

1. 专门训练

这种训练的目的很明确，直接为军事行动服务。纵观藏族历史，吐蕃王朝建立之后，常有赞普清点兵册、检阅部队的活动，比如，“及至狗年（高宗上元元年，674年），赞普点验红册（军丁名册）”①，又“及至猪年（玄宗开元二十三年，735年）夏，赞普牙帐驻于‘准’之芒岱垅。于倭祐四队骑军，由赞普过目检阅”②。无论点验军丁名册还是赞普检阅部队，在这些活动中至少要集合队伍，进行演练，这都应视为专门训练。到了近代，有不少部落还定期进行武装训练。

2. 实用演习

牧区的狩猎是一种实用演习，尤其射猎野牛更具实战色彩。野牛是一种报复性很强的群聚动物，如果发现同类被伤害，其余野牛则设法寻找猎人进行报复，一旦找到猎人，据说野牛用能在冰雪地带行走的如刀一样的四蹄踩死猎人，或者用长有苔刺的舌头舔剥猎人皮肉致其死亡。因此，猎取野牛要有一整套周密的军事措施，一次狩猎不亚于一场战斗。

部落的草场、耕地和森林是武装保卫的重点对象，因此，部落常常派出人马巡逻、搜山。康区百姓有在夏秋两季进行不定期搜山的传统惯例，主要侦察有无偷牧、偷猎者，有无盗贼、外来者等。搜山或巡逻时，年轻人骑马扛枪，全副武装，在执行任务的过程中有时还会发生小规模的战斗。此外，缉拿逃犯、追踪盗贼、武装劫掠等，也是实战演习。

---

① 陈庆英主编，青海省社会科学院藏学研究所编著：《藏族部落制度研究》，北京：中国藏学出版社，1995年，第276页。

② 陈庆英主编，青海省社会科学院藏学研究所编著：《藏族部落制度研究》，北京：中国藏学出版社，1995年，第276页。

3. 射击比射

藏族部落中的比射之风早在吐蕃王朝建立之前就十分流行，《敦煌古藏文历史文书》记载，止贡赞普就是在和臣下比试武艺时被杀死的。今天在农业区冬闲或年节时仍然要举行部落间的比射，称为冬射。冬射一般在邻近部落间举行，部落间互相访射。射场设在一片开阔的空地，相隔 65 米左右置 2 个高约 1 米的土堆，土堆内侧用树枝造 2 个边长约 1 米的等边三角形作为靶，甲乙部落以相等人数的男性在靶之间一一对射，中靶多者获胜。[①]比射不仅在部落内进行，而且在家族乃至家庭中也可以进行，民国凤凰三杰之一的陈渠珍随川军入藏，就亲身参加过当地望族彭措家的比射，其《艽野尘梦》有述，每次比射能进一步提高参赛者的射艺，涌现出许多优秀射手，比射的效果甚至超过专门训练。

4. 赛马活动

赛马活动是藏族最有特色的传统文化活动。康区的理塘、甘孜（含石渠）、玉树赛马一直是由中央政府马政（太仆寺）主导的在茶马互市中的政府采购活动（马匹不能私自买卖），后来逐渐演变为地方传统节日。藏文史书记载，金城公主的未婚夫姜查拉温在赛马时不慎坠地而死，所以她才嫁给其父梅阿措，说明赛马活动在当时已经很流行了。赛马项目内容繁多，一般现在可见的有速度比赛、耐力比赛、角力争夺长矛等比赛。马术比赛用手或嘴，在跑马时弯腰倒挂摘取地上的花朵、哈达等物品，或者左右上下、站立马背、倒拽马尾、飞跳空马、马镫藏身、马上刀术、马上箭术、马上射击等。这些都是对部落武装的技能训练。也有的部落是赛牦牛，与赛马有相似之处。

格萨尔赛马活动家喻户晓，可见赛马的重要性。赛马活动的原始目的就是备战，也是一种实力的象征。以前的官员们为了在比赛中取得胜利，获得奖励，从而提高自己的威信，往往在几个月前就组织属下部落勇士进行练习。以至于形成一种娱乐习惯，男性只要稍微懂事，便会自觉进行枪法、马术等练习，成年男子则人人能骑善射，成为随时可以参战的战士。

综上所述，涉藏地区兵役制度训练与体育活动紧密地结合在一起。这些军事训练不仅由部落定期组织，也由群众自发组织，并且融于节日庆典

---

① 陈庆英主编，青海省社会科学院藏学研究所编著：《藏族部落制度研究》，北京：中国藏学出版社，1995 年，第 276 页。

或依托于宗教祭祀仪式中。除了上述比赛活动，还有摔跤、格吞、抱掷石、嘎嵴杠、跳高、跳远、赛牛、耍狮子、舞牦牛、棋牌和气功表演等竞技游戏活动，形成了独具特色的传统体育竞技文化，深受群众喜爱。

第十二章　康巴红色文化简述

康巴地区具有丰富红色文化底蕴。20世纪初，革命火种播撒康巴大地，甘孜人民用真情写下了伟大壮丽的文化史诗，《2004—2010年全国红色旅游发展规划纲要》中，仅甘孜州就有12个景点被列为重点的“雪山草地红色旅游区”。红军长征经过四川，大部分都是在康区境内活动，从1935年5月至1936年7月的15个月时间里，中国工农红军第一、二、四方面军先后在甘孜涉藏地区的泸定、康定、道孚、炉霍、甘孜、新龙、白玉、巴塘、得荣、乡城、稻城、理塘、雅江、丹巴、色达15县留下红色足迹。这是红军长征三大主力经过地域最广、行程最远、时间最久的区域，是革命战略重心由南向北转移最关键的地区，是党中央在长征途中召开会议最多的区域，是红军长征中经历自然条件最为恶劣的区域，是红军长征中开展民族工作最频繁、成效最显著的区域，是为红军长征提供人力、物力最多的区域，是重要战役战斗最多的区域，也是党中央和广大红军指战员同张国焘分裂活动斗争最尖锐、最激烈的地方。

值得一提的是，除陈毅元帅外，开国十大元帅长征时都到过康巴区域，其中朱德、彭德怀、林彪、刘伯承、罗荣桓、聂荣臻、叶剑英七位元帅长征时经过了泸定桥，贺龙、徐向前两位元帅长征也经过了甘孜涉藏地区。开国十位上将中，黄克诚、陈赓、谭政、萧劲光、张云逸、罗瑞卿、王树声七位上将在长征中也曾到过甘孜涉藏地区。

红色的种子不仅撒在了康巴大地，并且生根开花。1950年，为实现和平解放西藏，康巴儿女（甘孜、玉树、康巴等地区）为支援十八军进藏提供了无比坚实的后勤保障和人力支持，浓墨重彩地写下了令康巴人为之自豪的爱国篇章。在康巴的民主改革中，许多仁人志士为了藏族人民的解放和人权的获得，义无反顾地投身于这场废除农奴制度的人权解放事业中，在这里献出了宝贵的生命，谱写了一曲曲人类历史上为人权事业发展进步而奋斗的赞歌。

康区不仅有优秀的红色文化传统，更有许许多多脍炙人口的红色文化故事。这些体现了康巴文化的核心和灵魂，即一直以来就富有的爱国情怀。对以血肉之躯担当起民族大义和国家大任的革命先烈，最好的铭记就是在永不褪色的红色记忆里缅怀他们的事迹，让康巴文化中的红色基因代代相传，成为今天我们创造新生活的力量源泉。相关文献、资料十分丰富，这里鉴于篇幅的限制，只做简略介绍。

第一节　红军长征在康巴地区

一、红军长征在康区的经过及其影响

1934—1936年，中国共产党领导下的工农红军，由于在军事上受挫，为了保存实力，被迫战略转移，进行了举世闻名的二万五千里长征。由张国焘等人率领的红军第四方面军，由贺龙、萧克、关向应率领的红军二、六军团，先后途经了四川阿坝、甘孜州、云南中甸和甘南等涉藏地区。他们所到之处，宣传了中国共产党和红军的主张，制定了民族政策，并在长征途中利用休整之机，在涉藏地区建立了党、政、军和群众团体组织。

1935年5月22日，红军先遣队进入彝民聚居区。在党的民族政策感召下，刘伯承与彝族头人果基约达举行了著名的“彝海结盟”，红军顺利通过当时被视为畏途的彝族聚居区。5月24日来到石棉县的安顺场，5月25日晨，红一师于安顺场强渡大渡河。但是红军在安顺场只得到3只小渡船。由于水流湍急，船往返对岸一次，至少要用1小时，红军几万人马在此渡河则至少需1个月时间。而此时国民党军紧追不舍，正由南向北追击，离红军仅有几天的路程，即将形成在大渡河南北夹击红军的局面。面对如此严峻的局势，能否夺取安顺场上游的泸定桥、打通北上通道就成为粉碎蒋介石大渡河战役计划，使红军转危为安的一个关键。

5月26日上午，毛泽东、周恩来、朱德等人当即作出了夺取泸定桥的指令。其部署是由刘伯承、聂荣臻率领红一军团一师和陈赓、宋任穷领导的干部团为右路军，由中央纵队及一、三、五、九军团为左路军夹河而上攻取泸定桥。左路军由王开湘、杨成武率领的红二师四团为前锋攻击前进。

1935年5月28日，红四团接到红一军团命令：“黄开湘、杨成武：军委来电，限左路军于明天夺取泸定桥，你们要用最高的行军速度和坚决机动的手段，去完成这一光荣的任务。你们在此战斗中突破过去夺道州和五团夺鸭溪一天跑一百六十里的纪录。”接令后红四团昼夜兼行120公里山路，逆流而上，奔袭泸定桥，于29日晨，出其不意地出现在泸定桥西岸并与敌军交火，下午4时发起了对泸定桥东岸的强攻，用迫击炮精准打击，神枪手以狙击步枪掩护，22名勇士突击队员“冒着东岸敌人的火力封锁，在铁索桥上边铺门板边匍匐射击前进”。①

经2个小时激战飞夺泸定桥头，并与东岸部队合围占领了泸定县城。电告中央：“我四团于今晨六时赶到泸定桥附近，于十七时攻占泸定桥，敌向天全退去，余另告。”② 飞夺泸定桥创造了中国军事史上的奇迹，红一方面军飞夺泸定桥成功以后，又迅速突破敌飞越岭防线并实现了红一、红四方面军会师，打通了红军北上抗日的通道，彻底宣告了蒋介石“南追北堵”、将红军“截击其为数段”图谋的彻底破产。泸定桥因此而成为中国共产党长征时期的重要里程碑，在中国革命史上写下了不朽的篇章。

6月4日，红军九军团七团的工兵连由何长工率领撤离泸定，从二郎山向天全进发。至此，红一方面军部队全部离开泸定。

1935年6月，为接应红一方面军，抢在国民党军封锁之前实现两军的会合，红四方面军先头部队英勇顽强、不怕饥饿、不怕疲劳，翻越了终年积雪的红桥山，6月8日终于抢在邓锡侯援军赶到之前攻占了懋功（小金县），继而又占领了夹金山北麓之要镇达维。6月12日，与红一方面军先头部队胜利会师。两个方面军会师后，红一、红四方面军分左右两路军北上，行至阿坝后，张国焘拒不执行中央北上方针，强令红四方面军并裹胁红五军、红三十二军以及朱德、刘伯承等原红一方面军建制内部队及将领，掉头南下执行“绥崇丹懋战役计划”“天芦名邛雅大战役计划”，进入甘孜涉藏地区大渡河流域。百丈关战役遭受重大损失后，红四方面军广大指战员开始怀疑张国焘的“南下方针”，此时又接到共产国际和中共中央严厉批评，在朱德、刘伯承、徐向前等人的坚决抵制和劝说下，张国焘接受了1936年1月16日中共中央以中共秘书处名义电告红四方面军的瓦窑堡会议精神。1936年2月下旬，红四方面军以刘伯承为中国抗日红军先遣军司令员，率红三十军从丹巴翻越党岭雪山向道孚等地挺进，开始西进康北，相继攻占了道孚、炉霍、甘孜、瞻对等康北重镇，于4月23日与德格县土司签订了《互不侵犯协定》，互相以绒巴岔为界和平共处。红四方面军开始在康北进行较长时间的休整。同时，红四方面军帮助藏族人民建立抗日民族统一战线自治政权，积极做好会合红二、红六军团共同北上的准备。

红二、红六军团在准备离开云南中甸进入康南时，为了尽量避免穿越

---

① 聂荣臻元帅题写的《强渡大渡河泸定桥的经过》纪念碑碑文。

② 中国工农红军长征史料丛书编审委员会编：《中国工农红军长征史料丛书1·文献》，北京：解放军出版社，1995年，第360页，《林彪关于红四团已攻占泸定桥致朱德等电》（1935年5月29日）。

康南时部队可能发生的粮食困难，红二、红六军团总指挥部决定从1936年5月5日开始，分两路进军，即红二军团5月5日从云南中甸出发，经石鼓镇等地渡过金沙江，于10日到达甘孜州得荣县。14日向巴塘进发，15日进入白玉县，19日进驻白玉县城，6月30日进抵甘孜绒巴岔地区，受到了红三十军八十八师、波巴政府代表及当地群众的热烈欢迎。7月2日，红二、红四方面军在甘孜县城城郊举行了会师大会。

红六军团5月9日从中甸出发向乡城、稻城进发，22日进驻稻城。6月3日在理塘甲洼与红三十二军会师。后经瞻化（今新龙），于6月23日到达甘孜普玉隆孜苏寺与红军总政治部、波巴自卫军、红三十军八十八师再次会师。

会师后，红二、红六军团及红三十二军改编组建为红二方面军，由贺龙任军长，任弼时任政治委员。两个方面军根据红军总部电令，以松潘、包座为目标，分左、中、右三个纵队北上。7月下旬，北上红军三个纵队经过艰苦行军，已经先后离开西康境域，逐渐聚集于川西北与甘南结合部地带。

红一、红二、红四方面军以疲惫之师，入人烟稀少、物产不丰、气候恶劣的康区，并在这里休整、补充，作北上准备。此间红军数万人的粮食物资均由甘孜涉藏地区人民供给，这对贫穷的当地人民来说是一项十分艰巨的任务。但康巴人民经受住了这一严峻考验，为支援红军，献出了自己最后一粒青稞、最后一点羊毛，为中国革命做出了巨大的牺牲和历史性的贡献，其革命功绩永载青史。1950年7月，邓小平在重庆追忆这段历史时给予了高度评价："现在我们应该跟他们说，当时全国革命的负担放在你们身上，你们对保存红军尽了最大责任。"① 这段历史为这里成为共和国第一个民族自治州奠定了基础，正如邓小平所讲：

> 长征时有些良好影响，就在西康藏族里边，过去一个"博巴政府"，也起了良好的影响……今天就实行区域自治来说，首先开步走应在康东，因为各种条件比较具备，首先藏族同胞集中，康定以西汉人极少。第二，过去有一个"博巴伊特瓦政府"，这些人，有这个工作基础。第三，我们进军到那地方，同藏族同胞已建立良好关系。最后，一定要加上藏族青年同盟，有一百多人。有这些条件，比较能马上做……这是一个很大的问题，如果解决

① 邓小平：《邓小平文选（第1卷）》，北京：人民出版社，1994年，第163页。

得好，可以直接影响西藏问题。①

邓小平同志所讲，也是当时康区人民真实的意愿。1950 年 3 月，夏克刀登、格达活佛等上层人士致信时任西南军政委员会主席刘伯承，说明“自从 1936 年朱总司令亲自领导下组织‘博巴政府’以来，我们始终一贯地坚持着。现在我们藏族统一的‘民主自治同盟’谨提出我们共同的意见：从根本上在中央人民政府最高领导的原则下，请赐给我们将整个西藏民族组织成一个统一的自治政府”。4 月，中央政府代表柏志等返回四川，向刘伯承、邓小平及贺龙上书，再次表达涉藏地区僧俗上层及民众对红军的愿望：

刘主席、邓政委、贺司令员：

代表等谨代西康全体藏民来向我政府报告人民大众所迫切的要求：

1. 西康藏民历受少数部分汉藏官吏以及内部封建统治阶级的压迫剥削，一直过着水深火热的苦痛。自工农红军长征经过西康时，给予我们的扶助，深得人民爱戴，以后在这十四年的漫长时间中，对于拯救我们的恩人，无时无刻不在思念着、等待着，希望慈悲的父母赶快救救受着痛苦的儿女。

2. 在这里要解放西康人民，一方面必须清除国民党反动政权的现行反动分子和如何推翻内部土司头目等的统治，而另一方面因为西康人民数千年来受封建的统治遗毒深重，所有一切旧的思想必须彻底改革，培植以新的思潮，西康人民才能得到真正的解放。

3. 当年朱总司令等经过西康时，为使西康人民从痛苦中得到解放，以达到各民族一律平等之目的，扶助成立“博巴政府”。在以后的日月中，虽然受着国民党反动派以及西藏方面之种种反动破坏，而全体人民在“博巴政府”领导下，不惜一切牺牲，艰苦奋斗。现在，全康人民正迫切期待“博巴政府”之迅速恢复，希望政府当局予以协助，以达全民之望。

---

① 邓小平：《关于西南少数民族问题的报告》，中央人民政府民族事务委员会编：《民族工作文件汇编（3）》，1951 年，第 15－22 页。

4. “博巴政府”之一切行政及组织等，希望由我中央人民政府领导，并在西康人民中选出公正有识的人担任内部各项职务。

5. 自从赵尔丰统治西康后，一直到现在，在县界的划分上，对于人口及物产从来没有详细的调查，而盲目划分，于是赋税差款的负担亦难有平均，以致苦乐不均，希望政府详细调查，从（重）新划分负担。

6. 胜利的光芒虽然照遍了全国，我角落的西康无知人民，遭受过去毒害，生活在水深火热的痛苦当中，希望政府缜密研讨，如何使西康人民很快地得到幸福之生活。这是建设一个新民主主义的新西康，人民一致迫切的愿望。以上所要求的各项，都是人民大众的切身福利，没有丝毫的自私，希望指示我们，我们绝对真诚地去实行。

蔡良（邦达多吉）汪嘉（夏克刀登）伯志（代表格达）敬呈

一九五〇年四月十五日①

二、红军在康区的民族宗教政策

红军在康巴地区执行的民族政策，可以划分为两个阶段：第一阶段：1935 年 10 月，红四方面军南下作战，在阿坝州金川、小金等县以及甘孜州丹巴县和康定县之金汤、鱼通、孔玉等大渡河流域执行的民族政策。第二阶段：自 1936 年 2 月红四方面军西进康北，建立川康革命根据地，与红二、红六军团会师北上所执行的民族政策。红军长征入川、康后的民族政策，是由中共中央政治局于 1935 年 8 月在阿坝毛儿盖地区的沙窝会议和 1935 年 12 月 17 日在陕北瓦窑堡会议上制定的。在此期间，中共中央于 1935 年 11 月发表的《抗日救国宣言》提出：

只要赞同抗日反蒋，不论什么阶级、什么民族、什么宗教、什么军队都可以联合。根据番地区域内的大头人、大喇嘛的财产不没收，并允许他们与百姓平分土地，以联合他们。

① 转引自秦和平：《论红军在甘孜藏区域的革命活动及其深远影响》，《民族研究》2016 年第 5 期。

根据沙窝会议的决议，因当时革命斗争和国内复杂形势的需要，中国共产党与中华苏维埃政府在少数民族中的临时基本方针是："无条件地承认有民族自决权，即在政治上有随意脱离压迫民族即汉族而独立的自由权。"主张"根据他们自愿的原则，同中华苏维埃共和国联合成立真正的民族平等与民族团结的中华苏维埃联邦"。因此，"中华苏维埃共和国中央政府应公开号召蒙、回、藏等民族起来为成立他们自己的独立国家而斗争。并给这种斗争以具体的实际帮助"。

1936 年 5 月 3 日红军二、六军团从云南中甸出发时，明确提出了"兴番灭蒋""扶助番民，独立解放"的口号。他们进入康区藏地后，以中华苏维埃人民共和国中央革命军事委员会湘鄂川黔滇康分会的名义，发了布告。布告的全文如下：

> 本军以扶助番民解除番民痛苦兴番灭蒋为番民谋利益之目的，将取道稻城、理化进入康川，军行所至，纪律严明，秋毫无犯，希望沿途番民群众以及喇嘛僧侣，其各安居乐业，毋得惊慌逃散。尤望各尽其力与本军代寻粮草，本军当一律以现金按价照付，决不强制，如有不依军令或故意障碍大军通行者，本军亦当从严法办，切切此布。
>
> 主席：贺龙
>
> 公历一九三六年五月[①]

此外还书写了无数标语，如："红军是藏民的好朋友""共产党是为回藏民族解除痛苦的党""回藏汉穷人是一家，自家人不打自家人"，等等。

1935 年 7 月 3 日，总政治部下发的《关于粮食问题的训令》中规定：

> 严禁侵犯群众尤其是番人、回人的一点利益。绝对禁止强买粮食、私人买粮食、买粮食不给钱、群众不在家不给钱等。

7 月 18 日，又发布《关于收割番民麦子问题的通令》，规定：

---

① 中共四川省委党史研究室：《红军长征在四川（修订版）》，成都：四川人民出版社，2017 年，第 386 页。

> 甲、各部队只有在其他办法不能得到粮食的时候，才许派人到番人田中去收割已熟的麦子。乙、收割麦子时，首先收割土司头人等的，只有在迫不得已时，才去收割普通番人的麦子。丙、收割普通番人的麦子，必须将所收数量，收麦子的原因等，用笔墨写在木牌上，插在田中，番人回来可拿这木牌向红军部队领回价钱。丁、只收割已成熟的麦子及粮食，严格禁止去收割未熟的麦子及洋芋……①

由于红军在涉藏地区正确实行民族政策和宗教政策，大力开展民族、宗教、统战政策工作，大军所到之处，军纪严明，买卖公平。因此，藏族人民给红军支援粮草、牲畜和其他物资；给红军当翻译、向导，协助红军行军作战；参加红军、随军北上和收留、保护红军伤病员等。

1936 年 5 月，博巴政府公布的《十大纲领》第 7 条中又明文规定“信教自由，保护喇嘛教”。同年 4 月 15 日，博巴政府制定了《关于喇嘛和喇嘛寺暂行条例》。条例较为具体、系统地表述了红军在涉藏地区的宗教信仰自由政策，正确处理了宗教与政治、政治与经济、宗教与民生的关系。中国共产党正是以宗教信仰自由政策为纽带，感化、宣传、组织了少数民族的人民群众，团结了少数民族地区的多数宗教上层人士，红军的伟大事业才得到兄弟民族的理解、同情和支持，自愿集合于红军“兴番灭蒋”“抗日救国”这面革命的旗帜之下，红军的队伍才得以生存、发展、壮大，才得以顺利通过各少数民族地区北上，实现了红军的战略大转移。从此，党在长征中的宗教政策，成功实践所得的宝贵经验，作为党的光荣传统被继承下来。

三、红军在康区建立的临时军政机构

红军长征在甘孜、阿坝两地休整期间，建立了临时中央、县、区、乡各级政权组织。这些政权组织名称各异，有的为格勒德沙政府，有的叫博巴依德瓦政府，上述各级政权组织的主席、副主席等官员，大都由当地藏族邦落首领或寺院僧侣官员担任，苏维埃政府的人员构成以贫苦百姓为主。

1. 格勒德沙共和国中央政府

1935 年 11 月 28 日，在绥靖县（今四川省阿坝州金川县城）召开由丹

① 《民族问题文件汇编（1921 年 7 月—1949 年 9 月）》，北京：中央党校出版社，1991 年，第 299 页。

巴、崇化（今小金安宁）、绥靖、卓斯甲、党坝、松岗、卓克基、梭么、四大坝、懋功、抚边等县和地区代表参加的会议上，选举产生了格勒德沙共和国中央政府的领导成员，并宣布成立中国革命史上第一个省级少数民族革命政权——格勒德沙共和国中央政府（1935 年 11 月 8 日—1936 年 7 月），隶属中华苏维埃共和国西北联邦政府。格勒德沙是嘉绒藏语的译音，意为藏族人民。1936 年 1 月 1 日，还制定了《格勒德沙革命党党纲和博巴政府革命党党纲》，为后来的民族区域自治政策的制定、实施、发展和完善，提供了宝贵经验。

之前，红四方面军在长征途中，建立了中共大金省委，省委驻绥靖城，以领导在大金川流域建立根据地的各项工作，支援前线红军作战。

2. 中共丹巴县委

中共丹巴县委建立于 1935 年 10 月。属中共金川省委管辖，中共金川省委下辖卓斯甲、绥靖、崇化、懋功和丹巴县委。省委机关驻绥靖正街。省委书记邵式平，后为何柱成；组织部部长何柱成，后为陈庆先；宣传部部长李中权。其中丹巴县属甘孜涉藏区域。县委机关驻丹巴县城，下辖 7 个区委。县委书记韩文炳（1935 年 10—12 月），后为曾旭清（1936 年 1—7 月）。丹巴县委设有组织部、宣传部、少共部、军事指挥部、妇女部、保卫部。1936 年 7 月，红军北上离开丹巴，丹巴县委随之撤销，结束了其近 10 个月的历史。

3. 中共金汤县委

中共金汤县委于 1935 年 11 月成立于金汤坝，由 1935 年 11 月建立于芦山的中共四川省委（其前身为红四方面军在阿坝时建立的川康省委）领导。金汤县委成立不久，由于军事斗争的需要，县委机关迁驻泸定县岚安乡。县委下设宣传部、组织部、妇女工作部等，干部多由红军中做地方工作的同志充任。金汤县及所属乡村苏维埃的主要任务，一是配合和支援红军作战，二是为红军筹集粮草。1936 年 4 月，红军部队撤出岚安、金汤，金汤县委随之撤销。

4. 博巴人民共和国中央政府

1936 年 5 月 5 日，在康北甘孜县城内成立的“中华苏维埃中央博巴自治政府”①，是当时共产国际支部的中国共产党领导下的一个藏族自治政府，

① 黄少群：《中国苏维埃运动的发展与中华苏维埃共和国的建立》，《中共中央党校学报》2001 年第 4 期。

隶属中华苏维埃共和国西北联邦政府，亦称博巴依得瓦。范围包括道孚、泰宁、炉霍、甘孜、德格、白玉、瞻化、雅江等16个县。多德任（德格土司）政府主席，其他主要人员包括夏克刀登、邦达多吉、恭布泽仁等。下设民政、农业、畜牧、军事、外交、司法、民族、财政、宗教9部。

5. 中共川康省委

1936年4月在炉霍县建立中共川康省委。在此之前，红四方面军曾在1935年8月在阿坝地区建立川康省委，后改为四川省委。中共川康省委下辖道孚、炉霍、甘孜、瞻化、泰宁、雅江县委，其中道孚为中心县委，泰宁为分县委。1936年7月，川康省委随红军北上。[①]

6. 军事组织

红军在建立党组织和政权组织的同时，还在涉藏地区建立了军事组织。军事组织分常规部队，藏民独立师、团和地方群众武装游击队、赤卫队、自卫军等。其中最有影响力的就是当时成立的丹巴、大金两个红军藏民独立师。

7. 群众团体组织

红军在涉藏地区建立的群众团体组织有工会、农会（又称贫农团）、妇女会（又称妇救会）、共青团、少先队（少共队）、儿童团等。

第二节　康巴地区人民为保存红军尽了最大的努力

红四方面军自长征开始后，先后两次穿越草地，南下进行了“绥崇丹懋战役”和“天芦名雅邛大战役”，南下失利后又翻越党岭大雪山进入康北。在此期间，部队减员过半，并留有大量的伤病员。1936年7月红四方面军北上时，部队虽在康北地区停留近5个月进行休整和补充，但由于生活困苦，药品缺乏，仍有不少伤病员不能随队行动。红二、红六军团进入甘孜区域后虽未进行大的战斗，但自1935年11月离开湘鄂川黔根据地后，连续转战，无法休整，伤寒和痢疾大面积流行，加之甘孜区域气候寒冷，生活困苦，患病人数急剧增加。红军在甘孜会师后，也有大批伤病员不能继

① 中共甘孜州委党史研究室：《红军长征在甘孜藏区》，成都：成都科技大学出版社，2012年，第230－231页。

续北上。面对茫茫草地的艰难困苦和敌人的围追堵截，红军不得不把大批的伤病员留在当地，就地安置。因此发动当地各族群众协助红军护理伤病员，成了当时共产党和红军长征群众工作的重要内容之一。而当地的广大人民群众，在敌人白色恐怖的腥风血雨即将到来之时，义不容辞担起了这一重担。留在康区的红军伤病员，主要集中在甘孜、道孚、炉霍三县，总数 3 000 余人。在其他地区，也留有部分伤病员，1936 年春，红军主力西进康北后，有 2 000 多名伤病员留在大小金川地区。①

红军对留下的伤病员做了周密的安置工作。为此，红军还组织了后卫支队，专门负责安置伤病员等善后工作。红军北上之前，各部队都召开了动员会，向伤病员说明北上征途的艰难，留下治伤养病是革命的需要。希望他们坚持斗争，保持革命气节，发扬红军的光荣传统，安心治伤养病，争取早日归队。在组织上，各个部队的后勤部门和卫生部门给每个留下的同志准备了休养费、粮食和药品，对一些伤势特别严重的伤员还留下了护理人员照顾。为了使留下的伤病员及护理人员得到安全妥善的安置，红军的领导同志亲自与各地的博巴政府领导和民族上层人士谈话，委托他们组织和选择可靠的人家负责供养和保护红军伤病员。如朱德同志找白利寺的格达活佛谈话，希望他继续把博巴政府的事情办好，团结藏族人民，坚持革命斗争。同时请他一定要照顾好红军的伤病员，保存革命的火种。徐向前、李维海等红军领导找炉霍县益西多吉谈话，对他尽力支援红军表示赞赏和感谢，同时委托他照顾好红军的伤病员。驻道孚县和新龙县的红军领导同志，也分别与当地的博巴政府领导和藏族上层人士亲切话别，对留下的伤病员作了妥善的安置。

甘孜地区各县的人民群众和上层人士，在安置和保护红军伤病员方面做了大量的工作，有的还为此献出了生命。在甘孜县，博巴政府在红军北上后，安排可靠的群众，每 5 户照顾和供养 1 名重伤员。博巴政府成员赵成武家中就收留了李兴元、梁广明等 5 名红军伤病员。他对伤病员说：“我们都是穷人，为了穷人，你们来到这里。现在红军走了，你们放心养伤，我一定全力保护你们。”不久，赵成武为保护红军伤病员被反动派杀害。格达活佛受红军委托，收留了 200 多名红军伤病员，将他们安排在白利寺内和附近村寨中，并亲自用藏医藏药对伤病员进行治疗。为了安全起见，格达活佛还给伤病员取了藏名。有一个伤员叫杨化成，是红四方面军的一个连长，

① 参见《阿坝州志》，成都：四川大学出版社，2007 年。

在伤愈后，格达活佛给他起名扎西罗布，并帮助他在甘孜安了家。一些红军病愈后，愿意回内地，格达活佛怀着依依不舍的心情，派出亲信色波、班根 2 人，带上写给炉霍觉日寺和炉霍麻书头人以及道孚灵雀寺亚六甲活佛的信，要 2 人沿途照顾好红军，将他们安全送到道孚。色波等人将 205 名红军带到道孚，交由亚六甲活佛派人转送康定。甘孜寺也收留安置了一些红军伤病员。1972 年在东谷喇嘛寺就发现了红三十二军留下的一张证明，证明全文如下：

> 兹寄在喇嘛寺的伤病员共十七名。由喇嘛负责招待。除病死与好了归队外，遇有其他事情，喇嘛已承认一律负责保护。故给此条。希我红军部队切勿损害。并给予慰问。使病员安心在此养伤为盼。
>
> 此致
>
> 敬礼！
>
> 抗日红军长征政治部
>
> 一九三六年七月二日[①]

甘孜县的群众把红军伤病员当作亲人，领回家里，细心照顾，千方百计地保护他们。在斯俄安家的李绍清，是红二军团六师十六团一营战士，因身患伤寒掉队，拖坝村贫苦农民嘎玛将他背回家中精心护养，不久李绍清的病好了，但嘎玛和他的大儿子洛生龙却不幸传染上伤寒，父子双双去世。还有一些人家将红军伤病员招为女婿，共同生活。

在道孚县，至今还流传着藏族妇女根却卓玛保护 10 个女红军的事迹。红军走后，根却卓玛把 10 个女红军藏在地窖内和深山老林中，宁愿自己饿肚子，也不让红军战士挨饿。后来，她还帮助女红军一个个安了家，她自己也和一个叫符子善的红军伤病员结了婚。反动派曾多次毒打她，要她交出红军。但是她坚决不交，毫不畏惧。这样的例子很多，还有炉霍县的简巴，红军走后，反动派要杀害红军张绍清，简巴拒绝交出张绍清，并说："可以把我和两个女儿、一个儿子中任何一个交给你们去杀，要我交出红军是不行的。"棒达村的一个红军伤病员被国民党抓走，全村藏民群众激愤包

① 中共甘孜州委党史研究室：《红军长征在甘孜藏区》，成都：成都科技大学出版社，2012 年，第 241 页。

围了反动军队的营房，迫使其交出红军伤病员。道孚县的各卡有5个红军伤病员，当封建主准备杀害这5个红军战士时，当地群众坚决不答应。藏民伍金仁子（博巴政府的代表）对红军说："我们一定要保护你们，等红军回来时，有人还人，人死还骨。"由于藏族人民的严密保护，这5个红军一个也未受害。①

"人是铁饭是钢"，红军长征在甘孜涉藏区域所面临的一个最大、最迫切的问题就是粮食供给问题。甘孜涉藏区域地处高原，土地贫瘠，物产不丰，人口稀少，粮食和物资十分匮乏。由于红军严格执行纪律，秋毫不犯，保护群众利益，救济和帮助穷苦百姓，被甘孜涉藏区域人民称为"菩萨军"，从而获得了藏族人民的爱戴和拥护，广大群众把红军当作自己的亲人，积极支援红军。红军长征在甘孜涉藏区域驻留和经过的丹巴、道孚、乾宁、炉霍、甘孜、新龙、白玉、雅江等地区当时仅有10余万人口，而涉藏地区人民却为红军供应了上千万斤粮食以及大量牲畜。1936年上半年甘孜白利寺就为红军筹集青稞134石、豌豆22石，支援军马15匹、牦牛19头。红四方面军负责人陈昌浩特为该寺颁发布告以示表彰和感谢："查白利喇嘛寺联合红军共同兴番灭蒋，应予保护。任何部队，不得侵犯，切切此布！"② 德格土司大头人夏克刀登也为红军筹集了150头牛、53匹马和大批粮食，红军以银圆、枪械回赠，作为酬谢。③ 红二、红六军团在过迪庆涉藏地区时，喇嘛寺主动把3万斤青稞和大批盐、红糖卖给红军，贺龙亲往中甸藏经堂与喇嘛相见，宣传党的民族宗教政策，向寺庙赠送"兴盛番族"锦幛一面。寺庙高僧送贺龙茶叶2驮、猪肉3驮、砂糖2驮、盐1驮，红军均作价付钱才肯收下。

另外，丹巴县群众仅1935年10月至1936年1月的3个月当中，就为红军筹粮食34万多斤；康定县的金汤、鱼通区群众为红军筹集粮食约30万斤；泸定县岚安乡群众支援红军粮食10万余斤；道孚县八美、下龙吧、中谷等村的群众主动把粮食从窖中挖出支援红军；足湾沟的络绒等九户人家，送给红军粮食1 117斗，约2万斤；红军在道孚县期间，道孚县人民支援红军粮食约400万斤；炉霍县雅德、泥巴、宜木、斯木的群众，一次就支援红

① 中共甘孜州委党史研究室：《红军长征在甘孜藏区》，成都：成都科技大学出版社，2012年，第228~230页。

② 周锡银：《红军长征时期党的民族政策》，成都：四川民族出版社，1985年，第130－131页。

③ 康定民族师专编写组编：《甘孜藏族自治州民族志》，北京：当代中国出版社，1994年，第295页。

军粮食400万余斤；巴塘县村民间称一家，一次就支援红二军团粮食2 700多斤，牦牛27头和2匹马；在色达，红军从群众手里筹集到了400多头牛，1 000多只羊和部分粮食；巴塘的仁波寺，白玉境内的白玉寺、嘎拖寺积极为红军凑集充足的粮食，并安排向导带路等。其间，很多翻译、向导则在积极协助红军的过程中，懂得了革命道理，毅然参加到红军的行列中，从此走上革命道路。正像邓小平同志在《邓小平西南工作文集》中所说的那样："我们应当跟他们说，当时全国革命的负担放在你们的身上，你们对保存红军尽了最大的责任。"①

表12－1　甘孜涉藏区域为红军提供物资统计表②

县份	参加红军人数	支援红军粮食等（万公斤）	支前人数（运输修路等）	安置收留红军人数	支援红军牺牲人数	备注
泸定	9	12.5	30 150	35	6	腊肉4 000公斤；猪、牛、羊4 000余头（只）；鞋2 000余双
康定	18	14	600	40	20	猪、牛、羊1 146头（只）
道孚	18	200		325	46	参加红军者均为藏族
炉霍	13	200	1 300	1 100	5	牦牛约1万头，羊约1万只
丹巴	2 000	100	5 000	60	50	肉油近10万斤；各类牲畜近1万头（只），柴草25余万公斤；毯子800多条，毛袜1 000多双，鞋900余双，藏装280余件；羊毛200余公斤；帐篷20余顶

① 邓小平：《关于西南少数民族问题》，中共中央文献研究室、中共重庆市委员会编：《邓小平西南工作文集》，重庆：重庆出版社，2006年，第196页。

② 中共四川省委党史研究室：《红军长征在四川（修订版）》，成都：四川人民出版社，2017年，第486－489页。

（续上表）

县份	参加红军人数	支援红军粮食等（万公斤）	支前人数（运输修路等）	安置收留红军人数	支援红军牺牲人数	备注
白玉		0.2				酥油300公斤；马3匹
新龙	1	10	100	65	5	牛、羊等4 000余头（只）；为支援红军牺牲者为藏族向导、翻译
甘孜	10	60	100	500	120	牛马200余头（匹）；帐篷20多顶；支前的为跟随红二、红四方面军北上的翻译
色达		0.1			1	牛、羊1 400余头（只）
巴塘		4		2	1	酥油100公斤；牛、羊、马200余头（只、匹）
理塘	15	21	216	4	3	
乡城				3		
稻城		1.5				牛、羊40余头（只）；红六军团萧克、王震赠送稻城县雄登寺步枪8支
雅江	1 000	0.3	20	3	1	牛、羊100余头（只）
合计	3 084	623.6	37 486	2 137	258	腊肉4 000公斤，肉油5万公斤，酥油400公斤；各类牲畜45 089头（只、匹），柴草25万公斤；鞋3 000双，袜子1 000双，毯子800条，羊毛200公斤；帐篷12顶

第三节　十八军精神文化

1950年，中国人民解放军第十八军于四川进军西藏，历时一年半完成了从四川到西藏的艰难行军，在雪域高原上书写了催人泪下、千秋不朽的篇章。在行军过程中，当时西康省的众多头人和广大藏族群众纷纷提供帮助，为进军西藏、解放西藏的伟大成功做出了极其重要的贡献。在这一时期涌现了像赶着牦牛运输物资的支前模范——曲美巴珍、雀儿山上修路英烈张福林等典型；留下了如“修建雀儿公路”“再战折多山”“塔公架木桥”“康北藏族人民支援18军修路”等众多脍炙人口的故事。一个伟大的民族必须铭记历史，康巴文化也因为有了红色文化的融入而更具活力，熠熠生辉。

进军西藏、解放西藏是中国新民主主义革命的重要组成部分，中华人民共和国成立之初，西藏人民渴望西藏早日得到解放，回到中华人民共和国大家庭的怀抱。为解放西藏人民、巩固西南边防，毛泽东主席做出进军西藏的战略部署。根据中共中央和毛泽东主席的指示，1950年1月，决定在中共西南局、西南军区的直接指挥下，以十八军为主力进军西藏、解放西藏，新疆军区第二军骑兵支队、青海第一军骑兵支队、云南第十四军一二六团负责配合。十八军这支由不同家庭出身、不同文化背景、不同的人生经历的“红汉人”队伍，为了一个共同的目标，一面进军，一面修机场、修公路，一面生产建设，经历了昌都战役、和平谈判、和平进军西藏，建设康藏和青藏公路，历尽艰险，顽强拼搏，终于赢得了和平解放西藏的胜利，实现了“将五星红旗插上喜马拉雅山”的誓言，揭开了历史的新篇章。部队进军西藏过甘孜期间，数万名十八军干部战士恪尽职守，真诚为民，与涉藏地区人民结下了深厚友谊，赢得了真挚信任，为涉藏地区解放和藏族人民的幸福生活做出了巨大的贡献，在共和国的历史乃至世界的历史上记下了浓墨重彩的一笔。

1950年1月6日，中共中央西南局及西南军区令第十八军在第十四军和西北军区一部配合下，执行进军西藏的任务。2月2日，进军西藏支援司令部在重庆成立，第十八军副军长昌炳桂任司令员，第三兵团后勤部部长胥光义任政治委员。3月18日，第十八军在乐山举行进军西藏誓师大会。

十八军响应毛主席的号召，“一面进军，一面修路”，“不惜一切代价背着公路进藏”。先遣支队翻雪山过草地，发扬“让高山低头，叫河水让路，英雄筑路辟通途”的英雄气概，一边进军，一边修路，硬是一里一里地把川藏公路铺到了拉萨。十八军先头部队于1951年9月进入拉萨，从四川盆地到雪域高原，3 000多公里的路程他们历时一年半才最终走完，其间遭遇的困难、险阻不言而喻。在西进的路途上，十八军面临的最大挑战便是一座座摩天接云、高不可攀的大山。

据后来的统计，从四川雅安境内的二郎山开始，直到翻越有“入藏第一险”之称的边坝丹达山，十八军进藏时遭遇的大山，海拔3 000米以上的就有40多座。爬山、修路、雪崩、高原反应、“睡着了就醒不来”成了十八军老战士对当年进藏征程最深刻的记忆。而所有的大山中，故事最多的要数二郎山、折多山、雀儿山、丹达山和昌都雪岭了，这些横亘天外的莽莽群峰不仅记录了历史，也记录了很多令人钦佩的精神，值得后人瞻仰、追忆。这次进藏的漫漫征途，成为二万五千里长征后，世界军事史上又一次震撼人心的大行军。①

一、鏖战二郎山与《歌唱二郎山》

在四川盆地和青藏高原横断山系之间，有一条狭长的过渡带，即盆地边缘邛崃山脉的中山丘陵，再往西行，就是有着“青藏高原第一道屏障”之称的二郎山。在这东西距离不到100公里的范围内，海拔从近500米陡升到3 000余米，构成了我国地理格局中第二台阶向第三台阶的过渡带，也成为四川盆地与青藏高原天然的地理、人文分界线。

1950年3月下旬，十八军一五八团二营教导员连有祥带着营队官兵从今四川省雅安市名山区境内的百丈场出发，乘坐汽车后又改走羊肠小道，来到二郎山脚下的两路口，负责从两路口到王家坪之间约40公里公路修复和路面维护工程。修路附近找不到住处，就分散开搭建帐篷营地，有两个连的营地距离10公里远。修路的工具都是铁锹、十字锹之类的简易工具，战士们一开始不熟悉砸石子、打炮眼，手上布满了磨出的血泡。战士们编的顺口溜“头碰头，脸对脸，脚踏悬岩打炮眼”足以还原当时修路的场景。修筑二郎山公路的困难，不仅在于高风险作业、劳动强度大，还在于高原

① 冀文正：《从南下到西征——十八军老战士冀文正的人生轨迹（上）》，成都：电子科技大学出版社，2017年。

反应。战士们高原缺氧，胸口憋涨，脸色铁青，头撕裂般地疼，双脚、双手就像陷进泥潭、灌了铅水一样抬不起来。[1] 二郎山海拔 3 212 米，险峻陡峭，气候恶劣，当地流传着一句谚语："车过二郎山，像进鬼门关，侥幸不翻车，也要冻三天。"这虽然是修好路以后的谚语，但也足以反映当时修路的艰辛，二郎山公路工程艰巨、代价巨大，平均修筑一公里就有两位战士牺牲。

伟大的工程感动了无数文艺工作者。1951 年夏天，西南军区战斗文工团在副政委魏风的率领下，到二郎山一带慰问筑路部队。指战员们的豪情壮志和英雄事迹深深地感动了文工团的团员们，男高音歌唱演员孙蘸白忽然想起由时乐蒙作曲的大合唱《千里跃进大别山》中《盼望红军快回家》的一段歌词，情不自禁地哼唱起来："大呀么大别山，满山是茶花。青山绿水好风光，遍地是庄稼……"孙蘸白边唱边想，如果把这首曲子填上修筑川藏公路的内容，一定会受到筑路指战员的欢迎。于是，他把自己的想法告诉了魏风。魏风一听，觉得这是个好主意，就把填词的任务交给了洛水（原名祝一明）。[2]

洛水也被筑路官兵们的精神感动了，欣然接受了任务，投入创作之中。很快，一首饱含着热情与激情，颂扬筑路部队英雄气概和顽强意志的歌曲就在川藏公路颠簸的卡车里诞生了。文工团到达第一站新津后的第二天晚上，《歌唱二郎山》就和观众见面了：

二呀么二郎山，高呀么高万丈，
古树那荒草遍山野，巨石满山岗，
羊肠小道那难行走，
康藏交通被它挡那个被它挡。
二呀么二郎山，哪怕你高万丈，
解放军铁打的汉，下决心坚如钢，
要把公路修到那西藏。
不怕那风来吹来不怕那雪花飘，
起早晚睡呀忍饥饿，各个情绪高，
开山挑土架桥梁，

---

① 冀文正：《从南下到西征——十八军老战士冀文正的人生轨迹（上）》，成都：电子科技大学出版社，2017 年。

② 叶介甫：《〈歌唱二郎山〉的创作与演出》，《龙门阵》2006 年第 12 期。

筑路英雄立功劳那个立功劳。
……①

孙蘸白刚把第一段唱完，会场就沸腾了。叫好声、口哨声、鼓掌声响成一片。演员谢不了幕，只好重唱一遍。第二遍刚唱两句又响起潮水般的掌声，歌声几次被打断，只好从打断的地方再重来。唱完第二遍还不行，“再唱一遍！再唱一遍！”的喊声仍然持续不断。文工团团员都被战士们这种巨大的热情深深地感动了，孙蘸白眼含热泪又唱了第三遍。第二天文工团来到了海拔 3 400 多米的二郎山演出，晚上报幕员一上场，战士们齐声喊：“我们要听《歌唱二郎山》!”在《歌唱二郎山》的歌声中，战士们先后架设了渡河钢桥，战胜了“入藏第一关”“有死人山”之称的折多山，鸟儿难以飞过的雀儿山，以不可阻挡之势把公路修进了西藏。

《歌唱二郎山》与《康定情歌》一样，是甘孜州文化的名片与符号。

二、轻身殉义甘孜机场

1951 年春，十八军先遣部队已胜利结束昌都战役，这时部队给养和就地筹粮困难。于是，上级决定抢修甘孜机场，建立空中通道。据相关资料：民国三十二年（1943）一月，西康省修筑甘孜机场，费时 8 个月，完成土方工程，但未进行滚压，也未修筑道路。从 1951 年 4 月至 11 月，军大八分校和兄弟部队一起修建了长 4 000 米、宽 120 米的跑道，全部为碎石铺成。当时部队首长还对跑道进行了负重检查验收，重达二十吨的飞机多次在跑道上安全降落、起飞，已达到当时机场的验收标准，验收期间还邀请了涉藏地区的各方代表，让他们轮流乘机绕甘孜飞了三圈，共同见证重要的历史时刻。现在回看，当时修建甘孜机场时的条件和环境是非常艰苦的，但他们以饱满的革命热情和艰苦奋斗的作风，创造了一个伟大的革命历史工程奇迹。

当时修建机场的军工近 3 万人，后勤供给一要靠川藏公路运输，二要靠飞机空投。遇到天气恶劣，飞机无法空投，川藏线路况很差，经常塌方和堵车，在没有给养的情况下，大多数时候官兵们只能到草地上去挖老鼠和草根来充饥。

① 《歌唱二郎山》，洛水（祝一明）作词，时乐蒙作曲，创作于 1951 年，西南军区战斗文工团男高音歌唱家孙蘸白首唱。

甘孜地区气候恶劣，在修建机场时，要防寒，要保障人员健康，更要遵守部队“不能惊扰当地百姓”的要求，战士们根据指示，沿山坡两边挖掘坑洞，建成了窑洞群。整个建筑规划布局考究，规模宏伟壮观，风格独具特色，极具建筑艺术价值。从远处看，窑洞一层层、一排排，如蜂巢一般，工整又美观。窑洞群中包含指挥塔、办公室、食堂、招待所等附属建筑。① 窑洞群顶部为十八军9位女烈士墓地。当年抢修机场的时间紧、任务重、条件艰苦，虽然“窑洞式”的住处建起来了，但并不是很牢固，有一天晚上突降大雨，被雨水严重侵蚀的窑洞突然垮塌，睡在窑洞内的6名女战士全部牺牲，还有3名女战士因为其他原因也长眠在这里。这9名女战士都年仅20岁左右。② 十八军窑洞群遗址见证了当年十八军进藏革命活动，包括了藏汉团结，对维护涉藏地区稳定、促进甘孜和谐具有极大影响力。

三、甘孜人民支援昌都战役

昌都，西藏的东大门，也是茶马古道的重要驿站，素有“东走四川，南达云南，西通西藏，北通青海，乃滇川藏三界之中，最为要地”之说。当时，西藏地方政府在这里设有“噶伦”级别（三品）的总管，驻守着藏军8个团4 500余人的兵力。藏军本来总共10个团，为了打仗，临时扩为16个团，所以，在昌都部署的，实际上是藏军的主力。

1950年初，解放军十八军司令部侦察科，奉命跟随一五四团作为先遣部队，走在整个进藏部队的最前面。他们在4月28日就到达了甘孜，6月28日到达德格，这里离金沙江还有60里路，金沙江对岸，就是藏军的控制范围了。队伍虽然开到了前线，但没有立即开打。因为实际早在1949年底到1950年初时毛主席就已经定下对西藏的方针：最好不打，还是考虑和平解决。③

当时的拉萨，西藏地方政府内部分成主战派与主和派。时年40岁，任孜本（审计）官的阿沛·阿旺晋美是主和派的代表。他后来在自己的回忆录中写道，他曾在政府官员会上说，同解放军只能谈判不能打仗。国民党

---

① 十八军窑洞群遗址位于甘孜县斯俄乡布绒朗山上，修建窑洞占地面积1.9平方公里，没有任何框架作支撑，也没有使用任何黏合剂，完全是人工挖出来的建筑。窑洞依山而建，层次分明，共分七层，第一层有窑洞22间，第二层有窑洞25间，第三层有窑洞32间，第四层有窑洞14间，第五层有窑洞32间，第六层有窑洞16间，第七层有窑洞13间。

② 参见甘孜县志编纂委员会编：《甘孜县志》，成都：四川科学技术出版社，1999年。

③ 参见王贵、黄道群著：《十八军先遣侦察科进藏纪实》，北京：中国藏学出版社，2001年。

号称800万军队，还有美国帮助，同解放军打的结果是彻底失败。我们西藏男女老少齐出动，也只有100万人，既没有经过训练，更没有武器，怎么能打得赢?

尽管阿沛的话赢得不少官员私下的共鸣，但是，在当时的西藏政府，主战派占上风。主战派听信英国人的话，认为金沙江横断山脉天险能把解放军挡住。

于是，西藏地方政府一边与中央政府接触，一边不断地接触美国、英国驻印度机构和印度外交部，请求他们施加影响，阻止解放军进藏。同时，不间断地扩军备战。

时任西南军政委员会委员、西康省人民政府副主席活佛格达，主动请缨代表中央政府前去昌都和谈，结果在昌都被英国特务毒害。消息传来，康区人民义愤填膺，群情激昂，积极为十八军提供后勤保障。中国西藏网讯在《头人夏克刀登为十八军进军西藏贡献力量》一文中，就援引了邓小平的话，邓小平说：

> 我们进军，因为粮食运不到，我们还只进去三四千人，但粮食成问题，一下就借了七十万斤粮，靠夏克刀登、格达、邦达多吉帮忙很大，不但粮食借到，而且价钱很公道。①

1950年7月下旬，夏克刀登表示他不顾“病”也不怕“死”，要到重庆参加西南军政委员会第一次会议。他的参会便是坚定的政治表态，意味着经北路入藏的解放军的粮食供给、运输保障、社会秩序有了一定的保障。夏克刀登在会议上的发言，代表了藏族上层及民众对共产党、解放西藏的认可和支持：

> 我们东藏人民在毛主席、中国共产党、中央人民政府的正确领导下，已经得到了解放，相别了十多年的红军又回来了……事实证明只有在共产党和中央人民政府领导下，各民族人民才能真正平等、友爱、兄弟般的团结，我们藏族人民只有在毛主席、中国共产党的领导下，才能获得自己民族的真正解放。

---

① 邓小平：《关于西南少数民族问题的报告》，中央人民政府民族事务委员会编：《民族工作文件汇编（3）》，1951年，第23页。

> 今天，中国大陆除西藏外，已完全解放，西藏是中国的一部分，迅速解放西藏是全藏族人民的急切愿望。现在英美帝国主义正在竭力阻挠西藏的解放，我们希望西藏的同胞团结起来，粉碎帝国主义的阴谋，我们坚决在中央毛主席和西南刘主席的领导下，动员一切力量来支援解放西藏，使藏族同胞早日摆脱帝国主义的压迫，把五星红旗插到喜马拉雅山上去。①

夏克刀登不仅这样说，也积极地这样做。他动员各地上层，组织支前委员会，并担任主任；饬令下属动员群众，抽调人工，调配牦牛，组成驮队，为进藏解放军源源不断运输粮食及相关物资。② 据不完全资料统计，在1950年10月底，西康涉藏地区支援进藏解放军烧柴1 500万斤、马草500万斤，帮购粮食200万斤，代买牛马2万余头，支前运输的牦牛约10万头，基本保障了解放军的需要，为解放西藏做出极其重要的贡献。

后来有人回忆夏克刀登时这样写道：

> 在解放西藏的日子中，夏克刀登基本上都奔忙于组织牦牛队和转运军需的繁重工作，他同降央伯姆一起组织上万头牦牛队，保障了从马尼干戈到昌都一线的军需供给。他从玉隆抽调五千头牦牛参加抢运昌都补给，随着西藏和平解放，德格牦牛队的运输任务更加繁重。1951年底，夏克刀登再次在玉隆、石渠、邓柯等地组织起一万头牦牛，由侄儿夏克郎加多吉押运，抢运一批急用军需到拉萨，及时缓解了刚进入拉萨部队的困难。有人说“西藏的和平解放是藏族人民用牦牛驮出来的”。这话十分真实地反映了当时的情况，也反映了藏族人民对解放西藏的态度。③

之后，中央人民政府多次与西藏联系，但噶厦政府高估西藏地缘优势，认为西藏除特殊地理环境外，解放军还有“两个敌人，第一是走路，第二

---

① 夏克刀登：《在西南军政委员会第一次全体委员会议上的发言》，西南军政委员会民委编：《西南民族工作参考文件》（第2辑）。

② 参见秦和平：《从反对土司到接受民主改革——关于夏克刀登的研究》，《中国藏学》2014年第1期。

③ 参见《德格土司家族内部及其与下属头人之间的纷争械斗》，邓俊康、李昆壁：《人物春秋——降央伯姆、夏克刀登、刘家驹、格桑泽仁》，政协四川省甘孜藏族自治州委员会：《甘孜州文史资料集萃（第二辑），甘内字2009-50号。（第2辑）》。

就是吃饭”，愈加顽抗。

如此，昌都战役不可避免地要开战了，“不打不能和，打就是为了和”。从10月6日至24日，昌都战役历经19天，先后打了20多仗，第五十二师在兄弟部队配合下，歼灭藏军九个代本，5 700余人，其中第二代本起义。[①]可以说，在昌都战役中，藏军主力已被消灭。

昌都藏军无力抵抗，弃城西撤，解放军北线主攻部队一五六团随之进城（左路部队和一五五团相继跟进），并消灭没有撤走的藏军200余人，昌都宣告解放。

昌都总管阿沛·阿旺晋美率残部西撤至拉贡附近，当听说解放军已堵住去路后，便折回昌都西的朱古寺，与解放军联系后，令藏军2 700余人全部放下武器。1950年10月24日，战役全部结束。

昌都战役不是为战而战，也不是只为解放昌都而战，仍是为和谈而战，打下和平解放西藏的基础。昌都战役情况传到西藏各地后，西藏上层统治集团一片混乱，发生分化。摄政达扎不体面地下台，达赖提前亲政。达赖亲政后，即于1951年2月派出西藏地方的全权代表5人前往北京，与中央人民政府进行谈判，其首席代表是阿沛·阿旺晋美。[②] 至此，实现了西藏和平解放。十八军又开启了建设社会主义新西藏的高潮，并用“特别能吃苦，特别能战斗，特别能忍耐，特别能团结，特别能奉献”的言行，铸就了不朽的“西藏精神”。

第四节　甘孜州民主改革的伟大贡献

从世界范围来看，废除奴隶制和封建农奴制是最激动人心的伟大运动之一。早在1807年，最早实现工业革命的英国就将在英帝国境内贩奴定为非法；1833年，英国宣布殖民地的奴隶制非法；1794年，法国第一共和国正式宣布“废奴”；1862年，美国总统林肯发表《解放黑人奴隶宣言》……

当然，废奴运动必然会带来激烈的反抗，在康区同样如此。主要的原

---

① 又有资料说共歼灭藏军5 700余人，计有5个代本全部，3个代本大部；1个代本起义。共俘代本以上高级官员20余名，俘获在藏军中服务的英国人福特、柏尔及印度人2名。

② 参见王贵、黄道群：《十八军先遣侦察科进藏纪实》，北京：中国藏学出版社，2001年。

因是封建农奴主不愿放弃对农奴的剥削、占有和特权，正如美国南北战争爆发的原因。林肯要实现“为争取自由和废除奴隶制而斗争”的政治主张，而南方奴隶主却反对，南部7个州宣布独立，自组“南部联盟”，并向联邦军队发起攻击，随着林肯宣布了亲自起草的具有伟大历史意义的文献《解放黑奴宣言》草案（即后来的《解放宣言》），北部军队很快由防御转入了进攻，并最终获得了胜利。历时4年的大规模国内战争，耗费150多亿美元的战争费用，造成110多万人员伤亡。废奴斗争都极其相似，“民主改革”同样是封建农奴主为了保卫奴隶制度，并且为此而宣布“藏独”脱离中华民族。

1955年5月，丹增嘉措率领的西藏代表团赴北京参加全国人大会议，由内地返藏途经四川康区时，随行的西藏地方政府噶伦索康、达赖副经师赤江借口佛事活动，分别走北路经甘孜、德格，走南路经乡城、理塘，沿途会见当地土司和寺院住持，策动武力对抗民主改革。西藏“人民会议”领导人阿乐群则一行5人以迎接达赖回藏为名，专程赴西康省雅安、康定等地，协同赤江，与理塘寺住持、反动头人及长期潜伏在理塘寺的国民党中将、中央特派员特务段象贤歃血盟誓，组织策划武装叛乱，召开秘密会议，成立所谓“安日新康”国家，任命总理、副总理，设立军政长官，编组护教军等反革命组织。他们打着保护民族、保护宗教的两面白旗，污蔑民主改革是“汉人改藏人”。他们提出“人人反对共产党、人人反对民主改革”等反动口号，煽动、强迫藏族群众一户出一人参加叛乱，违抗者要受到诛灭全家、抄没财产的处罚，并规定叛众迟到集合点一天，要罚款500元。他们的“护教军”公然打出妄图分裂祖国的“藏独”雪山狮子旗，直至康区的全面叛乱进而发生西藏叛乱。

从整个布局与发展的结果看，我们可以说：康区叛乱其实就是西藏叛乱的前奏，是世界历史上一场封建农奴主企图保卫封建奴隶制度，开历史倒车和解放农奴，实现社会民主、自由、发展之间的战斗，最终正义赢得了胜利。

《世界人权宣言》宣告：“人人生而自由，在尊严和权利上一律平等。”藏民族聚居区民主改革的最大成果是封建农奴制度的彻底废除，使农奴们获得新生，走上了争取自由与平等权利的道路。藏民族聚居区民主改革是世界“废奴运动”的一部分，是人权的胜利，是联合国宪章的兑现，是对维护人类社会中人的尊严最大的贡献。为什么这样说？可以看看当时到过藏民族聚居区的外国人的记载。1904年到过拉萨的英国随军记者埃德蒙·

坎德勒在《拉萨新面目》中有详细的记载。他说，当时的西藏，“人民还停留在中世纪的年代，不仅仅是在他们的政体、宗教方面，在他们的严厉惩罚、巫术、灵童转世以及要经受烈火与沸油的折磨方面更是如此，而且在他们日常生活的所有方面也都不例外”。① 在书中，他还说：“这个地方实行的是封建制度。喇嘛是太上皇，农民是他们的奴隶。”“强大的僧侣势力掌管一切。即使是佛陀本人，没有僧侣也无能为力。”② 20 世纪 20 年代曾作为英国商务代表留驻拉萨多年的查尔斯·贝尔在《十三世达赖传》中说：“达赖之所以能随心所欲地进行赏罚，就在于他政教合一的地位，他既掌握着农奴今生的生杀予夺大权，又掌握着他们‘来世’的命运，并以此作要挟。”③ 美国藏学家梅·戈尔斯坦深刻地指出，“在西藏，社会和政府奠基于宗教目标与行为凌驾一切的价值系统之上”，“宗教的权力和特权及大寺院在阻挠进步方面扮演了主要角色”。他还说，宗教和寺院集团是“西藏社会进步的沉重桎梏”，“正是由于全民族信教和宗教首领执掌政教大权这一因素，导致西藏丧失了适应不断变化的环境和形势的能力”。④

20 世纪初到过拉萨的俄国人崔比科夫在《佛教香客在圣地西藏》一书中写道：“在拉萨，每天都可以看到因贪图别人的财产而受到惩罚的人，他们被割掉了手指和鼻子，更多的是被弄瞎了眼睛只能乞讨的盲人。其次，西藏还习惯于让罪犯终生脖套圆形小木枷，脚戴镣铐，流放到边远地区和送给贵族或各宗长官为奴。最重的处罚自然是死刑，办法是将人沉入河中淹死（在拉萨如此）或从悬崖上抛下去（在日喀则如此）。”⑤ 英国人大卫·麦唐纳在《西藏之写真》中写道：“西藏最严重的刑罚为死刑，而喇嘛复造灵魂不能转生之臆说，于是最重之死刑外，又加之以解体干颅之惨状。其最普通的刑法，凡遇死罪，将犯人缝于皮袋之内，而掷于河中，以俟其死而下沉，皮袋在河面之上，约 5 分钟开始下降，后视其犹有生息，则再掷沉之，迨其已死，于是将其尸体由皮袋取出而肢解之，以四肢和躯体投之河中，随流而去……断肢之外，又有一种剜眼之凶刑，或用凹形之煨铁，

① ［英］埃德蒙·坎德勒著，尹建新、苏平译：《拉萨新面目》，拉萨：西藏人民出版社，1989 年。

② ［英］埃德蒙·坎德勒著，尹建新、苏平译：《拉萨新面目》，拉萨：西藏人民出版社，1989 年。

③ ［英］查尔斯·贝尔著，冯其友等译：《十三世达赖传》，拉萨：西藏社会科学院印，1985 年。

④ ［美］梅·戈尔斯坦著，杜永彬译：《西藏现代史（1913—1951）：喇嘛王国的覆灭》，北京：时事出版社，1995 年。

⑤ ［俄］崔比科夫著，王献军译：《佛教香客在圣地西藏》，拉萨：西藏人民出版社，1993 年。

置于眼内，或用滚油，或开水，倒于眼内，均足使其眼球失去视力，然后将其眼球用铁钩攫出。”①

如此看，任何一个执政者面对这样的状况而无动于衷那就是历史的罪人。中国共产党在藏民族聚居区进行民主改革废除封建农奴制度是历史的选择，是藏民族聚居区广大农奴的选择与期盼，更是时代赋予的使命。从世界废奴运动潮流来看，藏民族聚居区农奴的解放同样是人类社会发展的必然。自 14 世纪以来，废奴运动在世界各地艰难进行。在许多国家废除农奴制大踏步走向现代文明的一百多年之后，在全世界所有角落都以“奴隶制”为野蛮黑暗的代名词之时，人类最后一座主要的农奴制堡垒依然在世界屋脊上盘踞。倘若允许这样的社会存在，不仅是对一个区域的人民人身权利的挑战，也是对一切追求自由平等的人们的挑战，更是对人类文明共同价值的挑战。②

历史雄辩地证明，废除农奴制、解放农奴和奴隶，维护国家统一、反对民族分裂，是维护人权和国家主权的进步与正义的事业。藏民族聚居区民主改革是一场波澜壮阔的伟大变革，即便历经岁月洗礼，也会长存于人们的记忆之中，像火炬一样照亮未来。《伟大的跨越：西藏民主改革 60 年》白皮书总结很到位：“民主改革是西藏历史上最伟大最深刻的社会变革，在中国共产党的坚强领导下，西藏社会实现了由封建农奴制度向社会主义制度的历史性飞跃，西藏发展实现了由贫穷落后向文明进步的伟大跨越。”

第五节　民主改革与“传统”的颠覆

一、精神枷锁的彻底解放

甘孜州在中华人民共和国成立之前，完全处于封建割据状态。辛亥革命以后，国民政府虽然在除色达以外的每个县都建立了县政府，但由于国民政府本身力量有限，又忙于内战，无暇顾及治理边远民族地区，这些政

① ［英］大卫·麦唐纳著，郑宝善译：《西藏之写真》，作者自刊，1935 年。

② 《人民日报》3 月 26 日发表署名任仲平的文章《世界人权史上的光辉篇章——写在“西藏百万农奴解放纪念日”之际》。

权大多名不副实，流于形式，不得不仰赖当地土司头人和寺庙的鼻息，而各地的土司头人和宗教上层则成为实际的统治者。但土司头人和宗教上层的统治也极不统一，相互割据，各自为政。相同的都是用宗教来控制农奴的思想，不仅仅是控制今生，而且还要控制来生。宗教于是就会有很多“超特权”，可以彻底束缚广大的农奴的精神，人们头脑中就只会有一种想法，那就是相信轮回和来生，现在的悲伤生活状况只是人在轮回中的阶段之一。除了虔诚地信奉宗教和被农奴主奴役外，不能够再有别的想法，不能接受别的文化和思想，更不能信仰别的宗教。虽然康巴文化包容性很强，但农奴没有享受人权的自由。

民主改革颠覆了这样的传统状况，将广大农奴完全从这种奴役化的思想中解放出来，享受真正意义上的宗教信仰自由。在开展民主改革过程中，广大农牧民群众深刻认识到农奴主利用宗教对自己的压迫与剥削，积极地加入控诉行动中，终于可以换一个角度来审视发生的事情。从传统的角度看违背宗教的旨意是要受到惩罚的，因为就在民主改革期间，关于违背宗教旨意受到所谓惩罚的传言甚嚣尘上，如分了土地的农奴会终身残疾，分了牲畜的农奴眼会瞎，分了房子的农奴会下地狱被油煎等，但这些恐吓都没有阻止广大农牧民群众对民主改革的期盼与参与，广大农奴终于认识到宗教不过是正常生活之外的一种精神寄托，或者是一种心理安抚。

宗教信仰的传统开始颠覆，农奴们渐渐发现可以自由地选择自己的信仰，土司、头人不再能决定一个区域内人民的信仰，无论是格鲁派还是其他教派，甚至是因固始汗剿灭白利土司而备受打压的本教，人们可以信仰任何一种教派，一个人想信什么教派就信什么，有些家庭因为婚嫁等原因还有信仰多种教派的，这在民主改革前是根本不可能的。在人权得到最大的尊重的前提下，还有了法律的保障。法律对宗教信仰的保护，最大限度地解除了宗教的精神枷锁，让农牧民群众获得完全的自由，精神上得到彻底的解放。

二、人的尊严得到根本的维护

民主改革前所有的“法律条款”（指土司、头人、部落和寺庙制定的法典、准则）全是不公平的内容，把人分为三六九等，农奴是没有任何权利的，更没有任何的法律保障，只是一件价值不高的商品，甚至抵不上一匹马的价值。

早在17世纪后半叶，达赖五世颁发的村地文书即明确规定：人（农奴）和水、草、森林，是跟随土地一并封给农奴主的。农奴主可随意出卖、抵押 、转让或处死农奴。嫁出或外赘一个农奴要换进一个农奴。农奴主还强迫那些未直接为其支差的“堆穷”缴纳人役税，以示人身依附关系。在康区这一形式基本完整保留，差巴、科巴、这拥都是没有人身自由的，必须毫无尊严地听命于土司、寺庙。在民主改革前各县被挖眼、割鼻、割舌、割耳、砍手的农奴到处可以见到。根据1955年成都军区司令部《康区南部社会情况调查》，理塘城区有农奴500余户，其中200余户处于赤贫状态，家中仅有几个木碗、一口破锅、一个茶罐和几件终年不离身的破烂皮衣……在德格更庆乡热巴村，原有26户差巴农奴，到解放前夕，已有13户完全破产，沦为游民和乞丐。德格竹庆原有差民、牧奴400余户，在民国二十七年（1938）前后，已有180余户因不堪重负而破产，不得不流落他乡，以乞讨为生。[①] 在西藏这样的例子不胜枚举，最有影响的就是1943年，大贵族车门·罗布旺杰把100名农奴卖给止贡地区噶珠康萨的僧官洛桑楚成，每个农奴的价钱是60两藏银（15两藏银约合一块银圆），另外，他还把400名农奴送给功德林寺，抵3 000品藏银（1品约合50两藏银）债。[②] 在这种制度下，农奴不可能有尊严可讲，只能在精神和肉体的双重折磨下艰难地生存。哪里有压迫和剥削，哪里就有反抗和斗争。在民主改革前甘孜藏民族聚居区就接连发生多起农奴抗争事件，影响较大的是丹巴邛山农民暴动、乡城洛绒丁真抗差暴动等，广大农奴对封建农奴主统治阶级的反抗和斗争，随着封建农奴制社会急剧衰落而变得越来越尖锐和激烈。所以，中华人民共和国的成立，渴望民主改革的呼声就像雪崩之势席卷康巴高原。

民主改革以后，农奴的尊严得到最大维护，直接实现了传统的全面颠覆，首先是人身的自由，从过去的农奴成为建设社会主义的主人；在基本生存观念上从被动变成主动，特别是在平叛过程中经过淬炼，主人翁意识不断加强。其次是生产力的解放，从一无所有变成土地的主人，极大地激发了人民生产的积极性。他们喝上了茶、吃起了盐、吃饱了饭，据当时有关材料，民主改革前38%的家庭很少有茶喝（茶对藏族人来说是日常必需食物），51%的家庭吃不起酥油；75%的家庭到春天缺粮，靠吃“元根”等度荒。最后是对生产资料的使用有了根本的变化。民主改革前山、树、地、

① 参见中共甘孜州委党史研究室编：《甘孜藏族自治州民主改革史》，成都：四川民族出版社，2000年，第18－19页。

② 新华社北京3月2日电《西藏民主改革50年》，中华人民共和国国务院新闻办公室 。

草、水等全是土司和寺庙的，民主改革后这些生产资料成为国家的，能够让全体人民享受，并成为管理者。

最关键的是，民族区域自治制度替代了康区传统的政教制度，消除了民族之间的不信任，国民政府时期实行的民族压迫与歧视政策不复存在。从"金珠玛米"这个词的来源就可以知道藏民对解放军（最先称"汉人的兵"）的拥护和爱戴。解放军进军西藏，曾经在支前队伍中闻名遐迩的"小牦牛队"，受到过毛泽东接见的德格县支前模范曲梅阿珍是一名女差巴，她回忆，当年她战战兢兢去为这些"像地里长出的青稞一样整齐"的大军送粮支差时，发现这支队伍跟以前那些"像草原上乱跑的牛羊一样撒野"的旧藏军完全不同，他们竟然要向差巴们支付报酬，送来的粮草物资也要按价付款。而此前她们为领主支乌拉差役时，不仅得不到分文，而且常常还得到皮鞭的回报……"只半天工夫，我们就感觉到解放军是天下最好的人。"解放军化解了藏民对汉族的敌视，让他们感受到了新社会带给他们翻身解放的希望。

解放军纪律严明、待人和气、买卖公平、尊重宗教、尊重风俗、乐于助人（免费看病、办学、救灾、施舍等），差巴们跟他们一起工作劳动时，享受的是同志的待遇，能拿到劳动的报酬工资，这样的日子，与他们回到领主庄园中的生活必然形成鲜明的对比……于是，一个很响亮的称呼"金珠玛米"在藏族人民中口口相传，流传至今。金珠玛米，意为"打开枷锁的兵"。这就是当时藏族群众对这支军队的称呼，也意味着他们对这支军队的认同和接受，他们也成了藏家儿女心中的"菩萨兵"。就如当时涉藏地区一首很流行的歌谣所唱："哈达不要太多，有一条最洁白的就好；朋友不要太多，有一个金珠玛米就好。"

三、感恩的心与建设热情的升华

"唱支山歌给党听，我把党来比母亲；母亲只生了我的身，党的光辉照我心。旧社会，鞭子抽我身，母亲只会泪淋淋，共产党号召我闹革命，我夺过鞭子揍敌人……"随着才旦卓玛这首《唱支山歌给党听》唱遍大江南北，翻身解放的藏族农奴不仅充满了对共产党的感激之情，更以主人翁的姿态以极大的热情投入涉藏地区社会主义的建设中。这期间传统的转化是几千年来最激烈、最巨大、最根本、最彻底的一次，虽然文化本身没有改变，但人的思想改变了，独立的思想普遍产生，人民不是附庸身份。在这个过程中涉藏地区实际实现了传统文化的重组，实现了人与人关系的"大洗牌”，平等、自由成为当时的流行语言。

政治上的平等使人人参与家乡建设的热情空前高涨，这在过去是根本不可能的事情，解放的农奴们思想认识发生了革命性的变化，对获得自由并且成为真正意义上的人感到无比的自豪，逐步认识到了废除封建农奴制度是社会主义制度战胜腐朽没落社会制度的历史必然。既然是腐朽的、落后的，肯定有许多不适应社会发展的文化糟粕需要摒弃，需要改造。这涉及方方面面，最主要的是教育、卫生、宣传文化工作、基层政权建设，广大农牧民群众把组织当亲人，把党当作父母，一心一意投入劳动、生产和社会主义事业建设中。优秀的传统文化得到接受、普及和传承，融合升华的藏族传统文化，在翻身解放的农牧民群众身上得到体现。

这期间藏族传统文化的精华得到较好保护，有专门人员挖掘、收集、整理民间歌舞，民歌民谣、谚语格言等，教育的普及使过去只能在寺庙得到教育的现象得到根本改变，农牧民子女进入了学校，一批批政治立场坚定、作风过硬的藏族干部成长起来。虽然经济发展还很落后，生存条件也很艰苦，但人的精神面貌非常好，幸福指数相当高，这些从当时传唱的歌曲中可以深深感受到，比如《北京的金山上》《翻身农奴把歌唱》等。这些歌曲的传唱是发自内心的，是当时涉藏地区农牧民群众真实的生活与精神状态。

整个社会面貌在这个时候也到了一个新高度，道德风貌创造出一个又一个奇迹，大公无私、大爱无疆等成为全体农牧民群众共同遵守的道德法则，祖国观得到树立，人民发自内心地热爱祖国、热爱新社会、热爱共产党、热爱毛主席，更有了为保卫祖国的统一、社会的稳定而付出生命的决心和勇气。

对康巴文化而言，这意味着源远流长的康巴文化又一次产生了文化间的碰撞与交融，康巴文化区掀起了一次次的文化新浪潮，思想不再被禁锢，各种人文得以传承与发扬，这一切让康巴文化走向繁荣与复兴。

第十三章　康巴经济文化简述

康巴文化结构除了传统延续的文化诸如非物质文化遗产等，经济文化是其中不可忽略的部分。经济文化指一个国家、一个地区或一个企业在经济发展过程中，围绕经贸形成的某种文化观念、历史传统、共同的价值准则，道德规范和生活信念等，是在社会发展中形成并融入经济活动群体之中的价值观念和行为准则，具有约定俗成的文化特点。康巴的经济文化也有随着经济的发展而不断融合发展的过程。譬如，前面已经讲过的茶马互市经济文化，据任乃强先生考证：打箭炉“本非市场。自唐以来，随茶马交易，日趋聚盛。由架设帐幕之临时市场，逐渐变成依托建筑碉房之锅庄交易。元时设长河西鱼通宁远土司于此，红教喇嘛寺（南无寺前身）亦元时成立。至明时，倘仅有住民十余家”①。明末清初，川藏贸易集散地由黎州、岩州西移至打箭炉，使得商旅往来大增，明正土司在打箭炉“建垒营寨，置土目于此”②，充当川藏贸易的经纪人。“其他各业皆因茶而兴”③，主要以茶马贸易为依托的打箭炉城三大特殊行业锅庄业、缝茶业、皮房业等在清代逐步兴盛起来。到康熙末年，已是“番汉咸集，交相贸易，称闹市焉”④。打箭炉城随着边茶贸易的发展而兴起。在清以前，汉藏民族间的“互市与贡道亦皆在打箭炉”⑤。以商业贸易为中心的打箭炉城，商人成为其主要成员。每年来往打箭炉城的商人达数千人，清末民初商人数有三千多人,⑥“市民十分之九为商贾，东南北三关，设有税关，年征税约三十万元”⑦。由于打箭炉是藏人购茶总汇之处，四川、陕西、云南以及西藏等地的商人都云集打箭炉城。⑧ 商业的发展，自然带来了文化的交融，各种文化在这里生根落脚，共生共荣。

与茶马文化所不同的是，丹巴、九龙区域曾以鸦片种植与贩运为主的经济文化，让康区人民承受了无尽的苦难。据《丹巴县图志》记载：“每达

① 任乃强著，西藏社会科学院整理：《西康图经·境域篇》，拉萨：西藏自治区藏文古籍出版社，2000年。

② 刘赞廷：《康定杂志》。

③ 李亦人：《西康综览》。

④ 《卫藏通志（卷4）》，附录焦应旗《藏程纪略》，拉萨：西藏人民出版社，1982年。

⑤ 《圣武记（卷5）》，《西藏后记》。

⑥ 任乃强著，西藏社会科学院整理：《西康图经·境域篇》，拉萨：西藏自治区藏文古籍出版社，2000年。

⑦ 任乃强著，西藏社会科学院整理：《西康图经·境域篇》，拉萨：西藏自治区藏文古籍出版社，2000年。

⑧ 参见周毓华、彭陟焱：《试析茶马互市对川滇藏边城镇发展的影响》，《西藏民族学院学报（社会科学版）》1999年第4期。

收烟季节，各路商贩云集，用日用品杂货换鸦片，名为‘赶烟会’逾月不散。”①《九龙县图志》记载：“自民国以来，鸦片成为贵品。收烟季节，九龙城区每场可收购数百斤。经营鸦片者，悉为军队。其价值每两购价为藏洋四、五角，运至成都价高大洋五、六元。常有购数百担以至千余担者，由军队沿途保护，高锦旗，招摇过市。”② 鸦片烟在康区的种植和贩运，给当地和内地人民带来了严重危害。中华人民共和国成立后方才得到完全控制，并彻底消除鸦片种植和贩运。从上述两个例证，我们就能够深刻地理解经济文化的作用，即经济发展在人类社会产生的导向、辐射、交流、约束、激励和凝聚作用。

马克思主义政治哲学观认为，社会存在决定社会意识，经济、政治制度都是社会存在，文化则是社会意识。所以，一定的经济、政治决定文化，文化又反过来影响经济、政治。我们研究康巴文化的时候，很多专著非常注重茶马互市，忽略了很多由其他经济元素构成的文化，比如具有战略意义的粮食、铜铁、盐业。特别是盐业，在青藏高原人民的生活中，盐与茶一样都是刚性需求，由此形成的文化现象在本书有限的篇幅里难以详细阐明、揭示。另外，藏医药对人民身体健康的贡献更是毋庸置疑，其形成的文化也异彩纷呈，学养深厚。康巴经济文化是一个比较庞大的经济文化系统，这里鉴于篇幅限制，只能对盐业、采金、藏医药、建筑业等情况进行简单介绍。

第一节　盐业文化

盐是人类不可或缺的生活必需品，是维持生命的必需品，也是重要的经济资源。盐业直接促进了人类文明的进程，其对一个地方的文化形成和聚落发展具有重要影响。围绕盐业的开发和利用形成了早期的人类聚落，以物换物交易兴起，经济水平不断提高，促进了社会的进步。“人类聚居与部落形成，是文化结胎和孕育的重要条件。而盐对人类的吸收力和凝聚力，

---

① 转引自来作中：《解放前康区商业简述》，《甘孜州文史资料集萃（第二辑）》，甘内字2009－50号，第25页。

② 转引自来作中：《解放前康区商业简述》，《甘孜州文史资料集萃（第二辑）》，甘内字2009－50号，第25－26页。

便是人类有意识聚居的选择因素之一。"[①] 对于记忆中的历史，无论统治者还是百姓，盐都会被认为是令人惊异的、神秘的、贵重的物品。康巴自古就是出产盐业的地方，玉树囊谦县多伦多、白扎和昌都芒康的盐井是盐业的主产地。丰富的盐业资源，注定使这片土地风诡云谲，历代统治者与当地部落、土司争夺盐业基地从来都是战火纷飞，此起彼伏，由此形成了独具特色的盐业文化现象。《格萨尔王传》中就有格萨尔王与纳西王为争夺食盐发生"羌岭之战"和森隆（格萨尔王的父亲）征伐囊谦多伦多（郭国）的故事。

一、囊谦盐业

囊谦盐业以多伦多、白扎盐业有名。全县现有 8 个盐场，均隐藏于山旮旯，场名依次为：拉藏（县城以西 2 公里）、达改（县城以西 3 公里）、娘日洼（县城以南 15 公里）、白扎（县城东南 35 公里）、然木（县城西北 44 公里）、乃格（县城西北 53 公里）、多伦多（县城以东 80 公里）、尕羊（县城西南 120 公里）。全县的盐产量只需小部分就可满足玉树地区的消费，其余大部分用来满足与之接壤的西藏 4 县（昌都、江达、丁青、类乌齐）及相邻的四川 4 县（石渠、邓柯、德格和江达）人畜之需。[②]《青海省志·盐业志》记载，囊谦的盐泉不止 8 处，地质初探表明，囊谦县已发现盐泉 29 处。[③] 囊谦盐场阡陌纵横，那一条条、一块块错落有致的盐田，极富韵律和节奏，远远望去，白色的盐田与山腰间红色的藏式民居浑然一体，俨然就是一幅世外桃源般的田园美景。

中山大学何国强（坚赞才旦）教授多次到该地考察，并写成《再探澜沧江源头盐村与环境的动力学因素》《百味之首在澜沧江源头——青海囊谦泉盐产销调查》等多篇报告，他在文中摘录了白扎盐场的当地资料介绍：

> 白扎盐场是藏族史诗《格萨尔》中的达吾盐湖。旧时，盐业是当地贵族的一项主要经济来源。……以前，白扎盐场产出的盐通过驮队运往各地。驮队规模最大时，牛马 3 000 余头（匹）。现

① 宋良曦：《盐业历史中的文化踪迹》，彭泽益、王仁远：《中国盐业史国际学术讨论会论文集》，成都：四川人民出版社，1991 年，第 530 页。

② 参见坚赞才旦、王霞：《百味之首在澜沧江源头——青海囊谦泉盐产销调查》，《青海民族研究》2018 年第 1 期。

③ 参见青海省地方志编纂委员会：《青海省志·盐业志》，合肥：黄山书社，1995 年。

> 在，盐田占地面积60亩左右，年产盐3 000余吨……制盐历史可追溯至隋唐时代，有着上千年的历史，一直保持、沿袭着古老的晒盐和制盐方式。盐场生产的盐享誉整个康区，畅销西藏、四川、甘肃等地。[①]

根据囊谦王家谱记载，南宋淳熙二年（1175），一世囊谦王获得封册。白扎盐场的建场时间应该早于此，距今至少800多年的历史。囊谦的泉盐有三种流通方式：一是前清时期，为自由贸易，即民制、商收、商运、商销的民营方式；二是民国，逐渐转为官民混合经营方式；三是中华人民共和国成立后，1958年始实行国家专卖制。以上第三种形式表现为民制（或官制）、官收、商运、商销，因中间环节为官收，本质是国家间接专卖制。有两种形式：一种是盐商先向盐务部门交钱购盐券，之后持券到提货点（盐田或盐库）取盐，保管员验券出盐；一种是商贩先出钱与政府买之，然后听其自行取税以为偿也，本质上是包税制，让盐商承投一区税收，先纳钱于政府，然后缓慢回收。自由贸易制下的盐称私盐，国家间接专卖制下的盐称公盐。两种都要交税。以上三种形式的流通范围相同，目的亦相同，都是满足玉树地区和藏东北、川西北的盐粮交换。[②]

食盐使囊谦融入地区市场。每年成千上万头牦牛从川藏云集而来。盐贩携带着食盐穿梭于牧区、农区和盐区的村庄，他们赴集市、赶庙会，用食盐交换青稞、羊毛、皮张、牲畜和药材等物。也正是盐带动的商贸交易，使囊谦县成为玉树地区的政治经济和商贸中心。

囊谦的盐业厚重的文化历史，不仅包括战争与政治，更包括生产、生活、商业交易。盐业文化形成的石碑、古籍不胜枚举。盐业的历史也是部落的兴衰史，典型的就是格萨尔的传说。相传，古时多伦多村为郭国地界，一次郭国和岭国两个部落间因发生冲突而引发战争，岭国国王森隆（格萨尔王的父亲）派大将林巴曲嘉前来征伐郭国，后战死沙场，森隆获悉悲愤万分，于是亲领大军前来征伐。但谁料在森隆到达郭国时却发现郭国人已全部逃离。他在此安葬林巴曲嘉，并建灵塔。事后，森隆请占卜师询问郭国人的下落，占卜师却笑着告诉森隆，吉祥之事今天发生，你将遇见命中

① 参见坚赞才旦、王霞：《百味之首在澜沧江源头——青海囊谦泉盐产销调查》，《青海民族研究》2018年第1期。

② 参见坚赞才旦、王霞：《百味之首在澜沧江源头——青海囊谦泉盐产销调查》，《青海民族研究》2018年第1期。

之女人。果然在不远处，森隆发现郭国唯一没逃的女子，此女子便是玛永。按照占卜师的预言，森隆便娶玛永为妻，她就是后来格萨尔王的母亲。整个郭国成为岭国范围，也就是说格萨尔祖辈就曾经占领过囊谦盐业。①

据地方志介绍，囊谦县所属的玉树地区，“古为西羌之地；晋迄六朝迭为羊同（象雄）及吐谷浑所据；隋朝前后为苏毗和多弥二国辖区；唐时为吐蕃的孙波如；宋时为黎州属下的囊谦小邦之地；元朝归吐蕃等路宣慰司管辖；明朝囊谦王室的贵族僧侣屡被赐号为‘功德自在宣抚国师’；清初蒙古和硕特顾始汗率部入青，玉树为其所有，各部落头人赠爵为诸台吉”。雍正元年（1723），罗卜藏丹津反叛，年羹尧讨伐平息后，玉树 25 部落始属青海，由青海办事大臣直接管辖，为囊谦千户领地。② 世人称“囊谦加宝”，意为囊谦王。由此开始了囊谦王族对今玉树地区的世袭统治。1175 年，南宋王朝任命哲哇阿洛为囊谦土官，颁发了管理领地的文书。敕建囊谦根蚌寺，中央政府从此开始在青海南部施政。元代囊谦地区属吐蕃等路宣慰使司都元帅府管辖。明朝时，囊谦部落首领被朝廷敕封“功德自在宣抚国师”，并以土王身份管理各部落政务，同时中央政府委派了专门管渡口的官员。明末清初，囊谦受到四川白利土司势力的入侵致使佛教僧侣遭受迫害，根蚌寺被焚毁。1639 年时蒙古进兵康区，擒杀白利土司顿月多吉。囊谦地区为和硕特蒙古政权辖地。固始汗和五世达赖赐囊谦王阿牛“毛旺仁庆囊家”的称号，实行了对囊谦诸部落的直接统治。1698 年，囊谦王多杰才旺之兄陈林才旺亦被和硕特亲王封以“乌吉台吉”爵位。雍正年间，清廷划玉树地区 40 部落归西宁办事大臣衙门管辖，并委任各部落头人为千户、百户等官职，囊谦王被任命为千户。1912 年后，囊谦地区由青海办事长官管辖。1913 年四川、甘肃激烈争夺囊谦管辖权。1914 年经两省派员勘查边界后，囊谦仍归甘肃省，为甘边宁海镇守使直接管辖。1917 年 3 月北洋政府准许马麒在玉树地区设置玉树理事。1929 年改为玉树县，囊谦归玉树县管辖。1932 年以玉树商人与尕丁寺僧人因销售货物发生纠纷为导火线，引起了历时一年零两个月的青藏战争，战后两省签订了《青藏和约》，囊谦仍归属青海。马步芳为强化对青南地区的统治，于 1933 年 10 月设置囊谦县。1949 年 9 月玉树区督察专员马骏通电起义，1951 年建立囊谦县人民政府，

① 《青海传统村落大调查：青南秘地多伦多（下）》，《海东时报》，2015 年 11 月 2 日。
② 玉树藏族自治州地方志编纂委员会编：《玉树州志（上册）》，西安：三秦出版社，2005 年。

隶属玉树藏族自治州至今。①

盐业生产除了直接带来经济效益之外，还构成相对独立的地域特色文化。比如，囊谦县被称为“禅定之乡”，境内寺庙达300余座。这里是物华天宝、人杰地灵之地，“黑陶故里”“藏文书法之乡”是历史文化的标签，还有通天河岩画、国家级非物质文化遗产“白扎卓根玛”（囊谦卓干玛舞）、热巴舞、牛角胡弦子舞（牛角胡锅庄）等。这都源于以盐业带动的经济和文化的发展。

二、盐井盐业

芒康县盐井古称“擦卡洛”，意为生产盐的地方，藏语中“擦”指盐。盐井开采盐业历史悠久，早在吐蕃王朝以前，盐井人就整修泉口，开挖盐井，生产食盐。史料记载在朵康六岗当中，芒康岗是产食盐的岗，生产的盐在藏东南非常有名。食盐既是生存必需品，又伴随着巨额利润，盐产地成了必争之地。从吐蕃部族开始，保卫盐井及反盐税斗争从来没有停止，宋代司马光《涑水记闻》记载：“青唐族最强，据其盐井，日获利可市马八匹。”② 围绕这一利益的冲突，这里成为土酋各势力之间以及土酋与朝廷频繁发生冲突的地区。因而有句谚语：“官夺我盐井及地，我无以为生。”③ 民间流传历史亦不少，相传格萨尔王和纳西王羌巴争夺盐井食盐而发生“羌岭之战”，最后格萨尔王战胜了羌巴，占领了盐井，活捉了纳西王的儿子友拉。后来纳西王子友拉成了格萨尔王的纳西大臣，盐田给了纳西王子友拉，盐业也交由其管理。

虽然历史上盐井经营复杂，几经易人，但作为康巴南部重要经济重镇、滇藏茶马必经之路、吐蕃通往南诏的要道，其兵家必争的地缘战略地位始终未变。元代蒙古取得政权，设“剌马儿刚等处招讨使司”；明代，丽江木氏土司势力崛起西扩，在与白利土司的争夺中获胜占领盐井，此后统治该地区100多年。

清代，康熙四十二年（1703）盐井由西藏派往巴塘的第巴管辖。土司管辖盐井时期，已经形成征税制度，据《巴塘志略·赋税》中载：

---

① 参见李何春、熊卜杰：《从“无史”到“有史”：人类学视角下传统晒盐村落民族志书写的思考——基于青藏高原东部各盐场的田野调查》，《青海民族研究》2019年第1期。

② （宋）李焘：《续资治通鉴长编（卷175）》，北京：中华书局，2004年。

③ （清）毕沅：《续资治通鉴》宋纪·宋纪五十三。

> 康熙五十八年（1719）巴塘投诚案内原管番民六千零五十四户。雍正五年（1727）拨归云南二千八百（一）十八户外，实存三千二百六十户。每年认纳马骡钱粮并土官头人喇嘛口粮银三千二百四十六两三钱七分，……内除：正土司养廉银四百零六两八钱七分九厘。红白盐二百一十六石七斗五升二合。……副土司养廉银一百七十四两三钱八分一厘，……红白盐九十二石九斗。[①]

康熙五十八年（1719），岳钟琪进军西藏平准噶尔部入侵，岳钟琪上奏清廷："留陀翁布袭职，获'正土司'之称（俗称"大营官"），扎西次仁（第巴）获'副土司'之称（俗称"二营官"），管辖巴塘、得荣、盐井、中甸、阿敦子德钦等地。"[②]

从第一任巴塘土司开始，先后有10多位土司管理巴塘，直至1905年结束，土司统治的时间长达186年。巴塘土司统治时期，盐井受僧权和俗权的双重统治，《巴塘盐井乡土志》中记载："盐井属地之喇嘛寺，从前以河西之腊翁寺为冠。"清末，腊翁寺拥有僧侣300余人，赵尔丰在川边改土归流时，派王会同委员前去盐井收盐税，而该寺"规避差粮，形同化外。该处盐利久为该寺霸居"[③]。最后经腊翁寺事件[④]，赵尔丰才将盐业管理权收回。

清末，光绪三十一年（1905）二月，川边发生"凤全事件"，清政府派建昌道尹赵尔丰进入川边，处理"凤全事件"。宣统元年（1909）赵尔丰经腊翁寺事件后开始管理盐井，在此设盐井县。在盐业管理制度上，推行官督商办，制定相关细则，如《议定盐井商盐局章程》三十条章程以及《盐井征收盐税章程》。可以看出，有关盐井制盐历史的资料主要还是集中在清末。

民国时期，川边动乱。1912年10月，四川都督尹昌衡在川边设立了镇抚府，当时盐井归其管辖，具体情况不明。1913年全国废除府、厅、州三

---

① 西藏自治区社会科学院、四川省社会科学院合编：《近代康藏重大事件史料汇编（第1编）》，拉萨：西藏古籍出版社，2001年，第165页。

② 四川省巴塘县志编纂委员会编：《巴塘县志》，成都：四川民族出版社，1993年。

③ 四川省民族研究所《清末川滇边务档案史料》编辑部编：《清末川滇边务档案史料》，北京：中华书局，1989年，第103页。

④ 1865年9月法国天主教传教士进入盐井传教，招信徒、修教堂、占土地；1905年，赵尔丰在盐井设盐厘局，征收盐税。两件事与当地原来利益集团发生尖锐矛盾，光绪三十二年（1906）腊翁寺以发现走私盐为借口，发动2 000余僧俗反复围攻天主教堂和盐厘局，后赵尔丰以武力平息，史称"腊翁寺之乱"。

级制，川边废除康安、边北两道，设立川边道，盐井设盐井县。[①] 1920 年，藏方委任盐井朔和寺活佛贡噶喇嘛为宗本，并以盐税的一半收入作为给他的补助。1928 年刘文辉在康定设西康特区政务委员会，收抚乡城、稻城、德荣和盐井 4 个县，盐井归其管辖。1932 年 10 月 8 日，康、藏双方在岗托签订《岗托协议》，议定双方以金沙江为防线就此停战。至此，原巴安所属，金沙江以西的盐井、莽岭、朱巴龙、廓布等地均划归西藏地方政府管辖。

盐业的兴盛，必然带来经济和文化的发展，通过盐的贸易促进多民族的文化传播与交流。千百年来，这个茶马古道旁的藏族村落，倚隘而兴，因盐而盛；藏传佛教、天主教、东巴教也在此地共存共荣。值得一提的是，上盐井村有一座上百年历史的天主教堂，它是西藏境内唯一的天主教堂。这座教堂占地面积 12 000 多平方米，建筑风格兼具藏汉和西洋建筑之长，1865—1949 年先后有 17 名外国传教士来此进行宗教活动。如今，当地仍有 300 多名信众每周来此礼拜，这里的神父是一名藏族人。

今天我们去盐井，就会发现盐井与巴塘文化有极大的相似性，弦子文化、饮食文化（加加面）仿佛一脉相承。当然盐井因为盐业的兴盛，自然由此构成了盐业生产、交易等系列文化，这是康巴地区独有的经济文化现象。

地处康巴区域的囊谦、盐井两地传统村落仍保持传统晒盐技艺，这些传统记忆凝聚了世世代代藏族人们的勤劳与智慧，是其文明的一部分。其中井盐晒制技艺于 2008 年被列入第二批国家级非物质文化遗产名录；囊谦制盐技艺于 2023 年被列入青海省第六批省级非物质文化遗产名录。它们不仅是活态的文化遗产，还是康巴文化的重要元素、两地的文化名片，极具文旅融合发展当地经济的潜力。

第二节　采金文化

藏族人民喜欢佩戴黄金首饰，这源于最早发现的金属就是黄金，在藏族人类历史上代表金属时代的开始，所以，黄金除了是游牧部落便于携带

① 任乃强：《任乃强藏学文集（中册）》，北京：中国藏学出版社，2009 年，第 441 页。

的财产，更是一种辟邪驱魔、纳祥聚瑞的象征。位于青藏高原的西藏，矿产资源十分丰富，从矿床成因来说，其巨大的储量黄金就来自青藏高原。历史以来就有沿长江、黄河上游支流淘取沙金的传统。

据史料记载，古时的藏地随处可捡到金块，信奉藏传佛教的藏族高僧大德献上巨量黄金前往印度迎请经书，这种来之不易的经书和佛教教法号称“黄金法”。[①] 在康巴地区亦有相关记载：“隋朝时，有附国，其地在西藏东境，为一部族名。附国山出金银。”[②] “青藏高原一部族名；史载白兰土出黄金铜铁。”[③] 白玉河坡就是典型的发现金属而成就的手工业基地。

最早记录西藏出产黄金的文献来自国外，古希腊历史学家希罗多德在《历史》一书中有印度人到西藏北部地区偷采黄金的记载。这些偷采黄金的人就像蚂蚁掘洞一样，所挖的洞深而多，有些纵横交错，采用这种方式偷采出来的金又叫做“蚂蚁金”。[④] 偷采的黄金数量巨大，波斯帝国的第二十个太守领地印度，每年要交纳比其他地方多得多的税贡，共计 360 塔兰特（每塔兰特约重 25. 92 公斤，360 塔兰特共约重 9 331. 2 公斤）。

在西方人的心目中，中国涉藏地区不仅是一个充满神秘色彩的地方，而且还是一个遍地黄金的地区。印度以北地区盛产黄金的传说早在公元前 5 世纪时便已流传。《西藏探险》中说：“希罗多德所描述的劫掠成性的印度人实际看见的是蜷缩在地上的西藏人，他们裹着肥大的黑牦牛皮肩衣以抵御刺骨的寒风。这一推断颇有诱惑力，从远处看，似乎是蚂蚁在掘地，原始采掘者使用羚羊角作为挖金的工具。可能又增加了这一效果。”[⑤]

几百年前，雪域黄金大量流入西方，教廷向西藏派出了传教士，实际上是借传教之名打探黄金的来源。《马可波罗游记》以及瑞典探险家斯文·赫定的《征服西藏》《横越喜马拉雅》等书中都详细记载了藏地有极丰富的砂金矿。沙皇彼得一世也派出了多路间谍，为夺取黄金和出海口而拼命向外扩张；1899 年，英国老牌的罗斯柴尔德银行通过东印度公司派出了探险

---

① 《藏地黄金：蚂蚁金的传说》，腾讯网。

② 《册府元龟》卷九六一《外臣部土风三》。又见西藏社会科学院、中国社会科学院民族研究所辑：《西藏地方是中国不可分割的一部分（史料选辑）》，拉萨：西藏人民出版社，1986 年，第 8 页。

③ 《册府元龟》卷九六一《外臣部土风三》。笔者曾经在做河坡民族手工艺锻造田野调查时，听当地艺人说，他们的祖先就在热加、赠科冶炼金、银、铜、铁用于加工。

④ ［古希腊］希罗多德著，王以铸译：《希罗多德历史》，北京：商务印书馆，1985 年，第 240 – 241 页。

⑤ ［美］约翰·麦格雷格著，向红笳译：《西藏探险》，拉萨：西藏人民出版社，1989 年，第 228页。

队，目的是抢先取得购买和开发西藏金矿的权利，在此之后英国政府两次派兵侵入西藏。①

明代，康巴地区木里县称鼠罗。在木里俄亚（乡）的地方，当地人说“这个地方的老母猪在地里滚一下，毛上都是黄金片”。据史载，1433 年，土司木森袭职后，出兵鼠罗十次，加上前代用兵次数，共有 30 次之多，军事活动的核心在于争夺金矿。至今，当地的百姓还说：“凡是木天王挖过的地方，就有金子，没有挖过的地方，就不用去挖了。”这是历史上康巴高原为争夺黄金资源最详细的记载。

综上所述，我们知道康区一带开采黄金自古就有。为此，任乃强先生写成了《青康藏高原采金刍议》。现有资料显示，康区兴办矿业，始于锡良任川督期间（1903—1906）。当时宋育仁任矿务局局长，延请外国技师勘探四川金矿，曾勘得松潘漳腊的沙金，西昌麻哈的脉金以及盐源洼里的沙金等矿。但由于当地少数民族头人反对，加之交通不便未能办成。光绪三十年（1904）因为开采甘孜州地区的泰宁（今道孚县八美）的金矿，与当地喇嘛寺发生冲突，都司卢鸣扬被杀。提督马维骐带兵攻剿，才镇压住了反抗，但开矿事亦不敢再扩大规模。②

光绪三十三年（1907），赵尔丰任护理川督。赵尔丰在川边时注意到当地多金，他认为：“兴利之方，则屯垦之外，惟有开矿，早开一日，则可早收一日之用，此开矿似可缓而实不可缓者也。”③ 故在护督期间，委劝业道周善培重金聘得美籍矿业工程师刘轼轮，以 18 个月为期，负责勘测川边各地金矿。④ 刘轼轮一行先后勘查了康定县的灯盏窝旧脉金矿、泰凝砂金矿以及理塘地区的毛丫、曲登、崇禧等金矿，建议添置机具开采。赵尔丰立即请驻旧金山领事代购机具药品。但机具尚未运到，刘却托病中途辞职。所购机具虽称“可留川使用”，但因无人使用管理，成为一堆废钢烂铁。与此同时，四川还曾聘请外国技师设计开采西昌地区的麻哈金矿，亦向国外购进一批机器设备，溯江水运至成都，在皇城明远楼（现人民南路展览馆一带，旧称“皇城”）外陈列。但因机器巨重，人畜之力均不能将其搬运过大、小相岭山道，必须等待修建车路才能运往。车路尚未开修，清室已破亡。接着是军阀混战，这些机器无人过问，后来全搬入兵工、造币两厂拆

---

① 古流：《暴富传奇》，北京：线装书局，2013 年，第 1 页。

② 任新建：《康巴历史与文化》，成都：巴蜀书社，2014 年，第 203－204 页。

③ 赵尔丰：《川滇边务事宜均关紧要据实缕陈并拟具章程折》。

④ 《刘轼轮勘查报告》重庆图书馆藏，刘赞廷辑稿本。

作他用。故康巴的采金业，仍停留在土法手工开采上。①

民国二十三年（1934），泸记者川康考察团来康考察，据其报告所云，西康矿产蕴藏甚富，而尤以黄金为最，已经实业部明令为“国营金矿区”，将由部筹划开采。任乃强亦在《边政》三期发表的《在道孚的视察报告》中称：“道孚遍地浮土，不见石骨，故无矿苗露头，唯泰宁河垭沟沿途浮沙中有沙金，清末开采，一时很旺，近已废业。有卸任丹巴彭知事，在其上流开厂淘金，将近年，才得二两，据‘锤手’（探金路者）言，金在河底，现正凿沟觅穴。”②

民国时期矿产部李锡畴、李春昱将西康矿藏分为雅砻江、大渡河两大区域。雅砻江区域产金最甚，如瞻化（今新龙）、理化（今理塘）、炉霍、道孚、雅江、康定一部皆有沙金；大渡河流域产铜、铅矿、金较少。《第七次中国矿业纪要》，记录甘孜地区近代开采的主要金矿如下：③

表 13－1　甘孜地区近代开办金矿一览表

矿名	所在地区	开采时间	经营方式	金夫人数	年产量	采金方式
雅江金矿	雅江县	光绪年间		数百人	数百两	土法
康定金矿	康定县	光绪末年	商办			土法
西康金矿	打箭炉	清末	官办			土法
富康金矿	瞻化麦科、大盖	清末	官商合办	千余人	数百两	土法
理化金矿	理化县	清末	商办	数百至千人		土法
扩络垛金厂	德格县	1909 年	官办	数百人	数百两	土法
裕华、卓凯公司	道孚县	1915 年	商办	数百人	数百两	土法

① 任新建：《康巴历史与文化》，成都：巴蜀书社，2014 年，第 204 页。

② 刘建帮：《清末和民国时期康区九县黄金开采概况》，《甘孜州文史资料集萃（第二辑）》甘内字第 2009－50 号，第 194 页。

③ 刘建帮：《清末和民国时期康区九县黄金开采概况》，《甘孜州文史资料集萃（第二辑）》甘内字第 2009－50 号，第 194 页。

康区长期实行羁縻制度，土司、头人有绝对的权利。在开采黄金一事上，少数地方，如瞻对（新龙县）、理塘、木里等地，土司、头人虽也准少数属民开采，但主要为满足他们自己需要，不准人民私采。随着赵尔丰改土归流，川边（康区，下同）地区的采金活动也活跃起来，形成遍地开花的采金热潮。其主要经营方式是：重点矿区官督商办，征收金课（税），同时驻军自淘自得，长官抽头。其他矿区由商人或土头、官僚招工人采淘，他们出资供给灯油，贷给生活资料，对淘得之金分成抽取，然后以高利贷、烟、赌、诱取等手段榨取其余部分，故川边的“金佚子”（旧时对采金者称呼），没有哪个能淘金发财的。但他们把内地几千年积累的淘金经验带到了康区，改变了当地以草土饼子淘金的落后方法，开始用一些较先进的手工和半机械的工具采淘，推广了水银勾金的方法，并在查勘金窝、寻找沙金富集区方面作出较大贡献，实际上川边的许多产金地都是些无名的“金佚子”发现的。①

继赵尔丰之后开发川边金矿的是刘文辉。从20世纪20年代末起，为了获取川边地区的黄金，他先后聘请了地质专家谭锡畴、李春昱、李仲魁、且维屏等人对川边“康区”（主要是现今甘孜藏族自治州及凉山彝族自治州一部）的金矿进行勘查，并且大力经营色尔巴、隆达等金矿，采得大量黄金。有人估计，从1934年重开隆达金厂至1949年中华人民共和国成立前夕，前后15年川边地区产金可能近百万两，其中大部分被刘及其部属所得。蒋、宋、孔、陈四大家族都曾得过刘在西康采出的黄金。②

任新建在《四川黄金开采史略》中说：

> 从清代末叶到新中国成立前的几十年间，四川著名的产金区有几十处，大部分在川边地区……其中具代表性的金矿有松潘县的“漳腊金矿”、盐源县的“洼里金矿”、色达县的“色尔巴金矿”、大金（金川）县的“二楷金厂”、瞻化（新龙）县的“麦科金矿”、邓柯县（今德格境）的“郎吉岭金矿”、木里土司境内的“隆达金矿”等产金均在万两以上。其他有名的金矿还有康定县的灯盏窝、偏崖子、三道桥等金矿，九龙县的三垭、八窝龙、三岩龙，雅江县的卧龙石、宜马冲，理塘县的金矿沟、白水沟、杜沟、

---

① 刘建帮：《清末和民国时期康区九县黄金开采概况》，《甘孜州文史资料集萃（第二辑）》甘内字第2009-50号，第194页。

② 任新建：《康巴历史与文化》，成都：巴蜀书社，2014年，第205页。

跑龙沟和珠河等金矿，新龙县的甲司孔，炉霍县的雄鸡岭、夹郎、章达、瓦谷，道孚县的榆科、木茹、磨子沟、瓦日，乾宁县的八美、中谷、河垭，丹巴县的巴底、绒坝沟，甘孜的大塘坝、白利、杂科，石渠县的长沙干玛、长沙贡玛，白玉县的昌台地区，稻城的贡岭地区。①

黄金的开采，带动了大量的人流，从汉地来的采金者很多都留在当地娶妻生子，成了康巴人。黄金开采也形成了新的文化现象，人们对地质学开始有所认识，特别在鱼通、孔玉一带留下了不少淘金“专家”，他们的后人成为后来开采黄金的专业人士。同时，商业文化更趋活跃，人们正努力摆脱原有文化的约束，形成新的文明，为康巴文化多元化注入了新鲜血液和活力。

第三节　藏医药

卫生医疗是社会经济的重要组成部分，藏医药既是非物质文化遗产，又是社会经济的一部分。这是因为藏医药产生于救死扶伤的实际需求，其发展就必须融入市场经济之中，所以形成了特殊的经济文化现象。据《西藏王统记》《朵堆》等典籍记载，象雄时期雍仲本教出现后，建立并开始传授五明学科，医方明便是其中之一。《心性青空》是已知最早有医学方面记录的著作。在此基础上各个历史时期的医学家们进行了大量的实践和研究，汇集成了《医学九经四部》(《朵古崩习》又译为《医学崩习》)。1980 年在新龙县的一座本教寺院中发现《藏医四部经典》(《索日崩习》)，该书已由四川民研所印发，证实了史料记载的真实性。藏医药文化的丰富内涵，符合天人合一、保护自然的理念，不仅有救死扶伤的普世价值观，发展过程中也有经济观，其文化历史悠久，涉及面广，深入人心。

近两千多年历史的藏医药，是藏族人民通过长期实践，不断积累、完善而形成的具有完整理论体系、独特治疗方法和浓郁民族特色的医药学体系。藏医药在总结藏民族医药经验的基础上，吸纳了古代中医药、天竺

① 任新建:《康巴历史与文化》，成都：巴蜀书社，2014 年，第 205 - 206 页。

（印度）阿育吠陀理论和大食（伊朗和阿拉伯）医药的理论精华。[①] 藏医药是继中医药之后的第二大传统医药，位居四大民族医药（藏、蒙、维、傣）之首。[②] 在历史上藏医药形成南北两派，康巴地区德格是藏医药发祥地之一，南派藏医药的故乡。

据藏书《日热当初》记载，藏医药起源于上古时代。公元前600年左右，本波派开创了藏医药，继后得到一定的发展。公元641年，文成公主入藏随带医方百种，诊断法五种，医疗器械，医学著作四种。[③] 公元687年，韩文海、巴拉达扎和嘎林诺入藏传授医学，接着印度的《新酥油药方》、大食及汉医药方传入涉藏地区。[④] 公元8世纪，金城公主入藏再次带入了大量医著。公元8世纪末，宇妥·宁玛云丹贡布广泛搜集和研究民间医方，总结民间医药经验，多次赴五台山以及印度、尼泊尔等地拜中外名医为师，撰写出名著《四部医典》（有学者认为该书是《医学九经四部》的再次编著），[⑤] 为藏医药进一步发展奠定了坚实的基础。于此，藏医为了使理论通俗易懂、形象直观，绘制了80幅彩色唐卡——曼唐，6 487个画图系统，使《四部医典》156个章节内容图文并茂，通俗易懂，雅俗共赏。它是世界上最古老的医药彩色挂图。作为唐卡艺术门类中的一颗明珠，曼唐无论是在医学还是艺术领域都具有独特的价值。

宇妥·宁玛云丹贡布在完成《四部医典》初稿后，来到四川甘孜地区研究医学、传授经验。公元15世纪，舒卡·年尼多吉对青藏高原东南部（以甘孜州德格县为中心）的草药进行了深入研究，创立了南方藏医药学派。[⑥] 15世纪中叶，著名僧人唐东杰布在德格首先配制出了主治胃病的"成道白色丸"（即现在德格藏医院生产的"白达黑"）。公元17世纪至18世纪，以德格人德玛·丹珍蓬卓为代表的一批藏医药学家根据数十年临床经验，撰写出《晶珠本草》《千万舍利》《诀窍秘籍》《四部医典注释》等上

---

① 《藏族简史》编写组编：《藏族简史》，拉萨：西藏人民出版社，1985年，第78－79页。

② 参见姚乃礼：《中医药在西部开发中的作用》，《2001中药与天然药物论文集》2001年第14期增刊，第45－48页。

③ 参见胡尚钦、黄璐琳、杨晓等：《南派藏医药的起源与南派藏药的发展》，《中华医学研究杂志》2005年第5卷第12期。

④ 祝彼得、张艺、王战国：《试论藏医药研究与藏族传统文化的关系》，《2003年全国藏医药学术研讨会论文集》，第435－439页。

⑤ 张艺等、贾敏如：《藏药冀首草的本草考证》，《2003年全国藏医药学术研讨会论文集》，第552－555页。

⑥ 参见胡尚钦、黄璐琳、杨晓等：《南派藏医药的起源与南派藏药的发展》，《中华医学研究杂志》2005年第5卷第12期。

百册著作。德格绒加人贡珠·颜登加措是噶举派第二祖寺，德格八帮圣教法轮寺第二位寺主，精通大小五明学，在藏医药学、天文历算、历史传记等方面有深入研究，编撰著名典籍50多部，其中《宝库藏》《密集藏》等被视为杰作。被誉为“雪山下的宝库”的德格印经院兼收并蓄，刻制、收藏了大量的古藏医药典籍和清代著名藏医学者的著述，形成了具备较高水平、具有地区特色的藏医药文化，进一步发展了南派藏医药事业。①

德格藏医药具有五大特色：

第一，擅长治疗脾胃（消化系统）疾病（藏医称为“培根病”）。

第二，对高原性风湿病、水肿病、高血压等疾病有一套独特而较完整的治疗方法。

第三，组方用药多，一般在20~25味，多达70味，甚至100余味，属大型、特大型方剂，如“甘则九”“七十味珍珠产”等。

第四，擅长使用“清热药物”，治疗温热病。

第五，擅长使用“放血疗法”，配合药物治疗疾病。②

另外，南派藏医药在继承藏医药精华的同时，善用草药，精于草药鉴别。代表性著作主要有《草药鉴别》《草药性味》《草药生态》《晶珠本草》。《晶珠本草》分为上、下两部，上部为歌诀之部，对每种药的功效进行概括论述；下部为解释之部，分别对每种药物的来源、生境、性味、功效、形态进行叙述，收录药物2 294种。

综上所述，藏医药不仅对保护人们的健康起着重要的作用，同时它也是藏族文化的重要组成部分，对研究藏族社会的发展具有极其重要的价值。南派藏药已被收录于国家级非物质文化遗产名录。2018年“藏医药浴法”成功列入联合国人类非物质文化遗产代表作名录。

① 参见胡尚钦、黄璐琳、杨晓等：《南派藏医药的起源与南派藏药的发展》，《中华医学研究杂志》2005年第5卷第12期。

② 甘孜藏族自治州文化局：《守望·绽放——中国·四川·甘孜州非物质文化遗产名录》，北京：中国戏剧出版社，2008年，第14－17页。

第四节　康巴藏式民居文化

民居建筑也是经济文化的表现形式，康巴民居建筑风格的形成与当地藏传佛教的传播密切相关，笔者到过康巴所有地域，并到过甘孜州所有的乡镇，对康巴不同地区的建筑风格留下深刻印象。康巴居民具有悠久的历史。从流行的考古研究历史角度看，康巴区域内的西藏昌都市卡若文化遗址和四川省甘孜州丹巴县中路乡的中路遗址均发掘出一定数量的房屋遗址。建筑类型较为单一，均系石砌建筑，其建筑平面呈长方形，其年代距今为 3 500 ~ 3 700 年。[①] 可见 3 000 多年前，古老的藏族先民已经能够就地取材，因地制宜，以卓越的智慧开启“工巧明”的探索。而今风格迥异、精美绝伦、五彩斑斓的康巴民居都源于祖先的一脉相承和后人不断的改良与创新。

由于建筑文化是一个非常庞大的系统文化，这里只就建筑色彩风格，以及外观建筑进行介绍。本教经书《黑白花十万龙经》记载：“世界的色来自宇宙的本源，是雅波达杰所生二子，即尼雅波那波（意即黑色苦难）与乌者旦（光芒亮体）所创。”即藏族古人类原始审美起源的色彩是黑白。而后进化由此衍生三原色（红、黄、蓝）。与古人类进化一样，潜意识中体现的是一种阴阳和谐，对立统一的哲学观念和生命永生的观点。藏族学者杜玛格西·丹增彭措所著《彩绘工序明鉴》也讲：“颜色的来源生系与人类相似：黑色是色中之‘父’，无论涂于何处都显得威严光亮……白色是色中之母，复合色均由她而生。”[②] 从中我们还可以发现本教时期，黑色似乎比白色更为崇高。这种崇黑习俗自然延伸到建筑领域，但后来本教的色彩观念被彻底颠覆，佛本之争，本教失败，白与黑逐渐演化为白色象征纯洁、无瑕、忠诚、善业；黑色则被赋予了更多含义，代表庄严、肃穆、高贵、死亡等，又因各地藏传佛教教徒对色系的诠释不一样，部分区域原来使用黑色为主的建筑色系（门、窗等）转化成了木质原色或其他色系。

康区特定的地理空间和人文环境，其民居建筑也成为以宗教色彩为主

---

① 李锦、陈学义、陈卓玲：《青藏高原石砌技艺传统与石碉起源——对甘孜州丹巴中路乡罕额依村的分析》，《民族学刊》2017 年第 6 期。

② 门拉顿珠、杜玛格西·丹增彭措著，罗秉芬译注：《西藏佛教彩绘彩塑艺术》，北京：中国藏学出版社，1997 年，第 37 页。

的藏族建筑风格，每个乡或每个村都因为教派的区别，形成了自己独树一帜的藏族建筑色彩体系。藏族建筑色彩的不同，不仅体现出强烈的人文特征和民族特色，还直观地表达了宗教思想和理念。藏传佛教在其发展过程中，形成了众多的教派，每个教派对色彩又有专门的选择，不同的色彩在不同的教派中被赋予了特殊的含义。在各个教派的宗教建筑中，色彩也有不同的表现形式。比如，雍仲本教被称为“黑教”，也源于本教“崇黑”和教徒喜蓄长发、身着黑衣，并在建筑中门窗使用大量的黑色元素。教派林立下特殊的宗教色彩含义在全民信教的背景下也影响到民居和其他的建筑类型，建筑色彩的运用在普及宗教文化的同时又演化成为世俗普遍认同的色彩形式。① 这里以笔者田野调查资料为例，就康区藏族建筑色彩的运用、建筑技能和表达方式进行简析，算是抛砖引玉。

一、红藏房

蓝天白云下，高原雪山巍然屹立，群山之中，色彩是最引人注目的亮点。除了春的嫩叶，秋的多彩，散布于山谷村落的建筑总会给人意想不到的惊喜。记忆中印象最深刻的是到巴塘县亚日贡乡，车窗外整片的红色建筑映入眼帘，十分震撼。这片红色的建筑与康北区乡一样普遍采用了红色，但不同的是建筑整体是红色。当地人扎西介绍，这里有一座被称为“宁玛康南北藏”的竹瓦寺。受其影响，信奉宁玛派的民居也在外墙上刷上红色表达自己的宗教信仰，如果不是信奉宁玛派，就是其他色彩。按着他指的方向，果然有三色的萨迦特点建筑风格。

扎西告诉笔者：“这里很早就是这样红色的墙，和竹瓦寺墙面的颜色一样。墙是用当地一种比较好的泥土夯筑而成，一般三层高，也有二层的。下面一层圈养牛羊牲畜；中间一层是厨房、卧室；最高一层是经堂、储藏地，还有

巴塘县亚日贡乡红色藏房

① 丁昶、刘加平：《藏族建筑色彩体系特征分析》，《西安建筑科技大学学报（自然科学版）》2009 年第 3 期，第 375－379、384 页。

阳台，可以放收获后的粮食和晒圆根、草料等。”然后他带我们参观了他的家，这里的民居大部分房顶都是平顶，是“阿呷”土夯实而成，房顶平台上建有牛首造型的香炉，用柏树枝叶、香草煨桑以敬奉神佛。屋顶四角砌筑方形石礅，用来插挂有经幡的树枝。其结构与大多数藏式民居相似。最为耀眼的还是外观，于是笔者再追问了一下关于亚日贡乡的民居建筑外观。他讲道：“我们都是信宁玛的所以房子也就成了这样的颜色，至于多久开始有这样的风俗我也不清楚。不过我听老一辈讲，这里的寺庙曾经好像变成了萨迦的，后来又改为宁玛的。现在村里有些人家的房子也有花条，不是红色。”笔者认真看了看果然如此。他所讲符合康区藏传佛教传播历史，在八思巴归附元朝以后，萨迦派一度成为主流教派，地方势力为获得元朝与八思巴的支持，积极改属教派性质，也影响了民居建筑风格。

宁玛派许多宫殿和庙宇的墙壁都是红色的，继承了本教供奉赞神的“赞康”小型红色碉房的色彩观（本教神灵赞神就是以红色造型出现的），象征庄严、恐怖、威力无穷等。在藏传佛教里，红色也表达了光明、追求和探索的精神，僧侣为了表达他们修行的决心，终身穿绛红色的袈裟。建筑的色彩也一定程度受到这种观点的影响，寺院建筑有其独特的文化含义，它必须服务于其教义阐释。其代表的事物是：红色煞神的护法神殿，具有驱逐邪恶的功能。对于信众来讲，红色也是青藏高原最缺乏的色彩，藏民族天生就喜欢红色，认为红色能够带来光明，所以自然地将火与红色联系在一起，成为驱魔辟邪的色彩符号。

房顶牛角形”卓热”

另外，红色还具有权力象征。传统的藏族绘画用色理论口诀：“红与橘红色之王，永恒不变显威严……”也明确了藏民族色彩中红色所具有的王者地位和权势的象征。距今3 000～4 000年的拉萨曲贡遗址、山南贡嘎昌果沟遗址、山南琼结邦嘎遗址中，就有众多砾石工具被涂成红色。《旧唐书》等有关文献记载，吐蕃人有“赭面”的习俗。而且赞普（藏王）服饰、宫殿、赞神、军旗等全为红色。[①] 对于红色其实有更多的含义，藏文史料大多与本教的“血祭”、吐蕃的“红宴”相关，但汉文史料却讲得较多。

通过建筑风格文化可以知晓历史。康区宁玛派传播的地方大都采用红色外墙，其中白玉、德格、巴塘、炉霍、道孚、石渠、新龙、理塘农区等特色最为显著。稍有区别的是，有些地区采用的是一层泥夯，二三层使用木材，为“崩科”结构。墙面均采用朱红或褐红色。

二、白藏房

白色建筑风格在康区比较普遍，从色彩的整体性上区别，大致分两类，一类是局部采用白色，这种色彩使用较多，其中丹巴是典型，房顶每一年都会刷上白色；另一类是整体的白色，但是房檐是红色，因为派别的不一样，也有墙裙、房檐为红色，中间是白色，这种风格以乡城白藏房盛名。

局部白色与雍仲本教早期传播留下的文化审美有关。藏族先民自古就有“尚白”的文化传统，藏族人最早是通过自然环境认识白色的，涉藏地区的白云、雪山、冰川……无不和白色有关，再加上雪灾频发带来的危害，使人们对白色产生了敬畏，进而有了白色崇拜。在藏族有句谚语：“即使砍掉头，流出的血也是白色的。”由此可见，白色在藏民心中有着极高的地位。如今这类风格的藏式民居建筑，多以大面积的白色突出重点部位的红色，使窗框以及墙檐上段连续整体的色彩饰带抢眼、夺目。这种建筑色彩体系重视色彩序列的结构逻辑和时空关系，通过色彩的运用达到统一全局的作用，给人非常强烈的整体感，从而产生视觉上的震撼，让人感觉到独具一格的美。

雍仲本教认为白色的冈仁波齐雪山是众神居住之所，也是本教祖师敦巴辛饶自天而降之地。受到雍仲本教影响，白色崇拜发展更甚。藏族斯巴牦牛创世的宇宙起源说对后世影响很大，不仅神化牦牛，还特别崇奉白牦牛。本教传说中的众多山神的坐骑都是白牦牛，本教徒身披白色僧服，头戴白色僧帽，将白牦牛尾巴盘结在发辫处，体现出圣洁、庄重和神圣不可侵犯。久而久之白色就成了神的形象，这种对白色的崇拜也被民间所接受。在藏族民众心中，白色代表最美、最崇高的化身。在藏语中白色称为“尕

① 参见夏格旺堆：《试论藏族民居装饰的嬗变》，《中国藏学》2001 年第 3 期。

鲁”，多表示理、正确、吉利、善良的意思，藏语把高尚称为“伞巴尕鲁”，把光明的圣地称为“却科尔尕鲁”；宾客上门，主人与客人互赠白色的哈达，表示彼此间最真诚问候。

乡城白藏房

噶玛噶举派的产生，让崇白现象达到极致。在乡城、得荣，白藏房几乎就是整体的白色，这与噶举派帕木竹巴曾经执掌西藏政权264年，极力推动噶举寺庙建设很有渊源。后弘期开始，康籍噶举派就在康区广泛传播（这一点在前面的章节已经详细叙述过），乡城一带噶玛噶举派曾经盛极一时，由此建筑风格独树一帜。

乡城当地关于白藏房有一个传说，白藏房的起源地为青德，大部分村敬奉的神山为青布日，为获得神山赐予更多护佑，村民求助降神师，建议将当地所产“沙嘎”土在吉祥之日浇滴在房屋墙面，以示对神山的敬重。在这年“日东”仪式上，神山非常愉悦地告诉降神师：“村寨人用沙嘎土浇滴墙面来敬奉我，虔诚可嘉。我也付出了比往年更多的法力来护佑村寨人丁兴旺，风调雨顺。”降神师迎合着答道：“我把您的愉悦之心真实地向村民转告，也希望村寨人一如既往地保持这一敬奉习俗。”就这样，白藏房犹如草甸上盛开的奇花，遍地绽放。除此之外，还有一说是受出生在故乡（康巴南部）的帕竹噶举派创始人帕竹·多吉杰布的影响，噶举俗称为“白教”，早期尊者身着白衣，崇尚白色。在建筑中民间尚白审美习俗得到体现，浇筑白色有祈福意义。浇筑的功德和意义也逐渐演变，此后，每年藏历十月二十五日传召节和藏历新年来临前，乡城家家户户都要采集白色黏土用纯净水稀释搅拌均匀，然后把它倒入长嘴壶里从顶层墙面自上而下缓缓浇注。每浇注一次白泥浆就等同于举行了一次念经祈福的法事仪式，相当于点燃一千盏酥油灯之功德，以此祈祷家业昌盛，人畜平安，风调雨顺。[①] 从此乡城就有了把碉楼外墙涂成白色的习俗，不仅土墙变得美观大方，而且还可以保护墙体不受雨水冲刷。

乡城、得荣的白藏房在整体建筑与前面所讲巴塘亚日贡乡建筑有相似

① 参见夏坝丁真：《寻梦香巴拉》，成都：四川美术出版社，2016年，第162页。

之处，都属于土木结构，房屋整体为梯形，室内木柱密架，柱头越多说明房子越大。从传统的构造和分层来讲，一般有三至四层。最底层为牲畜棚。第二层为最重要的生活区，厨房、客厅、卧室、经堂都设置在此。第三、四层大都是晒粮食之用，有些还将卧室分布于第三层。因为建筑色彩的不一样给人的感觉也不一样，当见到白色藏房群，立即就会产生清爽、无瑕、冰雪、简单之感，让人轻松、愉悦。当被果树簇拥，浓厚之白色就会给人清净、和平、安宁的感受。

不容忽视的是白色一定需要黑色陪衬，五行之说（含藏传佛教），“黑色属水，水能聚财”，中国自古又有黑色辟邪、护身之说，因此，在门、窗框等位置，以及灶头依然会用黑色。特别是白藏房之乡（乡城）的灶，敬猫习俗与八宝图案的组成就是以大片的黑色体现富贵、吉祥。

三、黄藏房

黄藏房代表增益富寿，相比前面红、白藏房，三色藏族民居相对较少。黄色在藏房中一般作为一种强烈的装饰辅助色出现，由于黄色的纯度高，经常用作装饰线。将藏房全部涂抹黄色，在阳光下熠熠生辉，别具特色。黄色墙体民居的出现，显示藏传佛教的教派审美观始终影响着藏族的民居建设风格。行走在新龙雅砻江边，在江边惊奇地发现几处黄色民居建筑。新龙民居在甘孜州是一个比较多元的区域，石碉房、土碉楼、石板房、红藏房（土木结构与土夯都有）、条状色彩藏房等一应俱全。这与新龙历史波谲云诡的政局变化有密切的关系。新龙乡村部落历经帕措父系文化，以部落联盟到土司制度形成、分裂、统一，到工布朗结扩张，再到“梁茹基巧”，色彩审美的延续，由于所经历的阶段和过程都比较短暂，影响虽大，却没有能够形成文化的同一性。所以，新龙建筑文化的多元化与众不同，建筑风格多种，在康巴文化中是一个比较奇特的元素。

雅砻江畔的黄色藏房

藏传佛教中黄色象征着圆满与周备，是五色学说中的一种正色。五色学说源于五行学说，即黑、赤、青、白、黄对应水、火、木、金、土。五行学说认为“五行”分别代表着东（木）西（金）南（火）北（水）四方和中央（土）。所以，青、白、赤、黑、黄就与方位有了联系。班固《白虎通义》有“黄者，中和之色，自然之性，万世不易”的记载。黄色位居中央，是大自然中孕育万物的土的颜色，代表中和（天德）之美，所以被尊为高贵的颜色。

宗喀巴创造格鲁巴后，改红帽为黄帽，含有改革宗教、重振戒律的意思，也有其尊崇黄色的寓意。

四、三色藏房

萨迦派寺院刷红、白、蓝色条纹，以象征文殊、观音、金刚手，以此寓意善良、智慧、勇敢。信奉萨迦派的民居也在外墙上刷上三色表达自己的宗教信仰。除上述所讲色彩代表，要明白萨迦派建筑风格的色彩，需要读懂其中的六字真言寓意。藏族民居建设中，藏传佛教密宗视为一切佛教经典的根源的“唵嘛呢叭咪吽”，每一真言都有其特定的颜色：“唵”能闭诸天之门，以白色表示；“嘛”能闭修罗之门，以蓝色表示；“呢”能闭人间之门，以黄色表示；“叭”能闭畜生之门，以绿色表示；“咪”能闭饿鬼之门，以红色表示；“吽”能闭地狱之门，以黑色表示；红、黄、蓝为三善道，绿、红、黑为三恶道。这些佛教思想在寺庙

德格宗萨寺三色房屋

甘孜生康乡三色民居

建筑和民居建筑中也会自然而然地得到体现。因为信众数量和历史习惯发生改变，也出现了不少新建筑、新布局、新装饰。

另外，“质感 + 色彩”是藏族建筑色彩体系独特的表达方式。特别是三色的藏式民居建筑，造就了藏族民居建筑粗犷、大气、豪迈、遒劲的高原风格。笔者在德格县的达马乡、甘孜州仁果乡、生康乡等所见到的彩条状民居觉得别有一番景象。出现彩条状装饰的民居大多是泥土夯筑的墙体，体现了利用材质塑造出肌理感的建筑色彩体系表达方式。如果是土木结构，在审美上还是用酱红色的颜料涂抹在崩科上，其他色彩只做装饰性点缀。地域性的建筑材料、建造工艺和施工方法是形成这种色彩表达方式不一样的重要原因。可以说，藏族建筑呈现的色彩来自高原地域环境，也展现了高原地域特色。[①]

五、黑藏房

稻城、理塘拉波乡、麦洼乡、木里东朗乡、唐央乡等民居色彩独一无二，门窗都是以黑色为主调，又称为“黑房子”“黑藏房”。关于稻城民居大胆使用黑色的问题，笔者做过长达五年的田野调查，直到在稻城贡嘎郎吉岭寺（简称贡岭寺）遇见僧人达达和他的朋友翁堆等人，在他们的讲述下，方解开一些谜团：

> 原贡岭寺是个很小的本教寺庙，是“雪州”的意思。后来元朝八思巴的时候改崇萨迦派，噶玛噶举派执政西藏又改崇噶举派。《甘孜州藏传佛教寺院志》记载：明朝崇祯十二年（1639），和硕特部汗王固始汗进军康区，扶持格鲁派势。于 1642 年和硕特部汗王之子甲布康珠洛绒颠迥将原来在贡岭片区的噶举派大小 113 座庙宇合并后，建立了贡嘎郎吉岭寺，并改宗派为格鲁派。

笔者询问这和房子的颜色是否有关时，报告人称有关系：

> 黑色代表护法神“多吉久谢”（大威德金刚），是格鲁派密宗所修本尊之一，因其能降服恶魔，故称大威，又有护善之功，故

① 参见丁昶、刘加平：《藏族建筑色彩体系特征分析》，《西安建筑科技大学学报（自然科学版）》2009 年第 3 期，第 375 – 379、384 页。

稻城民居黑色大门

理塘县拉波乡黑色民居

又称大德。你看，窗户的黑色正好是牛角的形状。当然，这是格鲁巴来到稻城后对黑色的解释。原来的意思不是这样，得从本教来到稻城讲起。雍仲本教发源于冈底斯山，认为天像一盖伞，地像一莲花，冈底斯山就是伞把和莲花的根茎；它处于世界的中心，是诸天神的住处，是连接天上人间的天梯，祖师先饶米沃且之化身就是沿着天梯下凡的，还有360位本教的神住在此山中。因此，本教徒认为雪山就是连接天地的神所之在，稻城的三座雪山就是本教徒最理想的修行地。但不知道什么时候稻城三座雪山下发生了严重的疫情，有人说是麻风病。一位本教高僧说，需要把门窗涂成黑色，黑色是护法神，能够抵挡住瘟疫使其不侵袭家里，于是稻城的民居都使用了大量的炭灰涂抹在门窗上，后来随着教派信奉的改变，三座神山变成了三怙主，黑色护法神成了“多吉久谢”。另外，这个黑色与蓝色（接近黑色）所代表的“鲁莫”（海神，护佑家庭为主的神）有着同样的寓意。

对于这种诠释，在木里水洛、东朗乡、玉树通天河流域也得到印证，相对于稻城，木里水洛、东朗的黑色建筑文化，玉树更多保留了蓝色，特别是由本教改宗的萨迦彩条色的蓝色比例更大。居住在神圣的三座雪山下的民众，对颜色自然会有他们独到的理解，白色是他们崇高的礼拜。而“黑”在雪山下的民众心中如此高贵，不仅因为这是一种颜色，更是某种更为古老崇高的内涵投射到人们的日常生活中的物质表现。值得注意的是，虽然尚黑在稻城人的日常生活中只是一种文化表象，成为一种世俗化的物化，但对黑的喜爱辐射到了周边，比如乡城白藏房窗户使用的黑色，与护法神的“牛角”相差无几，在这里，黑色广博深厚的内涵得到了更好的表现。

当然，对于以黑色为主的建筑，民间说法一定很多，笔者在桑堆调研期间，曾经在桑堆三村村长家听到老人不一样的解释，老人讲：

> 很早以前，这里全部是牧民，住的是黑帐篷，后来从象雄来了个和尚，和尚教大家用石头砌碉楼，大家学会砌碉楼的方法后，开始为自己砌修房子，最早的房子只有一层，房子修好后，大家觉得需要有颜色才好看，于是选择了黑帐篷的颜色，把房檐、门、窗等都装饰成黑色，这种传统就一直保存了下来。

究其滥觞，藏民族对黑色的喜爱源于图腾黑牦牛，象征勇猛、剽悍和富贵、充裕。这种尚黑的习俗渊源久远，在居住中使用黑帐篷就是最好的体现。后来逐渐被本教吸收为护法神的颜色，这在本教创世学说中的黑白二元论观念及所象征的深奥哲理中都得到诠释，并在黑金唐卡艺术创作中得到完美体现。其后藏传佛教密宗在藏地盛行，吸收了大量本土原始宗教以及本教的教义内容，与之相适应的各种藏传佛教艺术形式便应运而生。黑色本身具有凶恶、暴烈、威严、黑暗、神秘等视觉审美特质和色彩象征内涵，加之藏传佛教五行之说有金克木、木克土、土克水、水克火、火克金的因果关系，“黑为水，山乃金，金生水”符合稻城特定的地域文化特质。因此，黑藏房极其适合表现密宗神灵变幻莫测的意境，“生生不息”，民居以黑色为装饰基底，就成了稻城等地的文化审美特质，并演化为处在三座神秘雪山下在色彩观表现形式上的个性特征。

六、藏族建筑层次色彩寓意

藏族建筑，无论是宗教、宫堡建筑还是园林、民居建筑，对色彩的使用都内含宗教的神圣意义。白、红、黄、蓝、绿、黑是藏族建筑中常用的几种颜色，其色彩观最初来自大自然的启示。大自然赋予色彩以最自然原始的象征意义，每种色彩都有不同的寓意，红色象征太阳，白色象征纯洁，蓝色象征天空，绿色象征江河湖泊；黑色象征“护卫”等。这些颜色都会相应使用在不同的建筑和建筑部位。

（一）边玛草墙

边玛草墙是用边玛草（白马草）做的墙。这是藏式墙体建筑技术领域中的一大发明，具有减轻墙体顶部的重量，增加外观色彩对应反差装饰效果的作用，特别是对视觉美感能够起到别具一格的审美提升。

边玛草是一种生长于高海拔的灌丛，这种灌丛质地坚硬且枝条长、少有分叉，不易弯曲，不易腐烂，去掉叶子和皮之后，枝条本身的色泽土黄偏白，把它们捆扎成束，约30厘米长，就成了藏式建筑上半部外墙的装饰材料。砌筑边玛墙的时候，先用捆扎好的边玛树枝铺一层，再加一层黏土夯实，这样重复砌筑，到了顶部还要进行防水处理，墙体基本筑成后，在墙面上涂一层赭红色或黑色的颜料（红色偏多），边玛墙就这样形成了。

边玛草

边玛墙之上从屋面开始是阿嘎土、黄板瓦、椽子、星星木（嘎玛）。寺庙中黄板瓦色彩鲜艳，寓意尊贵、吉祥；椽子一般原色，也有使用蓝色的，寓意天堂；星星木黑白相间，反差强烈，白色寓意吉祥，黑色以防外邪入侵。边玛墙之下依次是夹巴石、星星木、堂板和椽子。墙体四周多为厚重的石墙或土墙，或下部为1～2米高的石墙，上部为土墙或崩科。墙体主要起到围护和分隔空间的作用。墙体上窗洞窄小，转角窗是藏族民居的特色。

（二）内部梁柱及色彩

藏式建筑内部梁架的构造极具特色，装饰极其华丽，从上而下依次是望板、浅棍、丁支、椽、曲扎、大梁、边马、大木托、小木托、中柱、地板。

藏族寺庙经堂内部结构

内部建筑装饰的色彩极为丰富，光彩夺目。红、黄、蓝、绿、白、黑在这里以不同构图需要而展现，蓝红绿三色形成鲜明的色彩构成，富丽堂皇，各种浓烈的颜色绘制的彩色图案和精雕细刻的作品，华丽端庄，象征吉祥，寓意神圣。置身其中仿佛走进建筑艺术的殿堂。

综上所述，康巴建筑装饰艺术，其装饰图案宗教寓意浓厚，融合了人们的精神寄托，充满民族思想和地方特色。在审美上，把宗教象征意义的吉祥符号作为衡量标准，比如：雍仲符、日月符、十字符、八吉祥、喜旋、七宝图、卷草云纹、曼荼罗纹等图案。在建筑语言上层次分明，结构合理，通过线、面、圆、弧、直，错位、倾斜、旋转、对称等排列方式，视觉上实现冲击，既符合自然规律，又与人们的心理和生理机制相适应。在装饰技艺上，木雕和绘画是主要艺术形式和手法，在寺庙中铜雕、泥塑、石刻等技艺使用非常精湛。室内柱头多采用雕刻的彩绘；屋顶多挂置经幡、法轮、经幢、宝伞等布块；室内墙壁多吉祥八宝题材的绘画，屋外不仅门窗还有墙体等也有藏式传统建筑别具一格的设计，粗犷而脱俗，与高原景色交相辉映、美轮美奂。

七、碉楼藏房与建筑技艺

新龙县传统民居（孙明经摄影）

康巴地区碉楼建筑艺术历史久远，是藏族先民智慧的结晶，也是康巴文化典型的文化元素。一座座屹立于群山之中的碉楼就是一部部“活的史料”，是藏族先民用独特的方式书写的历史，是古代康巴地区民族宗教文化、审美意识、建筑艺术、教育方式等的集中表现，有着极其重要的历史文化价值。

康巴地区碉楼分布不尽相同，有石砌古碉楼和泥夯土碉楼两种，嘉绒地区是石砌碉楼数量最多、保存最为完整的区域，但石砌碉楼不是嘉绒地区独有的文化遗产。就笔者调查所知，白玉、德格、甘孜、石渠、炉霍、色达、泸定基本没有保留下完整的石砌碉楼结构，其余县份都有石砌碉楼遗址，尤其是丹巴、康定、道孚、九龙、新龙县古石砌碉楼保存较多。雅江、理塘、巴塘、乡城古石砌碉楼残缺严重，不过能够见到其巧夺天工的八角、十二角建筑风格。石砌碉楼结构复杂，外形一般为高状方柱体，有四角、五角到八角的，少数达十三角。高度一般不低于10米，多在30米左右，高者可至50~60米，历经数百年风雨沧桑仍保存完好。那些古碉被破坏的区域，古碉的遗址流传出各种各样的传说，比如，1998年笔者在白玉沙马乡瓦西村山坡上，发现二处片石散落的遗址，当地群众讲这是格萨尔征战时用来做饭熬茶的灶。那时候没有意识到是古碉楼，笔者只是觉得这个说法有些牵强。如今想来，不得不佩服群众智慧，当不明白的时候会直接联想到偶像英雄。后来才有老人说，以前这是两座古石碉楼。在白玉格学村曾经也有古石碉楼，后来群众建房，全部将石块取走。最典型的是康北地区新龙县，波日·工布朗结官寨遗址曾经有4座古石碉楼，当地人称为“嘉绒考（尔）”，随着工布朗结消亡，古碉楼也被毁坏，荡然无存。

土碉楼大多为四方形状，高10米左右，保存状况极差，在乡城、白玉、德格、新龙等县分布较多，目前能够见到的都是残墙断垣，破败凄冷，仿佛讲述部落间争斗的悲怆历史，只留下无数的遐想、猜测，任随碉楼遗址散落于雪山冰河怀抱之中。

朋布西乡木雅双子雕楼

碉楼取材不同，形成不一样的建筑群，在古碉楼保存完整的区域一般都是石碉楼，周围的民居建筑也同样采取片石结构砌合而成。土碉楼区域的建筑，在民居建筑中保留有碉楼风格，比如白玉的三岩民居①、新龙土碉民居、色达民居等。

石砌古碉楼建筑技艺归属于藏族五明学之工巧明。据《西藏王统记》《朵堆》等典籍记载：幸饶弥沃如来佛祖首先创造了象雄文字，并传授了“五明学科”：工巧明（工艺学）、声明学（语言学）、医方明、外明学（天文学）和内明学（佛学）。建筑学即工巧明之事工，也属于身工巧。五明学科是中国古象雄文明的精髓，而古象雄文明以“雍仲本教”的传播为主线而发展起来的。早在公元前2世纪藏族建筑史上出现了第一座石砌城堡式建筑，“由是称此天降之人为聂墀赞普此时建造了最早堡寨雍布拉康”②。象雄崛起之时，雍仲本教的信徒便开始带着五明学科来到青藏高原东部传播，以丹巴、木雅为中心的区域便成为工巧明石砌建筑技艺的重要传播、实践、发展的核心地带。古碉与民居建筑融为一体，既有雍仲本教祭祀功用，更有教学、防御功能。文献记载，现有很多学者从民族迁徙研究中分析碉楼技艺的传播与发展。他们在康巴地区历史大背景下，认为这里是藏羌彝走廊的重要通道，与羌人交往密切，石砌古碉楼技艺与之相关。孙宏开先生从古羌语角度考察“邛笼”一词，发现该词汇在古羌语中有明确的“石”之含义，“邛笼”当指“累石为室”之碉。“邛”就是“琼”，而“琼”是本教中的神鸟。有些藏族地方称呼碉楼为“琼仓”，也就是“琼鸟之巢”。这些充分证明古碉楼建筑与五

① 李栓科主编：《发现西藏：100个最美观景拍摄地》北京：北京联合出版公司，2019年，第285页。

② （明）巴卧·祖拉陈瓦著，黄颢、周润年译注：《贤者喜宴·吐蕃史》，北京：中央民族大学出版社，2010年，第6页。

明学之工巧明有密切关系。从目前卡若遗址、炉霍石棺葬、稻城皮诺遗址、丹巴中路乡罕额依遗址、聂呷遗址、邛山二村等遗址考古出土的石砌技艺和房屋建筑遗迹研究可知，康巴地区碉楼建筑艺术是藏族五明学的传播发展和中原（羌人迁徙）石砌技艺的结合，进一步兼收并蓄发扬光大的智慧结晶。

笔者在调研中得知，在康区的许多地方，碉楼是祭神的场所。比如，道孚县、雅江县在鲜水河大峡谷岸扎巴区与扎麦区的母系部落。早期，沿江而迁徙的部落，定居此地以后，部落氏族建立在母系血缘关系上的社会组织形式依旧保留，而卫藏、象雄地域本教苦行僧带着五明学，不远万里、不辞辛苦把工巧明建筑技艺传授于此。建筑中保留了本教特点，以“上方作供祀天神”及由此所派生的以“高”为“神圣”的观念。[①] 将与房屋相连的四角碉楼称作“拉康”，意为“经堂”“神殿”。笔者在乡城、九龙调研期间，对石砌古碉楼和土夯古碉楼有了不一样的认识。最初碉楼是用于祭祀，动员村里的年轻人学习并修筑碉楼，使得石砌和土夯建筑技艺得到传承和发展。古人为了使这项传统技艺能够很好地传承，赋予了修筑古碉楼更多的寓意，比如说能够祈福、辟邪、积累功德等。因为远古时候，藏族人民修建房屋并没有像今天这样普遍和具规模，如何让传统建筑的石砌与土夯技艺能够传承下去，选择修筑祭祀的碉楼确实是最好的办法，以至于后来富裕的家族也把古碉楼修筑技艺作为家族重要的学习手段。历史上随着吐蕃的崩溃，群雄逐鹿，碉楼的军事用途日益明显，随后更是在大小金川战役中一战成名。

同时，碉楼又是权力和部落势力的象征。为了普及建筑知识，逐渐把修筑碉楼演化成一种功德，每年建一层成为一种类似佛事活动的必修功课。以前还有一个儿子修一座碉楼的传统，还有传说一夜必须完成一座碉楼的风俗。在部落社会，男性的重要性不言而喻，碉楼的修建不仅可以锻炼他们的生存（建筑）技能，壮大人才队伍，也能够成为家族和部落的荣耀，如同现代藏族人佩戴珊瑚、玛瑙的心理和由此体现的家族符号。而碉楼是部落与家族集聚之地，碉楼的数量、建筑的样式让人能够通过外观就知道家族的技术实力，就像现代城市地标建筑的影响。

当然，碉楼也是一种防御性建筑，新龙县工布朗结波日官寨原来的古石碉建筑就曾经起到过这样的作用；丽江木氏土司控制三塘、木里期间也

① 石硕：《藏地山崖式建筑的起源及苯教文化内涵》，《中国藏学》2011 年第 3 期。

修建了大量碉楼（用于防御），以至于人们曾经认为碉楼是木氏土司所建。但在康北碉楼调研中发现，碉楼是逐渐由祭祀演变成防御，比如三岩人碉楼的城堡式建筑完全就是防御性建筑的完美体现，其演变成为民居也是从碉楼祭祀建筑而来。以前三岩民居也是每户修建房屋只夯二层，轮流每户夯墙结束后，待次年沉降完成后又继续夯墙二层。建成以后坚实耐用，具有很好的居住和防御效果。大小金川战役更是如此，金川战役后碉楼在战争中的作用才开始被重视和利用。“然自金川削平，中国始知山碉设险之利，湖南师之以制苗，滇边师之以制倮夷，蜀边师之以制野番，而川陕剿匪时亦师之，以坚壁清野，而制流寇。”① 康巴部分县份碉楼的消失，与固始汗歼灭崇奉本教的白利土司有不可分割的关系，“兴黄抑本”曾经是当时的政策和大势。嘉绒能够保存如此完整的古碉建筑也与大小金川战役有关，清朝的胜利是采取了保持当地土司权益的策略，其中就包含本教的继续传播。

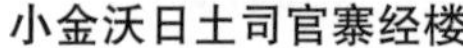

小金沃日土司官寨经楼

色达格萨尔民居

另外，碉楼的功能还有很多，比如储藏、烽火台、站岗放哨等，只可惜这样的建筑艺术在部分地区已经不复存在，但它的文化内涵至今令人着迷。

这里讲一讲色达色尔坝格萨尔藏房。需要注意的是，色达的藏房与大小金川石碉建筑一脉相传。笔者在田野调查中（走完了色达所有乡镇和村），很多当地学者、熟悉建筑的老人都讲，色达色尔坝原本属于嘉绒片

① （清）魏源：《圣武记·卷七》，长沙：岳麓书社，2011 年。

区，属于绰斯甲土司管辖。因为有肥沃的土地和便利的水源，这里在远古的时候就是人类迁徙居住的地方，也是土司们争夺的地域。其格萨尔藏寨建筑就是嘉绒经楼演变而成，下小上大，与传统的碉楼明显不一样。这源于石墙上采用崩科木架结构的方式，而木架结构能够很好地支撑下小上大的结构。这种结构通风，存放经书不易受潮生霉。对比小金县沃日土司官寨经楼，就会发现经楼最初的样子，是色达现存的民居。小金经楼经过改进，融入汉式结构，边玛草风格变成了琉璃瓦的建筑风格。这又是一种建筑美学与实用性的演变。将边玛草挂于屋檐，而不是镶嵌于墙体，普通百姓认为使用边玛草做墙，是寺庙建筑专用，民居使用则需要改变使用方式，也有民居使用边玛草做墙的，家中必须有《甘珠尔》《丹珠尔》等经文镇宅，经楼上四处悬挂边玛草，意为藏书丰富。这与色达藏传佛教的变化有根本关系，原来色尔坝地区是两座本教寺庙，后来都改宗宁玛派。这里原本有许多古碉楼，由于地处固始汗势力扩张与嘉绒地区对峙区域，“抑本兴黄”异常激烈。在经历大小金川战役后，乾隆皇帝大力支持黄教进入，本教受到重创。原来的古碉不复存在（研究嘉绒这里不可忽视）。将保存下来的较古老的民居与新建民居对比，新建民居色彩上已经完全以红色为主，原来的自然色主调，黑色装饰调开始逐渐改变。当然，现在的寓意也很好，形容为格萨尔大将尼崩达尔雅的英雄形象，头戴战盔、长发披肩（边玛草）、身着铠甲、手执利器，威风凛凛。这就是康巴文化的出彩之处。

综上所述，碉楼建筑是藏族最古老的建筑艺术再现，通过古碉能够窥见康巴文化的结构变化。藏族先民对技艺的传承总会有特别的想法，他们聪明地让后人对前人的建筑工艺结晶，通过碉楼的修筑，一代代传承下来，以至于嘉绒地区石砌技艺依然精湛，一骑绝尘。

第十四章　康巴藏族风俗文化

风俗文化包含了风土人情、礼仪文化、饮食文化等，风俗文化是每个民族甚至是一个区域的文化传承，经过波谲云诡的历史演变而传承到今日。它既是藏民族千百年来悠久的历史文化遗产，也是社会意识形态的表现之一。早在《汉书·王贡两龚鲍传》中，就有“百里不同风，千里不同俗”的记载。康巴藏族民风民俗也具备同样的“三里不同调、十里不同音、百里不同俗”这一特点，这里就共同性的特点进行介绍。

第一节　康巴藏族礼俗文化

“在天之中央，大地之中心，世界之心脏，雪山环绕，一切河流之源头，山高土洁，地域美好，人知为善，心生英勇，风俗纯良……”“以弯腰表致敬，以顶足为礼，对上等人用敬语说话……”这是《敦煌古藏文历史文书》记载吐蕃风俗礼仪的文字，藏族是一个十分讲究礼仪的民族，自古就形成自己民族独特的礼节。在各种社会交往活动中，礼让谦恭、礼贤下士、尊老爱幼、诚信无欺，表现形式丰富多彩。

一、敬献哈达

敬献哈达是藏民族最主要的礼节形式，哈达类似古代汉族的礼帛，历史悠久。在远古西藏，逢年过节、婚丧嫁娶，人们普遍将白羊毛织品挂在房顶或门顶，寓意吉祥，藏族人认为洁白无瑕最能象征人们纯洁的心灵和表达真诚的心愿。在吐蕃第九代赞普布代贡杰时期，本教徒就有把白羊毛缠在头及脖子上举行宗教仪轨的习俗，或将白牦牛尾巴盘结于发辫处，并用 3 个红色琥珀珠做标志，缀于发梢，以象征本教兴盛、教规森严。在西藏阿里托定寺壁画上，可以见到古格王国君臣迎接阿底峡大师来藏传法时迎献哈达的场景。在丝绸传入藏地后，逐渐用白色丝绸作为礼节习俗，于是觐见高僧、拜会尊长、迎来送往等都有了献哈达的习惯。从使用雪白晶亮白羊毛织品到使用白丝巾，仅仅是载体不同而已。藏民族认为哈达是仙女身上的飘带，象征圣洁和至高无上。献哈达则有表达敬意、纯洁、诚心、忠诚、吉祥的意寓。

随着印传佛教跟随莲花生大士的改革，立足西藏之后，吸收了大量雍仲本教的仪轨，包括崇白习俗。法器中有白色的海螺，经文颂词中常有雪山、白云、莲花之类的比喻来赞颂。同时藏传佛教也开始吸收民间百姓喜爱之色，红、蓝、白、黄、绿都逐渐成为藏传佛教所崇尚之色。

成书于明崇祯二年（1629）的《萨迦世系史》记载，八思巴在由国师晋升为帝师时，元朝皇帝除奉送了“白银一千锭绸缎五万九千匹”“还有每次见面时所送的礼品及哈达、银币等”，另有大量的藏文史书还记载，公元1265 年，八思巴从元大都返回西藏时，带回了用丝绸制成的哈达，哈达两端有长城图案，面上有八宝图案和祝词。八思巴向藏地的神佛塑像和僧俗官员敬献和赐奉了这种从内地带来的长条丝绸。其中还有一段广泛流传于民间的哈达故事：八思巴从元大都回到西藏拉萨，在向大昭寺的佛与菩萨献哈达时，壁画中的一位度母突然伸出手，向他索要哈达，于是他恭敬地给度母献上了洁白的哈达。后来大家称这种度母为“卓玛达隆玛”。

哈达长短不一，长者 1 至 2 丈，短者 3 至 5 尺。按颜色来分，哈达可分为白色和彩色两种：

一种是白色哈达，象征纯洁无瑕、吉祥如意。按藏地习俗，白色哈达分为三种，用生丝或棉纱织成。棉纱织品最普通，称“素希”，用于一般交往，即朋友之间。中级的丝织品称“阿希”，一般用于尊贵的来宾和长辈。对政治、宗教界高级人士使用的高级丝织品，织有八宝等隐花图案，称“浪翠”。

另一种是五彩哈达，融入五行意境，颜色为白（金）、绿（木）、蓝（水）、红（火）、黄（土）。蓝色象征蓝天，白色象征白云，绿色象征江河水，红色象征空间护法神，黄色象征大地。五彩哈达是献给活佛或近亲时做阿西（彩箭）用的，是最隆重的礼物。佛教教义解释五彩哈达是菩萨的服装，所以，它只在特定情况下才用。

敬献哈达的礼仪：一般哈达顺长叠成双层，折叠口朝外，用双手恭敬地呈献。献哈达时如果对方是自己的朋友、同学，年龄相当、身份相当，则将哈达从中间平分对折，折叠口朝外。如果对方是活佛、长辈、领导、威望高于自己者，则须将哈达顺长叠成双层，上层要比下层长。如果对方的年龄、身份、威望都低于自己，则将哈达顺长叠成双层，上层要短于下层。需要注意的是，给长辈、老师、领导献哈达时，哈达不能直接挂在对方的脖子上，呈献在对方的手中即可。如遇长辈、老师、领导给自己献哈达时，需恭敬地弯腰低头让对方将哈达挂在自己的脖子上。

二、待客礼节

（1）客到，主人出门迎接，躬腰双手平展，表示欢迎。然后侍立两旁，请客人进屋。

（2）客人进屋，家人起立，让客人以男左女右之规矩上座。主人拿出最好的饮具倒上茶或酒。如喝酒，客人不得立刻端起酒杯即喝，应先用无名指在酒中点三下弹向空中，以示敬佛法僧三宝或敬天、敬佛和敬灶神，然后再喝。

（3）打完酥油茶，先在自己手掌内滴一口尝尝味，之后头道敬佛和灶神，再敬僧人、老者和客人，最后家人同饮。

（4）接待客人时，女主人手持茶壶和酒壶，恭敬地侍立一旁，客人喝一口，主人斟一点，永远让客人的茶碗保持碗满茶热。

（5）客人给主人送礼时，主人要先在衣裤上擦一下手，以示洗手，然后双手接过。

（6）送客礼节也很讲究。客人要走时，家人起立。主人送给客人的东西，客人离开时一般不主动带走，主人将礼物包好后提出门外再交给客人。

在传统文化礼俗中，送客有五个等级：最高礼节是送陪一天的路程；第二是送客一程；第三是让客人上马目送至不见身影为止；第四是将客人送至大门或大院门外；第五是将客送至家门口。现在这样的礼节都随着社会的发展而有所改变。

三、长幼之间的礼节

藏民族特别讲究长辈与小辈之间的礼俗，自古以来就有尊老爱幼、孝敬长辈的优良传统。无论在家庭或社会任何场合，严格遵循长幼有别、尊老爱幼的规矩。走路让长者先行，坐时让长者上坐和先坐，说话让长者先说，吃饭喝茶喝酒让长者优先，娱乐场所先让长者满足。家中来长者时，家人要起立，待他（她）上座后，方能坐下。长者说的话必须听从，不能当面反驳或还口。藏族有“长者教导比黄金贵”的古训。对长者说话必须用敬语，不许掺杂任何不文明、不礼貌、不雅的粗话、脏话、恶话等语词，更不能直呼其名。不论在任何场合和认识与否，只要长者问话，不能故作未听见或不理不睬，要耐心细致地回答解释，更不能撒谎。

四、师生之间的礼节

“老师”在藏语中（格格）是个极为神圣的尊称。老师不一定指从事教育的人，也不一定是直接教授过自己知识的人，凡是对社会有重大贡献，知识渊博、德高望重的人，一概称为老师。

学生对老师说话，必须用敬语。见到老师，先将帽子脱下拿在胸前，然后躬身低头，彬彬有礼，打过招呼，退让一边请老师先行。老师若要进屋，替他拉开门帘。老师进学生居室，学生起立恭候老师上座后，给老师倒茶斟酒，学生一般侍立一旁，一杯一杯地为老师倒茶斟酒。待老师叫你坐下时，方能下坐。

五、儿女晚辈对父母长辈的礼节

在家庭中，子女必须孝顺父母，忌讳顶嘴。

父母与客人说话时，子女不得插话。

父母和老人回到家时，子女要起来向父母、老人问好。要主动帮他们卸下身背之物，脱下鞋帽，斟茶倒酒，而且要恭敬有礼。

父母外出不在家时，子女不得坐父母的座位，这被视为不尊重长辈的行为。

六、磕头礼

磕头礼是最高的礼节。朝觐佛像、佛塔和高僧大德时磕头，也有对长者磕头的。

磕头礼可分为磕长头、磕头和磕响头三种。

地位和资历相当的宗教领袖之间有磕头礼，即双方头相碰。

七、等级礼节

这是已被废弃的一种礼节，这里作历史常识介绍。在农奴制度下，没有人的平等，其礼仪充满歧视，比如平民路遇高级官员、上层贵族和宗教高僧大德时必须下马，脱帽和解下发辫，退至路下方，不与他们大声说话，不能目视面部，待走远不见身影时，才能上马赶路。

平民不得与上述人士平坐和同在一个碗里吃饭喝酒喝茶，也不能与他们大声交谈和直呼其名，必须在官衔、职务或称号后加上“拉”字，如噶伦拉、活佛拉等。与他们说话不能抬头挺胸，必须低头、双膝弯曲，唯命是从。

废除农奴制度后人人平等，今天的礼节大多是敬献哈达，握手寒暄。

八、常见的问候祝福语

尊称别人时，一般在他的名字后面加个“拉”字。藏族的敬语十分丰富，在日常用语中，方方面面都有敬语。藏族的敬语是反映出藏民族的道德修养、文化素质和整个民族文明程度的礼俗。

问候祝福语是过年过节经常使用的语句，一般熟悉的有：

(1)“扎西德勒!”表示吉祥如意。

(2)“次仁罗嘉!”表示长命百岁。

(3)“扎西德勒彭松措!”表示愿吉祥如意美满。

(4)“阿妈巴珠贡康桑!”表示愿女主人健康长寿。

(5)“顶多德瓦吐巴秀!”表示愿岁岁平安吉利。

(6)“朗央总久拥巴秀!”表示愿年年这样欢聚。

九、牛粪崇拜习俗

牛粪在藏语中称为“久瓦”，是大自然赐予高原人的“神物”。在西藏，用牛粪作为烧茶煮饭的燃料已有千年的历史。青藏高原海拔 3 600 米以上地区燃料稀缺，草地上很难有灌木林生长，藏族人民发现牛吃草后经过消化系统将草转化而成的粪便，不仅容易燃烧、热值高，燃烧起来还有一股淡淡的清香，没有臭气和烟雾，用牛粪烤出来的烤饼更甜，在牛粪上煮的茶更香，用来取暖则散热时间更长，因此成为藏族人民的最爱。

牦牛作为图腾，包括牛粪，凝聚了藏民族独特的人文色彩和民风民俗，牛粪文化体现了民族心理和审美情趣等深层内涵。藏族谚语“阿妈唐久瓦拉作卓门”，意为子不嫌母丑，人不嫌牛粪脏。“久瓦斯夏扎几嘟”，意思是把牛粪当作黄菌菇一样宝贝地立刻拾起来。在生活中处处以牛粪为吉祥寓意。牧区藏族人举行婚礼时，在特定的场所中央要悬挂“司巴华”（彩箭），下面摆放一袋牛粪、一桶清水，上面各系一条洁白的长哈达，象征新婚夫妇婚后生活红红火火，家业兴旺、多子多福。藏族乔迁时，新房里首先要安放“唐东杰布”（藏族著名建筑师，藏戏的开山鼻祖）塑像和一袋牛粪、一桶水，寓意主人搬进新房后，吉祥安康、幸福美满、长命百岁。除此之外，在丧葬、过年、煨桑敬神、屋檐装饰、治疗某些疾病等，“久瓦”都是不可缺少的必备物。比如，在藏医中有一种吸闻“咙嘟”（一种安神藏药）药味的疗法。其使用方法很简单，在牛粪火灰上撒少许“咙嘟”，病人吸闻浓郁药味青烟即可。这种疗法对精神受到强烈刺激的病人疗效显著，起到镇定、安神之作用，而且立刻见效。

另外，牛粪还象征财富，谁家的墙上贴的牛粪多就意味着谁家人丁兴旺、牦牛家畜多。牛粪的多少，也代表了藏民族女主人的勤劳程度，因为将牛粪做成饼、垒成墙，都是由女人完成的。

牛粪一般分为“久瓦色冈玛”（黄干牛粪，深秋时节最好的干牛粪），“达几”（在墙上打贴的牛粪饼），“日几”或“亚几”（山上拾的牛粪，一般指牦牛牛粪），“唐几”（平地牛粪，一般指黄牛牛粪），“那几”（又黑又沉的牛粪，草质最差季节的牛粪，不易燃烧，是最差的牛粪），还有“棚几”（牛粪夹杂羊粪、杂草）……[①]实践证明，牛粪是最环保的燃料，藏民族的祖先把经济、实惠的牛粪再生利用，不仅解决了燃料问题，给生活带来方便，更为保护涉藏地区的生态环境做出了巨大的贡献，体现了藏民族对大自然博爱的精神。

第二节 康巴藏族禁忌文化

藏族有许多禁忌。这些禁忌在日常生活中成为神圣不可侵犯的规则，其内容涉及社会生活方方面面。藏族的禁忌在某种程度上已成为一种民族标志，与伦理道德紧密联系在一起。

藏族禁忌很多，涉及各个方面，这里简单介绍经常遇到的最基本的几个方面的内容。

一、宗教方面的禁忌

（1）宗教人士最禁忌的是杀生。不能在僧人面前宰杀活物。

（2）遇到寺院、石刻经文堆、佛塔等宗教设施时，必须下马，要从左向右绕行。如果方向反转，则被认为没有功德。但到本教寺院时则要反转。

① 格桑央金：《藏族人的牛粪文化》，《中国妇女报·爱生活周刊》，2014 年 6 月 14 日。

（3）进入寺院，须经寺院管理喇嘛同意。进庙时忌讳戴眼镜、吸烟、摸佛像和宗教用具、翻经书、敲钟鼓等。

（4）在寺院内就座时，身子要端正，忌坐活佛、法台和其他高僧的座位。

（5）禁止在寺院内外附近大声喧哗、唱歌、跳舞和男女嬉戏。

（6）不能将写有经文的纸用作手纸或擦、包东西。

（7）不能跨越僧人座位、用具、衣物和各种法器，不能跨越佛像佛经，更不能将上述东西作为坐垫来坐。

（8）不能用手指去指佛像、唐卡、经书、壁画和其他圣物画像，要用手掌平指以示敬意。

（9）对僧人不能叫俗名，对已还俗的僧人不能呼法名。

（10）不能脚踩或跨过经幡、玛尼石等祭祀、祈祷的物品。

二、礼俗方面的禁忌

（1）对尊者、长者、僧人、上师、不认识的人，忌讳直呼姓名，应在称呼后加“拉”字。

（2）外出行路时，忌讳抢在他人面前，特别是遇到长者、僧人和老师。

（3）在室内、帐篷内就座时，要求盘腿端坐，不能东倒西歪。特别是在大雅之堂，如开会、举行仪式或会客等场合，更要端坐。忌讳双腿伸直、脚底朝人，甚至把脚放在茶几、桌子等上。

（4）忌讳在众人面前放屁，更不能放出声音。此举被视无教养、无礼貌表现。

（5）忌讳从别人手中直接拿过扫把。将扫把交给对方时，必须先把扫把扔在地上，让对方捡起来。因为扫把是清扫垃圾的工具，它带有不干净之物。

（6）越山顶、过湖泊时，禁止高声喧哗，此举被认为会招来雨雪冰雹。

（7）给客人倒茶斟酒时，禁止使用脏杯碗、缺损杯碗，禁止将手指放在碗口上。

（8）禁止在室内和夜间吹口哨，吹口哨被认为会引来鬼魂和夜间活动的精灵。

（9）禁止在灶火门前烤脚、烤鞋袜和将鞋袜放在高处。这样做被认为会激怒灶神和火神。不准在灶膛内吐痰，不准用脚踏灶膛，不能背对着灶膛而坐。严禁向灶膛方向裸露下身。这些都是激怒灶神的行为。

（10）禁止在送客出门后马上将门关上，要等到客人稍微远去，方可关门。

（11）禁止在别人背后吐痰（无意）、拍手掌。

（12）家中来客人，禁止将空桶、空背篓、空口袋等放在客人经过的道路上或眼前，认为是“一场空”之兆。

（13）忌讳向客人献破旧的哈达。

（14）忌讳对残障人士直呼其残疾，如某某瞎子、跛子或聋子等，此举被视为对残障人士人格尊严的侮辱。

（15）给客人、长者等端饭、斟茶、倒酒、递物时用双手，否则被认为不礼貌。

（16）接受别人馈赠礼物时要双手接。如果手脏，则在自己衣服上将手擦干净后再接，以示尊重。

（17）禁止产妇及月经期的妇女进经堂或寺院。

（18）严禁在有长辈、父女、母子、兄妹、僧人、老师的场合谈情说爱或谈论男女之间的事、说脏话、唱情歌、追赶嬉笑。

三、生活方面的禁忌

（1）街上遇乞讨人应施舍，藏族有“遇乞丐要施舍，遇强盗要抗拒”的古训。

（2）有上门乞讨或寻求帮助者，必须施舍食物，忌讳幸灾乐祸行为。

（3）进入室内，男坐左、女坐右，不得混坐。

（4）每人都有凶日和吉日，凶日忌讳出门办事。

（5）每人的13岁、25岁、37岁、49岁、51岁、63岁、75岁，都视为“年关”或凶年，要特别小心，多念经多布施，忌讳外出办事、出远门、接触他人等。

（6）藏族妇女从不披头散发，也忌讳染指甲、画眉毛、涂口红、染红黄蓝发。

（7）忌讳大人打小孩，此举被认为是一种粗暴行为。

（8）禁止外人向小孩打听家中父母和大人的事情，此举被认为是一种不怀好意的举动。

（9）禁止在家中或经堂中点的油灯上接火吸烟。

（10）家中有病人或有产妇生小孩时，门口放火堆、挂红布、垒石头、插柏枝，以示家中有特殊事情，需要隔离，不便接客。

(11) 亲人出门后禁止马上扫地，丈夫刚出门远行时忌讳妻子梳妆打扮。

(12) 出远门做生意、上山打猎、外出办事时，忌讳在有人的路上放置空水桶等。

(13) 忌讳做客时饮酒端碗而尽，喝之前应用中指在杯中沾酒向空中弹三次，以示敬佛、敬法、敬僧。

(14) 禁止打猫头鹰，藏族认为猫头鹰先祖是神。

(15) 忌讳在路上大小便。

(16) 忌讳赛马会上有黑马夺魁，藏族认为黑为凶，黑马领先是不祥之兆。

(17) 忌讳乌鸦在房上、墙头或帐房上叫，被认为是不祥之兆。

(18) 忌讳夜间猫打架，被认为不吉利。

(19) 忌讳狐狸在村庄附近啼叫，被认为村里要死人。

四、饮食方面的禁忌

(1) 忌女性宰杀牲畜，杀鸡、剖鱼等，这种肉被称为“麦下”，藏族人认为吃了不吉祥。

(2) 忌吃马、驴、骡等圆蹄性牲畜肉和猫、狗、乌鸦、猫头鹰、鹫鹰等肉，也不得借用工具、炊具宰杀和煮食这些动物。

(3) 忌讳跨越别人放置的衣帽和家中的炊具食物。

(4) 牧民禁吃鱼肉。因为藏族有水葬之俗，鱼在河中必吃人尸，若人吃鱼肉，就等于吃了人肉。

(5) 吃饭要做到食不满口，咬不出声，喝不作响，不大声嬉闹，拣食时手不可越盘。

(6) 禁止反手用勺壶添茶倒水，这是给死者添茶倒水之举。

(7) 忌食死牛、死羊、死猪肉，一般深埋，以防止染病。

(8) 禁止将使用过的碗倒扣放置，因为人死了以后其生前用过的碗要倒扣放置。

(9) 禁止用自己的碗、茶杯在水缸内舀水。

(10) 禁止对着人的脸咳嗽、吐痰、吐香烟烟雾。

上述介绍的几个方面的禁忌只是一部分，因为藏族禁忌难以数尽，几乎从生到死，人生的每一个历程，包括言谈举止、劳动生活等方方面面都有各种禁忌，这是藏族民俗文化中的一大特点。

第三节　康巴藏族婚丧习俗

婚姻与家庭是社会生活的基本内容和组织形式，家庭是从婚姻开始的，婚姻是家庭形成的前提条件。婚姻制度是由一定的经济基础和社会制度所决定的。康巴藏族的婚姻形式比较多，各地之间由于历史发展阶段和社会生产发展水平、经济基础、自然地理环境等方面存在差异，婚姻制度也不尽相同。从康区来看，比较普遍的有一夫一妻制、一妻多夫制、一夫多妻制、走婚制四种婚姻形式。

一、婚俗文化

藏族的婚恋礼俗，从择亲选偶、定亲迎娶到婚后习俗都具有鲜明的民族与地域特点，同时，又带着厚重的时代印记，呈现出传统与现代交织混融、多姿多彩的风貌。

1. 择婚

过去男孩到了16岁，女孩14、15岁时，父母们便开始考虑他们的婚姻，为他们选定配婚对象。首先为子女暗地选好几家与自己家族地位相当的姑娘或男子后，一般委派中间人先去联系，请高僧占卜，看与谁结缘合适。对方同意后，带上绸缎、藏银、食物及哈达等礼品前去商议婚事。

现今，在自由恋爱背景下，年轻人通过放牧、农作或年节、娱乐节庆活动初次交往，多以唱“拉伊”（山歌）来表达相互爱慕之情。

2. 求婚

方式一：确定婚事后，由家族内的舅舅或兄弟带上丰盛的彩礼和清单，前往择定的家族求亲。送礼谈妥后，再请高僧占卜，择出订婚吉日。

方式二：藏族男女青年虽有自由恋爱，但并非自由结婚。影响能否结婚的因素还是不少，例如骨系、属相，各自所属部落之间是否有仇，家族经济情况，双方当事人的职业、人品、相貌、能力等。仍然需要按照传统礼仪反复协商才能进入提亲仪式。

3. 订婚

方式一：双方同意婚事，便派人选择黄道吉日，起草婚约证书。

婚约证书一般请有才华能诗文的人起草，内容是写男女结合、互敬互爱、互相体谅、孝敬长辈，品德应当高尚，等等。也有的婚约书上写上今后财产继承事宜。这种婚约是用诗歌形式写的，可以朗诵。

订婚这一天，男方要送给女方家中每人一条哈达，还要送给对方父母养育女儿的“奶钱”。对方准备好茶酒招待来人。双方代表进入正厅依次入座以后，主人家端上“切玛”，敬茶酒。然后求婚的人家献上礼物，也送还这一天所花的费用，还要送一块“帮典”（围裙）。送还这一天的费用是因为男家求婚，本来一切费用自当男家负担，如今女方代办，应当用钱补偿为谢。送帮典有即将成婚的寓意，也有孝敬姑娘母亲，感恩带大女孩从小到大不知磨破母亲多少块帮典的养育之情。敬完茶酒以后，便把一式两份婚约书放在高脚盘内，由一证人高声朗诵，另一证人认真校对。念完订婚书，证人把两家的家印当众盖在书上，分别交由男女家父亲。接着，两家父母给证人献哈达，表示谢意。订婚这一天，青年男女都不参加，只是家人出席。仪式结束后，尽情欢乐一天。离开时，女方家庭将哈达和回礼送给对方。

方式二：一般情况下，订婚时，先由男方的舅舅到女方家提亲。提亲时会带一条洁白的哈达和两瓶自家酿制的青稞酒。如果第一次被拒绝，则会再去一次。这次男方家提出需要一个准确的消息答案。提亲成功后，双方父母同意后请喇嘛占卦（打卦）。占卜内容主要是看男女双方属相是否相合、婚期、新娘进门的时间。距离婚期只有十五天的时候，新郎家就会把彩礼送到新娘家。彩礼有一套喜服、各类首饰，如一对手镯、一对耳环等，但根据贫富，彩礼也有一定的差别，但每样一个是必不可少的，同样会给新娘的家人每人买一件衣服。

4. 婚礼仪式

男方家请星相师卜算黄道吉日以确定婚期（藏语“念孜”）。举行结婚仪式的头一天，男方派人把一套漂亮的服装和首饰用绸缎包好，送到女方家中，让新娘穿戴。迎亲这天，男方家要找一位有身份的人，带上一队人马和彩箭，彩箭上有明镜、璁玉、珠饰等，并牵上一匹颜色与女方属相吻合且是怀孕的、打扮考究的母马以供新娘乘骑，前往女方家迎接新娘。女方在马队到达之前，要举行敬“切玛”茶酒等告别仪式。当男方迎亲队伍进门之后，先把彩箭插在新娘背上，接着又将璁玉放在新娘头顶，表示新娘已属于男方家人。女方送新娘出嫁，一般带去一位陪人，当姑娘出门时，女方家人一手拿彩箭、一手拿羊腿，站在楼上反复高喊：“不要把我家的福气带走呀！”直到姑娘走远。

马队启程，领队的应是属相最好的（一般都请星相师），他穿着白袍，骑着白马，手中拿着九宫八卦图，接着便是迎亲代表，然后是娘家随侍新娘出嫁的随从。一路上，男方家人要侍候在路旁，向马队敬三次酒。沿路要设置吉祥标记，如满水桶。马队行进期间，随行人员高唱祝福吉祥的歌曲，新娘则要边行边哭。

男方在新娘到达之前，必须装扮大门，为新娘下马准备专门的垫子。垫子是装着青稞、麦子的袋子，铺上五彩锦缎，面上用麦粒画成“卐”符号。家人手捧“切玛”和青稞酒在门口迎候。新娘到夫家门前，先喝三口酥油茶再下马，脚要踩在撒有青稞和茶叶的地上。新郎母亲提着一桶牛奶欢迎新娘。新娘用左手中指浸奶水，向天弹洒几点，表示感谢神灵后，由新郎给新娘献上哈达，方能迎新娘进门。

传统的进门仪式十分烦琐，从下马、进门、上楼到入厅，每次都得唱一次颂歌、献一条哈达。新娘进入男方家门后，首先要给家族护法神祈拜。尔后新娘要坐在新郎身旁和双方亲属围坐一起会餐、互送礼物。参加婚礼的亲友们也献哈达、送礼品，以表示祝福。然后把一对新人引上房屋顶层，由喇嘛诵经，祈求家神庇护新娘。当屋顶竖立起一杆经幡时，新娘家的代表即庄严地宣布：从此，新娘同新郎家族的其他成员享有同等的权利。

婚礼一般都要举行五至十五天，具体要根据家族经济状况来决定。在举行婚礼的几天里，也有特别亲近的亲戚或朋友包下婚礼中某一天的全部支出。婚礼的几天里都会请专人跳藏戏或“谐青”歌舞表演助兴。

二、丧葬习俗

因为佛教的影响，藏族丧葬崇尚自然环境，有传统的超认知和特别方式。认为人死后要到另一个世界去，是转入来生的开始或“解脱”，因此其路是漫长而又艰难，需要靠家人通过葬礼、点灯、念经、布施等超度，以求顺利到达理想之地。丧葬主要方式有天葬、水葬、土葬、火葬、塔葬、壁葬、树葬等。

1. 天葬

天葬又称“鸟葬”，是藏族最普通的葬法。经过喇嘛念经和一系列程序后，由专人送到天葬场，天葬师将尸体放到葬台上，然后烧起火堆，冒起浓烟，远处的“神鹰”（鹫鹰）见到浓烟便立刻飞拢过来。黎明前进行肢解，天葬师以利刃将尸体切成一块块，接着将骨头砸烂，和上糍粑喂鹫鹰，喂完骨头喂肉块。若有吃剩的尸体，必须烧成灰撒在山坡上，方能使死者

"升天"。天葬的过程虽然血腥，但藏族人相信它合乎菩萨舍身布施苍生的意义，能使死者的灵魂升天。

2. 水葬

水葬是身份低下或孤寡者所采用的葬法，即用白布将尸体一裹，丢入水中随波而去。藏南一带因无鹫鹰，无法行天葬，所以也多采用水葬。1973年炉霍大地震遇难者，大多采用该葬法。

3. 土葬

土葬是对强盗、杀人犯或是患传染病者（如天花、麻风）采用的葬法。在藏族人的观念里，土葬会使灵魂被土地吸收，不得升天而无法投胎转世，是一种对死者的惩罚，因而被视为最不光彩的葬法。

4. 火葬

火葬是达官显要或得道高僧采用的葬法，将尸体洗净后焚烧，然后将骨灰抛撒在山顶或是江边。

5. 塔葬

灵塔葬只有高僧大德等身份特殊的人才能使用。尸体先用盐水洗净，风干后涂上名贵香料，放入装饰珠宝的灵塔内保存，塔内一并放入一些死者生前使用的东西和名贵的物品。此外，也有将尸体火化，再把骨灰存放于灵塔之中。

6. 壁葬与树葬

壁葬和树葬一样流行于四川白玉、西藏贡觉等县三岩帕措存在地区。壁葬是四世同堂的老人去世后，用盐等矿物质处理尸体，葬于家中的墙壁或墙角的一种葬法。三岩人认为能够四世同堂的老人就是家中的佛，埋在家中墙壁能够保佑、庇护全家幸福平安。

树葬一般用于虚岁13岁以下的死者。将尸体装入小木盒内悬挂于树上，三岩人认为小孩灵魂弱小，如果埋葬在地下不容易转世，故实行树葬。

第四节　康巴藏民族的哲学思想

康巴文化中哲学思想是康巴文化的精神核心，通过格言、问答等多种形式进行诠释。因为与宗教哲学关系密切，所以其构成极其复杂，研究康巴文化时，这是一项艰巨的工作。因为表象的世界与精神的世界是两个不同的哲学范畴，但表象的行为往往能够折射出深层次的思想哲学；而深层次的哲学思想左右人的行为。哲学思想来源于人们对实践和对世界的思考。藏民族在改造和征服自然的伟大斗争中，在宇宙万物的形成、人类的起源以及价值导向等方面形成了独特的观点，它是藏族古代朴素的唯物主义自然观和辩证法思想的重要内容，长期以来对藏族社会产生重大影响。

一、礼仪问答与哲学思想的传递

生活在青藏高原海拔 4 000 米左右的藏族先民，自然环境决定了他们的人生哲学，在长期的生产实践和社会生活中，形成并发展了具有本民族特点的藏族传统文化和伦理思想。其中最具代表性的就是成书于吐蕃时期的《礼仪问答写卷》，围绕训诫、说教展开，是以对话形式来论述待人接物、应对进退，处理君臣、父子、师生、主奴乃至夫妻之间关系的绝妙文章。不是宗教定命论的教条，也不是法律条文。语言通俗易懂，主题鲜明，说理深入浅出，伦理思想内容丰富，融家庭伦理与社会伦理于一体。集合了早期藏族人民诸如立身修德、为政之要、孝敬父母、尚武褒勇、善言和睦、教养子女、交友处事、敬重正直，提倡勤奋谦虚等积极的，至今仍为藏族所崇尚的道德观念和行为准则，独具藏民族传统文化特点。

《礼仪问答写卷》写于佛教传入吐蕃前，是藏族历史上最明朗、受宗教影响最少的伦理学著作，是藏族人民的道德原则、道德规范和道德修养方法的最高成就，有藏族《论语》的美誉。藏族传统伦理与佛教的道德伦理基础如宣扬不杀、不盗、不淫等的“五戒十善”极为吻合。这也是古代藏族哲学思想的滥觞，强调人们如何“立身、重德”。留下智慧和公正为上，留下英勇与巧法为上中，留下坚定和义气为中，注重财物与虚名者为下；提倡“行事适可而止，恰如其分”。无论为官执政、结交朋友、夫妻相处等都要有尺度 、讲分寸 、合规矩；要求“自我纠谬，勤于修身”。无论何时都要广纳谏言，共商议事。开藏族传统训世格言之先河，对藏族人民伦理道德的形成有巨大的影响力，不仅对当时藏民族的道德传统、伦理思想、社会风尚、传统习俗、行为规范、价值取向标准以及人民精神生活产生影响，而且直接影响到了后世的藏族传统文化和藏民族伦理思想的发展。

二、训世格言体现的哲学思想

训世格言是藏族哲学独具特色的表达方式，包含着经过实践检验的哲理，具有很强的说服力。藏族格言文化是藏族文化的重要组成部分，常以格言诗的形式出现，既是不朽的藏族文学作品，又是具有广泛研究价值的社会学著作。藏族格言文化从萌芽到成熟，经过了漫长的历史发展时期，最早可追溯到吐蕃松赞干布时期。雄奇苍茫的青藏高原是藏族格言文化赖以生存的土壤，丰富多彩的藏族人文地理环境是藏族格言文化形成和发展的源泉。我们现在熟悉的经典训世格言有萨班的《萨迦格言》、索南扎巴的《格丹格言》、贡塘·甘白卓美的《水喻格言》和《树喻格言》（简称《水树格言》）、罗桑金巴的《风喻格言》、南杰索巴的《土喻格言》、诺奇堪布阿旺朋措的《铁喻格言》，以及米庞南杰嘉措的《国王修身论》等。

藏族格言诗在写法上采用四行一段的民歌体，两句为喻，两句指实。它以日常生活中常见的自然现象、民间典故、谚语等为基点，运用丰富的比喻、推理手法，来叙述社会生活中的道德规范以及完善人格的方法等，其特点是非常凝练、通俗，富含哲理，穿透力和震撼力俱佳，不温不火，春风化雨。因此，即使是没有上过学的人都能十分娴熟地运用，其广泛的适应性和强大的生命力非同一般。

藏族格言文化中劝诫国士依法治国、轻徭薄赋、选贤任能等很多内容，几乎涉及了社会的各个方面。如在政治方面，但凡为政守法不失，为政之道重在富民，清正廉明公正公平，君王为政务在举贤等，从不同角度阐述了藏族格言文化中的从政观念。如：

> 被暴君统治的百姓，特别想念慈祥的法王；被瘟疫缠身的牲畜，特别渴望纯净的雪水。

更为可贵的是，这些格言在论述为政治国之道和为人处世之方的过程中，生动、形象、深刻，具有说服力，体现了丰富的辩证法思想。

治学观着重论述了勤学好问、笃志博学，戒骄戒躁、虚怀若谷的思想观念。藏族历代学者认为，知识就是财富，掌握了知识，就是具备了道德。比如《水树格言》警句：

> 勤奋若能持之以恒，循序渐进万事皆成；小河流水奔腾不息，能够走遍辽阔大地。

格言更多的是鼓励实践，提倡团结和睦、同甘共苦，赞美勤俭节约，教导人树立正确的人生观和世界观。如：

> 以为贪欲就是舒坦，其实是痛苦的根源；以为喝酒就是舒服，那是把疯狂当幸福。

格言哲学思想中对幸福观作了新的诠释，认为幸福观包含辛勤劳动、崇尚道德、乐善好施、造福于人的思想。由以下几点构成：

第一，认为劳动创造是获得幸福的基本因素。

第二，认为单纯的物质生活享受，并不能构成具有美满内涵的幸福，唯具高尚的道德情操，才是构成美满与幸福的重要内在因素。

第三，把佛教的乐善好施、积德造福和对佛法僧三宝的虔诚认为是创造幸福的主要因素。

就格言哲学思想而言，尽管有些格言中也反映了一些“人生是苦海”“人生无常如幻梦”等消极厌世的人生观，宣扬了“业因业果”“循环报应”等宿命论以及“超脱尘世”“出家成佛”等出世思想，但是，我们今天以取其精华去其糟粕的传统文化观来分析，格言所包含着深刻的哲理，集前人之智慧、众人之精华汇聚而成，把藏民族最朴素的哲学思想寓于其中，不愧为我国哲学园地中独具特色的瑰宝。

三、藏语谚语的哲学思想

藏族箴言、格言、谚语在文学创作与流传中几乎没有区别，但也有学者将其分开，把流传于民间日常生活中的固定语句定义为谚语。谚语与格言在哲学思想上几乎一脉相承，藏族多如牛毛的谚语，无疑是藏族人民所创造的精神财富中极其重要的部分，是民间口头文学的艺术宝库中亮丽的瑰宝，是藏族人民世世代代社会生活的各方面经验、观察和思考以及信念的记录。谚语意境清新，寓意深刻，用最简单、最通俗易懂的话来表达藏族人民朴素的世界观、传统文化哲学观和方法论观念。

1. 藏族民间谚语朴素的世界观

藏族人民在同大自然长期斗争的实践中，认识到许多自然现象、自然规律，产生了许多朴素的唯物论和辩证法思想。[①] 首先，在哲学的根本问题上，藏族谚语站在唯物主义立场上，用自然本身的原因说明事物的存在。

① 曹亚梅：《试论藏族民谚中的哲学思想》，《中国藏学》1997 年第 1 期。

比如客观表述自然界相对规律，世上没有绝对的事情：

密林中没有不弯曲的树木，世界上没有十全十美的人。

强调生老病死与客观规律，不能违背客观规律：

山崩绳子拉不住，人死用药留不住。

用自然界的季节规律来表达世界观，说明知识的重要性：

雪怕太阳花怕霜，人间最怕没知识。

其次，谚语揭示了在客观世界中，一切现象都有其产生的原因，任何原因都必然引出一定的结果，没有原因和产生不了结果的现象都是不存在的，有因必有果。比如：

水头不清水尾浑。
不翻越险峻的高山，到不了广阔的平原。
秋若不知积藏，春来无食可享。

这些谚语要表达的都是没有付出就不会有收获的朴素思想。

另外，藏族人民在实践中认识到内因决定事物发展的基本趋势和方向。唯物辩证法认为，任何事物的发展，都是内因和外因共同作用的结果。内因是事物发展的根据，外因是事物发展的条件，外因必须通过内因而起作用。[①] 比如用很简单的例子讲清楚了难懂的因果关系转化道理：

如果自己不努力，父亲是学者也枉然。
不曾扶助人，何来帮己者。

再如通过辩证的哲学思考，强调因果规律：

① 曹亚梅：《试论藏族民谚中的哲学思想》，《中国藏学》1997 年第 1 期。

姑娘美不美，看父母就知道。

想吃上酥油，先要喂好乳牛。

两头尖的针不能缝衣，三心二意的人一事无成。

最后是对质变与量变的哲学思考，揭示出事物在转化中是不断变化的，从量到质的转化，是一种关于联系和变化的发展的思想，巧妙反映事物彼此联系的思想，比如：

两个聪明人在一起商量，就会生出更好的主张；黄和红的两种颜色混合，就会变出另一种色彩。

百根柳条能扎笤帚，五个指头能握拳头。

一个人做不成事，一根柴燃不起火。

2. 藏民族谚语的传统文化哲学观

藏族谚语通过对勤劳、勇敢、团结、善良、诚信等的诠释，体现了藏民族传统文化中民族的智慧、处世哲学、审美观和其他特点。从谚语中可以看到一个民族的社会制度、风俗习惯、生产方法等发展变化的历史痕迹，这些谚语集中反映了藏族人民对压迫的英勇斗争，对封建束缚和残酷剥削的义愤。比如：

穷人的汗，富人的饭。

逃出云层的太阳光明，逃出财主家的奴隶聪明。

有对生产劳动的赞美，对崇高善良品德的歌颂，以及对知识、经验的欣赏和对事物辩证、因果关系的揭示等，比如：

松树虽长百年，一把斧子可以砍倒；河面虽然宽阔，一叶扁舟可以渡过。

青稞长满平原，一盘石磨即可吞入磨完；星斗虽挂满天空，一轮朝阳使之黯然无光。

有热情而没知识的人，如同骏马有鞍没有缰。

善言相睦，是家庭的根基；恶语相伤，是魔鬼的入门。

有体现创业难、守业更难的哲学意义，比如：

君主即使渊博，也要取法于人；良马虽然善走，也要策之以鞭。

这是治国理政的基本要求，也是对君王治理属下臣民需要讲究方式方法的警示。

还有对宗教的最基本朴实的认识，体现有神论和无神论两种世界观的斗争。告诫人们不可盲目、愚昧崇信宗教，教会人们对宗教观进行思考，具有科学的、深刻的唯物主义观，如：

“别杀羊”是喇嘛说的；“拿肉来”也是喇嘛说的。

如果真的有天堂，喇嘛就会无影无踪。

这些谚语是生活、斗争经验的结晶，体现了藏族人民的智慧，生动地刻画了藏族人民淳朴、公正、善良、乐观、好学的传统文化特征。

3. 藏族民间谚语中的方法论观念

藏族民间谚语是劳动与人类的生存，劳动与幸福，劳动与财富，劳动与改造主观、客观世界等方法论观念的总结，是劳动人民智慧的体现。藏族人民在长期的社会生活中总结出的实践观指导着人们的思想和实践活动，在某些方面和某种程度上战胜了愚昧和落后，因而在人民群众中形成了正确的认识论观点。

第一，藏族谚语体现了藏族人民非常重视实践的传统，在藏族谚语中包含的是认知实践论，以下这些谚语道出实践是认识真知的道理：

粗石上磨利刀，艰险中炼英雄。

河谷平原的长短，不走三步不明；大河流水的深浅，不到河中不知。

人从实践中学，刀在石头上磨。

幸福从劳动中出，真理从实践中来。

第二，对于在实践学习过程中，民谚认为只有通过勤奋学习才能获取智慧。比如：

智慧非自然的恩赐，而是靠勤奋的结果。

有学问的人不是生来就聪明，好学上进，迟钝的人也能成学者。

天生的麒麟不骑即成驽骀。

第三，藏族谚语关于学以致用，理论联系实际，知而必行的思想有深度体现，比如：

认识了毒草，等于找到了一剂良药；看清了敌人，等于找到了一位老师。

同时，对于认知不能看表象的思想进行了总结，如：

穿袈裟的不一定都是喇嘛，拿佛珠的不一定都行善。

如果是千里马，就到藏北大草原上跑。

另外，对于实践是检验认识的尺度有深刻领悟。比如：

如果没有尝过一次酸甜，会把甜的当成酸的。

试金可以用试金石，试人可以用金子。

总之，藏族谚语中蕴含了丰富而深刻的思想内容，所反映的哲学思想无不来自对自然界和社会现象的直接观察以及对社会实践经验的总结。[①] 虽然，在藏民族的社会历史进程中，一部分谚语受到了宗教或统治阶级思想的侵蚀和影响，但其主流是唯物的、辩证的，同宗教唯心的、形而上学的体系形成了鲜明对比，它对发展藏民族的辩证思维发挥着重要作用，对藏民族传统文化的影响可谓深远、重大。

四、藏族名字的含义

藏族人的姓名，一般由古代姓氏 + 家族名 + 本名组成，藏族祖先有四姓氏、六姓氏、十八姓氏等不同说法。这些氏族后与其他部落融合，相继

① 曹亚梅：《试论藏族民谚中的哲学思想》，《中国藏学》1997 年第 1 期。

派生出诸多姓氏。据不完全统计，古代藏族姓氏不下100余种，其中戈乌、訾、琼、界、擦、俄、向、青、年、朱、勒、噶、崩、波、钟、鄂、涅、董、努、热、扒、瞒、冉、色、洛等为最具代表性之单姓，基角、格星、吾曲、古沙、兄江、基麦、嘎娃等为极常见的复姓。古代姓氏渐渐不用了，家族名就成了姓的符号，沿袭了父系血缘的骨系传承。到了7世纪，松赞干布建立吐蕃王朝，分封有功之臣以领地和封号，人们便把领地名冠在名字前面，以显示地位和官位。民间则采用职业加名字，比如"玛钦丹真"藏语意为炊事员丹真，"协本齐美"藏语意为泥水匠齐美，"兴索强巴"藏语意为木匠强巴。更多的时候加上了家族名，不过一般情况下，只有名字，名字可以是多种寓意的组合。如果需要介绍详细的情况时，就会说是那家、那族或那村。比如，热萨扎西，萨热就是家族符号。7世纪以后，佛教进入西藏并盛行后，藏族人名的内容发生很大变化，其姓名也渐渐融入佛教的寓意，还渐渐形成了由僧人取名的例规，也多用四字。于是，名字都有一定的含义，寄托了长辈一定的思想感情并含有对孩子美好的祝福，堪称丰富多彩。这里简单介绍一下常见的藏族名字的寓意：

1. 寄托祝福的名字

次仁，意为长寿，长命百岁。

扎西，意为吉祥，繁荣昌盛。

顿珠，意为圆满，事事顺心。

桑珠，意为遂意，称心如意。

洛登，意为智慧，足智多谋。

平措，意为祥瑞，吉祥圆满。

欧珠，意为如意，事遂人愿。

拉泽，意为美丽，天生丽质。

2. 以孩子出生日取名

朗噶，意为藏历30日出生的人。

尼玛，意为日曜日（星期日）出生的人，太阳。

达瓦，意为月曜日（星期一）出生的人，月亮。

米玛，意为火曜日（星期二）出生的人，火星。

拉巴，意为水曜日（星期三）出生的人，水星。

普布，意为木曜日（星期四）出生的人，木星。

巴桑，意为金曜日（星期五）出生的人，金星。

边巴，意为土曜日（星期六）出生的人，土星。

赤几，意为初一出生的人。

赤松，意为初三出生的人。

赤捷，意为初八出生的人。

3. 用自然界的物体取名

白玛，意为莲花。

梅朵，意为鲜花。

嘉措（江措），意为大海。

森格（僧格），意为狮子。

绛曲（江曲、绛秋），意为菩提。

4. 带有表示宗教色彩的名字

强巴，意为弥勒佛。

甲央（加洋），意为文殊菩萨。

次旦（才旦），意为寿命永固。

桑吉（桑杰），意为佛，觉悟。

卓玛，意为度母。

顿珠（丹珠），意为事业有成。

单增（丹增），意为持法。

卓嘎，意为白度母。

旺姆，意为自在女。

仁增，意为持明。

伦珠，意为天成。

洛桑（罗桑），意为心地善良。

索朗（索娜），意为福德。

贡布，意为护法神。

央金，意为妙音天女。

拉姆，意为女天神。

平措，意为吉祥圆满。

格桑，意为善劫，好运。

曲扎，意为传法。

仁增，意为持明。

丹增，意为护持佛法者。

群培，意为弘扬佛教。

杰布（甲布），意为王。

拉姆，意为天女、女天神。

康珠，意为空行母。

伦珠，意为天成。

诺布（罗布），意为宝贝。

占堆，意为降妖除魔，克敌制胜。

德勒（德琴），意为大吉大利。

多吉（多杰），意为金刚。

坚村（吉村、坚赞、坚参），意为胜幢。

土登，意为佛法。

根秋，意为吉祥三宝。

桑登，意为禅定。

曲吉，意为乐于佛业。

除此之外，藏族与汉族起名文化的相同之处是，为了孩子顺利长大，有些父母故意把自己的孩子小名起得很随意，如："启嘉"（狗屎）、"帕嘉"（猪屎）、"启珠"（小狗）等。

其他还有很多，这里只是列举一些常见的名字。如今，藏族对小孩命名的含义没有特别的限定，更没有平民百姓与贵族乳名的区别。只要择定吉日后，父母把小孩抱到喇嘛或活佛的座前，请求他给孩子命名。取名者根据孩子的属相、性别命名，男孩多取象征权力、勇猛和具有阳刚之气的名字，女孩取名则多含有美丽温柔之意。

"给子万金，不如赐子好名"，藏民给孩子取名，同样接受了汉民族"一命、二运、三风水、四名号、五读书"的早期人生哲学观。研究取名的寓意和操作，也能够反映出一个民族或家庭对待人生观的价值取向，也是传统文化在日常生活中的延续与展现。

参考文献

一、汉文史籍部分

1. （后晋）刘昫等撰：《旧唐书》，北京：中华书局，1975 年。

2. （宋）欧阳修、宋祁撰：《新唐书》，北京：中华书局，1975 年。

3. （宋）司马光编著，（元）胡三省音注：《资治通鉴》，北京：中华书局，1956 年。

4. （唐）魏征撰：《隋书》，北京：中华书局，1973 年。

5. （唐）李延寿撰：《北史》，北京：中华书局，1974 年。

6. （唐）杜佑撰，王文锦等点校：《通典》，北京：中华书局，1988 年。

7. 苏晋仁、萧錬子校证：《〈册府元龟〉吐蕃史料校证》，成都：四川民族出版社，1981 年。

8. （元）脱脱等撰：《宋史》（标点本），北京：中华书局，1977 年。

9. 汤开建、刘建丽辑校：《宋代吐蕃史料集（一）》，成都：四川民族出版社，1986 年。

10. 汤开建、刘建丽辑校：《宋代吐蕃史料集（二）》，成都：四川民族出版社，1989 年。

11. （明）宋濂等撰：《元史》（标点本），北京：中华书局，1976 年。

12. （清）张廷玉等撰：《明史》（标点本），北京：中华书局，1974 年。

13. 《西藏研究》编辑部编：《明实录藏族史料（第三册）》，拉萨：西藏人民出版社，1982 年。

14. 《西藏研究》编辑部编：《清实录藏族史料（第十册）》，拉萨：西藏人民出版社，1982 年。

15. 《西藏研究》编辑部编：《〈西藏志〉·〈卫藏通志〉》（合订），拉萨：西藏人民出版社，1982 年。

16. 张其勤原稿，吴丰培增辑，《西藏研究》编辑部编：《清代藏事辑要（一）》，拉萨：西藏人民出版社，1983 年。

17. 吴丰培辑，《西藏研究》编辑部编：《清代藏事辑要续编》，成都：四川民族出版社，1984 年。

18.（清）松筠、黄沛翘撰，《西藏研究》编辑部编：《〈西藏图考〉·〈西招图略〉》（合订），拉萨：西藏人民出版社，1982 年。

19.（清）魏源：《圣武记》，长沙：岳麓书社，2011 年。

20. 吴丰培辑：《清季筹藏奏牍》（九种三册），北京：商务印书馆，1938 年。

21. 朱绣：《西藏六十年大事记》（铅印本），1925 年。

22. 刘曼卿：《康藏轺征》，北京：商务印书馆，1933 年。

23. 洪涤尘：《西藏史地大纲》，上海：正中书局，1947 年。

24. 释妙舟：《蒙藏佛教史》，上海：上海佛学书局，1935 年。

25.（清）萨囊彻辰、沈曾植笺证，张尔田校补：《蒙古源流笺证》（八卷），铅印本。

二、藏族历史文化部分

1. 王尧：《吐蕃金石录》，北京：文物出版社，1982 年。

2. 王尧辑：《敦煌古藏文历史文书》，西宁：青海民族学院，1979 年。

3.（明）巴卧·祖拉陈瓦著，黄颢、周润年译注：《贤者喜宴·吐蕃史》，西宁：青海人民出版社，2017 年。

4. 拔塞囊著，佟锦华、黄布凡译注：《拔协》，成都：四川民族出版社，1990 年。

5.（元）蔡巴·贡噶多吉著，陈庆英、周润年译：《红史》，拉萨：西藏人民出版社，1988 年。

6.（明）达仓宗巴·班觉桑布著，陈庆英译：《汉藏史集——贤者喜乐赡部洲明鉴》，拉萨：西藏人民出版社，1986 年。

7. 阿旺贡噶索南著，陈庆英等译注：《萨迦世系史》，拉萨：西藏人民出版社，2002 年。

8.（明）廓诺·迅鲁伯著，郭和卿译：《青史》，拉萨：西藏人民出版社，1985 年。

9.（清）第五世达赖喇嘛著，郭和卿译：《西藏王臣记·中译文》，北京：民族出版社，1983 年。

10. 班钦·索南查巴著，黄颢译：《新红史》，拉萨：西藏人民出版社，1984 年。

11.（明）索南坚赞著，刘立千译注：《西藏王统记》，拉萨：西藏人民出版社，1985 年。

12. （元）大司徒·绛求坚赞著，赞拉·阿旺、佘万治译，陈庆英校：《朗氏家族史》，拉萨：西藏人民出版社，2002 年。

13. 丁世良、赵放：《中国地方志民俗资料汇编·中南卷（上下册）》，北京：北京图书馆出版社，1991 年。

14. 刘立千译：《续藏史鉴》，成都：华西大学华西边疆研究所，1945 年。

15. 智观巴·贡却乎丹巴绕吉著，吴均、毛继祖、马世林译：《安多政教史》，兰州：甘肃民族出版社，1989 年。

16. 多卡夏仲·策仁旺杰著，汤池安译：《颇罗鼐传》，拉萨：西藏人民出版社，1988 年。

17. 多喀尔·策仁旺杰著，周秋有译，常凤玄校：《噶伦传》，拉萨：西藏人民出版社，1986 年。

18. 章嘉·若贝多杰著，蒲文成译：《七世达赖喇嘛传》，拉萨：西藏人民出版社，1989 年。

19. 嘉木央·久麦旺波著，许得存等译，祁顺来等校：《六世班禅洛桑巴丹益希传》，拉萨：西藏人民出版社，1990 年。

20. （清）土观·罗桑却季尼玛著，刘立千译注：《土观宗派源流》，拉萨：西藏人民出版社，1985 年。

21. 西藏社会科学院、中国社会科学院民族研究所辑：《西藏地方是中国不可分割的一部分（史料选辑）》，拉萨：西藏人民出版社，1986 年。

22. 石硕：《藏族族源与藏东古文明》，成都：四川人民出版社，2001 年。

23. 石硕：《西藏文明东向发展史（第 2 版）》，成都：四川人民出版社，2016 年。

24. 石硕：《藏彝走廊：文明起源与民族源流》，成都：四川人民出版社，2009 年。

25. 张云：《上古西藏与波斯文明》，北京：中国藏学出版社，2005 年。

26. ［意］杜齐著，向红笳译：《西藏考古》，拉萨：西藏人民出版社，1987 年。

27. ［法］石泰安著，耿昇译：《西藏的文明》，北京：中国藏学出版社，2005 年。

28. ［美］梅·戈尔斯坦著，杜永彬译：《喇嘛王国的覆灭》，北京：中国藏学出版社，2005 年。

29. 王忠：《新唐书吐蕃传笺证》，北京：科学出版社，1958 年。

30. 陈燮章、索文清、陈乃文辑录：《藏族史料集》（四册），成都：四川民族出版社，1993 年。

31. 松巴堪布·益西班觉著，蒲文成、才让译：《如意宝树史》，兰州：甘肃民族出版社，1994 年。

32. ［意］伯戴克著，周秋有译：《十八世纪前期的中原与西藏》，拉萨：西藏人民出版社，1987 年。

33. 《藏族简史》编写组编：《藏族简史》，拉萨：西藏人民出版社，1985 年。

34. 恰白·次旦平措等著，陈庆英等译：《西藏通史——松石宝串》，拉萨：西藏社科院、西藏杂志社、西藏古籍出版社，1996 年。

35. 丹珠昂奔：《藏族文化发展史》，兰州：甘肃教育出版社，2001 年。

36. 更敦群培著，格桑曲批译，周季文校：《更敦群培文集精要》，北京：中国藏学出版社，1996 年。

37. ［法］石泰安著，耿昇译，王尧校：《川、甘、青、藏走廊古部落》，成都：四川民族出版社，1992 年。

38. 任乃强著，西藏社会科学院整理：《西康图经》，拉萨：西藏自治区藏文古籍出版社，2000 年。

39. 格勒：《论藏族文化的起源形成与周围民族的关系》，广州：中山大学出版社，1988 年。

40. ［奥地利］内贝斯基·沃杰科维茨著，谢继胜译：《西藏的神灵和鬼怪（上、下）》，拉萨：西藏人民出版社，1993 年。

41. 赵心愚、秦和平、王川编：《康区藏族社会珍稀资料辑要（上、下）》，成都：巴蜀书社，2006 年。

42. 周锡银、望潮：《藏族原始宗教》，成都：四川人民出版社，1999 年。

43. 李永宪：《西藏原始艺术》，石家庄：河北教育出版社，2000 年。

44. 王恒杰：《迪庆藏族社会史》，北京：中国藏学出版社，1995 年。

45. 陈家琎主编：《西藏地方志资料集成（第 1 集、第 2 集）》，北京：中国藏学出版社，1999 年。

46. 安旭主编：《藏族服饰艺术》，天津：南开大学出版社，1988 年。

47. 杨清凡：《藏族服饰史》，西宁：青海人民出版社，2003 年。

48. 李玉琴：《藏族服饰文化研究》，北京：人民出版社，2010 年。

49. 陈立明、曹晓燕：《西藏民俗文化》，北京：中国藏学出版社，2010 年。

50. 许韶明、何国强：《整体稀缺与文化适应：三岩的帕措、红教和民俗》，广州：中山大学出版社，2013 年。

51. 坚赞才旦、许韶明：《青藏高原的婚姻和土地：引入兄弟共妻制的分析》，广州：中山大学出版社，2013 年。

52. 岳小国：《生命观视阈中的藏族丧葬文化研究：对金沙江上游三岩峡谷的田野调查》，北京：世界图书出版公司，2014 年。

53. 陈庆英主编，青海省社会科学院藏学研究所编著：《藏族部落制度研究》，北京：中国藏学出版社，1995 年。

54. 秦和平主编：《四川民族地区民主改革资料集》，北京：民族出版社，2008 年。

55. 周希武编著，吴均校译：《玉树调查记》，西宁：青海人民出版社，1986 年。

56. 冯有志：《西康史拾遗》，成都：巴蜀书社，2015 年。

57. 中共甘孜州委党史研究室编：《红军长征在甘孜藏区》，成都：成都科技大学出版社，2012 年。

58. 李绍明：《李绍明民族学文选》，成都：成都出版社，1995 年。

59. 龙冠海主编：《云五社会科学大辞典》，台北：台湾商务印书馆，1973 年。

60. 黄奋生编著，吴均校订：《藏族史略》，北京：民族出版社，1985 年。

61. 《藏学研究论丛》编委会编：《藏学研究论丛（第 1 ~ 8 辑）》，拉萨：西藏人民出版社，1991—1996 年。

62. 格勒：《甘孜藏族自治州史话》，成都：四川民族出版社，1984 年。

63. 韦政通：《伦理思想的突破》，北京：中国人民大学出版社，2005 年。

64. 王达军主编：《康巴风情》，成都：四川民族出版社，2000 年。

65. 甘孜州志编纂委员会：《甘孜州志（上、下）》，成都：四川人民出版社，1997 年。

66. 中国科学院青藏高原综合科学考察队编：《青藏高原隆起的时代、幅度和形式问题》，北京：科学出版社，1981 年。

67. 中国科学院青藏高原综合科学考察队编：《西藏气候》，北京：科学出版社，1984 年。

68. 中国科学院西藏科学考察队编：《珠穆朗玛峰地区科学考察报告 1966—1968：第四纪地质》，北京：科学出版社，1976 年。

69. 中国科学院《中国自然地理》编辑委员会编：《中国自然地理 · 总论》，北京：科学出版社，1985 年。

70. 西藏自治区文物管理委员会、四川大学历史系：《昌都卡若》，北京：文物出版社，1985 年。

71. 旺秀才丹：《藏族文化常识 300 题》，兰州：甘肃民族出版社，2009 年。

72. 甘孜藏族自治州文化局：《守望·绽放——中国·四川·甘孜州非物质文化遗产名录》，北京：中国戏剧出版社，2008 年。

73. 任新建：《康巴历史与文化》，成都：巴蜀书社，2014 年。

74. 强桑：《藏族服饰艺术：藏汉对照》，拉萨：西藏人民出版社，2009 年。

75. 中共甘孜州委党史研究室编：《甘孜藏族自治州民主改革史》，成都：四川民族出版社，2000 年。

76. 范河川、戴刚：《康巴传统文化成因及其影响》，北京：中国文化出版社，2011 年。

77. 王川：《西藏昌都近代社会研究》，成都：四川人民出版社，2006 年。

78. 刘立千：《藏传佛教各派教义及密宗漫谈》，北京：民族出版社，2000 年。

79. 刘志群：《中国藏戏史》，拉萨：西藏人民出版社，2009 年。

80. 得荣·泽仁邓珠：《藏族通史·吉祥宝瓶》，拉萨：西藏人民出版社，2001 年。

81. 任乃强：《任乃强藏学文集》，北京：中国藏学出版社，2009 年。

82. 康定民族师专编写组编：《甘孜藏族自治州民族志》，北京：当代中国出版社，1994 年。

83. 东噶·洛桑赤列：《藏族目录学》（藏文），北京：民族出版社，2004 年。

84. 班班多杰：《宗喀巴评传》，北京：京华出版社，1995 年。

85. 霍巍、王煜、吕红亮：《考古发现与西藏文明史·第 1 卷·史前时代》，北京：科学出版社，2015 年。

86. 李绍明、林向、赵殿增主编：《三星堆与巴蜀文化》，成都：巴蜀书社，1993 年。

87. （宋）阿底峡发掘，卢亚军译：《柱间史——松赞干布遗训》，兰州：甘肃人民出版社，1997 年。

88. 根敦群培：《白史》，北京：民族出版社，2002 年。

89. 夏察·扎西坚赞：《西藏本教源流（藏文）》，北京：民族出版社，1985 年。

90. 索朗旺堆、康乐主编：《琼结县文物志》，西安：陕西省印刷厂，1986年。

三、期刊论文

1. 才让太：《古老象雄文明》，《西藏研究》1985年第2期。

2. 杨正刚：《苏毗初探》，《中国藏学》1989年第3期。

3. 杨正刚：《苏毗初探（续）》，《中国藏学》1989年第4期。

4. 祝启源：《唃厮啰政权形成初探》，《西藏研究》1982年第2期。

5. 韩儒林：《元朝中央政府是怎样管理西藏地方的》，《历史研究》1959年第2期。

6. 沈卫荣：《元代乌思藏十三万户行政体制研究（一）》，《西藏研究》1988年第1期。

7. 沈卫荣：《元代乌思藏十三万户行政体制研究（二）》，《西藏研究》1988年第2期。

8. 石硕：《西藏高原旧石器时代文化的内涵及其相关问题》，《西南民族学院学报（哲学社会科学版）》1991年第1期。

9. 韦刚：《藏族族源探索》，《西藏研究》1982年第3期。

10. 石硕译：《关于藏文史籍中对汉文史料误传的考订》（合译），《国外藏学研究动态》1991年第5期。

11. 石硕：《西藏石器时代的考古发现对认识西藏远古文明的价值》，《中国藏学》1992年第1期。

12. 石硕：《论地缘因素在吐蕃文明东向发展过程中的作用》，《西藏研究》1992年第1期。

13. 张建世、石硕：《藏族地区寺院与所在社区关系的个案调查——松潘县山巴村与山巴寺及学校教育的关系》，《西藏研究》1992年第2期。

14. 石硕：《论藏民族的多元化构成及其形成时代》，《西南民族学院学报（哲学社会科学版）》1992年第4期。

15. 石硕：《论萨迦政权模式的形成及其对西藏地方政体的影响》，《西藏研究》1992年第4期。

16. 石硕：《关于唐以前西藏文明若干问题的探讨（上）》，《西藏艺术研究》1992年第4期。

17. 石硕：《关于唐以前西藏文明若干问题的探讨（下）》，《西藏艺术研究》1993年第1期。

18. 石硕：《明朝西藏政策的内涵与西藏经济的东向性发展》，《西藏研究》1993 年第 2 期。

19. 石硕：《试论康区藏族的形成及其特点》，《西南民族学院学报（哲学社会科学版）》1993 年第 2 期。

20. 石硕：《藏传佛教觉囊派中壤塘寺调查》，《民族论丛》第 11 辑，1993 年。

21. 石硕：《西藏教派势力与元朝统治集团的宗教关系》，《藏学研究论丛》编委会编：《藏学研究论丛》（第五辑），拉萨：西藏人民出版社，1993 年。

22. 石硕：《蒙古在连结西藏与中原政治关系中的作用》，《西藏研究》1993 年第 4 期。

23. 石硕：《关于“康巴学”概念的提出及相关问题——兼论康巴文化的特点、内涵与研究价值》，《西藏研究》2006 年第 3 期。

24. 石硕：《“邛笼”解读》，《民族研究》2010 年第 6 期。

25. 仁庆扎西：《西藏佛教与元王室》，《西藏研究》1988 年第 3 期。

26. 王德恩：《综述格鲁派佛教传入蒙古的社会历史条件》，《世界宗教研究》1987 年第 3 期。

27. 郭卫平：《清季十三世达赖出走库伦考》，《西藏研究》1986 年第 3 期。

28. 杨公素：《所谓“西藏独立”活动的由来及剖析》，《中国藏学》1989 年第 1 期。

29. 杨永福：《略论元明清时期中央与西南边疆政治关系的整合》，《文山学院学报》2012 年第 25 期。

30. 公保才让：《德格印经院在藏族文化发展史上的地位与影响》，《中国藏学》2011 年第 1 期。

31. 亚西、曲梅：《浅谈甘孜州康巴文化的主要特点》，《西藏研究》2003 年第 4 期。

32. 安旭：《藏族服饰的形成和特点》，《民族研究》1980 年第 4 期。

33. 宁世群：《论藏族的服饰文化和艺术》，《西藏艺术研究》1994 年第 1 期。

34. 罗荣：《藏族服饰刍议》，《中央民族大学学报（哲学社会科学版）》1993 年第 3 期。

35. 费孝通：《关于我国民族的识别问题》，《中国社会科学》1980 年第 1 期。

36. 伊尔、赵荣璋：《藏民族的崇白习俗及其审美属性》，《黑龙江民族丛刊》1999 年第 1 期。

37. 姚兆麟：《藏族文化研究的新贡献——评〈藏族服饰艺术〉兼述工布“古休”的渊源》，《西藏研究》1990 年第 2 期。

38. 桑吉才让：《藏族服饰的地域特征及审美情趣》，《青海师专学报（教育科学）》2003 年第 4 期。

39. 李玉琴：《藏族服饰区划新探》，《民族研究》2007 年第 1 期。

40. 姚宝碹、谢真元：《藏戏起源及其时空艺术特征新论》，《西藏研究》1989 年第 1 期。

41. 王磊：《也说藏戏的起源、分类及艺术特征》，《四川戏剧》2017 年第 11 期。

42. 杨嘉铭、侯璟、晓旋等：《绘在最高处——噶玛噶孜画派与德格》，《佛教文化》2006 年第 4 期。

43. 胡尚钦、黄璐琳、杨晓等：《南派藏医药的起源与南派藏药的发展》，《中华医学研究杂志》2005 年第 5 卷第 12 期。

44. 丁昶、刘加平：《藏族建筑色彩体系特征分析》，《西安建筑科技大学学报（自然科学版）》2009 年第 3 期。

45. 李玉琴：《四川省甘孜州新龙县吾西村“十三”节调查报告》，《西藏民族学院学报（哲学社会科学版）》2013 年第 2 期。

46. 李建平、牛婷婷：《试析嘉绒藏区苯教寺庙的建筑特征》，《华中建筑》2015 年第 3 期。

47. 何廷艳：《浅析锅庄舞的形成历史》，《西安社会科学》2011 年第 4 期。

48. 周生文、何峰：《从史诗〈格萨尔〉看古代藏族部落的兵役制度》，《青海社会科学》1994 年第 1 期。

49. 切排、陈海燕：《藏族传统生态观的体系架构》，《吉首大学学报（社会科学版）》2014 年第 3 期。

50. 冯桂香：《论藏民族的生态观》，《文艺生活 · 文艺理论》2010 年第 8 期。

51. 陆启义：《藏传佛教格鲁派的哲学思想研究》，湘潭大学硕士学位论文，2007 年。

52. 乔根锁：《论藏传佛教萨迦派的哲学思想》，《佛学研究》1999 年第 8 期。

53. 供秋卓玛：《藏传佛教噶举派的哲学思想和特点来源》，《世界家苑·学术》2018 年第 1 期。

54. 董莉英：《噶当派传承及其思想特点》，《中国藏学》2002 年第 3 期。

55. 邓启红：《浅析宁玛派的佛教哲学思想》，《西北民族学院学报（哲学社会科学版）》1999 年第 3 期。

56. 索南才让：《〈藏族格言文化鉴赏〉评介》，《中国藏学》2004 年第 4 期。

57. 吴春香：《藏族古代哲学思想透析》，《青海民族学院学报（社会科学版）》2002 年第 2 期。

58. 周润年、张屹：《试论西藏口述史的史学价值和现实意义》，《中国边疆民族研究》2012 年第 5 期。

59. 佟德富、班班多杰：《藏族哲学的特点》，《西藏研究》1989 年第 1 期。

60. 坚赞才旦、王霞：《百味之首在澜沧江源头——青海囊谦泉盐产销调查》，《青海民族研究》2018 年第 1 期。

61. 贾鸿健、索南旦周：《青海玉树州囊谦县两处盐场调查概况》，《南方文物》2015 年第 1 期。

62. 坚赞才旦：《再探澜沧江源头盐村与环境的动力学因素》，《盐业史研究》2019 年第 3 期。

63. 李何春：《清末川滇藏交界带之盐井“腊翁寺事件”起因分析——兼与保罗和觉安拉姆商榷》，《云南民族大学学报（哲学社会科学版）》2014 年第 2 期。

64. 李何春、熊卜杰：《从“无史”到“有史”：人类学视角下传统晒盐村落民族志书写的思考——基于青藏高原东部各盐场的田野调查》，《青海民族研究》2019 年第 1 期。

65. 姚乃礼：《中医药在西部开发中的作用》，《2001 中药与天然药物论文集》2001 年第 14 期增刊。

66. 苏尔发：《论唐代汉地文化对吐蕃的影响——以拉萨古城为例》，《晋中学院学报》2015 年第 2 期。

67. 刘仁庆：《文成公主对造纸的贡献》，《造纸科学与技术》2016 年第 5 期。

68. 袁波澜、敏生兰、黄丽：《唐、宋民族政策——羁縻问题之比较研究》，《西北民族大学学报（哲学社会科学版）》2004 年第 5 期。

69. 土呷：《论昌都地区在推进西藏归入中国版图历史进程中的重要作

用》,《中国藏学》2010 年第 3 期。

70. 杨永福:《略论元明清时期中央与西南边疆政治关系的整合》,《文山学院学报》2012 年第 25 期。

71. 许雪荣:《明朝对西南民族地区的军政治理》,烟台大学硕士学位论文,2019 年。

72. 西藏自治区文物管理委员会:《西藏拉萨澎波农场洞穴清理简报》,《考古》1964 年第 5 期。

73. 中国社会科学院考古研究所西藏工作队等:《西藏拉萨市曲贡村石室墓发掘简报》,《考古》1991 年第 10 期。

74. 西藏自治区文管会文物普查队:《西藏山南隆子县石棺墓的调查与清理》,《考古》1994 年第 7 期。

75. 西藏自治区文管会文物普查队:《西藏纳木错扎西岛洞穴岩壁画调查简报》,《考古》1994 年第 7 期。

76. 四川大学历史文化学院考古学系等:《西藏札达县皮央——东嘎遗址 1997 年调查与发掘》,《考古学报》2001 年第 3 期。

77. 四川大学中国藏学研究所:《西藏阿里地区丁东居住遗址发掘简报》,《考古》2007 年第 11 期。

78. 四川大学中国藏学研究所等:《西藏札达县皮央·东嘎遗址古墓群试掘简报》,《考古》2001 年第 6 期。

79. 四川大学考古学系等:《西藏日土县塔康巴岩画的调查》,《考古》2001 年第 6 期。

80. 四川大学藏学研究所等:《西藏札达县格布赛鲁墓地调查简报》,《考古》2001 年第 6 期。

81. 西藏自治区山南地区文物局:《西藏浪卡子县查加沟古墓葬的清理》,《考古》2001 年第 6 期。

82. 邱中郎:《青藏高原旧石器的发现》,《古脊椎动物学报》1958 年第 2、3 期合刊。

83. 安志敏、尹泽生、李炳元:《藏北申扎、双湖的旧石器和细石器》,《考古》1979 年第 6 期。

84. 刘泽纯、王富葆、蒋赞初等:《西藏高原多格则与扎布地点的旧石器——兼论高原古环境对石器文化分布的影响》,《考古》1986 年第 4 期。

85. 西藏自治区文管会文物普查队:《西藏仲巴县城北石器地点》,《考古》1994 年第 7 期。

86. 西藏文物管理委员会文物普查队：《西藏小恩达新石器时代遗址试掘简报》，《考古与文物》1990 年第 1 期。

87. 西藏文管会文物普查队：《拉萨曲贡村遗址调查试掘简报》，《文物》1985 年第 9 期。

88. 何强：《西藏嘎县昌果沟新石器时代遗址调查报告》，《西藏考古》第一辑。

89. 戴尔俭：《西藏聂拉木县发现的石器》，《考古》1972 年第 1 期。

90. 新安：《西藏墨脱县马尼翁发现磨制石锛》，《考古》1975 年第 2 期。

91. 王恒杰：《西藏自治区林芝县发现的新石器时代遗址》，《考古》1975 年第 5 期。

92. 尚坚、江华、兆林：《西藏墨脱县又发现一批新石器时代遗物》，《考古》1978 年第 2 期。

93. 中国社会科学院考古研究所西藏工作队等：《西藏拉萨市曲贡村新石器时代遗址第一次发掘简报》，《考古》1991 年第 10 期。

94. 中国社会科学院考古研究所西藏工作队等：《西藏贡嘎县昌果沟新石器时代遗址》，《考古》1999 年第 4 期。

95. 王仁湘：《拉萨曲贡遗址出土早期青铜器》，《中国文物报》，1992 年 1 月 26 日。

96. 何周德、索朗旺堆：《西藏乃东结桑村发现古墓葬》，《考古》1985 年第 12 期。

97. 西藏自治区文管会文物普查队：《西藏吉隆县发现唐显庆三年〈大唐天竺使出铭〉》，《考古》1994 年第 7 期。

98. 西藏文管会文物普查队：《西藏林芝县多布石棺墓清理简报》，《考古》1994 年第 7 期。

99. 王仁湘、赵慧民、刘建国等：《西藏琼结吐蕃王陵的勘测与研究》，《考古学报》2002 年第 4 期。

100. 甲央、霍巍：《20 世纪西藏考古的回顾与思考》，《考古》2001 年第 6 期。

101. 夏格旺堆、普智：《西藏考古工作 40 年》，《中国藏学》2005 年第 3 期。

102. 傅大雄：《西藏昌果沟遗址新石器时代农作物遗存的发现、鉴定与研究》，《考古》2001 年第 3 期。

后　记

“十年磨一剑”是本书完成后的感慨。在2000年千禧年后，笔者完成并出版了《康巴传统文化成因及其影响》，获得四川省社科二等奖；《藏传佛教与社会主义社会相适应读本》获得四川省社科三等奖。笔者作为一个行政人员自认为完成了使命，没想到后来有更多机会下基层调研并得到了许多意想不到的收获。因为笔者原本是研究“三岩帕措文化”的爱好者，在此过程中不断阅读西藏历史和康巴文化，加之有十余年在维稳第一线工作的经历，后又从事甘孜州社科工作，参与甘孜藏族自治州歌舞数据库建设工作，其间配合国家、省级社科专家实地调研等机会，长期在乡村基层一线，搜集了大量第一手资料，有学院专家教授所不具备的优势。其间又得到老师、专家、朋友的指导与点拨，渐渐发现这历时近20年的田野调查，加上原来州社科联、州文联、州文史委等搜集的资料与积累的文献，通过梳理可以解答、弥补和校正康巴历史上很多疑惑和历史结论，为此，把文中的资料与在从事相关研究的老师分享，参与其中，获得三项国家级课题、两项省级课题，均以专著成书出版，最后水到渠成地完成该书，可谓无心插柳之作。

笔者游历康区至今，到过康巴所有地域，田野调查过甘孜州所有乡镇，走访过70%的村，听过不少与专家学者讲述不一致的历史，总是半信半疑，又不停翻阅诸如任新建老师、格勒博士等的研究成果，总想找到历史滥觞。从最初研究三岩帕措文化，重点翻阅藏族历史《西藏通史——松石宝串》《贤者喜宴·吐蕃史》《柱间史——松赞干布遗赞》《王统世系明鉴》等，后来开始关注和阅读更多的涉藏历史资料。随着阅读典籍的增多和深入，思路也越来越清晰。就这样，“花开两朵，画不经意而成”，渐渐地田野调查的资料使康巴文化形成的大致脉络展现在笔者眼前，2008年遂写成了《康巴传统文化成因及其影响》。该书由于出版仓促，内容又过分注重引导当时康巴地区矛盾的调解，学术价值不是很高。其间有幸结识中山大学何国强教授，我向何教授请教三岩帕措文化和康巴文化田野调查中的一些问题。比如：笔者在石渠田野调查中发现，巴格玛尼墙和松格玛尼墙并非传说中由格萨尔王建成，而是朗达玛灭佛，被僧人拉隆多吉暗杀致死，拉隆多吉逃至康区玉树与石渠交界之地，后到打折多（康定）。[①] 因为赞普被喇嘛刺杀，佛教徒和信徒遭到报复，或被捕杀或自逃之，西藏境内僧人难以立足，佛教器物等无法留存。这些经墙就是当时老百姓不敢在家放置经典，又不敢乱放，于是在高僧指定的地方放置而形成的。这样的经墙康区还有很多，比如，在色达县城附近原来就有老石经城，在前往然充乡的草原也有石经墙。还有白利土司从青海游牧部落迁徙扩张而至，色达是多康（安多和康区）之间重要的过渡带，生活在康巴安多语牧区的人们都是他们的后裔。以及关于嘉绒古碉楼，笔者在田野调查中发现，甘孜州 18 个县竟然都有这样的古碉楼。和许多当地专家讨论过这个问题后，笔者觉得这和象雄文化雍仲本教迁徙有关，且和本教弘法有必然联系，后来在 1976 年“白玉藏传佛教调研”搜集的佛本之争传说故事中得到印证；另外在《嘉绒地区历史》（四川民族出版社）一书中找到答案，嘉绒地区之所以每条沟语言都不同，源于最初迁徙地语言的差异，但最初迁徙地的语言能够保留下来，已然是涉藏地区语言的“活化石”。

笔者这些粗浅的想法、推测，得到何教授的悉心指导、帮助。其间，何教授还邀请笔者参加在中山大学举办的“纪念戴裔煊先生诞辰 110 周年学术活动”，这次活动使笔者对如何利用田野调查进行研究有了深刻的认识。通过一次次的交流、学习，何教授亲自为笔者进行梳理，他鼓励笔者进一步整理《部落与土司对康巴文化的影响》、《从山岩文化看传统文化的形成》（白玉文史资料）、《利美运动》、《红军长征在甘孜》、《解密三岩帕措》等文章，坚持“不唯书，不唯上，而唯实”的原则，并为笔者量身定制了“康巴传统文化的源流与结构研究”这一题目，我也在几经犹豫后坚定信心，写下本书，权当为甘孜州历史研究田野调查作补充。在何老师的组织下，此书得到暨南大学出版社黄圣英女士支持，纳入了“青藏高原东部边缘民族多样性研究”丛书系列，获得 2019 年国家出版基金立项支持。在编写本书之际，笔者认真阅读了康区研究名家学者任新建、石硕、格勒等学者的理论成果，特别是石硕教授《关于“康巴学”概念的提出及相关问题——兼论康巴文化的特点、内涵与研究价值》一文，再一次在任新建、格勒老师的基础上进行了总结，对笔者启发很大。他是这样讲的：

---

① 恰白·次旦平措等著，陈庆英等译：《西藏通史——松石宝串》，拉萨：西藏社科院、西藏杂志社、西藏古籍出版社，1996 年，第 248 页。

> 康巴研究的范畴除了研究康巴地域的藏族主体文化外，同时在研究藏族文化与其他民族文化之间的交融、互动方面也极具特色和典型意义……格勒先生指出："在一个多样化的自然环境和多民族、多种文化经济交流相融的人文环境中，形成了康巴文化的宽宏、开放、兼容性的特点。"……任新建先生则这样来总结康巴文化的特点："康巴文化具有历史积淀丰富、内涵博大精深、形态多姿多彩，地方特色浓郁的特点和独特的人文魅力。康巴文化的核心是人与自然的和谐统一、人与人的和谐共处、不同文化间的和谐共存的'香格里拉'理念和集勇敢、坚韧、精进、博爱、乐天、睿智为一体的格萨尔人文精神。"……费孝通先生于20世纪70年代末，在论述主要覆盖康区的"藏彝走廊"时即指出："我们以康定为中心向北和向南大体划出一条走廊，把这条走廊中一向存在着的语言和历史上的疑难问题，一旦串联起来，有点像下围棋，一子相连，全盘皆活。这条走廊正处于彝藏之间，沉积着许多现在还活着的历史遗留。应当是历史与语言学科的一个宝贵园地。"①

石硕教授的梳理，使我们更好地理解康巴文化的精髓，他的历史文化视野总有独到之处，以考古成果分析历史，这正是需要笔者学习、思考的地方，也为本书厘清了必要的思路，即以历史进程进行康巴文化源流形成与结构进行论述。因为考古是新的佐证参考要素，通过类比大致可以科学地分析先人的生活轨迹。"开路靠前人，引路靠贵人，走路靠个人"，虽说是站在前人的肩膀上，有在区乡工作的经历和做田野调查获得的大量一手"干货"资料，但要想在前人研究的基础上有所突破，确实有些诚惶诚恐。由于学识有限，理论深度欠缺，引经据典能力严重不足，唯有力求多以田野调查资料佐证，参考前人考古成果，以考古文献分析历史，结合自己所掌握的一手资料，提出自己的观点，希望所做之研究能够为康巴文化的研究起到抛砖引玉的作用。

书中省略藏文，好在现今汉藏人名、地名对比资料现成。原稿60余万字，几经修订，始成现版。20年前笔者出版《山岩戈巴——父系原始文化

① 石硕：《关于"康巴学"概念的提出及相关问题——兼论康巴文化的特点、内涵与研究价值》，《西藏研究》2006年第3期。

的活化石》一书时，删去很多没有把握的史料部分，留下的几乎是纯田野调查，现在细看个人觉得还是很了不起，虽然薄，但毕竟是一手资料，而且通过对三岩文化的研究，更深层地开展了康巴文化的探秘。笔者这份对民间文化的热爱，得到过民族学家、人类学家、历史学家李绍明老师，四川师范大学副校长王川教授等的指导，研究视野得到进一步拓展。能够坚持研究，说起来也是缘分，当初，李绍明老师曾经动员笔者到四川省藏研所工作；当时康定民族师范高等专科学校（四川民族学院）李伦武校长也曾让笔者调动到学校做教学研究，无奈笔者当时对仕途痴迷，多次放弃进入学院从事研究的机会。最后笔者到甘孜州社科联工作，这必须感谢原州委常委宣传部部长王怀林，就个人来讲，当初想继续在县从事行政工作，他对笔者说："换个平台，沉淀一下，然后再写点东西，发挥才华，肯定不一样。"所以说，这就是缘，冥冥之中的安排，笔者在工作岗位上仍然继续从事康巴历史文化等研究，包括撰写涉密的调研报告，默默无闻地奉献研究成果。能够完成今天的研究并取得成果，也得益于以往工作上调研的积累和笔者所涉及的工作广泛而杂，以及人生路上帮助、认可笔者的贵人。说声感谢太轻，唯有以成果回报。

《四水六岗：康巴传统文化的源流与结构研究》是2019年度国家出版基金资助项目"青藏高原东部边缘民族多样性研究"（9卷）中的一本，丛书出版单位为暨南大学出版社，丛书总主编为中山大学人类学系教授、博士生导师何国强。特此致谢！

本书的完成，必须感谢该丛书团队中好友许韶明博士、李何春博士的全力支持。最后，在本书编写过程中，外孙泽仁东鏊出生，预示好运不断，也为该书康巴哲学思想章节的撰写激发了更多灵感，感悟生命的伟大。

由于学识有限，错谬之处难免，还请各位专家、学者指正。

范河川

2022年2月于四川成都